现代农业产业技术体系CARS-45-31研发成果

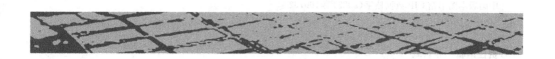

大宗淡水鱼产业发展报告（2016—2020）

现代化、科技创新竞争力、绿色发展与消费转型

陈　洁　等著

上海远东出版社

图书在版编目(CIP)数据

大宗淡水鱼产业发展报告.2016—2020：现代化、科技创新竞争力、绿色发展与消费转型/陈洁等著.—上海：上海远东出版社，2022
（乡村振兴与新农村论丛）
ISBN 978-7-5476-1852-3

Ⅰ.①大… Ⅱ.①陈… Ⅲ.①淡水鱼类-产业发展-研究报告-中国-2016-2020 Ⅳ.①F326.43

中国版本图书馆 CIP 数据核字(2022)第 166762 号

责任编辑 祁东城
封面设计 李 廉

大宗淡水鱼产业发展报告. 2016-2020：
现代化、科技创新竞争力、绿色发展与消费转型
陈 洁 等著

出 版 **上海远东出版社**
　　　　（200235　中国上海市钦州南路 81 号）
发 行 上海人民出版社发行中心
印 刷 上海信老印刷厂
开 本 710×1000　1/16
印 张 26.5
插 页 1
字 数 476,000
版 次 2022 年 12 月第 1 版
印 次 2022 年 12 月第 1 次印刷
ISBN 978-7-5476-1852-3/F·703
定 价 108.00 元

前　言

进入新发展阶段,现代渔业发展面临许多新的情况和问题。《大宗淡水鱼产业发展报告(2016—2020):现代化、科技创新竞争力、绿色发展与消费转型》聚焦渔业现代化、科技创新、产业竞争力、绿色发展与消费转型、外部冲击与产量价格预测预警等主题,全面展现"十三五"期间国家大宗淡水鱼产业技术体系产业经济研究室的研究成果,为"十四五"我国现代渔业发展提供系统性、前瞻性思考。

本书定位于现代化和绿色发展等主题,更加突出新发展理念在渔业经济研究中的运用,内容涉及渔业现代化评价、渔业科技创新竞争力评价、全要素生产率测算、产业竞争力测算、产业链各环节分析、渔业绿色发展和典型模式跟踪研究、渔业消费转型分析、外部冲击影响和大宗淡水鱼产量价格预测预警等。综合起来,本书在内容上有以下几个特点。

第一,在农业农村现代化迈向新阶段之时,渔业部门能否继续引领大农业,率先实现渔业现代化,是需要回答的现实问题。农村改革开放后,为鼓励生产,我国首先放开水产品市场,使定价权归于市场,从而极大促进了渔业发展,解决了"吃鱼难"问题。作为大农业里率先市场化的部门,渔业市场化程度一直很高,发展最快,渔民曾是农民中最富裕的群体之一。当前我国渔业现代化发展水平如何? 各地情况如何? 需要给出评价和分析,为渔业率先实现现代化提供实证。基于指标体系构建和统计数据,本研究认为,我国渔业目前处于现代化起步阶段。

第二,科技长入经济的问题。有关章节通过构建评价指标体系,基于统计数据,从投入、产出、主体和支撑四个角度分析了渔业科技创新竞争力;基于案例,分析了水产养殖数字技术创新发展情况;基于养殖户调查数据,分析了全要素生产率、要素流入与养殖效率的关系问题;回答了"科技进步对产业的贡献有多大""科技竞争力对产业竞争力有怎样的影响"以及"为什么需要提升科技创新竞争力"等问题。

第三,全面测算了大宗淡水鱼产业竞争力并进行因素分析;根据 673 份草鱼养殖主体问卷、20 家草鱼加工主体问卷、832 份草鱼消费者调查问卷,对大宗淡水鱼中产量最大的草鱼产业的竞争力进行了分析研究。

第四,产业链分析。基于 2015 年 10—11 月和 2017 年 9—10 月产业经济研究室从国家大宗淡水鱼产业技术体系30个综合试验站跟踪获取的养殖户调查数据,从养殖户视角归纳我国大宗淡水鱼养殖的基本特征和存在的问题,研判养殖主体需求,提出有益于渔户和渔业发展的建议。基于2019年10月开展的涉及广东、湖北、湖南、浙江、新疆5省区20个草鱼加工主体的调查数据,结合统计数据和案例,对近10年我国淡水加工业的现状、问题和下一步发展思路进行分析。基于调查数据和统计数据等,对渔文旅发展的内涵、现状、问题进行分析并提出对策建议。

第五,渔业绿色发展问题。近十余年,我国渔业发展理念和渔业政策发生了显著变化,十几年前的国际经验在今天已经成为中国的实践。进入新发展阶段,在生态文明观指引下,我国淡水养殖业绿色化发展成为趋势。"十三五"期间,受农业农村部渔业渔政管理局委托,我们连续3年跟踪分析稻渔综合种养情况,连续2年对渔业绿色发展和大水面养殖进行研究,于2019年9月组织30个综合试验站开展绿色高效养殖模式调查。本书基于实证调查,分析主要淡水渔业经济模式的特点,对"十三五"期间国家大宗淡水鱼产业技术体系推广的几种重要的绿色高效养殖模式的经济、社会和生态效益进行评价,并探讨了其中的问题。

第六,渔业消费加快转型问题。在新发展阶段,一方面,消费者对水产品不断提出新需求,要求水产品丰富多样、鲜活美味和生态绿色;另一方面,消费者越来越渴望渔业拓展功能——提供休闲娱乐、审美、知识等体验式价值,进一步要求渔业以人为本发展、绿色发展。本书以单章分析了渔业的消费转型问题,以期为未来渔业发展提供新思路。

第七,从生产、加工、销售、政策和外部环境冲击5个维度来分析看待产业发展问题。本书专门分析了外部冲击对水产品市场价格的影响,并对大宗淡水鱼产量和价格进行了预测预警,为渔业管理提供了新思路。

全书由产业经济岗位科学家陈洁提出写作框架思路并拟定章节。第一部分为渔业现代化评价与科技创新竞争力研究,第二部分为产业竞争力与产业链分析,第三部分为渔业绿色发展与消费转型,第四部分为外部冲击与产量价格预测预警。

全书共分十七章。各章节的执笔人[①]为:第一章,陈洁、辛岭(中国农业科学院农业经济与发展研究所研究员);第二章,陈洁、许竹青(科技部中国科技发展战略研究院研究员);第三章,许竹青、陈洁;第四章,吕建兴(广州大学教授)、张璟、陈洁;第五章,何安华;第六章,陈洁、王鹏飞、张璟;第七章,张璟、陈洁;第

---

① 除已注明的人员外,参与研究和本书各章节写作的其他人员均为产业经济研究室团队成员。

八章,何安华;第九章,李竣、陈洁;第十章,张静宜、陈洁;第十一章,高鸣、陈洁、姚志(长江大学经济与管理学院讲师);第十二章,陈洁、倪坤晓;第十三章,陈洁、李竣;第十四章,陈洁、张璟;第十五章,张静宜、陈洁;第十六章,刘景景、叶卓卉(中国人民大学农业与农村发展学院博士研究生);第十七章,吕建兴。此外,数据分析报告一、数据分析报告二的执笔人为张璟,数据分析报告三的执笔人为李竣;案例报告一的执笔人为张璟,案例报告二的执笔人为倪坤晓,案例报告三的执笔人为付饶,案例报告四的执笔人为李竣,案例报告五的执笔人为李竣、王鹏飞、倪坤晓,案例报告六的执笔人为张璟。倪坤晓、王霞承担了第一章、第二章的主要数据更新和计算工作。

全书由陈洁统稿修改。

本书写作时,正值"十四五"现代农业产业技术体系陆续开展新一轮的岗位科学家和站长遴选工作。回首过去,大家相伴走过14个寒暑,首席科学家戈贤平研究员、研发中心30位岗位科学家和30个综合试验站一直支持产业经济的研究工作,给予我们专业领域上的无私帮助,让我们在体系建设过程中不断成长成熟,也收获了良师益友。我们有幸成为体系一员,十分珍惜与体系的缘分,十分感恩新时代给予的机遇,也一直将为体系贡献才智和做更多的工作作为我们的荣耀。

在书稿即将完成之际,我要感谢上海远东出版社领导和编辑团队的辛勤劳动。愿大家携手努力,为渔业经济管理学科打造更多的精品著作!

陈 洁

2022 年 10 月 21 日

目 录

第二部分　产业竞争力与产业链分析

第一部分
渔业现代化评价
与科技创新竞争力

第一章
我国渔业现代化评价

　　渔业是大农业中发展较快、效益较好的产业。渔业现代化是农业现代化建设的重要组成部分,是构建和谐社会、推进乡村振兴的关键环节。改革开放40多年来,我国渔业发展取得了巨大成就,逐渐走出了一条有中国特色的渔业现代化发展道路,渔业产量不断提高,结构不断优化,竞争力不断提升,支柱性产业地位不断增强,多功能性日益显现。然而,站在新的历史起点上,我国渔业与渔业现代化的要求相比,在发展理念、设施装备、科技支撑、产业化、资源环境等诸多方面还存在较大差距,渔业生产安全、生态安全和水产品质量安全问题依然突出,转变发展方式、增强可持续发展能力的任务十分繁重,渔业发展面临诸多制约因素。此外,基础设施和装备建设滞后、科技支撑能力不强、渔业产业化和渔民组织化程度不高、渔业渔政执法能力不足等是实现我国渔业现代化和建设渔业强国必须解决的问题和必须跨越的障碍。

　　2013年,《国务院关于促进海洋渔业持续健康发展的若干意见》出台,提出把现代渔业建设放在突出位置,使之走在农业现代化前列,努力建设现代化渔业强国。2019年,农业农村部等十部委印发《关于加快推进水产养殖业绿色发展的若干意见》,明确提出到2035年,要基本实现技术先进的养殖生产现代化。准确衡量渔业现代化的发展水平是科学和正确指导我国渔业现代化建设的前提。目前是我国基本实现农业现代化的关键时期。评价我国的渔业现代化水平,明确我国渔业现代化所处的阶段,分析我国渔业发展的优势与劣势,结合当前我国渔业面临的机遇与挑战,可以为渔业资源的合理分配,渔民收入的进一步提高,以及渔业的可持续发展指引方向,同时对制定切实可行的渔业现代化目标和选择合适的渔业现代化模式,推进我国的渔业现代化进程都具有重要的现实意义。

一、渔业现代化的内涵和特征

(一) 渔业现代化内涵

目前,渔业现代化没有一个统一的定义,但作为大农业的重要组成部分,其定义应该遵循农业现代化的定义,即指从传统渔业向现代渔业转化的过程和手段。在这个过程中,渔业日益用现代工业、现代科学技术和现代经济管理方法武装起来,使过去落后的渔业生产力赶上、接近或超过世界先进水平。实现了这个转化过程的渔业就是现代化的渔业。渔业现代化既是过程,又是手段。渔业现代化是一个动态概念,随着我国经济、科技和社会的不断发展而有着不同的内涵与要求。我国已经进入工业化中后期发展阶段,中国的农业现代化在新的历史时期中被赋予了更多的内涵,有必要从新的视角再来审视渔业现代化。党的十九大报告指出,要加快推进农业农村现代化。构建农业现代化产业体系、生产体系、经营体系,是推进农业农村现代化的重要支撑,也是实施乡村振兴战略的重要抓手。

因此,新时期渔业现代化的内涵可以概括为:从中国的国情和渔业资源的实际状况出发,以现代发展理念为指导,用现代物质条件装备渔业,用现代科学技术和生产体系改造渔业,用现代产业体系提升渔业,用现代经营体系推进渔业,用现代发展理念引领渔业,用培养新型渔民发展渔业。要加快转变渔业发展方式,提升渔业生产标准化、绿色化、产业化、组织化和可持续发展水平,提高渔业发展的质量效益和竞争力,走出一条产出高效、产品安全、资源节约、环境友好的中国特色渔业现代化发展道路。

(二) 渔业现代化特征

1. 功能目标多元化

传统渔业的功能主要是食物保障功能和生计功能,现代渔业不仅具有食物保障功能,而且具有就业增收、出口创汇、区域支撑、休闲旅游、文化传承、原料供给、环境保全等功能。渔业现代化要充分发挥渔业的多种功能,提高渔业的广度和深度,促进渔业结构优化升级。渔业现代化要在构建水产品生产保障体系的基础上,推进栽培渔业、设施渔业、生态渔业、休闲渔业的发展,加深渔业产业的纵向、横向融合,促进资源养护型捕捞业、环境友好型水产养殖业、提质增效型加工业和文化内涵型休闲渔业的发展。

2. 要素投入和规模集约化

现代渔业改变传统渔业粗放经营的状况,使渔业的发展具有明显的集约化和可持续发展特征,以要素投入的集约化,特别是资本、设施、科技、信息、市场等要素和资源的集约化投入,取代资源和劳动的粗放投入。随着时间推移及自然、经济、社会、技术条件的不断变化,总体上渔业产业集约化、经营规模化程度是不断提高的。

3. 产业组织化

传统渔业经营一般以渔户为基本生产单元。在现代渔业中,产业主体则包括企业组织、各类渔业专业合作社和现代渔户。现代渔业企业和专业合作社的发展,使渔业向着产业化经营方向推进。渔工贸、产加销环环相扣,产前、产中、产后紧密衔接,形成以现代渔业企业、行业协会和合作经济组织为龙头,渔民为主体的现代渔业产业组织体系。目前,我国渔业组织化水平偏低,不利于渔业转型升级。

4. 可持续发展

传统渔业追求产量和发展速度,忽略资源环境和发展质量。发展现代渔业是实现渔业可持续发展的有效手段和基本途径,而渔业可持续发展是现代渔业发展的首要标志和主要目标。渔业可持续发展目前依然受资源、环境、经济、社会、科技、治理等层面许多因素的制约。因此,现代渔业的各个层面和整个体系都面临可持续发展的战略选择。渔业可持续发展的理念始终贯穿现代渔业的发展过程。

二、我国渔业发展的成效

中华人民共和国成立后,特别是改革开放以来,我国渔业步入快速发展轨道,取得了举世瞩目的成就,成为大农业中发展速度快、效益高、优势明显的重要产业之一,成为世界上水产品生产大国、贸易大国和重要远洋渔业国家之一。同时,产业结构深入调整,科技含量逐步提高,产业素质稳步提升,渔业法治建设和管理水平逐步提高,渔业国际化程度迅速提高。目前,我国渔业正处在从传统渔业向现代渔业加速转变的阶段,具备了加快渔业现代化建设的条件。改革开放40多年来,我国渔业发生了历史性变革,取得了举世瞩目的成就:水产品产量快速增长,品种琳琅满目,质量稳步提高,水产品购销两旺,市场繁荣,国际化程度显著提高,产业功能大为拓展,在国民经济中的地位和作用日益彰显。渔业为保障国家粮食安全、促进农渔民增收、建设海洋强国、发展生态文明、推广"一带一路"倡议等作出了突出贡献。

(一) 渔业经济总体发展较快

我国是水产品生产、贸易和消费大国,渔业是农业和国民经济的重要产业。进入 21 世纪以来,渔业整体呈现持续、稳定、健康的发展势头,渔业综合生产能力大幅度提高、产业规模迅速扩大,渔业在经济结构调整中的地位不断提升。

水产品产量居世界首位。我国水产品产量自 1989 年起,连续 31 年居世界第一,占全球水产品产量的三分之一以上,水产品总产量从 2000 年的 3 706.23 万吨增加到 2020 年的 6 549.02 万吨,为城乡居民膳食营养提供了四分之一的优质动物蛋白。2000 年,我国水产品人均占有量为 33.80 千克,2020 年达到 46.39 千克,2020 年比 2000 年增长 37.25%,2020 年我国水产品人均占有量大约是世界人均水产品占有量(24 千克)的 2 倍。

渔业经济总产值逐年增加,渔民生活水平逐年提高。2000 年全社会渔业经济总产值 2 807.72 亿元,2020 年全社会渔业经济总产值达到 27 543.47 亿元,是 2000 年的 9.81 倍。全国渔民人均纯收入从 2000 年的 4 725 元增加到 2020 年的 21 837.16 元,增长了 3.62 倍。

水产加工能力逐年提高。2000 年全国水产品加工企业数量 6 922 个,水产品加工能力 933.85 万吨/年,水产品加工总量 651.52 万吨。2020 年,全国水产品加工企业数量 9 136 个,水产品加工能力达到 2 853.43 万吨/年,水产品加工总量 2 090.79 万吨。20 年间,水产品加工企业增加 2 214 个,水产品加工能力提升 1 919.58 万吨/年,水产品加工总量提高 1 439.27 万吨。2020 年国家产地水产品兽药残留监测合格率为 99.1%,连续 8 年保持在 99% 以上,养殖水产品质量稳定,安全有保障。[①]

水产品进出口量逐年增加。据海关统计,2000 年我国水产品进出口总量 405.4 万吨,进出口总额 56.8 亿美元,其中:出口量 153.4 万吨,出口额 38.3 亿美元;进口量 252.0 万吨,进口额 18.5 亿美元;贸易顺差 19.8 亿美元,2013 年水产品出口额首次突破 200 亿美元。2016 年,全国水产品出口量 423.76 万吨,出口额 207.38 亿美元,贸易顺差 113.64 亿美元,稳居国内大宗农产品出口额首位。2020 年我国水产品进出口总量 949.04 万吨,进出口总额 346.06 亿美元。其中,出口量 381.18 万吨,出口额 190.41 亿美元,进口量 567.86 万吨,进口额 155.65 亿美元,贸易顺差 34.76 亿美元。

---

① 农业农村部新闻办公室. 2020 年国家产地水产品兽药残留监测合格率为 99.1%[EB/OL]. (2020 - 12 - 26)[2022 - 05 - 04]. http://www.moa.gov.cn/xw/zwdt/202012/t20201225_6358883.htm.

（二）渔业产业结构不断优化

1. 第一、第二产业产值比重下降，第三产业产值比重上升

产业结构合理化是产业素质持续提高、产业结构稳定均衡的发展过程，渔业产业结构合理化本质上是指渔业三次产业相互作用以达到产业之间均衡发展的状态。渔业产业结构合理化可以从两方面来体现：一方面是渔业三次产业之间存在合理比例关系，主要通过各产业的产值比重来体现；另一方面是三次产业之间的关联作用程度不断提高，具有较强的相互作用。

总体上，在我国渔业经济稳步发展的同时，渔业产业结构不断调整。如表1.1所示，第一产业在渔业总产值中比重不断下降，第二产业产值比重稳中有降，第三产业产值比重迅速上升。2000—2020 年间，第一产业比重从 54.15％下降到 49.08％，降低 5.07 个百分点；第二产业比重从 28.17％下降到21.55％，降低6.62个百分点，第三产业比重从17.67％上升到29.38％，提高11.71 个百分点。第一产业比重逐年下降，但 2020 年比 2019 年有所提高，在渔业经济中仍占主导地位，2020 年渔业第一产业产值 13 517.24 亿元，第二产业(渔业工业和建筑业)产值 5 935.08 亿元，第三产业(渔业流通和服务业)产值 8 091.15 亿元。渔业第一产业比重高达 49.08％，接近全社会渔业经济总产值的一半，第二、第三产业仅为 21.55％、29.38％，远低于第一产业，这表明我国渔业产业结构层次较低，渔业结构仍需进一步调整升级，从渔业第一产业向渔业第二、第三产业偏移，尤其注重以休闲渔业为代表的渔业第三产业的发展。

表 1.1　2000—2020 年我国渔业第一、第二、第三产业产值比重

年份	第一产业产值比重(%)	第二产业产值比重(%)	第三产业产值比重(%)
2000	54.15	28.17	17.67
2001	46.71	29.93	23.36
2002	40.79	33.50	25.71
2003	57.51	21.84	20.65
2004	56.64	21.79	21.57
2005	54.87	22.52	22.61
2006	52.93	23.94	23.12
2007	51.96	24.48	23.56
2008	53.10	24.64	22.27
2009	51.88	23.41	24.71
2010	52.22	23.89	23.89

年份	第一产业产值 比重(%)	第二产业产值 比重(%)	第三产业产值 比重(%)
2011	52.54	23.50	23.95
2012	52.24	23.83	23.93
2013	52.22	23.36	24.42
2014	52.07	23.37	24.56
2015	51.45	23.14	25.41
2016	50.73	22.87	26.41
2017	49.73	22.89	27.38
2018	49.55	21.94	28.51
2019	48.98	22.34	28.68
2020	49.08	21.55	29.38

数据来源:《中国渔业统计年鉴》(2001—2021)

2. 海洋捕捞强度下降,水产养殖发展较快

我国渔业经历70多年发展,取得了辉煌成就。中华人民共和国成立初期,我国渔业发展呈现"以捕为主,以养为辅"格局。20世纪80年代中后期,为保护近海渔业资源,满足人民日益增长的优质蛋白需要,渔业发展战略调整为"以养为主,以捕为辅"。1990年,我国水产养殖产量首次超过捕捞产量,实现从"以捕为主"向"以养为主"的历史性转变。然而,由于近海渔业长期处于投入与产出不平衡状态,导致近海渔业出现过度捕捞、资源衰退等一系列问题。为解决这一问题,我国政府陆续出台《中华人民共和国渔业法》(1986年)、《渔业捕捞许可管理规定》(2002年)、"双控"制度(1987年)、"增殖放流"(1989年)、"伏季休渔"(1995年)、"零增长"目标(2000年)、"减船转产"(2002年)、"海洋保护区"(2011年)、"海洋牧场"(2015年)、"资源总量管理"(2017年)等一系列"投入控制""产出控制""技术控制"与配套治理措施,渔业资源管理、生态保护、资源修复及持续利用取得一定成效。

受宏观政策调控影响,2000年以来,我国水产养殖业发展迅速。如表1.2所示,2000—2020年,我国海水养殖面积由124.37万公顷扩张至199.56万公顷,增长60.46%;淡水养殖面积由527.77万公顷减少至504.06万公顷,下降4.49%。就产量而言,海水养殖产量由2000年的1061.29万吨增加到2020年的2135.31万吨,增长101.20%;淡水养殖产量由1516.94万吨增加到3088.89万吨,增长103.63%。

表 1.2　2000—2020 年我国渔业捕捞、渔业养殖情况

年份	总产量 （万吨）	海洋捕捞 占比	海水养殖 占比	淡水养殖 占比	海水养殖面 积（万公顷）	淡水养殖面 积（万公顷）
2000	4 279.00	34.53%	24.80%	35.45%	124.37	527.77
2001	4 382.10	32.87%	25.82%	36.40%	128.65	536.23
2002	4 565.18	31.40%	26.57%	37.11%	134.48	546.99
2003	4 706.11	30.44%	26.63%	37.70%	153.22	557.15
2004	4 901.77	29.60%	26.86%	38.60%	161.75	566.38
2005	5 101.65	28.49%	27.14%	39.37%	169.45	585.05
2006	4 583.60	27.17%	27.58%	40.44%	177.41	601.84
2007	4 747.52	26.19%	27.54%	41.52%	133.15	441.36
2008	4 895.60	23.48%	27.38%	42.33%	157.89	497.10
2009	5 116.40	23.04%	27.47%	43.32%	185.93	542.38
2010	5 373.00	22.40%	27.59%	43.67%	208.09	556.43
2011	5 603.21	22.16%	27.69%	44.12%	210.64	572.86
2012	5 907.68	21.45%	27.82%	44.76%	218.09	590.75
2013	6 172.00	20.49%	28.18%	45.41%	231.56	600.61
2014	6 461.52	19.82%	28.05%	45.43%	230.55	608.09
2015	6 699.65	19.62%	28.00%	45.71%	231.78	614.72
2016	6 901.25	19.25%	28.45%	46.07%	216.67	617.96
2017	6 445.33	18.42%	29.72%	44.65%	208.41	536.50
2018	6 457.66	16.17%	31.45%	45.83%	204.31	514.65
2019	6 480.36	15.43%	31.87%	46.51%	199.22	511.63
2020	6 549.02	18.00%	32.61%	47.17%	199.56	504.06

数据来源：《中国渔业统计年鉴》(2001—2021)

与养殖业相比，捕捞业发展相对缓慢，捕捞强度明显下降。其中，海洋捕捞产量由 2000 年的 1 477.45 万吨下降至 2020 年的 947.41 万吨；随着长江禁渔的推进，我国淡水捕捞量也在下降，由 2000 年的 194.33 万吨下降到 2020 年的 145.75 万吨。整体上，渔业捕捞产量比重不断下降，由 2000 年的 39.75% 下降到 2020 年的 20.23%。可见，水产养殖业已成为我国渔业发展的主要增长点。

（三）水产品加工业发展迅猛

作为渔业第二产业重要组成部分，水产品加工业近年来发展迅速，成为推动渔业发展的重要动力。

如表 1.3 所示，2000—2020 年，我国水产品加工企业从 6 922 个增加到 9 136 个，水产品加工能力从 933.85 万吨/年提高到 2 853.43 万吨/年；水产品加工总量从 651.52 万吨增加到 2 090.79 万吨。规模以上企业数由 2008 年的

2 428 个增加到 2020 年的 2 513 个。水产品加工业快速发展的同时也存在加工比例低、加工能力闲置等问题。2020 年,我国水产加工品总量占水产品总产量的比例仅为 31.91%,尤其是占我国水产品总产量 49.39% 的淡水产品,加工比例更低,仅为淡水产品产量的 19.68%,大部分淡水产品鲜销;水产品加工能力闲置量从 2000 年的 282.33 万吨增加到 2020 年的 762.64 万吨。

表 1.3　2000—2020 年我国水产品加工业发展概况

年份	水产品加工企业数(个)	规模以上加工企业数(个)	水产品加工能力(万吨)	水产品加工总量(万吨)	水产品加工能力闲置量(万吨)
2000	6 922	—	933.85	651.52	282.33
2001	7 648	—	1 061.02	690.86	370.16
2002	8 140	—	1 224.68	704.45	520.23
2003	8 287	—	1 306.34	912.09	394.25
2004	8 745	—	1 426.63	1 031.99	394.64
2005	9 128	—	1 696.16	1 195.48	500.68
2006	9 548	—	1 799.42	1 332.48	466.94
2007	9 796	—	2 124.04	1 337.85	786.19
2008	9 971	2 428	2 197.48	1 637.46	560.02
2009	9 635	2 558	2 209.17	1 822.18	386.99
2010	9 762	2 599	2 388.50	1 633.25	755.25
2011	9 611	2 648	2 429.37	1 782.78	646.59
2012	9 706	2 737	2 638.04	1 907.39	730.65
2013	9 774	2 750	2 745.31	1 954.02	791.29
2014	9 663	2 749	2 847.24	2 053.16	794.08
2015	9 892	2 753	2 810.33	2 092.31	718.02
2016	9 694	2 714	2 849.11	2 165.44	683.67
2017	9 674	2 736	2 926.23	2 196.25	729.98
2018	9 336	2 524	2 892.16	2 156.85	735.31
2019	9 323	2 570	2 888.20	2 171.41	716.79
2020	9 136	2 513	2 853.43	2 090.79	762.64

数据来源:《中国渔业统计年鉴》(2001—2021)

(四) 休闲渔业发展潜力巨大

作为第三产业中的新兴产业,休闲渔业的发展为渔业经济注入新活力。经济较为发达的沿海国家自 20 世纪 60 年代起,休闲渔业便飞速发展。作为一种新型渔业产业,休闲渔业将餐饮旅游和休闲娱乐相融合,大大提高了渔业的社会、经济和生态效益。

2003—2020 年,我国水产养殖业、水产品加工业及捕捞业产值始终在渔业中占优势地位,而休闲渔业比重不高,尤其在 2005 年前其年产值都不到 100 亿元,不及同年水产养殖业产值的三十分之一。虽然总体规模小,但休闲渔业发展速度非常快,2003—2020 年间其产值从 54.11 亿元增至 825.72 亿元(2019 年是 963.68 亿元),增长了 14.26 倍。2019 年,全国休闲渔业经营主体达 134 101 个,比 2018 年增长 8.19%,其中规模以上经营主体①14 880 个,比 2018 年降低 2.92%;全国休闲渔业从业人员共 83.36 万人,全国接待游客 2.74 亿人次;全国休闲渔业船舶数 13 189 艘,总功率 26.40 万千瓦②。与 2010 年相比,2019 年休闲渔业产值与渔业经济总产值的比由 1.63∶100 增加到 3.00∶100,与第三产业产值的比由 6.84∶100 增加到 10.21∶100。

表 1.4 2010—2020 年休闲渔业产值及其相对于渔业总产值和渔业第三产业产值的比

年份	休闲渔业产值(亿元)	与渔业经济总产值的比	与渔业第三产业产值的比
2010	211.25	1.63∶100	6.84∶100
2011	256.01	1.71∶100	7.12∶100
2012	297.88	1.72∶100	7.18∶100
2013	365.85	1.89∶100	7.74∶100
2014	431.85	2.07∶100	8.43∶100
2015	489.27	2.22∶100	8.74∶100
2016	664.54	2.81∶100	10.63∶100
2017	764.41	3.09∶100	11.27∶100
2018	902.25	3.49∶100	12.24∶100
2019	963.68	3.65∶100	12.73∶100
2020	825.72	3.00∶100	10.21∶100

数据来源:《中国渔业统计年鉴》(2011—2021)

作为新兴产业,休闲渔业发展势头强劲、潜力巨大,在优化渔业结构、转变发展方式的同时,为渔民提供了更多的工作岗位,在增加渔民收入、促进地区经济增长方面作用突出。

(五)特色养殖发展迅速,养殖方式不断优化

随着市场经济迅速发展和消费水平不断提升,消费者需求趋于差异化、

---

① 注:规模以上经营主体是指休闲渔业年产值达 200 万元以上的经营主体。
② 全国水产技术推广总站.中国休闲渔业发展监测报告(2020)[R/OL].(2020 - 12 - 29)[2022 - 05 - 04].https://mp.weixin.qq.com/s/3YAOdBeixvOfOQ6xA-2KkQ.

多样化,对高质量水产品需求日趋增加,对水产品的需求由季节性需求转变为长年需求。在此背景下,我国水产养殖品种日趋多元化,大宗常规品种稳定发展的同时各类名特优新品种发展迅速,养殖结构逐步由过去传统的青鱼、草鱼、鲢鱼、鳙鱼、鲤鱼、鲫鱼等大宗品种养殖向鲶鱼、鮰鱼、黄颡鱼、鲑鱼、鳟鱼、河豚、池沼公鱼、团头鲂、鳜鱼、虹鳟、丁桂鱼、胭脂鱼等经济价值高的特色品种养殖发展。十几年来,我国鮰鱼、黄颡鱼、鲑鱼、鳟鱼、河豚、池沼公鱼、鲈鱼、鲟鱼等特色品种年产量的增幅均在 10% 以上。随着养殖技术发展,水产养殖方式不断优化,最主要的淡水养殖方式——池塘养殖发展迅速,水库、湖泊、河沟等其他养殖方式也不断发展。2020 年,我国淡水养殖总面积发展到 504.06 万公顷,池塘、湖泊、水库、河沟面积分别占 52.09%、14.30%、28.19% 和 2.93%。近年来,市场对绿色、健康水产品需求不断提升,健康养殖模式成为水产养殖发展的重点,各地多以"生态、健康、高效、集约"为目标对老旧池塘进行更新改造,养殖池塘标准化改造助推了水产健康养殖和渔业绿色发展。

(六)科技助推渔业发展

党的十八大以来,我国渔业科技投入、水产技术推广经费不断增加,大大提升了渔业科技水平,推动了现代渔业发展进程。2020 年,我国渔业科技活动收入 30.71 亿元,水产技术推广经费 39.19 亿元;渔业科技活动人员 5 069 人,其中高级职称 1 822 人,中级职称 1 979 人,初级职称及其他 716 人[1]。在政策推动下,我国渔业科研条件得到加强,渔业科研专项有效实施,现代渔业技术创新体系不断健全,科技协作改革机制开始建立,人才队伍建设不断加强,渔业重点领域的科技创新和关键技术的推广应用取得明显成效。[2] 以人工繁殖育苗技术为代表的水产养殖技术飞速发展,为水产养殖规模化发展奠定了基础;稻渔综合种养、池塘工程化循环水养殖、工厂化循环水养殖、池塘网箱养殖底排污等低碳绿色循环技术推广进展顺利;利用遥感技术定位鱼群位置与预告规模,可控制出海船只,节省出海时间,提高捕捞效率,促进了外海和远洋渔业的可持续发展。在科技著述和专利申请方面,2020 年,我国发表渔业科技论文 2 857 篇,出版科技著作 60 部,专利授权 761 件,拥有发明专利总数达到 3 262 件;在水产技术推广方面,2020 年全国水产技术推广机构共 1.14 万个,实有人数 3.04 万人,服务农户 149.7 万户、企业 3.16 万个、合作组织 2.62 万个,开展渔民技术

---

① 数据来源:《2021 中国渔业统计年鉴》。
② 张显良.我国渔业发展概述(2012—2017)[J].中国水产,2017(12):7—8.

培训 1.38 万期、培训 91.0 万人次,公共信息服务覆盖用户 160.37 万户、发放技术资料 527.97 万份①。渔业科技贡献率由 2010 年的 55% 上升至 2020 年的 63%②。

据不完全统计,"十二五"期间,全国涉渔科技与推广经费达 50 多亿元。"十二五"期间,我国重点推进实施了现代农业产业技术体系、公益性行业科研专项、支撑计划和高技术船舶科研计划等项目;推进建设大宗淡水鱼、罗非鱼、虾、贝类、鲆鲽类等 5 个现代农业产业技术体系;启动实施淡水育种和海洋资源养护 2 个科技支撑计划。在水产养殖物种的全基因组测序与精细图谱构建、基因组资源挖掘与编辑技术等方面取得显著进展,水产遗传育种基础平台和技术体系不断完善。"十二五"期间,国家共审定水产新品种 68 个,养殖品种遗传改良率超过 25%,原良种覆盖率达到 65% 左右,为我国水产养殖业可持续发展提供重要保障。"十三五"期间,渔业科技继续在遗传育种、健康养殖、疫病防控、加工流通、节能环保、设施装备、资源养护与生态修复、信息化等领域为现代渔业发展提供支撑保障,一些领域聚焦科技创新走在了国际前沿;国家共审定 61 个水产新品种,280 项渔业国家和行业标准;一批生态、绿色、高效渔业技术模式得到广泛应用。

(七) 推进渔业资源养护和水生生态环境保护

我国高度重视渔业资源的养护和渔业生态环境的保护,积极完善休渔禁渔管理制度,推进长江流域重点水域禁捕工作。**一是坚持并不断完善休渔禁渔管理制度。**2017 年新调整的伏季休渔方案统一了各海区休渔开始时间,将除钓具外的所有作业方式纳入休渔范围,被称为史上最长休渔期和最严格的伏季休渔制度,首年实施秩序平稳、成效显著。2015 年和 2017 年分别发布《农业部关于调整长江流域禁渔期制度的通告》和《农业部关于发布珠江、闽江及海南省内陆水域禁渔期制度的通告》,将禁渔期统一为 3 月 1 日至 6 月 30 日,禁渔区范围扩大至长江流域、淮河干流、珠江、闽江及海南等省的内陆水域。经国务院批准,于 2017 年 1 月印发《农业部关于进一步加强国内渔船管控实施海洋渔业资源总量管理的通知》(农渔发〔2017〕2 号),明确"十三五"期间海洋渔船"双控"政策,到 2020 年压减海洋捕捞渔船 2 万艘、功率 150 万千瓦的目标;正式启动海洋渔业资源总量控制制度,明确到 2020 年,国内海洋捕捞

---

① 数据来源:《2021 中国渔业统计年鉴》。
② 刘永新,王书,方辉.科技引领发展:我国渔业翻天覆地的变化[J].中国农村科技,2019(9):28—31.

总产量减少到 1 000 万吨以内。① **二是实施长江流域重点水域禁捕工作。** 2016 年农业部印发《全国渔业发展第十三个五年规划》,提出要"积极推进长江、淮河等干流、重要支流、部分通江湖泊捕捞渔民退捕上岸"。2018 年,《国务院办公厅关于加强长江水生生物保护工作的意见》发布,强调加快建立长江流域重点水域禁捕补偿制度,"率先在水生生物保护区实现全面禁捕。健全河流湖泊休养生息制度,在长江干流和重要支流等重点水域逐步实行合理期限内禁捕的禁渔期制度"。2019 年,农业农村部、财政部、人力资源社会保障部印发《长江流域重点水域禁捕和建立补偿制度实施方案》;2020 年,农业农村部、公安部、市场监管总局分别牵头制定《进一步加强长江流域重点水域禁捕和退捕渔民安置保障工作实施方案》《打击长江流域非法捕捞专项整治行动方案》和《打击市场销售长江流域非法捕捞渔获物专项行动方案》,进一步明确禁捕制度。截至 2020 年 7 月,我国近 30 万捕捞渔民中已有近 10 万人完成退捕,10 多万艘合法持证捕捞渔船中已累计退出 8 万艘。

(八) 强渔惠渔政策力度加大

党的十八大以来,我国强渔惠渔政策力度不断加强。据统计,2020 年我国渔民家庭人均转移性收入为 2 557.25 元,其中生产性惠农补贴为 1 153.57 元(其中渔业补贴 1 088.34 元,占惠农补贴的 94.3%),社会救济或政策性生活补贴 69.49 元,其他转移性收入 1 334.19 元。一系列的强渔惠渔政策,取得了较为显著的成效。**一是发展现代渔业的基础设施条件得到明显改善。** 海洋渔船更新改造、渔港建设、"菜篮子"工程渔业项目等项目有效实施,渔业油价补贴政策完成重大调整改革。根据改革后的渔业油价补贴政策,直接补贴将退坡式递减,调整出部分资金用于渔民减船转产、渔船更新改造、渔港航标、水产健康养殖、资源养护等项目建设,为现代渔业建设提供强大的支撑。中国人保财险公司、民生银行、邮储银行等金融保险机构加快拓展渔业产品,为现代渔业建设提供金融保险服务。② **二是渔民生活水平不断提高。** 渔民人均纯收入由 2012 年的 11 256.08 元增长到 2020 年的 21 837.16 元,增长 94.0%;2020 年全国渔民人均可支配收入为 20 857.92 元,比 2019 年的 20 159.54 元增长了 3.5%。

---

① 张显良.我国渔业发展概述(2012—2017)[J].中国水产,2017(12):7—8.
② 张显良.我国渔业发展概述(2012—2017)[J].中国水产,2017(12):7—8.

三、渔业现代化发展水平评价指标体系构建

现阶段我国学术界对渔业现代化的研究主要集中在定性评价方面。钱志林等(1998)对渔业现代化的实质与内涵进行阐述,具体提出实现渔业现代化的目标和途径;刘大安等(1999)在我国渔业发展现实的基础上构建渔业现代化程度评价指标体系,以此衡量渔业现代化发展程度;王淼等(2002)总结海洋渔业现代化的基本特征,提出推进海洋渔业现代化建设的多元化长效机制;倪国江等(2009)依据海洋渔业发展存在的资源和环境问题,提出依托海洋渔业科技化推进海洋渔业现代化的观点,具体对海洋渔业科技发展现状、存在的问题及实现路径进行阐述;欧阳海鹰(2011)在总结发达国家现代化进程的基础上结合我国渔业现代化发展现实提出实现渔业现代化的具体路径及存在的关键问题。这一节将构建我国渔业现代化发展水平评价指标体系。

(一)渔业现代化发展评价指标体系的理论框架

渔业现代化是个复杂的动态变化大系统,其发展评价指标体系的构建是项涉及多学科理论、耗时费力且政策性极强的系统工程。渔业现代化评价指标体系用于评价渔业在高度科学化、产业化的基础上,采用现代科学技术、现代物质装备和用现代科学管理方法武装渔业的总体水平。

渔业现代化评价以农业现代化评价的理论和方法为基础。从现有文献来看,国内学者主要从三个层面对农业现代化发展水平进行定量研究。其中,以全国为研究对象的文献居多,徐星明和杨万江(2000)提出了包括现代农业生产目标与农业保障目标2个一级目标指标、农业生产条件等5个二级子目标指标的评价体系;辛岭等(2010)建立了包括4项准则指标(分别为农业投入、农业产出水平、农村社会发展水平、农业可持续发展水平)和12项个体指标的农业现代化评价指标体系。其次是针对省级或市级农业现代化发展进行研究,俞姗(2010)建立了包括5个一级指标和21个二级指标的综合评价系统,对福建省农业现代化发展水平进行了评估;马强等(2012)通过4层19个具体指标评估内蒙古农业现代化发展水平,并与全国水平进行对比。也有学者以局部区域为研究对象对农业现代化发展水平进行评估,高强等(2012)构建涵盖8个方面32项指标的评价体系,对沿海11个省区适度规模农业现代化发展水平进行评价,并进行排序比较;贾登勋等(2014)基于农业可持续发展理论,构建包括5个一级指标和18个二级指标的综合评价系统对西部地区农业现代化发展水平进

行评估,为加快西部地区农业现代化发展提供依据。

也有学者进行渔业现代化评价研究。中国水产科学研究院钱志林等(1998)明确了"九五"时期渔业现代化的内涵和任务,评价了我国渔业现代化程度和发展前景,形成了一个由渔民收入与消费水平、渔区经济发展水平、渔业生产发展水平、渔业基础设施建设与投入、渔业科技与文化教育、渔业组织建设与经营管理、渔业资源与环境条件7个主体指标和25个群体指标构成的渔业现代化评价指标体系。胡笑波(2000)从渔业生产手段、生产技术、渔业管理3个方面来评价渔业现代化发展程度。

本研究在借鉴前人研究的基础上,结合我国实际,以全国及31个省份的渔业现代化水平作为研究对象,构建渔业现代化水平评价指标体系。渔业现代化发展评价指标体系的理论框架可分为目标层、准则层和要素层(见表1.5)。

表1.5 渔业现代化评价指标体系

目标层	准则层	要素层	计算公式	单位
渔业现代化发展水平A	A1 生产体系	A11 渔业机械化程度	养殖渔机总动力÷养殖水域面积	千瓦/公顷
		A12 劳均固定资产投入	渔用机具制造业产值÷渔业劳动力	万元/人
		A13 劳均饲料业产值	渔用饲料业产值÷渔业劳动力	万元/人
		A14 万人劳动力拥有渔技人员数量	渔技人员÷渔业劳动力	人/万人
		A15 大专及以上学历技术推广人员比例	大专及以上学历技术推广人员÷推广人员总数	%
	A2 产业体系	A21 渔业产值占农业总产值比重	渔业产值÷农业总产值	%
		A22 渔业二三产业产值比重	渔业二三产业产值÷渔业经济总产值	%
		A23 水产品加工业产值比重	水产品加工业产值÷渔业经济总产值	%
		A24 渔业劳动生产率	渔业产值÷渔业劳动力	万元/人
		A25 休闲渔业产值比重	休闲渔业产值÷渔业经济总产值	%
		A26 水产品加工程度	水产加工品总量÷用于加工的水产品总量	%
		A27 规模以上加工企业比重	规模以上加工企业数÷加工企业总数	%

目标层	准则层	要素层	计算公式	单位
渔业现代化发展水平A	A3 经营体系	A31 渔民人均可支配收入	—	万元/人
		A32 非传统渔民比重	非传统渔民数量÷渔民总数	%
		A33 专业从业人员比例	专业从业人员数量÷(专业从业人员数量＋兼业人员数量＋临时人员数量)	%
		A34 渔业单产	水产品产量÷养殖面积	千克/公顷
	A4 支持保护体系	A41 经费支持力度	技术推广经费÷技术推广站总数	万元/个
		A42 技术推广力度	技术推广公共信息覆盖用户数÷渔户总数	%
	A5 可持续发展水平	A51 稻田养殖比重	稻田养殖面积÷淡水养殖总面积	%
		A52 良种场发展水平	淡水养殖面积÷国家级水产原良种场数量	公顷/个
		A53 种质资源保护区发展水平	淡水养殖面积÷国家级水产种质资源保护区数量	公顷/个

其中,目标层为渔业现代化发展总体水平;准则层由内部具有逻辑关系的生产体系、经营体系、产业体系、支持保护体系和可持续发展水平构成,能够表征目标层的关系结构;要素层为可测的、可比的、可得的指标,对准则层的数量表现、强度表现、速率表现给予直接的度量。基于此,要素层选取了 21 个指标。指标原始数据主要来源于《中国渔业统计年鉴》《中国渔业年鉴》《中国农村统计年鉴》和《中国农业统计年鉴》等资料。

(二)渔业现代化发展评价指标体系的设置原则

指标体系是依据一定的原理原则设计的、符合分析评价要求的、含义科学明确的定量表达渔业现代化发展状况的一系列指标。设置指标体系要遵循的原则包括以下几点。

1. 科学性

指标的选择和设计应以可持续发展理论、渔业经济与管理理论以及统计理论为指导,把握渔业现代化的概念和基本特征,科学反映渔业现代化的内涵,并注重普遍性与特殊性的统一,理论性和现实性的统一。同时,指标的选择和设计应有客观标准,不能只从主观出发来判断渔业发展状态的好坏。

2. 系统性

指标的选择和设计应当涵盖所有影响系统的主要因子以及各系统相互协调的因子,多维度、全方位评价渔业发展。

3. 充分性

渔业现代化是一项包括社会、经济、生态要素在内的系统工程。因此,渔业现代化指标体系在指标数量上不能太少,在指标涵盖范围上不能太小,在指标内容上不能太窄。充分性原则要求从渔业现代化的主要方面确定主要的指标,充分地抓住渔业现代化的实质方面,做到主次分明。

4. 可比性

指标的选择和设计应在数据、计量口径、时间等方面具有可比性的条件下进行。不可比因素尽量通过一些手段转化为可比因素。在指标的选择和确定上尽可能地采用世界上普遍认可、广泛通用的指标。

5. 可操作性

指标的选择和设计应要考虑数据资料的可得性以及收集的难易程度;必须明确指标的表达形式、计算方法、条件要求和适用范围。

6. 目标性与前瞻性

指标体系构建要以测评我国渔业发展水平为主要目标,增强指标体系对现实的指导意义。同时指标体系不能只测评当下的情况,也要包含对未来趋势的测评。只有二者兼顾的衡量指标体系才能准确反映渔业现代化的真实状况。

四、渔业现代化水平的测评方法

(一) 评价模型

1. 渔业现代化综合评价模型

渔业现代化发展水平评价选择多指标综合评价模型,其数学表达式如下:

$$AT = \sum_{i=1}^{n} W_i B_i \tag{1.1}$$

$$B_i = \sum_{j=1}^{m} W_{ij} C_{ij} \tag{1.2}$$

式中,AT 为目标层渔业现代化发展水平综合指数,W_i 为准则层指标的权重,B_i 为准则层指数,T_i 为评价区域,n 为准则层指标个数;C_{ij} 为要素层指标, W_{ij} 为要素层指标的权重, m 为要素层指标个数。

2. 渔业现代化实现度模型

基本实现渔业现代化目标值 $W=90$, 则:

$$d=\frac{AT}{W} \tag{1.3}$$

$$e_i=\frac{B_i}{W} \tag{1.4}$$

其中, d 为渔业现代化综合指标实现度, e_i 为渔业现代化准则层指标实现度。

3. 渔业现代化制约度模型

采用因子贡献度、指标偏离度和约束度对我国渔业现代化发展水平的制约因子进行诊断。计算公式如下:

$$U_{ij}=W_i\times W_{ij} \tag{1.5}$$

$$D_{ij}=1-y_{ij} \tag{1.6}$$

其中, 式 1.5 和式 1.6 中, U_{ij} 为因子贡献度, 指单项因子对总目标的影响程度; D_{ij} 为指标偏离度, 指个体指标与渔业现代化目标之间的差距; y_{ij} 为第 i 准则层第 j 个指标的标准化值。

$$M_{ij}=D_{ij}\times\frac{U_{ij}}{\sum\limits_{i,\,j=1}^{n}(D_{ij}\times U_{ij})} \tag{1.7}$$

$$B_i^M=\sum M_{ij} \tag{1.8}$$

其中, 式 1.7 和式 1.8 中的 M_{ij} 为第 i 准则层第 j 指标的约束度, B_i^M 为第 i 准则层指标的约束度。

(二)权重确定方法一变异系数法

变异系数法(Coefficient of variation method)是直接利用各项指标包含的信息,通过计算得到指标的权重,是一种客观赋权的方法。这种方法的基本思路是:在评价指标体系中,指标取值差异越大的指标,也就是越难以实现的指标,这样的指标更能反映被评价单位的差距。变异系数的计算公式如下:

$$v_i=\frac{\sigma_i}{x_i} \tag{1.9}$$

式中, v_i 是第 i 项指标的变异系数, σ_i 是第 i 项指标的标准差, $\overline{x}_i$ 是第 i 项指标的平均值。

各项指标的权重为：

$$W_i = \frac{v_{ij}}{\sum_{j=1}^{m} v_i} \tag{1.10}$$

(三) 指标数据标准化

首先是采用极值法对数据进行无量纲化处理，具体方法如下。

正指标：

$$Z_{ij} = \frac{x_{ij} - x_{i,\min}}{x_{i,\max} - x_{i,\min}} \tag{1.11}$$

负指标：

$$Z_{ij} = \frac{x_{i,\max} - x_{ij}}{x_{i,\max} - x_{i,\min}} \tag{1.12}$$

其中，Z_{ij} 为各指标无量纲化后的值；x_{ij} 为无量纲化前指标的值；$x_{i,\max}$、$x_{i,\min}$ 分别为该指标的最大值与最小值。

(四) 渔业现代化发展水平的阶段划分及衡量标准

借鉴有关学者对农业现代化阶段划分的基础上，以世界粮农组织研究报告为参考，以我国东部发达省份渔业发展的现状为实际参考依据，渔业现代化的发展可以分为起步、发展、跨越、基本实现和全面实现 5 个阶段。

渔业现代化起步阶段：渔业现代化综合指数<30；

渔业现代化发展阶段：30<渔业现代化综合指数<50；

渔业现代化跨越阶段：50<渔业现代化综合指数<70；

渔业现代化基本实现阶段：70<渔业现代化综合指数<90；

渔业现代化全面实现阶段：渔业现代化综合指数>90。

五、渔业现代化发展水平评价及分析

(一) 全国渔业现代化的综合发展程度评价

1. 全国渔业现代化的综合发展程度

经测算得出，2020 年全国的渔业现代化发展水平综合指数为 24.74 分，表明我国渔业现代化目前处于起步阶段，正逐步向渔业现代化发展阶段迈进。近年来,我国不断推进供给侧结构性改革,快速推进港口、机场、铁路、高铁等基础设施的建设。各项制度对渔业发展的支持也在不断加大,最为明显的是财政方面的倾斜。渔业科技支撑不断增强,渔业信息化、装备水平和组织化程度明显提高,渔业发展质量效益和竞争力显著增强,渔业"走出去"步伐加快。

渔业现代化具有 5 项准则层指标:生产体系、产业体系、经营体系、支持保护体系和可持续发展水平。它们是衡量我国渔业现代化实现程度的主要分类指标,体现了全国渔业现代化的水平结构特征。从表 1.6 中可以看出,渔业产业体系得分最高,为 9.33 分;其次是生产体系得分 5.50,可持续发展得分 4.64,经营体系得分 3.57,最后是支持保护体系得分 1.69。近年来,我国养殖业、捕捞业、加工流通业、增殖渔业、休闲渔业等产业蓬勃发展,现代渔业产业体系已经初步建立。2020 年,我国渔业产值占农业总产值比重达到 9.27%,渔业第二、第三产业产值比重达到 50.92%,水产品加工业产值比重达到 15.81%,渔业劳动生产率达到 10.90 万元/人,休闲渔业产值比重达到 3.00%,水产品加工程度达到 84.40%,规模以上加工企业比重达到 27.51%。渔业生产体系发展也较快,每公顷养殖水面的养殖渔机动力 2.64 千瓦,劳均固定资产投入 3 187 元,劳均饲料业产值 6 724 元,每万人劳动力中有渔技人员 24.52 人,大专及以上学历技术推广人员比例为 76.81%。从渔业经营体系来看,2020 年,渔民人均可支配收入达到 20 857.92 元,高于农村居民人均可支配收入;非传统渔民比重达到 67.72%,渔业专业从业人员比例为 53.77%,渔业单产逐步提高,2020 年达到 7 424.84 千克/公顷。渔业可持续发展水平不高,稻田养殖比重只有 50.84%,平均每个国家级水产原良种场淡水养殖面积为 59 300.66 公顷,平均每个国家级水产种质资源保护区淡水养殖面积为 9 421.60 公顷。渔业支持保护还有待进一步加强。2020 年,每个技术推广站技术推广经费只有 34.46 万元,技术推广力度仅为 36.52%。

表 1.6　2020 年我国渔业现代化发展水平分类指标得分

指标	得分
综合	24.74
生产体系	5.50
产业体系	9.33
经营体系	3.57
支持保护体系	1.69
可持续发展水平	4.64

数据来源:根据《2021 中国渔业统计年鉴》数据计算而来

2. 全国渔业现代化发展实现度评价

2020 年全国的渔业现代化发展水平综合指数为 24.74 分,实现度为 27.49%(见表 1.7)。可以看出,渔业现代化总体发展水平距基本实现渔业现代化(90 分)差距还较远。从准则层指标看(见表 1.7),2020 年产业体系指数为 9.33,实现度 10.37%;生产体系指数为 5.50,实现度 6.11%;可持续发展水平为 4.64,实现度 5.16%;经营体系指数为 3.57,实现度 3.97%;支持保护体系指数为 1.69,实现度 1.88%。可以看出,渔业现代化的实现度较低,因此,应加快渔业生产体系发展,转变渔业发展方式,优化渔业经济结构,转换渔业增长动力,保护渔业生态环境,探索渔业可持续发展模式,使得渔业生产向高质量和可持续方向发展。

表 1.7   2020 年全国渔业现代化实现度

指标	实现度(%)
综合	27.49
生产体系	6.11
产业体系	10.37
经营体系	3.97
支持保护体系	1.88
可持续发展水平	5.16

3. 全国渔业现代化发展约束度评价

对准则层指标的约束度进行了计算,计算结果如表 1.8 所示。2020 年我国渔业现代化水平制约因子主要为生产体系,约束度为 54.81%,其次为产业体系和可持续发展水平,其约束度分别为 26.64%、10.90%,而支持保护体系和经营体系的约束度相对较低,分别为 4.71%和 2.93%。这一方面说明,在我国渔业现代化发展过程中,对渔业产业发展和可持续发展应当给予高度关注。目前,渔业资源破坏、环境污染、生态危机等问题日益严重,因此要坚持渔业可持续发展的 3R 原则(即减量化 Reduce、再使用 Reuse、再循环 Recycle),探索渔业可持续发展模式。另一方面,当前渔业发展更大程度上仍然是依靠投入量的扩张来支撑的粗放模式,渔业内涵式发展不足,渔业转型升级势在必行。

表 1.8　全国渔业现代化准则层指标的约束度

指标	约束度(%)
生产体系	54.81
产业体系	26.64
经营体系	2.93
支持保护体系	4.71
可持续发展水平	10.90

对要素层具体指标的约束度进行了计算和排序(见表 1.9)。可以看出,我国渔业现代化发展的最主要制约因子是渔业机械化程度,约束度达到15.52%。劳均固定资产投入、每万人劳动力包含渔技人员数量和劳均饲料业产值的约束度均在 10%以上,分别为 14.36%、12.28%和 12.23%。休闲渔业产值比重、渔业产值占农业总产值比重、水产品加工业产值比重、良种场发展水平、规模以上加工企业比重、渔业劳动生产率、种质资源保护区发展水平、经费支持力度、稻田养鱼比重、渔业单产、渔业二三产业产值比重和技术推广力度约束度较低,分别为 6.89%、5.36%、5.18%、5.14%、3.85%、3.67%、3.53%、3.48%、2.24%、2.11%、1.25%和 1.23%。水产品加工程度、大专及以上学历推广人员比例、专业从业人员比例、非传统渔民比重和渔民人均可支配收入约束度都在 1%以下,但也是渔业现代化进程中不容忽视的影响因素。

表 1.9　全国渔业现代化发展水平二级指标制约度排序

二级指标	约束度(%)
渔业机械化程度	15.52
劳均固定资产投入	14.36
每万人劳动力包含渔技人员数量	12.28
劳均饲料业产值	12.23
休闲渔业产值比重	6.89
渔业产值占农业总产值比重	5.36
水产品加工业产值比重	5.18
良种场发展水平	5.14
规模以上加工企业比重	3.85
渔业劳动生产率	3.67
种质资源保护区发展水平	3.53
经费支持力度	3.48
稻田养鱼比重	2.24
渔业单产	2.11

二级指标	约束度（%）
渔业二三产业产值比重	1.25
技术推广力度	1.23
水产品加工程度	0.43
大专及以上学历推广人员比例	0.42
专业从业人员比例	0.35
非传统渔民比重	0.26
渔民人均可支配收入	0.21

（二）各省份渔业现代化发展水平评价

1. 各省份渔业现代化的综合发展程度差异较大

从渔业现代化总体得分来看,浙江、福建、安徽、天津、山东和海南这6个省份得分较高,均超过30,处于渔业现代化的发展阶段;其他省份的得分均低于30,处于渔业现代化的起步阶段,其中江苏、北京和上海等17个省份的得分大于20,黑龙江、山西等8个省份得分低于20(见表1.10)。

表1.10　31个省份渔业现代化得分及所处阶段

地区	得分	阶段
浙江	36.75	发展阶段
福建	36.35	发展阶段
安徽	32.61	发展阶段
天津	31.29	发展阶段
山东	30.62	发展阶段
海南	30.39	发展阶段
江苏	29.93	起步阶段
北京	28.71	起步阶段
上海	28.36	起步阶段
宁夏	28.09	起步阶段
吉林	28.07	起步阶段
辽宁	26.90	起步阶段
湖北	26.24	起步阶段
广西	26.03	起步阶段
青海	24.30	起步阶段
广东	24.22	起步阶段
内蒙古	23.06	起步阶段
甘肃	21.20	起步阶段

地区	得分	阶段
江西	21.17	起步阶段
四川	20.92	起步阶段
重庆	20.75	起步阶段
湖南	20.33	起步阶段
贵州	20.18	起步阶段
黑龙江	18.84	起步阶段
山西	18.38	起步阶段
陕西	18.14	起步阶段
新疆	18.01	起步阶段
云南	17.11	起步阶段
河南	15.02	起步阶段
河北	12.78	起步阶段
西藏	6.69	起步阶段

　　2. 各省份渔业现代化实现度评价

　　2020年,渔业现代化总体指标实现度达到40%以上的省份有2个,分别为浙江省(40.83%)和福建省(40.39%);实现度在20%—40%之间的有25个,包括安徽、天津、山东等省份;实现度在20%以下的有云南、河南、河北、西藏4个省份,渔业现代化总体发展水平距基本实现渔业现代化差距较大(见表1.11)。

表 1.11　全国 31 个省份渔业现代化实现度

地区	实现度(%)	地区	实现度(%)
浙江	40.83	内蒙古	25.62
福建	40.39	甘肃	23.55
安徽	36.24	江西	23.52
天津	34.77	四川	23.24
山东	34.03	重庆	23.05
海南	33.77	湖南	22.59
江苏	33.26	贵州	22.42
北京	31.90	黑龙江	20.93
上海	31.51	山西	20.43
宁夏	31.21	陕西	20.16
吉林	31.19	新疆	20.01
辽宁	29.88	云南	19.02
湖北	29.15	河南	16.68

现代化总体发展水平距基本实现渔业现代化差距很大。

3. 全国渔业现代化发展约束度评价

5个分类指标对渔业现代化发展均存在一定的制约。2020年我国渔业现代化水平制约因子主要为生产体系,其次为产业体系,可持续发展水平、支持保护体系和经营体系约束度相对较低。从具体指标来看,渔业机械化程度约束度最高,达到15.52%。劳均固定资产投入、每万人劳动力包含渔技人员数量、劳均饲料业产值成为重要制约因素。休闲渔业产值比重、渔业产值占农业总产值比重、水产品加工业产值比重、良种场发展水平、规模以上加工企业比重、渔业劳动生产率、种质资源保护区发展水平、经费支持力度、稻田养鱼比重、渔业单产、渔业二三产业产值比重和技术推广力度的约束度均大于1%,成为渔业现代化进程中不容忽视的影响因素。

(二) 推进渔业现代化的政策措施

1. 加大支持保障力度

(1) 加大公共财政投入。加大公共财政对公益性、先导性、示范性渔业项目的投入。重点支持减船转产、渔港维护改造、工厂化循环水养殖、休禁渔期补贴等。继续实施增殖放流、水产健康养殖扶持政策。保障渔政、资源调查、品种资源保护、疫病防控、质量安全监管、渔船检验监督管理等专项经费。加大对水产育种、水产病害防治、渔业资源养护、渔业装备等科技创新和推广的支持力度。

(2) 增加基础设施投资。加快渔政、渔港、水生生物自然保护区、水产种质资源保护区、池塘标准化改造等基础设施建设,继续支持海洋渔船升级改造、水生动物疫病防控体系建设、科研基础设施建设。加强渔业安全装备、质量监测体系和管理信息化建设,不断提高设施装备现代化水平。

(3) 创新金融投入方式。引导金融机构根据渔业生产特点,创新金融产品和担保方式,加强信贷支持。探索养殖权和捕捞权证抵押质押及流转方式。支持建立渔业保险制度,推动将渔业保险纳入政策性农业保险范围,支持发展渔业互助保险,鼓励发展渔业商业保险,积极开展水产养殖、渔船、渔民人身保险等险种开发,使渔业风险保障机制更健全稳定。鼓励和引导城市工商资本及社会资金投入现代渔业建设,促进多元化、多渠道渔业投融资格局的形成。

(4) 加强政策扶持。加大支渔惠渔政策力度,在项目管理、资金投入、效益分配、生态保护等方面制定出一系列与发展目标相配套的行之有效的政策和措施,简化项目申报程序,调动各方面积极性,实现渔业现代化发展。

2. 积极推进渔业科技创新

技术进步是促进渔业结构优化升级的重要支撑,应不断提高渔业的科技创新能力。加强科技创新对产业发展的支撑和引领作用,加强渔业科技和资源生态养护修复技术研究,加大对优良品种繁育、病害防控、现代化设施装备和精深加工等关键技术的研发力度,通过提高科技进步贡献率和渔民科技文化素质,提高产业发展的质量和效益。

(1)加强渔业设施装备科技创新。一是开展水产养殖设施装备研究。研发设计用于深远海养殖、循环水养殖等绿色养殖和满足绿色养殖发展需要的设施装备。二是开展自动控制系统研究。研发水产养殖、捕捞、加工的自动控制系统和仪器设备,实现资源合理利用、环境自动控制等生产需求,提高渔业的自动化、信息化、数字化和智能化水平。三是开展渔业科研条件研究。针对渔业科技创新需要,改善必要的渔业科研船舶、科研基地、科技平台等科研设施条件,为渔业科技创新创造条件。

(2)加强养殖科技创新。一是加强水产良种繁育研究。开展渔业生物种质资源保护和种质资源库建设,完善水产良种繁育体系,研发先进良种繁育技术,培育水产养殖优良品种,提高养殖良种覆盖率。二是加强重要水产病害防控理论技术研究。加快水产用疫苗、高效无害药物研发,推广水产疫苗和安全用药技术方法;研发大宗养殖品种配合饲料,替代使用幼杂鱼饵料,保护幼鱼资源和水域环境。三是加强绿色生态健康养殖技术研究。开展池塘工业化养殖、陆基工厂化循环水养殖、深远海养殖、盐碱水养殖、渔农综合种养等绿色养殖方式和养殖技术研发,解决养殖生产中的关键技术问题。四是加强水产养殖与环境保护研究。开展养殖容量、养殖环境影响等理论与评估技术研究,为绿色发展提供科学依据。

(3)加快建设渔业科技创新体系和人才培养。坚持科技兴渔,加快建设以企业为主体、市场为导向、产学研相结合的科技创新体系,推动名特优新养殖新品种和新技术的示范推广。推动科技成果向现实生产力快速转化。加快发展"互联网+渔业",利用互联网、大数据、人工智能等技术对传统渔业进行改造。加快渔业人才队伍建设,培养和引进渔业高层次创新型科技人才,加快建设渔业专业技术人才队伍建设,鼓励和引导科技人才为渔业发展作贡献。

3. 实现渔业可持续发展

可持续发展也是渔业现代化的主要目标。渔业可持续发展需要充分运用先进的科学技术、工业装备和管理理念,以促进水产品安全、生态安全、资源安全和提高渔业综合经济效益的协调统一为目标,以倡导水产品标准化为手段,创造协调、可持续发展的渔业发展模式。

（1）加强资源养护研究。一是全面开展资源调查。对全国重要渔业水域、大江大河及重要湖泊、边境水域、重要海域等进行渔业资源调查，掌握资源环境状况、渔场分布、变动规律等基本情况，科学评估资源存量和可捕量，为渔业科学管理、实施海洋渔业资源总量管理制度和限额捕捞提供科学依据。二是实施重要资源养护措施和开展效果评估。对海洋伏季休渔、长江禁渔等措施进行研究评估；提出增殖放流规划，研究这些规划的适宜水域、品种、数量和相互关系，研发增殖放流技术、方法和标准，开展增殖放流效果评估；提出水生生物自然保护区和水产种质资源保护区的划定依据和建议，并进行保护效果评估。三是开展重要经济捕捞品种最小可捕标准研究。提出重要经济鱼类和其他品种最小可捕标准，为制定幼鱼资源保护管理制度提供依据。

（2）加强生态环境保护研究。一是开展渔业生态损害研究。重点研究生态灾害预警预报、污染事故调查与应急处理、资源环境损害评价等技术措施，建立相关技术标准。二是开展资源生态修复重建技术研究。建立不同类型、不同特点典型水域资源与生态环境修复重建技术模式，选择典型水域开展试验示范和推广应用。三是开展水生野生动物保护研究。加强重要濒危物种人工繁育、救护保护、驯养繁殖等技术研究，突破重要濒危物种保护关键技术难关。

（3）在资源开发利用的同时，更加注重资源与生态养护。将资源节约、环境友好、生态优先摆在突出位置，注重渔业资源环境保护，实施可持续发展战略。坚决贯彻落实海洋捕捞产量"零增长"方针，开展渔业生物资源增殖放流活动，实现渔业资源的可持续利用；建立完善海洋渔业资源有偿使用制度，对使用者征收一定额度的资源消耗补偿金，实现渔业资源的资产化管理。认真落实《中华人民共和国海洋环境保护法》《中华人民共和国渔业法》等法律法规，建立健全渔业生态环境保护的政策系统；建立环境监测网络，加强对渔业水域生态环境有影响的活动的实时监测，防止污染事故发生；建立环境污染补偿制度，征收环境保护税，遏制渔业生态环境污染。建立负责任的水产养殖和捕捞渔业标准体系及行为规范，规范生产者行为和监督管理标准，通过淘汰落后生产方式、控制捕捞强度等限制性措施和资源养护、生态修复等主动行为，促进资源开发利用与生态环境保护事业协调发展。

（4）大力推广渔业循环发展模式。在水稻产区推广稻蟹、稻鳅等稻渔（轮作）生态循环种养模式，提高水资源的综合利用率；在池塘养殖区域，推行水资源循环使用，做到养殖用水零排放。

4. 因地制宜地制定渔业经济发展战略

根据我国东部、东北、中部和西部地区的渔业资源特点、生态环境条件、区域经济社会基础以及渔业经济发展现状，按照"突出区域优势，促进产业集群，提升竞争能力"的原则,确定适合不同区域的渔业发展战略。东部地区应降低近海捕捞强度,构筑水产品养殖、出口加工基地、海洋绿色生态养殖基地和良种繁育基地,扩大海水增养殖,特别要积极拓展远洋渔业;东北地区应以辽宁省海洋渔业经济为先导,提高黑龙江和吉林淡水养殖水平;中部地区渔业生产以内陆水产养殖为主,协调好渔业发展与水产品数量、品种、质量要求不断提高的关系;西部地区要加大扶持优势渔业,加大项目资金、技术及渔业基础设施建设投入力度,发展建设渔业基地。

5. 加强渔业制度与政策创新

一是研究建立负责任的水产养殖和捕捞认证标准。按照负责任的渔业要求和渔业绿色发展导向,制定渔业生产经营者行为标准规范,适时开展评估认证,完善水产品质量安全追溯体系,推进渔业绿色发展。二是研究建立渔业扶持政策。在渔业税收、用水用电用地、基础设施建设、金融保险等方面对渔业给予政策支持;在渔船标准化改造、选择性渔具渔法、池塘标准化改造、生态健康养殖等方面给予政策性支持。三是研究加大财政投入力度。增加公共财政对水产原良种、病害防治、资源环境养护及科技研究与推广等公益性事业的投入。四是研究渔业发展体制机制。研究建立有利于渔业发展的生产经营管理体制机制,发挥企业和社会化组织作用,培育生产者发展渔业的积极性、主动性和创造性。

6. 优化渔业三产结构,促进渔业产业升级

现代渔业要改变盲目追求数量的思维,转而追求高质量发展。渔业部门要积极推进三产融合发展,培育发展新业态;要以市场需求为导向,根据渔业发展规律,推动渔业结构优化。

(1)控制捕捞强度,调整水产养殖结构。采取多种措施压缩捕捞规模,改进捕捞方式,完善伏季休渔禁渔制度,引导捕捞渔民转产转业;创新养殖方式,推广健康、绿色、高效养殖,开发推广适销优质高端品种,提高渔业供给结构对市场需求的适应能力。

(2)以市场为导向进行品种结构调整,提高水产品有效供给能力。强化提质增效观念,积极开展新品种引进前期市场调研,引进适销对路的品种,注重加强传统品种口感、肉质提高等方面的研究,从品质提升方面挖掘水产品附加值。加强水产品质量安全监管,建立完善水产品质量安全追溯系统;积极探索水产品分级分类制度,满足不同消费者的不同需求。

(3)大力推广特色水产养殖。随着渔业现代化进程加快及人民消费水平提高,发展特色水产养殖越发迫切。首先,各地要因地制宜制定特色水产养殖发展规划,树立典型,进行示范推广,根据市场需求进行引导。其次,加强硬件基础设施建设。包括特色养殖基础设施、加工流通设施等,鼓励标准化养殖,不断提高特色水产养殖业设施设备建设水平。第三,强化科技创新。强化与各大科研院校的产学研合作,加强特色水产品品种繁育、深加工、药物开发等关键技术研究,强化科技培训和指导。最后,加大宣传力度。通过水产技术推广站、合作社、协会等多渠道对地区特色养殖品种进行宣传推广,培育广大的消费群体,扩大知名度,打造特色水产品牌。

(4)发展水产品精深加工,提升水产品附加值。引进先进技术,加强技术研发,实行产学研合作,开发新产品、新技术、新工艺,提高水产品附加值;加大水产加工扶持力度,推动水产加工向集约化、规模化和高附加值方向发展;引进先进加工生产线,通过订单生产引导养殖结构调整。

(5)提升水产品加工流通业质量,打造优质品牌。满足人民日益增长的对水产品营养、健康、多样、便利的需求,是水产业发展的核心任务,也是提高水产业竞争力的重要抓手,水产品加工业在其中起关键作用。一是加强技术创新和品牌建设,提升我国水产加工业自主创新能力,引导企业提高自主品牌的知名度和竞争力。二是发展壮大水产品加工企业。适应现代社会营养需求、生活节奏和消费习惯的改变,大力发展水产品精深加工和高价值产品,利用现代食品加工技术开发适销对路产品;积极发展海洋食品、海洋药物、海洋活性物质等新兴产业。三是建设水产现代物流体系。在开发先进的保鲜运输技术与设备的基础上,建立水产保鲜物流体系,形成流通成本低、运行效率高的水产营销网络和快速通道,提高市场流通效率和水产品竞争力。

(6)发展休闲渔业等第三产业。休闲渔业具有拓展渔业多种功能、优化产业结构、促进渔民增收、弘扬渔业文化的重要作用,是现代渔业新的经济增长点,是实施乡村振兴战略、建设美丽中国的重要组成部分。今后休闲渔业要拓展功能、发展新型业态,提升质量效益。一是构建多元产业体系。培育一批休闲渔业示范区,重点构建滨海港湾型、湖光山色型、都市休闲型、海洋牧场型等各类休闲渔业,打造若干知名休闲渔业品牌;组织开展休闲渔业示范基地创建活动,促进休闲渔业健康发展。二是扩大观赏渔业规模。加强观赏鱼繁育与养殖基地建设,扩大高档观赏鱼繁育与养殖规模,培育观赏鱼文化;引导观赏性水生生物及其附属设施开发,建设集观赏鱼繁殖与养殖、宣传与展示于一体的观赏鱼文化旅游观光和科普教育基地。三是引导和规范发展游钓业。探索将公共水域游钓活动纳入捕捞许可管理,制定全国统一的休闲渔船和休闲渔业管理办法,确保休闲渔业与资源保护协调发展。四是保护传承渔文化。进行渔文化资源普查摸底,支持各地开展各种渔文化保护传承与传播开发活动,重视传统渔村、渔岛、码头、渔业设施、渔船、渔技渔法等的保护,积极推进渔文化产业发展。

7. 提高渔业竞争力,促进渔业"走出去"

(1)提高渔业竞争力。一是优化国内渔业市场。根据市场需求进行结构调整,促进水产品贸易稳定协调增长,努力引领和扩大水产品内需;大力提高渔业国际竞争力,推广"一带一路"倡议,积极参与国际贸易谈判、国际规则制定和国际渔业治理,按国际规则规范相关渔业生产活动。争取水产品国际贸易主动权,提高应对贸易壁垒的能力。规范有序发展远洋渔业,积极推动水产养殖技术和设施装备"走出去",提高利用"两种资源"和"两个市场"的能力。二是发挥企业主体作用。"走出去"的企业采取适合投资国家国情和实际的经营模式,遵循市场经济规律,开展多种经营、综合生产,按照市场化原则进行对外渔业合作。充分发挥企业主体作用,自主开展渔业合作。有效协调国际国内双循环关系。三是改进"走出去"的方式。"走出去"的主要方式有投资办厂、境外上市、跨国并购等。要研究各种境外投资形式,与"走出去"良性互动。

(2)健全政策支持体系。一是延续现有远洋渔业扶持政策。二是完善远洋渔船建造资本金补贴政策。三是将远洋渔业基地建设纳入国家政策扶持范围。四是完善渔业保险制度。扩大保险品种和范围,建立起以政策性渔业互助保险为主、商业性渔业保险为补充的保险体系,为远洋渔业保驾护航。

8. 注重渔业保障能力建设

进一步重视渔业发展的安全保障,加大基础设施建设投入,加强资源环境友好型养殖捕捞设施装备、防灾减灾能力和疫病防控体系等建设,完善渔业支持制度和政策,夯实渔业发展的产业基础,有效提高应对各种环境变化和自然灾害的能力。

(1)加强渔港建设和管理。加强渔港防灾减灾体系建设,科学规划、合理利用岸线资源,完善渔港布局。形成以中心渔港、一级渔港为龙头,以二级、三级渔港和避风锚地为支撑的渔港防灾减灾体系。加强公益性基础设施建设,完善港区渔需物资供应、船舶维修、水产品加工、市场等经营性服务设施。理顺渔港建设管理体制,依托渔港管理渔船,强化渔港管理和维护,明晰渔港设施所有权、使用权、管理权和监督权,建立健全渔港及设施保护制度。

(2)加快渔船更新改造。以安全、节能、经济、环保、适居为目标,逐步淘汰老、旧、木质、高耗能、污染大的渔船,建造选择性好、高效节能、安全环保的渔船。提升渔船及装备现代化水平,加强渔船建造管理,坚决取缔违法违规造船。强化渔船建造检验及监督。推进渔船标准化建设,鼓励使用标准化渔具。完善老旧渔船使用标准和管理政策,逐步建立定点拆解和木质渔船退出机制。

9. 培育和支持新型经营主体,推进渔业产业化发展

针对我国渔业经营主体规模小、基础设施落后、专业知识匮乏的现状,加大

政策支持力度，培育龙头企业、养殖大户、合作社等新型经营主体，为它们提供高效的社会化服务，使之形成产业集聚作用，提升其产业带动能力。

加强渔业生产、加工、流通、休闲、服务等各环节衔接，延伸产业链，提高规模化、组织化水平。引导渔民、渔场创建渔民专业合作社，大力推进渔业中介组织建设，引导民间组织、行业协会发挥桥梁纽带作用，协调政企关系，在信息、技术、贸易、投资、人才等方面给予新型经营主体指导和服务，推动标准化生产和规模化经营。

10. 提升渔民素质

高素质的渔民群体是渔业现代化健康发展的重要保障。要不断增强渔民文化素质和技能教育，加快建立渔民教育培训长效机制，切实保障渔民公平发展权利。一是建立渔民学校或培训机构。二是创新培训方式，依托高等院校、职业院校及乡镇文化技术学校，多方面调动社会力量的积极性，对渔民进行各种技能培训。三是出台激励政策，培养渔业实用人才和渔民带头人，塑造有文化、守法制、懂技术、会经营、善管理的新型渔民，为渔业现代化提供人力资本支撑。

第二章
渔业科技创新竞争力

产业科技竞争力是产业竞争力的重要组成部分,是提高产业竞争力的关键,它随着科技创新在经济发展中重要性的提升而不断凸显。产业科技竞争力反映一系列产业研发活动的能力,是科技资源和活动的统一[①]。近年来,国内外关于产业科技竞争力衡量指标的研究,主要有两个体系。一是传统指标体系。经济与合作发展组织(OECD)在 20 世纪 70 年代编写的法城手册是各国科技统计、调查研究的指南[②]。二是现代指标体系,主要基于美国、欧盟和OECD 等在 1996 年开展的对创新和创新系统的研究(由蕾,2018)。国内有关产业科技竞争力的研究大多从不同层次的创新指标入手,但大部分文献是根据Hill(1979)提出的四个衡量技术创新能力的指标进行分析:一是测度技术创新的投入指标,如 R&D(科学研究与试验发展,以下简称 R&D)预算(经费)、从事 R&D 活动的科学家数量;二是测度中间产品的指标,如专利授权、技术论文或新的化学合成物质;三是测度某种产品或过程性能的指标,如速度、耐用性和成本等;四是测度生产某种产品所需投入要素数量的指标,如劳动时间、资本设备价值等。Hill 认为,不需要计算上述全部指标,从某个侧面来研究即可。相对来说,国内对农业科技竞争力的相关研究较少。进入新发展阶段,科技对我国现代农业发展的促进作用越来越显著。产业科技竞争力的提升,是现代渔业发展的重要驱动力。本章借鉴 Hill 提出的指标,围绕淡水渔业科技创新能力

[①] 黄敬前、杨广青(2002),杜心灵(2005),夏京文、李驰(2009),周小柯、吉生保(2011),封伟毅(2012),黄群慧、贺俊(2013),由蕾(2018)均对产业科技竞争力问题进行了研究。

[②] 1963 年 6 月,经济与合作发展组织(OECD)在意大利举行会议,来自各国研发统计方面的专家参会。此次会议的具体成果就是官方第一版《研发调查的标准程序》,也被称为"法城手册"(Frascati Manual)。在推动各国对科研发展的统计工作方面,OECD 一直居于执牛耳的领导地位。法城手册汇集先进国家之做法,提出具有一致性的定义与操作方法,使研究发展统计得以在各国流通比较,成为目前各国比较科技潜力与国家竞争力的一套有效的标准。

的四个方面,即**创新投入、创新产出、创新主体、创新支撑**,来分析我国现代渔业科技创新竞争力问题。

一、科技在促进大宗淡水鱼产业绿色高效发展中的作用

科技创新在大宗淡水鱼产业绿色高效发展中起着重要作用。从 2011—2019 年的大宗淡水鱼养殖户全要素生产率(以下简称 TFP)的增长及其分解看,TFP 年均增长率为 4.16%,其中规模报酬率年均增长 0.22%,技术进步年均增长 3.20%,技术效率年均增长 0.74%,即中国大宗淡水鱼养殖户 TFP 增长的动力来源主要是技术进步。按照科技创新包括技术进步和技术效率来计算,2019 年科技创新对提高大宗淡水鱼养殖业全要素生产率的贡献率上升至95%,说明科技创新已成为大宗淡水鱼产业发展的主要技术支撑。[①]"十三五"期间,我国大宗淡水鱼产业向着绿色高效方向发展,其间,科技创新的作用不可忽视。国家大宗淡水鱼产业技术体系总结的科技创新成效如下。

(一) 培育了一批新品种,显著提升了产品质量和效益

大宗淡水鱼产业技术体系一直致力于渔业种质资源的改良与保护。按"一个品种、一个产业"的要求,国家大宗淡水鱼产业技术体系共研发异育银鲫"中科 3 号"等 11 个新品种,在全国 118 个示范县集成示范推广,建成新品种(品系)良种扩繁基地 52 处,形成了良种扩繁与大规模人工育苗技术 12 套,累计繁育良种水花鱼苗 400 亿尾以上,建立良种健康养殖模式 13 种,形成了"育、繁、推"一体化技术,有效改善了品质,有力支撑了大宗淡水鱼产业高质量发展。

(二) 研制了一批新机具和新型养殖模式,显著提升了养殖效率

近年来,大宗淡水鱼养殖机械化水平不断提升,以机械动力替代人工劳动的趋势不断加强。随着新一代信息技术的应用,智慧渔业、数字渔业等新一代信息设备不断开发、应用和推广,水产养殖的机械化、智能化和绿色化水平大大提升。

主要进展体现在以下方面。**一是大宗淡水鱼养殖装备研发不断推进。**精准投喂反馈装置开发、疫苗自动注射机研发、溶氧自动控制系统开发、集约化管控系统建设、养殖大数据平台建设、吸鱼泵研发等工作有序推进。以吸鱼泵研

[①] 数据来源:根据国家大宗淡水鱼产业技术体系产业经济研究室 2010—2020 年监测数据测算。

发为例,通过工厂空转、载鱼系统试验后,结合流体仿真分析,对管体流态、进口弯度、管道材料进行了大幅度的修改完善,试验结果证明,对规格 2 千克内的淡水鱼几乎无损,设备成本是国外设备的五分之一左右,机械性能稳定,为推进养殖生产的信息化和机械化,提高生产效率打下基础。**二是水产养殖绿色生产池塘生态工程化设施不断推进。**通过优化生态沟渠、复合生物浮床、复合人工湿地等构建技术,研发适合池塘养殖的稻田原位、异位修复关键技术,形成内陆大水面生态增养殖、工厂化循环水养殖、池塘工程化循环水养殖、稻渔综合种养等绿色养殖新模式。近年来,建立了池塘生态工程化调控模式 3 套、系统性操作规范 10 套、典型模式 9 种;开发水层交换设备 2 种;建立底质管理技术模式 5 种;制定技术性规范 16 项;研发优化新型高效设施与装备 3 种;优化推广先进养殖机械 4 种;优化形成绿色高效养殖典型模式 7 种;良种覆盖率达到 100%。

(三) 创新研发了一批新技术,显著提升了增效潜力

科技进步对大宗淡水鱼养殖全要素生产率的贡献率达到 77%,新技术的采纳对推动大宗淡水鱼从育种、养殖、加工和销售的全产业链节本增效、转型升级起到重要作用。近年来,国家大宗淡水鱼产业技术体系不断丰富发展相关理论,并逐渐研发苗种繁育技术、生态修复技术、绿色养殖技术、高效加工技术、病害防控和营养调控技术等绿色养殖全程关键技术,取得积极进展。

1. 淡水鱼类品质提升及养殖尾水减排关键技术作用显著

该技术通过对淡水鱼类全程高效生产、品质提升与安全防控等技术集成与系统化运用,可显著降低生产成本,提升产品附加值。可实现淡水鱼养殖生产方式绿色化发展,提升淡水鱼养殖对水、地等自然资源和饲料营养等投入品的利用效率,提高养殖排放物质的再利用水平,形成循环生态化养殖生产环境,引领产业走上生态优先的发展之路。运用该技术后,一是通过养殖水质调控,实现养殖废水减排 20%—50%;二是建立动态的营养精准供给模型和技术,提高饲料利用效率 6%—7%,养殖动物的成活率提高约 8%—10%;三是建成"水产主导品种数字化智能专家系统"和完整的水产品质量安全追溯体系,实现了出口香港淡水鱼合格率由 70% 提高至 99.8%;四是通过整体技术的运用,实现淡水养殖产业 15% 以上效益提升和养殖渔民增收,实现生产方式"减量增收、提质增效"的转变目标。

2. 淡水鱼加工技术快速发展

近年来,我国淡水鱼加工关键技术和装备水平明显提升,产业规模扩大,建立了一批科技创新基地和产业化示范生产线,储备了一批有前瞻性和产业需求的关键技术,包括鱼糜加工技术、淡水鱼方便熟食类和休闲产品加工技术、水产

腌制糟醉加工技术、淡水鱼储运保鲜技术、淡水鱼品质评价与质量控制技术等。以草鱼为例,其技术突破表现为:一是草鱼微流水净化提质与调理保鲜技术,探明了微流水处理对草鱼肌肉品质的提升效果及其代谢机制,即采用微流水净化处理(自来水或循环净化水,水体温度10℃—15℃,水置换量400%/天)4—7天,可以显著提升池塘养殖淡水鱼肌肉食味品质;二是针对鱼肉低温储藏过程中品质劣化问题,建立了鱼体臭氧水淋洗减菌、真空腌制(10℃—15℃,真空浸渍处理2—4小时)、质构调控、壳聚糖基生物膜保鲜、混合气体包装与冰温气调保鲜技术以及基于NIR技术的品质快速评价方法。通过新技术应用和新产品开发解决池塘养殖草鱼土腥味较重、冻藏后肉质变软、消费者接受度低等问题,提升品质和价值,推进草鱼加工产值增加、规模扩大,支撑草鱼加工产业高质量发展。

3. 病害防控技术取得显著成效

以草鱼为例,养殖草鱼的传染性疾病以病毒性的草鱼出血病和细菌性的肠炎、赤皮病、烂鳃病为主。草鱼出血病的流行病学调查和病原监测表明,2018—2019年健康草鱼苗种的草鱼呼肠孤病毒(GCRV)携带率为7.45%,发病草鱼GCRV阳性率为49.6%,且均为Ⅱ型GCRV,提示草鱼养殖过程中需加强苗种的引种检疫。获批的"草鱼出血病活疫苗"在草鱼主产区得到推广应用,取得明显的免疫预防效果,放养草鱼的成活率由60%左右提升至85%以上;各种实用性的新型疫苗研究取得一定进展,如Ⅱ型GCRV芽孢杆菌口服疫苗、编码草鱼呼肠孤病毒VP5与NS38 B细胞表位的DNA疫苗壳聚糖纳米口服制剂等。研制出防治药物"复方茶多酚粉剂"(俗称"血停"),先后在草鱼主产区广东、四川、安徽等地进行效果验证,可有效减少草鱼发病,降低死亡率80%以上,有望成为近年来第一个新型绿色渔药。对养殖草鱼的细菌性疾病研究相对较少,病原学研究主要集中于病原菌的分离鉴定和基因组分析,药物防控研究集中在药物安全使用方面,生态防控研究则主要体现在抑菌有益微生态制剂研制方面。"草鱼嗜水气单胞菌败血症-铜绿假单胞菌赤皮病二联蜂胶灭活疫苗"获兽用生物制品临床试验批件,并在3个不同地区开展了临床试验,免疫组的养殖成活率比对照组高21.3%。

4. 饲料营养技术获得重要进展

一是增强草鱼健康和改善鱼肉品质的营养调控技术取得重要进展。针对草鱼肠道、鳃等器官组织发育不完善、不饱和脂肪酸含量高,健康易受损,导致发病率高、肉质下降的问题,研究发现:适当水平的蛋白质、赖氨酸、色氨酸、缬氨酸、磷脂、铁、锰、核黄素、烟酸、泛酸分别提高了草鱼攻毒后肠炎抵抗力11.3%—57.1%和烂鳃病抵抗力9.0%—80.7%,促进了生长,改善了草鱼肌肉品质。以"器官健康"和"鱼肉品质"关键指标为标识提出了生长中的草鱼营养物质需要量参数 34 个。同时,高脂食物增加了草鱼肝胰脏脂肪沉积,而适当水平共轭亚油酸、磷、硒提高了幼草鱼肝胰脏和肠道抗氧化能力,DHA 和精氨酸分别增强了草鱼肝细胞和肠细胞结构与功能。

二是高效利用蛋白质的草鱼饲料技术取得重要进展。首先针对鱼粉资源短缺,而植物蛋白可利用性差、易受霉菌毒素污染等问题,研究发现:(1)适当提高草鱼饲料中脂肪含量有节约部分蛋白质的作用,且在低蛋白质高脂肪组(28%粗蛋白质,6%粗脂肪)的每千克饲料中添加 1933 单位脂肪酶,可提高草鱼抗病力,改善鱼肉品质;(2)黑水虻幼虫粉、肠衣蛋白粉、棉粕可分别替代幼草鱼饲料中 40%、40%、60%鱼粉,但鸡肉粉替代鱼粉后降低了幼草鱼生产性能;(3)饲料呕吐毒素会破坏草鱼肠道、鳃等器官结构,降低免疫力,导致生产受阻,根据增重率和抗病力确定了每千克草鱼饲料中呕吐毒素的最大允许量分别为318.00 微克和 190.43 微克。其次,针对草鱼器官发育不完善,结构功能易受损的问题,研究发现:当饲料中谷胱甘肽、谷氨酰胺二肽、核苷酸、槲皮素、黄芩素、姜黄素、荷叶醇提物、地衣芽孢杆菌添加量分别达 407.45 毫克/千克、0.5%、0.082%—0.15%、0.2—0.6 克/千克、0.2 克/千克、400—600 毫克/千克、0.14%、$1×10^5$—$1×10^6$ cfu/克时,能提高幼草鱼血清或肝胰脏抗氧化能力和免疫功能,促进生长;与硫酸盐相比,富马酸亚铁提高了生长中的草鱼生产性能、抗病力(肠炎、烂鳃病、赤皮病抵抗能力)和鱼肉品质,且富马酸亚铁的生物学效价是硫酸亚铁的 124.4%—150.3%。上述草鱼营养与饲料理论研究成果丰富和发展了鱼类健康营养理论,对行业的转型升级和健康可持续发展具有理论指导意义;为草鱼等淡水鱼饲料研制、标准制定提供营养技术支撑。

(四) 集成了一批新模式,显著提升了生产效益

传统的池塘养殖"八字精养法":水、种、饵、混、密、轮、防、管,是养鱼技术理论和实践经验的高度总结,其中"水、种、饵"是池塘养殖的三个基本要素,三者有机统一。随着越来越多的养殖户意识到好水、好种、好料的重要性,传统的池塘养殖逐渐发展为大水面生态增养殖、工厂化循环水养殖、池塘工程化循环水养殖、稻渔综合种养等绿色养殖生产模式。"十三五"以来,大宗淡水鱼区域性绿色高效养殖模式技术集成与示范稳步开展,按照产业技术示范片的建设要求,集成关键技术,开展核心示范点建设,构建全程技术与操作规程,建立经营模式与生态效应评价系统。大宗淡水鱼体系核心示范点 14 家,分布在西北、西南、华中、华东,各个区域的养殖模式因地形、水源、人文环境而不同,东部走向集约,中部走向环境友好,西部走向特色。各地创新发展模式,通过不同的手段提质增效、减量增收、绿色发展。

1. 池塘"零排放"绿色高效圈养技术与模式

该模式是对传统池塘养殖方式的重要革新。它主要在池塘中构建一套面积不超过池塘总面积25%的圈养装置,主养鱼类在圈养桶内养殖,外塘种植水草或构建生物浮床,减少了因使用饲料而造成的氮、磷等营养元素在水中和底泥中的积累。通过圈养桶特有的锥形集污装置高效率收集残饵、粪污等废弃物,废弃物经吸污泵抽排移出圈养桶,进入尾水分离塔,固体废物在尾水分离塔中沉淀分离,收集后进行资源化再利用;去除固体废物后的废水经人工湿地脱氮除磷后再回流到池塘重复使用,实现养殖废弃物的"零排放"。这种养殖方式具备清洁生产、提升养殖容量、降低病害发生率、提升产品质量、减少人工和水资源等生产成本、提升养殖效率等多重优势。

相较于常规养鱼模式,该模式降低饲料成本约20%;管理的水体面积大大减少,节约人力;渔药使用量降低80%以上,药残更低;实施清水养殖,提高养殖鱼类营养品质,产品土腥味基本去除、口感更佳。单个圈养桶产量相当于散养池塘1亩产量;池塘圈养的产量、效益相当于普通池塘产量、效益的5倍以上。

2. 回型池种青养鱼模式

回型池种青养鱼模式遵循草鱼的生态习性和养殖池塘生态位的特点,建造回型养殖池塘,在池塘平滩和池埂上种植黑麦草、小米草和苏丹草等作为天然饵料,再搭配一定比例的鲢鱼、鳙鱼、鲫鱼、黄颡鱼等,并辅助投喂配合饲料。该模式符合节能减排要求,通过改造原有池塘,底泥循环利用,减少了废弃物排放,生态效益和社会效益良好。该模式集成生态种养、养殖尾水循环利用与智慧渔业装备技术,优化营销管理渠道,构建"体系技术+合作社+渔民+品牌销售"的产供销模式,打造生态农业科技知名品牌,形成生态循环型绿色高效万亩水产养殖示范模式,每亩纯利润3 000—5 000元,为传统养殖的2倍以上。

3. 鱼菜共生养殖模式

鱼菜共生养殖模式,通过搭建生物浮床来种植水蕹菜等蔬菜,实现水上种菜、水下养鱼的生态养殖模式。该模式可显著提升精养池塘的鱼体质量和水体氮、磷的去除能力,具有节水减排、改良水质、提高饲料利用效率、减少鱼病、降低渔药使用量、提高产品质量、促进池塘养殖提质增效的特点,生态效益和经济效益突出。

作为精养池塘生态工程化修复技术的一种,鱼菜共生模式的"一控两减"效果明显,节约养殖用水50%,减少养殖废水排放80%,提高氮素转化效率约10%,提高养殖产量10%—20%,经济效益提高30%,具有改善水质、丰富水体生物多样性、提高鱼肉品质等效果。该技术在全国13个省(市、自治区)推广17.13万亩,累计增产2.03万吨,增收1.91亿元。

4. 跑道式养殖模式

跑道养鱼是将传统老旧的池塘养鱼方式改为集中在流水槽里进行养殖的新模式,其优势在于养殖鱼类始终在溶解氧浓度高的流水中生长,养殖的鱼生长速度快、成活率高、单产高、饲料系数低、生产管理方便、起捕鱼方便,是一种高效、节能、环保、绿色的生态健康养殖新技术,通常会比粗放的传统静水池塘养鱼方式增产1—2倍,大大提高产量、产值,增加养殖经济效益。如每条水槽投放2.5万尾草鱼,一年可以养两轮,年产20万千克草鱼。

池塘集约化养殖——跑道养殖新模式是将2%—5%的水面建设成"养殖跑道",余下95%—98%的水面改造成净化区,实现养殖尾水的循环利用、达标排放甚至零排放。与传统池塘养殖模式比较,该模式在工艺理念、技术装备和养殖方式等方面都有重大革新。**一是构成方面,**主要包括水槽、净化池塘2个单元,水槽面积占比2%—5%,长16—27米,宽4—6米,深2.0—2.5米,净化池塘坡比1∶2.5—1∶3.0,配套导流堤浅水区,配备气提推水增氧、底部充气增氧和吸排污设备。**二是生产方面,**1—2月份放养草鱼苗种,规格50—150克,密度为每条水槽20 000尾,进行苗种驯化养殖,到3—4月份开始分池养殖,单个槽体的养殖数量控制在7 000—10 000尾。在养殖过程中,通过气提推水增氧设备,水槽下游水流速度控制在3—8厘米/秒,经过池塘净化后循环,投喂后等待1—2小时开始吸污,沉淀出残饵及粪便,处理后作为肥料。在病害高发季节适时开展预防工作,一旦发现病兆,停止推水,开启底部充气增氧设备,封闭水槽两端拦鱼栅,对症下药。到11月份上市,草鱼的规格为1.00—1.25千克/条,单槽产量约10 000千克。**三是效益方面,**该模式平均经济效益较常规池塘养殖模式提升12.06%,部分养殖户采用直供模式,效益提升可达50%以上。近年来我国10多个省(直辖市、自治区)示范应用流水养殖槽2 000多条,达3万多亩。

(五)稳定的科技支持政策和项目,为淡水渔业丰产增收提供有力支撑

我国现代渔业发展面临的共性问题包括:水产生物种业工程体系尚不能支撑产业发展需求;养殖模式粗放且结构布局不合理;生境修复和资源养护工程化水平不高;远洋高效捕捞技术亟待突破;水产品精深加工和安全保障水平低等。要解决这些问题,必须围绕产业发展需求,按照科技创新链要求,突破种质创制、健康养殖、资源利用、绿色加工等方面的重大科研难关和重大技术瓶颈,引领和支撑我国现代渔业的持续健康发展。

一直以来,我国大宗淡水鱼产业获得的国家科技支撑政策和项目较少。进入21世纪,这一状况才有所改观。

在科技创新平台方面,国家大宗淡水鱼产业技术体系于 2008 年由农业部和财政部联合启动,它在协同解决产业发展关键技术难题方面发挥了积极作用。一是围绕实现大宗淡水鱼产业提质增效、减量增收、渔民增收、绿色、可持续发展的目标,开展了大宗淡水鱼绿色高效养殖模式研究与示范,构建以良种、良法、良饵、良机为核心的大宗淡水鱼模式化生产系统,以区域性核心示范点建设为重点,形成增收、增效示范效应。二是开展大宗淡水鱼加工提质增效关键技术研究与示范,开发了适宜加工的大宗淡水鱼品种及养殖模式,构建适合现代消费需求和规模化加工的大宗淡水鱼加工技术体系。三是开展精准脱贫和综合种养,促进渔业增效和渔民增收,发展稻渔综合种养等先进生产模式,在全国南北方和中东部地区示范推广,使稻田养殖作为一种高效生态种养模式,成为一些省区农业经济的新增长点和农民脱贫致富的新机会。四是促进产业转型升级,推动质量效益竞争力提升。以高值化、功能化、生态化为技术核心,促进产业供给侧改革,提升质量效益竞争力。大宗淡水鱼产业技术体系还与龙头企业建立科技创新联合体,联合开展水产品养殖竞争力提升科技行动,提高试验示范区原良种覆盖率,减少鱼病发生率,减少化学药物使用量并构建精准高效设施化池塘养殖模式,建立动态的营养精准供给模型和技术,全面提升产业竞争力。

在科研项目方面,2020 年,科学技术部出台了国家重点研发计划"蓝色粮仓科技创新"重点专项,年度指南发布 12 个任务方向,拟安排国家财政拨款总经费 2.91 亿元支持渔业全产业链科技创新,其作用仍待进一步观察。

二、我国渔业科技创新投入

近年来,我国渔业科研条件建设得到加强,在大宗淡水鱼科研专项实施的带动下,科技创新投入不断增加,科技人才从数量到质量都有所改善,产业创新投入呈现良好的发展态势。科技创新投入包括经费投入和人力资本投入。在一般的分析中,经费投入包括 R&D 投入占科技活动经费比重和 R&D 投入占销售收入比重两个指标。根据《中国渔业统计年鉴》,渔业科技投入主要是科研活动经费,主要体现为渔业科研机构中来自政府的年度资金。同时,由于农业科技的特殊性,科技推广是农业科技创新体系中重要的部分,因此科技推广机构的科技创新投入也应该作为重要的内容纳入科技创新投入指标体系。我们选取 2015—2021 年《中国渔业统计年鉴》数据①,通过对比分析渔业科研机构数量、人员及经费投

---

① 如无特别说明,此处至本章结束的数据均来自 2015—2021 年《中国渔业统计年鉴》。

入情况、水产推广站发展状况等对当前我国渔业科技创新投入进行全面分析。

（一）近年渔业科研机构数量略减，但渔业科研投入逐年提高，政府对渔业科研机构支持力度较强

当前我国渔业已逐步形成了多元化的科技创新投入态势，政府、企业和社会共同推动渔业的创新发展，为产业发展作出重要贡献。受制于数据的可获得性，下文主要关注政府层面的科研投入力度。据统计，"十一五"期间，我国对渔业科技的资金投入达 13.46 亿元，"十二五"期间则达到 30.31 亿元，其中，国家级项目资金增幅 51%，省部级项目资金增幅 52%，地方及其他项目的资金从 2.43 亿元增加到 15.16 亿元，增幅 5.24 倍。从渔业科研机构数量来看，2014—2020 年我国渔业科研机构数量递减，从 2014 年的 112 个下降到 2020 年的 82 个。但从经费状况来看，2014—2020 年渔业科研机构来自政府的收入逐年增加，2014 年为 17.52 亿元，2015 年 18.35 亿元，2016 年 23.34 亿元，2020 年 25.39 亿元，2020 年的经费比 2014 年增长 44.92%。2020 年，平均每家科研单位可获政府资金 3.10 亿元，比 2014 年增加 1.53 亿元，增幅为 97.89%。2014 年，渔业科研机构获得的政府项目经费为 5.33 亿元，2015 年下降为 4.72 亿元，2016 年增长为 6.45 亿元，2018 年最高，达到 6.74 亿元，2020 年为 6.53 亿元，2020 年比 2014 年提高 22.51%。

表 2.1　2014—2020 年我国渔业科研机构的数量及经费情况

年份	2014	2015	2016	2017	2018	2019	2020
渔业科研机构数量（个）	112	106	103	98	98	87	82
渔业科研机构科技活动收入——政府资金（万元）	175 237.3	183 467.3	233 449.4	244 969.2	252 390.5	262 131.6	253 888.3
财政拨款（万元）	119 384.4	131 215.2	166 163.2	173 588.2	182 993.5	177 742.3	186 541.5
承担政府项目（万元）	53 329.6	47 162.0	64 535.2	66 592.9	67 434.9	66 281.2	65 282.5
单个渔业科研机构获得科技活动收入——政府资金（万元）	1 564.6	1 730.8	2 266.5	2 499.7	2 575.4	3 013.0	3 096.2

注：单个渔业科研机构获得科技活动收入＝渔业科研机构科技活动收入——政府资金÷渔业科研机构数量

渔业领域研究项目来源渠道丰富，项目经费逐年提升。当前渔业领域的科研项目经费来源包括国家级科研项目、部级科研项目和地方科研项目三个层级。

"十三五"国家科技计划项目改革为五大类,包括国家自然科学基金、国家科技重大专项、国家重点研发计划、技术创新引导专项(基金)、基地和人才专项。自然科学基金在生命科学部下设水产学,鼓励研究人员围绕水产基础生物学、水产生物遗传育种学、水产资源与保护学、水产的动物营养与饲料学、水产养殖学、水产生物免疫学与病害控制、养殖与渔业工程学、水产生物研究的新技术和新方法等方面提交项目申请,开展科研探索。2018年国家重点研发计划中设"蓝色粮仓科技创新"重点专项,支持围绕渔业产业开展创新研究。2018年支持立项渔业领域研究项目共16项,重点支持围绕水产遗传育种与养殖、水域生态与水产资源保护、水产品加工3个方向开展基础性的重大研究,总经费5.49亿。详情见表2.2。

表2.2　国家重点研发计划2018"蓝色粮仓科技创新"立项项目一览

	"蓝色粮仓科技创新"项目名称
1	水产养殖生物生长和品质性状的遗传基础与调控机理
2	水产养殖生物性别和发育的分子基础与调控机制
3	重要水产养殖生物抗病和抗逆性状的遗传基础与调控机制
4	水产动物精准营养及其代谢调控机制
5	水产动物疫病发生的分子基础与免疫机制
6	重要养殖生物对典型环境胁迫的响应机制和生理生态效应研究
7	典型养殖系统对自然水域生态系统的影响机理
8	渔业水域生境退化与生物多样性演变机制
9	我国重要渔业水域食物网结构特征与生物资源补充机制
10	水产品营养品质保持与调控机制
11	水产品营养功效因子结构表征与功能解析
12	重要养殖鱼类优良种质创制与生殖操作技术研究
13	重要养殖虾蟹类种质创制与健康苗种繁育
14	重要养殖贝类种质创制与规模化制种
15	重要养殖藻类种质创制与高效扩繁
16	重要养殖棘皮类种质创制与新对象开发

作为国家现代农业产业技术体系五个水产体系中最大的一个,大宗淡水鱼产业技术体系承担了我国主要养殖品种青鱼、草鱼、鲢、鳙、鲤、鲫、鲂的研究与建设。从2008年至今,大宗淡水鱼产业技术体系在新品种选育与推广、养殖模式改良、病害防控、加工提质增效等方面取得了长足进展。目前,大宗淡水鱼产业技术体系建有遗传育种、养殖与工程、病害防控、饲料与营养、加工和产业经济6个功能研究室,共聘用岗位专家31位,在全国23个省、直辖市、自治区设立综合试验站32个。在异育银鲫"中科3号"、福瑞鲤、松浦镜鲤、长丰鲢、芙蓉鲤鲫等新品种研发、绿色高效养殖模式探索、池塘新设备装备研制、病害防控、

饲料营养和加工工艺等方面都取得了一定的成绩。

(二)水产技术推广机构数量缩减,经费投入略增,但平均经费投入较少,尤其是业务经费额度过低

从推广机构的投入来看,2014—2020年,我国水产技术推广站数量呈缩减态势,2014年为14 755个,2015年为14 398个,2016年为13 463个,2019年为11 705个,2020年缩减到11 373个。从经费投入来看,水产技术推广站人员经费占总投入的比例较高,2016年我国水产技术推广站人员经费达到28.95亿元,但此后有所下降,2020年为39.19亿元,其中业务经费有波动,2014年为4.8亿元,2016年增长到8.0亿元,随后有所降低,2020年又增长到12.5亿元。从人均经费投入来看,我国水产技术推广经费由于水产技术推广站总数减少,平均每个站的经费投入有所提升,但仍较难推动科技创新与推广工作。2014—2020年,我国水产技术推广站平均人员经费逐年增加,从13.68万元增长到21.51万元,2020年达到34.46万元。2014—2020年,我国水产技术推广站平均业务经费从3.24万元增长到11.00万元,业务经费偏低。业务经费包括公共经费和项目经费两部分。自2017年起,《中国渔业统计年鉴》将这两部分分开记录,2016年水产技术推广公共经费总额2.35亿元,项目经费总额5.67亿元,2020年有所增长,公共经费总额3.79亿元,项目经费总额8.71亿元。但平均来看,每个水产技术推广站的平均项目经费在2016年仅为4.21万元,2020年为7.66万元。

表2.3 2014—2020年我国水产技术推广站基本情况

年份	2014	2015	2016	2017	2018	2019	2020
水产推广站(个)	14 755	14 398	13 463	12 305	11 967	11 705	11 373
人员经费(万元)	201 802.92	232 935.50	289 540.41	227 371.26	243 932.73	263 966.81	391 885.66
业务经费(万元)	47 754.11	52 279.15	80 242.89	66 172.9	68 249.7	81 376.41	125 085.41
水产推广站平均人员经费(万元)	13.68	16.18	21.51	18.48	20.38	22.55	34.46
水产推广站平均业务经费(万元)	3.24	3.63	5.96	5.28	5.70	6.95	11.00

(三) 渔业科技活动人员数量逐年减少,拥有高级职称的研究人员占比逐年增加,研究生占比不稳定,渔业科研体系整体能力有所增强

我国拥有全球最多的渔业从业人员和渔业科技人员。近年来我国渔业科研机构从业人员有减少态势。2014 年我国渔业科研机构有 112 个,渔业科研机构从业人员 7 560 人,2016 年渔业科研机构从业人员下降到 6 726 人,2020 年为 6 266 人。2014 年我国渔业科研机构中高级职称人员有 1 630 人,2015 年增长到 1 729 人,2016 年为 1 752 人,2018 年为 1 809 人,2020 年为 1 822 人。从占比来看,渔业科研机构从业人员中高级职称人员比重不断增长,由 2014 年的 21.56% 增长到 2020 年的 29.08%。同时,研究生和本科生的数量及比重变化也有所增长(见表 2.4)。研究生、本科生数量占渔业科研机构从业人员的比重有所增长,2019 年比重最高,分别达到 30.03% 和 34.62%,2020 年回落。可见,在我国渔业科研机构从业人员数量逐年减少的情况下,从业人员中拥有高级职称的研究人员占比提高,且较高学历研究人员比重也有所提高,渔业科研机构科研力量有所增强。

表 2.4　2014—2020 年我国渔业科研机构人员情况

年份	2014	2015	2016	2017	2018	2019	2020
渔业科研机构从业人员(人)	7 560	7 135	6 726	6 233	6 358	5 165	6 266
科技活动人员(人)	5 521	5 217	5 300	5 178	5 282	6 213	5 069
高级职称(人)	1 630	1 729	1 752	1 743	1 809	1 710	1 822
研究生(人)	1 867	1 336	1 446	2 202	1 585	1 551	1 558
本科(人)	2 102	2 018	1 913	1 896	1 929	1 788	1 826
专科(人)	944	757	701	641	587	513	417
高级职称人员占从业人员的比重	21.56%	24.23%	26.05%	27.96%	28.45%	33.11%	29.08%
研究生占从业人员的比重	24.70%	18.72%	21.50%	35.33%	24.93%	30.03%	24.86%
本科生占从业人员的比重	27.80%	28.28%	28.44%	30.42%	30.34%	34.62%	29.14%
专科生占从业人员的比重	12.49%	10.61%	10.42%	10.28%	9.23%	9.93%	6.65%

（四）水产技术推广人员数量有所减少，但高级职称人员占比逐年增加、受教育程度持续提升，体系力量有所增强

水产科技推广人员是推动渔业科技创新实现从研究到生产的重要中间力量。近年来，我国水产推广站总量和水产推广实有人员数量有所减少，但水产推广人员中拥有高级职称的人数和占比都有所增加（见表 2.5），受教育水平整体有所提升，渔业科技推广体系力量有所增强。2014 年我国水产推广人员实有人数为 42 006 人，2015 年为 41 095 人，随后持续减少，2020 年仅为 30 389人。从水产技术推广人员职称来看，高级职称的人数逐年增长，2014 年有高级职称人员 2 852 人，占实有人数的 6.8%；2020 年达到 4 179 人，占实有人数的13.75%。从水产技术推广人员的受教育程度来看，本科及以上学历的水产技术推广人员数量持续增加，2014 年本科及以上学历的水产技术推广人员有9 279 人，2015 年为 9 811 人，2020 年为 11 879 人，而大专学历人数略有减少。

表 2.5 2014—2020 年我国水产推广人员情况

年份	2014	2015	2016	2017	2018	2019	2020
水产推广站总量（个）	14 755	14 398	13 463	12 305	11 976	11 705	11 373
水产推广人员实有人数（人）	42 006	41 095	37 615	33 196	34 185	29 852	30 389
正高职称（人）	—	—	—	450	464	465	555
副高职称（人）	2 852	3 045	3 380	2 765	2 956	3 218	3 624
中级职称（人）	10 904	10 710	11 221	9 897	9 979	9 793	9 764
本科及以上学历人数（人）	9 279	9 811	11 008	10 482	10 966	11 154	11 879
大专学历人数（人）	14 479	13 814	14 190	12 576	12 310	11 609	11 462

三、我国渔业科技创新产出

下面通过科技著述、专利申请等来分析渔业科技创新产出情况。

（一）我国渔业科研成果突出，渔业科研成果数量和质量位于世界前列

"十三五"以来，我国渔业科技部门在遗传育种、健康养殖、疫病防控、加工流

通、节能环保、设施装备、资源养护与生态修复、渔业信息化等领域提供支撑保障，一些前沿领域开始进入国际并跑、领跑阶段，一批生态、绿色、高效渔业技术模式得到广泛应用。当前，我国渔业生态系统动力学、水域污染生态学、生物地球化学与生态系统整合等研究进入国际前沿，水域生态环境与生物资源综合观测、机理机制、模拟预测等技术水平大大提高。渔业科技进步贡献率由 2015 年的 58% 提高至 2020 年的 63%。全国渔业科研、教学、推广等机构和团队聚焦科技创新，5 年来有多项渔业科技成果获奖，其中国家科学技术进步奖(发明奖)二等奖 8 项、神农中华农业科技奖 16 项、范蠡科学技术奖 33 项①。总体来看，当前我国在水产良种培育、新型疫苗研制、禁用药物替代研究、高效配合饲料研制、节水减排降耗、稻渔综合种养、资源可持续利用、节能型渔业装备研发、水产品加工综合利用等方面形成了一批重大科研技术成果，特别是在养殖、育种方面取得了长足进步，草鱼、团头鲂等大宗淡水鱼种质资源开发利用进程加速，跻身世界先进行列。

2014—2020 年，我国渔业科研机构论文发表数量变化不大，但在国外期刊上发表论文数量显著增加，国际影响力有所增强。2020 年共发表论文 2 857 篇，其中国外发表论文数量达 883 篇，较 2014 年增长 61.7%。渔业知识产权情况也有所改善，专利授权、拥有发明专利总数持续增长。2014 年拥有发明专利总数为 1 091 个，2020 年达 3 262 个。

表 2.6　2014—2020 年我国渔业科研机构科技产出总体情况

年份	2014	2015	2016	2017	2018	2019	2020
论文数量(篇)	2 860	2 875	2 787	2 852	2 739	2 752	2 857
国外发表论文(篇)	546	635	669	787	683	850	883
出版著作(种)	95	64	64	79	75	62	60
专利授权(件)	633	739	715	728	721	855	761
发明专利(件)	300	275	309	221	333	315	374
拥有发明专利总数(件)	1 091	1 080	1 399	1 686	2 308	2 845	3 262

(二) 学科交叉融合不断扩展和深入，创新技术应用与推广取得突出成就

从文献计量的角度来看，近年来国内水产养殖技术领域高质量论文跨学

---

① 农业农村部渔业渔政管理局.“十三五”科技创新发挥引领作用,助力渔业绿色高质量发展[EB/OL]. (2021 - 01 - 08) [2022 - 05 - 09]. http://www. moa. gov. cn/xw/bmdt/202101/t20210108_6359682. htm.

科、跨团队合作现象趋多。以氨基酸、脂肪酸、肌肉、质构特性、营养价值等关键词为主要节点的多个概念相互关联,构成了近年来水产养殖技术学科最为热门的研究主题[①]。

绿色养殖技术、饲料营养、品质调控、饲喂方式等是近几年水产养殖研究领域的关注热点,也是大宗淡水鱼产业技术体系的领域技术重点。近年来,集成创新池塘工程化循环水养殖、稻渔综合种养等一批生态、绿色、高效的养殖技术与生产模式得到大幅应用。草鱼、罗非鱼、河蟹、克氏原螯虾、紫菜等重点品种健康养殖技术示范推广面积不断扩大,多营养层次综合养殖技术与模式获得国际广泛认可,饲料精准营养加工与综合利用理论和技术水平逐步提高,研发推广了一批精准投喂、收获清洗等装备,水产养殖全过程精准控制技术产业化应用逐步兴起。

四、我国渔业科技创新主体

科技创新是从研发到产业化的完整过程。提升产业科技竞争力,不仅要加强科技创新研发投入,激励创造出更多更好的科技成果,还要大力推动科技成果转化,推动企业成为创新决策、研发投入、成果转化的主体,使科技创新持续成为经济发展的核心要素。渔业科技创新发展,需要培育一批具有科技创新能力的水产加工企业。但也要认识到,企业是创新主体,但不是唯一主体。由于农业的特殊性,农业科技创新主体多元化特征明显。以大学和科研院所为主导的渔业科技创新体系在现代渔业发展过程中作出了突出贡献。为了进一步打通大宗淡水鱼产业科技创新链条,大宗淡水鱼产业技术体系形成了联合创新体,推动大学与科研院所、试验站、养殖户、合作社、水产加工企业等产业创新相关主体形成创新合力,共同推动大宗淡水鱼产业联合创新。以下逐一对水产加工企业、大学及科研院所、大宗淡水鱼产业技术体系的科技创新现状和做法进行分析。

(一)水产加工企业科技创新能力整体不足

"加工活,则流通活,流通活,则生产兴",这说明了水产加工业在渔业经济中的重要地位。近年来,我国水产精深加工产业化应用有新拓展。水产食品绿色加工的理论基础等方面的研究逐步深入,成功开发了即食海参、鲍鱼罐头、调

---

① 钱好,王希挺,等.基于文献计量的中国水产养殖技术研究态势分析[J].农学学报,2019,9(12):43—53.

料扇贝等新产品,并实现工业化生产。建立了水产品追溯编码、信息采集等水产品质量安全追溯技术体系,研究开发了海参功效成分高效制备技术,金枪鱼质量保真与精深加工关键技术成功实现产业化应用,南极磷虾精深加工技术与产业化取得突破性进展,形成了南极磷虾油、南极磷虾脱壳虾肉等成熟产品。我国规模以上水产加工企业从无到有,再到快速发展,2016年数量达到2714家。2016年我国水产品加工能力达2849.1万吨/年,较10年前提高34%以上,水产品加工量达到2165.5万吨,是1978年的36倍,较2007年增加68%。2017—2020年我国水产加工企业数量略有波动,2020年减少至9136个,水产品加工能力达到2853.4万吨/年,比2016年又上新台阶。目前,我国水产加工业已形成水产冷冻品、鱼糜制品及干腌制品、藻类加工品、罐制品、水产饲料(鱼粉)、鱼油制品等较为齐全的产品门类,其中冷冻品占加工量的64%以上。

我国水产加工企业目前以中小企业居多,产品以冷冻水产品为主,水产加工业科技创新水平和能力不足。如表2.7所示,2014—2020年,我国水产加工企业数量在减少,从2014年的9663个减少到2020年的9136个,减少5.5%,其中规模以上企业数量从2016年的2714个减少到2020年的2513个,减少7.7%。从水产品加工能力来看,2020年比2014年有所增长,但都在2900万吨/年以下。水产品冷库数量总体呈减少趋势,2020年为8188座。冻结能力在2015年有了较大提升,增长率达36.83%,但2016年增长速度减缓,2020年与2016年相比,冻结能力有所降低,同时,2014—2020年间冷藏能力、制冰能力均有所降低。

表 2.7 2014—2020 年我国水产品加工业企业基本情况

年份	2014	2015	2016	2017	2018	2019	2020
水产品加工企业数量(个)	9663	9892	9694	9674	9336	9323	9136
其中规模以上加工企业数量(个)	2749	2753	2714	2636	2524	2570	2513
水产品加工能力(万吨/年)	2847.2	2810.3	2849.1	2926.2	2892.1	2888.2	2853.4
水产品冷库数量(座)	8624	8654	8595	8237	7957	8056	8188
冻结能力(吨/日)	671780	919186	946875	937190	868930	930543	882134
冷藏能力(吨/次)	5191248	5006595	4583690	4657017	4671761	4620253	4643754
制冰能力(吨/日)	237794	252824	253993	234019	202420	208177	214863

在全面推进乡村振兴的背景下,"接二连三"是渔业高质量发展的重要路径,因此,提升水产加工企业科技创新能力至关重要。一方面,加工业的科技创新发展有利于上游渔业产业结构调整,促进渔业合理发展。另一方面,水产加工企业靠近消费者,能够准确把握消费需求,围绕需求开展企业科技创新,有助于渔业延伸产业链,有利于满足消费者对水产品个性化、多样化的需求,提高水产品有效供给能力。

对照高质量发展的要求,目前,我国水产加工业还存在两个突出问题。

一是我国水产加工业以初加工为主,高附加值、高技术含量的精深加工产品少。2020年,我国生产水产加工品2090.8万吨,其中冷冻水产品1475.9万吨,占水产品加工量的70.59%。从2014—2020年的加工情况来看,初级加工的冷冻水产品占比约65%。总体上,当前我国水产品加工以直接冷冻为主,新型加工产品和精深加工产品较少,第二、第三产业有机融合力度不够,加工企业科技创新能力不强。

表2.8　2014—2020年我国水产加工品总量及冷冻水产品占比

年份	2014	2015	2016	2017	2018	2019	2020
水产加工品总量 (万吨)	2053.2	2092.3	2165.4	2196.3	2156.8	2171.4	2090.8
冷冻水产品总量 (万吨)	1317.1	1376.5	1404.9	1487.3	1515.0	1532.2	1475.9
冷冻水产品占比	64.15%	65.79%	64.88%	67.72%	70.24%	70.56%	70.59%

二是企业经营战略缺乏创新,品牌"小散弱",竞争力不强。当前,我国水产加工业品牌较多,但是相互模仿、跟风、无序竞争,高度专业化、领导型的品牌企业少,难以有效对接消费者需求。随着我国劳动力、资本等要素成本上升,与我国同质性较高的印度尼西亚、越南、印度、马来西亚等国家的水产品加工业凭借较低的成本而更有价格竞争力(生产经营成本比我国低30%以上),使我国水产加工品国际竞争力下滑。

(二)高校及科研院所渔业科技创新力量增强,各层面科研项目对基础研究支持力度较大

高校及科研院所是当前我国现代渔业发展的重要创新主体,其中科研院所主要包括国家级渔业科研机构、地方(省、直辖市、自治区)渔业科研机构。国家级科研机构具体包括中国水产科学研究院、中国科学院相关研究所(水生生物

研究所、海洋研究所、南海海洋研究所)、国家海洋局相关研究所。高等院校包括专业类院校及农业院校、综合性院校中与水产相关的学院。其中,专业类院校包括中国海洋大学、上海海洋大学、大连海洋大学、广东海洋大学、浙江海洋大学等;农业高校中南京农业大学、华中农业大学、天津农学院、河北农学院等大力建设水产科技创新平台,先后在水产生物繁育、渔药研发、水产品加工、水生生物研究领域取得了突破;以中山大学、浙江大学、华东师范大学、南京师范大学、集美大学等为代表的综合性大学,也有一批从事水产科研工作的研究人员,在水产品安全、海洋资源与近岸工程、河口海岸工程及水环境保护等领域开展长期研究。

从大宗淡水鱼产业科技创新力量来看,当前我国逐渐形成了以中国水产科学研究院为中心,中国科学院水生生物研究所、高等院校、地方水产科研机构为补充的大宗淡水鱼产业科技研发体系。中国水产科学研究院承担着全国渔业重大基础研究、应用研究以及高新技术开发的任务,中国科学院水生生物研究所则主要开展内陆水体生物学综合研究。地方(省、直辖市、自治区)科研机构通过水产品改良中心、重点实验室、工程技术研究中心及重大科学工程等多种形式的基础设施建设,改善了科研条件,集聚了一批高水平的科技人才,为国家级科研院所提供有力的技术补充。从文献计量角度来看,近年来我国水产技术研究领域高被引机构包括上海海洋大学、中国海洋大学和广东海洋大学,中国水产科学研究院黄海水产研究所、中国水产科学研究院南海水产研究所和中国水产科学研究院东海水产研究所,这几家单位在渔业科技创新中优势明显。

(三) 大宗淡水鱼产业技术体系探索构建"科技创新联合体"打通产业创新链,努力围绕应用型技术创新开展科研工作、示范推广及技术服务

在大宗淡水鱼产业技术体系建设专项支持和多部门支撑下,我国渔业以"国家大宗淡水鱼产业技术体系+地方水产体系+水产龙头企业"的方式,形成科企紧密结合的科技创新联合体,成为我国渔业科技创新重要的创新主体,有效提升了我国渔业科技创新竞争力。

通过大宗淡水鱼产业技术体系所搭建的创新平台鼓励大学、科研机构横向联合,强化科研能力和水平。在合作创新中,持续围绕体系遗传改良、营养与饲料、疾病防控、养殖与环境控制等大宗淡水鱼产业体系中的技术要点、难点进行突破。同时,探索构建纵向联合,联合水产龙头企业、合作社等渔业新型经营主体,针对加工业的问题开展联合攻关与服务指导。大宗淡水鱼科技创新联合体的相关科研任务由体系首席科学家牵头,加工功能研究室组织实施,加工岗位科学家与示范点一一对接,负责大宗淡水鱼工业化加工技术的研究与示范应

用。遗传与育种研究室、养殖与工程设施研究室、饲料与营养研究室和产业经济研究室主要负责研发适宜加工的优质品种,研发绿色高效养殖模式和装备等,确保原料鱼的质量安全和长期可供应,研发能提升鱼肉品质的营养饲料配方技术,以及跟踪全国大宗淡水鱼生产、加工及消费市场信息。

大宗淡水鱼科技创新联合体加强科研体系与示范点、养殖户及水产加工企业的联系。各示范点以适宜加工的原料鱼需求为主,进行相关技术的集成、应用和示范,包括淡水鱼加工适用原料基地建设,通过技术推介等方式在淡水鱼主产区或不同养殖区域积极主动与有相应生产能力或投入能力的加工企业合作进行加工技术成果转化与应用,同时为加工企业提供技术服务和指导,建立科企联合体反馈机制,促进技术和管理方案改进与再创新,以点带面,通过技术和产业模式的示范,推广到全国渔业生产优势区域,全面提升中国渔业发展竞争力。

五、我国渔业科技创新支撑

近年来,我国大宗淡水鱼产业科技创新能力不断提升,科研成果丰硕,养殖户对绿色生产技术的接受度有所提高,以增氧机、涌浪机、自动投饵机为代表的养殖新设备的应用范围不断拓展。在大宗淡水鱼产业技术体系的有力支撑下,大宗淡水鱼产业生产效率和生态贡献不断提高,水产养殖户收益明显提升。但从科技创新支撑的角度来看,当前我国大宗淡水鱼基础科研相比其他农业领域仍有差距,科技成果转化不畅,产业工程化设施化水平较低,人工成本高,收益率下降,抵御自然风险的能力较差,产业可持续发展面临突出问题,我国现代渔业,特别是大宗淡水鱼产业创新生态有待提升,科技创新有效供给不足、企业科技创新制度性投入不够,制约了我国渔业科技创新竞争力的进一步提升。

(一)渔业整体创新生态有待提升

首先,我国水产种业基础科研能力提升仍有空间。我国水产种业基础科研水平在世界范围领先,但总体看来,底子薄、起步晚,与种植业、畜牧业相比,仍然有较大的差距。主要表现在:一是我国水产种质资源家底还不清楚,特别是鉴定评价工作还处于起步阶段;二是在关键育种技术创新上还有差距,育种的科学精准效率都有待提高;三是商业化育种机制尚未建立;四是水产种业投入水平还有待提高①。

---

① 胡红浪. 我国水产种业基础研究处于国际领先,未来十年我们要做好这五个方面的工作[EB/OL].(2021-02-27)[2022-05-09]. https://www.sohu.com/a/453070475_210667.

其次,水产科研成果转化能力不强。主要表现为企业对科研不够重视,企业与高校院所科研机构共同推动科技成果转化的动力不足,现有的科技成果转化较为混乱,研发力量不够集中,甚至在部分技术领域出现政府和社会投入资金较多却未取得良好效果的现象。

最后,渔业科技创新的社会环境仍未形成。我国渔业科技人才培养、人才流动、人才稳定、人才激励等方面仍存在进一步提升的空间。

(二) 企业科技创新的制度性投入明显不足

近年来,我国渔业市场化进程不断加快,国家出台了一系列的法律法规和政策,比如《中华人民共和国渔业法》《水产新品种审定办法》《水产原良种生产技术规范》《国家级水产原良种场验收管理办法》等,这些法律法规的出台实施,有力地促进了渔业的创新发展。党的十九届五中全会提出要坚持创新在我国现代化建设全局中的核心地位,推动科技自立自强的重要指示。充分发挥农业科技创新的关键作用对加快我国农业农村现代化发展意义重大。提高我国渔业科技竞争力,为消费者提供更多选择,对加快推动国内国际双循环,保障国家粮食安全有着重要的战略意义。当前,我国渔业科技创新发展的短板在企业。从水产加工企业的现状来看,企业“小散弱”的特点,使其难以担当科技创新的主体。当然,这也是整个农副食品加工业存在的共性问题。2014 年,我国规模以上农副食品加工企业中,有科技研发机构的企业数量为 2 046 家,占比为8.24%。2015 年、2016 年这一数字都有所增长,但占比仍低于 10%,2019 年为2 450 家,低于 2016 年的 2 585 家。一般而言,规模以上加工企业的创新能力与科研水平应位于产业前列,如果统计范围扩大至所有的农副食品加工企业,那么拥有研发机构的企业占比则会远远低于这个数。

我国大宗淡水鱼产业在企业科技创新制度投入方面还存在较大差距。为进一步实现以企业为中心的科技创新转型,应该加大对企业科技创新在体制机制方面的支持和投入,引导大宗淡水鱼加工企业加强科技研发投入,构建企业科技研发机构或与其他科研院所建立协同研发机构。加快推动企业数字化转型,推进设施装备智能化、生产管理精准化和经营服务网络化。尽快出台有针对性的政策,扩大数字技术在渔业上的应用和渗透,提高政策瞄准性,构建互动、共享、共创的创新生态体系。

(三) 水产技术推广机构的科技服务能力弱化

水产技术推广机构是向养殖户进行技术指导的重要部门,目前水产技术推广机构主要通过建设示范基地、开展渔民及推广人员技术培训、实施推广人员学历教育、信息化服务(包括手机信息推送、公共信息供给、网站建设、电话热线等)开展水产技术推广工作。

2014—2016 年,我国水产技术推广机构示范基地数量不断增长,2016 年达 4 192 个,养殖面积 15.8 万公顷,开展渔民技术培训 18 057 期,培训 136.7 万人次。2016 年渔业公共信息服务网站数量飞速增长,达到 4 257 个,比 2015 年增长 337.5％。但 2017—2020 年水产技术推广机构示范基地数量迅速降低,2020 年为 2 526 个,比 2016 年降低 39.7％。2020 年示范基地养殖面积减少为 9.6 万公顷,开展渔民培训的次数也在逐年降低。相应的水产技术推广人员培训次数、网站数量等都在减少。

表 2.9　水产技术推广机构主要工作情况

年份	2014	2015	2016	2017	2018	2019	2020
水产技术推广机构示范基地数量(个)	3 673	4 139	4 192	3 158	3 082	2 859	2 526
示范基地养殖面积(公顷)	181 092	168 364	158 258	123 675	125 219	105 561	95 518.5
渔民技术培训期数(期)	34 987	32 153	18 057	15 894	16 702	13 840	13 775
渔民技术培训人数(人次)	2 254 971	2 086 460	1 367 249	1 072 137	1 018 636	992 334	910 037
推广人员培训(业务培训人次)	84 952	82 756	58 440	58 772	59 303	55 435	44 923
推广人员培训(学历教育人次)	8 211	6 437	3 811	3 246	3 266	2 995	2 522
渔业公共信息服务——网站(个)	865	973	4 257	701	577	510	503
电话热线(条)	168 122	123 337	56 961	41 045	27 927	29 691	31 585

整体看,我国水产技术推广机构的科技服务能力在弱化。水产技术推广部门推广的技术内容的实用性、针对性不强,无法有效满足不同地域、不同主体的差异化技术需求。供需存在偏差,研发与实践结合不紧,加之技术和设备本身不成熟,产业化周期长,使得科技成果向现实生产力转化速度慢、技术成果的市场化程度低,推广部门与应用对象难以有效对接。

(四)水产养殖户参与科技创新体系的政策支撑不够

水产养殖户是渔业科技创新体系的重要参与主体,养殖户的创新需求关乎整个产业的创新发展前景,也应是大宗淡水鱼产业科技创新竞争力提升的重要支撑。

当前大宗淡水鱼产业面临养殖成本高企、从业者年龄偏大、专业素质不高等问题。渔业生产是劳动密集型活动,养鱼户对投喂、巡塘、起鱼等生产环节节约人工的技术创新需求非常强烈,而目前我国养殖机械化、信息化、智能化刚刚起步,缺少新型、实用、高性能、多功能的渔业机械和集约化养殖设施,传统水产养殖方式仍占主导地位。

当前,水产养殖户参与科技创新体系的支撑性政策力度不够,养殖者应用新技术的积极性不高。首先,渔机补贴的带动作用没有很好地发挥出来。渔机补贴覆盖面小、品种少,对渔业装备技术现代化的引导作用不强。由于渔机价格高、能源价格上涨、补贴力度不足、补贴面窄量小,制约了渔民使用先进适用渔机的积极性。其次,淡水养殖的相关配套政策难以形成机械化推广应用的激励机制。宁夏渔民反映水产养殖电价为 0.7 元/度,而农业用电不到 0.5 元/度,渔业和农业在用电、用水上不能享受同等优惠价格。最后,渔业水面补偿大大低于农业用地补偿,导致有些地方的渔民把鱼池改成稻田。配套政策缺乏抑制了渔民使用技术和装备的积极性。

总体来看,近年来,特别是"十三五"以来,我国大宗淡水鱼产业科技创新能力迈上新台阶,无论是基础科研、应用推广还是加工创新等方面都有部分技术创新在世界范围处于领先地位。在大宗淡水鱼产业技术体系的助力下,逐步构建起大宗淡水鱼产业体系创新链条,打通前沿技术从基础科研到示范应用的各个环节,一定程度上提升了我国渔业科技创新竞争力。

从科技创新投入的角度来看,目前我国渔业科研投入呈逐年增加态势,但企业科研投入不足,且推广层面的项目经费投入逐年降低,技术推广人员数量逐年减少,对科研人才、推广人才的培养和储备有所欠缺。从科技创新产出的角度看,我国渔业科技创新成果丰硕,部分成果处于世界领先水平,大宗淡水鱼产业科技创新成果丰富,技术应用与推广取得突出成就。从科技创新主体来看,大宗淡水鱼产业中企业科技创新能力较弱,企业科研投入力度不足成为科技创新主体方面的主要短板,制约了产业科技创新竞争力的进一步提升。从科技创新支撑的角度来看,当前我国大宗淡水鱼基础科研仍有差距、科技成果转化不畅,产业工程化设施化水平较低,人工成本高、生产率低下、抵御自然风险的能力较差,产业可持续发展面临突出问题,我国渔业,特别是大宗淡水鱼产业仍存在创新生态有待提升、科技创新有效供给不足、企业科技创新制度性投入不够等问题。

面向"十四五"渔业发展新阶段,我国大宗淡水鱼产业创新发展面临新的要求。一是产业数字化变革需求迫切。我国水产养殖市场空间大,发展迅速,但在精准养殖、科学管理、产品安全等方面一直存在很大的成长空间,这些因素直接影响着我国水产品在国际市场上的竞争力。在新一轮产业技术革命的助推下,全球智慧渔业、智慧水产发展迅速,挪威、日本、美国等不少国家都在这一领域走在前列。近年来从政策层面,国家大力支持发展现代水产养殖业,推动水产业数字技术创新,不少企业也持续探索推进智能水产养殖系统的建设与应用,"十四五"期间我国将有望迎来水产养殖业的数字化转型变革。二是渔业科技服务体系向科技社会化服务转变的趋势明显。随着渔业科技创新体系中各主体技术信息渠道的扩展,原有的水产推广体系受到新型社会化服务体系的较大冲击。单纯生产环节的服务向综合性服务扩展,初步形成了公益性服务机构、渔民合作经济组织、个体养殖户及企业等相互补充的新型渔业社会化服务体系,面向渔业生产全过程开展各种社会化专业服务。新型渔业科技社会化服务体系的内容与形式更加趋于多样化,更强调集成社会各方面的科技创新力量,为渔业生产各个环节提供更加高效和便捷的服务。

立足新发展阶段,推动我国渔业科技创新竞争力再上新台阶要在三个方面持续发力。一是以质量、效益为主攻方向,加大对渔业科技创新的投入力度,推动水产种业、绿色养殖等方面的基础科研取得新突破。二是以数字化推进产业链、供应链现代化,打造现代化渔业强国。加快推进渔业数字化基础设施建设,打造良好的数字化生态,鼓励大型水产企业开展数字化平台建设,充分发挥大型农企(包括央企、国企、民营企业)集团创新、协同创新优势,以产业数字化、智能化、网络化、普惠化为方向形成产业科技创新服务集群,形成产业持续创新的发展态势。支持中小微企业接入数字化平台,推动技术创新、成果转化和模式创新,融入渔业产业链创新生态。三是加快构建渔业科技社会化服务体系,加强顶层制度设计,激发各个主体创新活力,有效对接养殖主体技术需求,通过政策设计鼓励企业真正成为渔业科技创新的主体,激活产业链、创新链,有效提高产业整体科技创新竞争力。

第三章
我国水产养殖数字技术创新发展现状分析

本章重点分析当前数字化技术与水产养殖,特别是与大宗淡水鱼产业相融合的主要方式,总结国外智慧水产养殖的主要路径和典型案例,结合我国水产养殖数字化发展具体问题提出有关政策建议。

一、数字渔业是渔业现代化的重要任务

以数字技术来装备渔业是渔业管理现代化的重要标志。随着我国数字农业的发展,数字技术创新在渔业领域里应用发展的迫切性日益增强。

(一)我国大宗淡水鱼产业科技创新能力不断提高,但驱动优质水产品发展仍面临巨大挑战

近年来,我国大宗淡水鱼产业科技创新能力不断提升,科研成果丰硕,养殖户对绿色生产技术的接受度有所提高,增氧机、涌浪机、自动投饵机为代表的养殖新设备的应用范围也不断拓展。特别是在大宗淡水鱼产业技术体系科技创新的有力支撑下,大宗淡水鱼产业生产效率和生态贡献不断提高,水产养殖收益明显提升。当前我国大宗淡水鱼产业工程化设施化水平较低,劳动密集型特点突出,导致大宗淡水鱼产业人工成本高、生产率低下、抵御自然风险的能力较差,产业可持续发展面临突出问题。与发达国家相比,我国水产养殖生产过程及产业链关键环节的机械化与自动化程度还存在相当大的差距。据调查,我国目前多数水产养殖场的机械化程度尚不足 40%[①]。根据水产养殖技术领域的

---

① 王健等.大宗淡水鱼养殖产业走向思考[J].中国水产,2018(12):58—60.

研究论文分析结果①,2012—2017年水产养殖技术领域的高频关键词包括"氨基酸""生长性能""脂肪酸"等,饲料营养、品质调控、饲喂方式等的研究是近几年水产养殖领域的关注热点,但与数字化相关的跨学科融合技术研发有关的研究产出则较少,仅有少量案例分析,缺乏深入的技术创新研究论文产出。面向"十四五",以科技创新驱动优质水产品发展仍面临巨大挑战,大宗淡水鱼产业节本增效压力突出,改变以消耗资源、污染环境为代价的发展模式,推动整个产业的可持续发展成为产业科技创新的新使命。

(二) 新一代产业革命为大宗淡水鱼产业发展注入新动能

随着新一代产业革命的持续推进,以物联网、大数据、云计算、人工智能、5G等为代表的新一代信息技术开始广泛渗透到各行各业,开启了一场数字化变革。水产养殖业作为农业领域市场化程度较高的产业也主动参与这场数字化变革,全面开启我国水产养殖业现代化发展进程。在智能水产养殖模式下,通过传感器、卫星图像、无人机和其他技术可以提高数据的数量和质量;通过机器学习、人工智能,能达到更好的数据存储效果;基于云计算能力和其他技术的进步,可以不断提高数据输入和分析能力;智能手机和物联网等更好的工具则可以用来部署和传达信息。数字化、智慧化发展将为现代渔业创新发展注入新动能,推动实现新的重大飞跃。

(三) 推动水产养殖数字化、信息化变革是重要发展任务

十八大以来,党中央、国务院高度重视数字农业发展,各部门陆续发布数字乡村战略、推进"互联网+"现代农业等重要文件。2020年1月农业农村部、中央网络安全和信息化委员会办公室联合印发《数字农业农村发展规划(2019—2025年)》,对数字农业进行了全面部署。推动水产养殖数字化发展也是其中应有之义。2020年,《农业农村部关于加快水产养殖机械化发展的意见》发布,针对当前水产养殖机械化发展不平衡不充分等问题,指导各地着力补短板、强弱项,推动水产养殖机械化向全程全面高质高效发展。该文件明确了推进水产养殖机械化的五大重点任务,其中数字化信息化是重要内容,要加快引导物联网、大数据、人工智能等现代信息技术与水产养殖生产深度融合,推进设施装备智能化、生产管理精准化和经营服务网络化。

---

① 钱好,王希挺,陈欣然,等.基于文献计量的中国水产养殖技术研究态势分析[J].农学学报,2019,9(12):43—53.

二、数字技术赋能大宗淡水鱼产业发展的主要路径和典型案例

与大农业的其他产业部门相比,渔业装备信息化发展相对滞后,总体处于从机械化向自动化、精准化发展的初期阶段,模型算法、人工智能、系统集成整合等方面的研究应用尚不成熟,还不符合精准渔业的要求。但从具体实践来看,部分地区、部分企业在实施开展大宗淡水鱼养殖数字化的过程中产生了不少成功案例,探索出了数字技术赋能大宗淡水鱼养殖的多种路径,例如养殖监测与预警、智能决策与操作、互联网+市场变革、渔业精准治理等,这些探索实践为"十四五"期间推动大宗淡水鱼产业现代化发展提供了思路和方向。

(一) 大宗淡水鱼养殖监测与预警

物联网、大数据、云计算等技术在渔业监测与预警过程中可发挥重要作用,此类技术已在海洋渔业生产中得到广泛应用,在大宗淡水鱼的养殖过程中也越来越多地使用这类新技术,开展远程管理、精准管理。通过物联网集成智能水质传感器、无线传感网、无线通信、智能管理系统和视频监控系统等专业技术,可对水产养殖环境、水质、鱼类生长状况等进行全方位监测管理。

山东文登市水产技术推广站与中国水产科学研究院较早开展的水产养殖物联网试点合作是一个典型案例①。五垒岛水产养殖公司、文登骏马水产食品公司等4家单位作为试点,安装水产养殖环境智能监控系统,开展水产养殖物联网技术示范应用。示范基地采用的水产养殖环境智能监控系统,可以对养殖池塘内的溶解氧、pH值、水温、盐度等进行在线监测,准确反映各参数的实时数据。通过这套系统,养殖户通过手机短信或电脑,就能准确掌握养殖池塘的水质状况,大大减少了人工投入。另外,当监测到溶解氧不足、pH值异常、水温超标等异常情况,系统会自动报警,养殖户可根据实际情况,通过手机或者电脑远程下达指令控制池塘增氧机的启停,克服了传统养殖对经验的过度依赖和盲目性。

(二) 大宗淡水鱼智能决策与操作

从水产养殖数字化技术发展来看,在对水质、水环境、温度等养殖环境实时

---

① 智慧城市.威海市文登区水产养殖物联网上档升级[EB/OL].(2014 - 10 - 14)[2022 - 05 - 10]. https://www.zhihuichengshi.cn/XinWenZiXun/ChengShiZhuanLan/18968.html.

监测的基础上,可有效实现水产养殖智能决策与操作,依据水产品在各养殖阶段的长度与重量的关系,养殖环境因素与饵料养分的吸收能力、摄取量的关系建立数据库,进行细致分析,根据水产品的生长过程,分阶段有针对性地投放饲料,实现精细化饲养,降低成本。可实现根据养殖预设条件,自动控制换水、增氧、增温、喂料等设备的运行,满足严苛的水产养殖环境条件要求,减少不必要的损失,同时可以节省用电,降低生产成本。

另外,在养殖区域内设置可移动监控设备,可轻松实现现场环境实时查看、远程实时监控、视频信息可回看、传输和存储,及时发现养殖过程中遇到的问题,查找分析原因,确保安全生产。不少企业开发手机 APP 远程管理系统,通过手机上的客户端,用户可以远程查看设施环境数据和设备运行情况,还可以分析数据,为养殖户带来诸多便利。在大宗淡水鱼养殖过程中推动智能决策与操作,一方面可将养殖户从繁重的体力劳动中解放出来,无论是投喂饵料,还是调节养殖场水质,管理者都能在手机、电脑等智能设备上完成。另一方面,这些技术促进了养殖精准化、生产绿色化,能够有效提高养殖产量和水产品质量。

京东数科智能水产养殖的"无人化"养殖方案是这方面的典型案例[①]。京东数字科技集团提供的数字水产解决方案通过智能水产养殖方案来实现"无人化"养殖,应用 AI 技术,监控水产品上下游,可降低养殖风险、提高产品质量,并为产品追溯提供依据,对养殖全产业链的贯通可以帮助养殖户获取稳定的收入,在养殖过程中不间断的监控预警,能大大减少养殖企业的工作量,降低养殖门槛。其数字化系统包括 4 个有机结合的系统,一是 SaaS 系统,智能养殖管理平台可进行养殖作业监控,控制智能设备,提高养殖作业效率;实时监控养殖环境和水生动物健康状态,统计分析生产数据,优化指导养殖过程;二是水下监控系统,应用 AI 相机智能识别水生动物的健康状态和生长趋势,积累水产养殖大数据,为养殖各环节提供优化决策,并为食品安全追溯提供依据;三是智能巡检系统,通过巡检设备可对整个养殖区域进行视频监控,应用 AI 图像算法识别水生动物的活动状态,并实时监控其病害情况,监控指导养殖人员作业;四是智能投喂系统,通过智能投喂系统控制饲养区的投喂量;结合专业知识和养殖大数据,AI 相机评估水生动物的生长曲线,智能调控投喂量,确保高效率投喂。

(三)互联网＋市场变革

数字化浪潮推动农业变革,最先带来的是农产品市场经营模式和供销方式

---

① 李朝民.京东数科进军智能养牛和智能水产养殖[EB/OL].(2019－11－28)[2022－05－10].http://www.farmer.com.cn/2019/11/28/wap_99845997.html.

变革。通过互联网等信息化技术推动信息双向流动,优化信息供给。信息的供给可能会通过两种渠道影响农户的行为以及农户与中间商之间的福利分配,即套利行为(Arbitrage)和市场力量(Market Power)。新技术提高了农户获取信息的能力,进而提高农民的销售价格,有效的市场信息不仅能够提高农民在不同市场间的套利能力,而且能够促进市场力量的结构调整。另一方面,以互联网为代表的新技术应用有助于消除消费者与供给者之间的信息不对称,优化了市场机制,也为农户提供了新的市场机会,提高了农户的市场参与程度。近年来,我国从信息网络基础设施的不断改善和互联网产业的飞速发展中获得的信息红利仍不断被激发,农产品电商飞速发展,同时也催生出多种电商模式,如网店、直播、团购等,打通了供销渠道,极大地促进了农产品市场化。

市场化程度较高的水产养殖业是最早被信息化改造的农业产业。从养鱼户较早使用手机的事实,到农产品电商在水产行业的较早推广,再到近年流行的由网红博主、流量明星通过短视频展现水产养殖和捕捞的过程,水产养殖业一直较早地参与"互联网＋"进程,并极大地促进了水产品的流通发展。在这场变革中,水产养殖业的数字化不仅有助于提高水产品的市场化质量和水平,同时信息沟通技术的创新发展(如微信、微博、抖音等)又能极大地促进社会资本的积累,在一定程度上扩大社会网络,强化社会信任,提高社会参与,有助于带动外在资源向养鱼户集中。从食品安全的角度来看,"互联网＋市场变革"通过透明的供应链与人性化的销售模式,将产品与信息技术相结合,消费者通过扫描二维码等方式,就可通过互联网实时查看种养基地的监控视频,使得食品安全与责任风险更加可控。目前,我国海南泉溢、海南翔泰、广州黄沙以及山东好当家等水产业中的领先者,均已开始涉足电子商务。水产龙头企业正通过技术服务、商务服务和平台服务的数字化,努力实现水产养殖户与水产品加工企业之间的"去中介化"。

(四) 智慧渔业管理

有效的管理和丰富可靠的数据是可持续渔业发展的两大关键支撑。在新一代信息技术支持下,水产管理、渔业治理快速进入了智能化发展时代。当前水产管理信息化平台建设已取得了阶段性成效,通过此类信息管理平台可科学、全方位地进行职能部署,有效减轻水产管理人员工作量,提升监管工作的及时性、准确性和有效性。这种管理方式的转变也是数字化促进基层政府转型和促进乡村治理现代化的一种方式,信息管理平台的应用,有利于实现乡村治理的精准化、协同化、高效化,具有深远的应用价值。

洪泽湖渔业管理信息化在推动水产管理和生态平衡等方面发挥了重要作

用,具有一定参考价值①。洪泽湖是我国第四大淡水湖,水域面积310万亩,有效保护湖区生态环境和生物多样性,促进湖区生态平衡,是当地渔业管理的重要任务。近年来,洪泽湖渔业管理委员会办公室持续开展洪泽湖信息化管理系统工程建设,推动渔业管理向现代的信息化、系统化和精准化管理转变。新开发的洪泽湖指挥决策管理系统软件,整合了雷达监控、红外光电、地理遥感、飞行测绘、视频传输和AIS(船舶自动识别系统)等技术手段,对此前建成的渔政执法记录仪系统、种质资源保护区全覆盖监控系统、洪泽湖渔业资源保护与管理系统、水产品质量安全追溯系统、雷达视频监控系统等"九大系统"进行整合集成,有效破解了各系统之间的"信息孤岛"难题,形成了上下连通、彼此衔接的信息化管理系统平台,有效提高了执法效率和管理效果,湖区渔业生产秩序持续向好,生态环境也得到进一步改善。

三、国外渔业及水产养殖数字化发展的现状及经验

无论是渔业及水产养殖资源管理、规划、监测,还是生产及市场信息,新一代信息和通信技术已经彻底改变了渔业和水产养殖部门。当前,国外渔业及水产养殖数字化发展也正处于迅速变革的发展阶段,信息技术带来的红利在渔业和水产养殖部门得以充分展现,有效惠及整个行业内部资源匮乏的利益相关者,通过移动设备和传感技术,提升渔业安全和生态养殖价值。以下从安全与预警、治理能力提升、水产养殖生产率提高、生产者能力建设、社会网络及企业创新五个角度分析国外渔业及水产养殖数字化发展的典型经验。

(一) 强化安全与预警功能

渔业和水产养殖高风险特征明显,难以预测的天气和极端事件常常会导致巨大损失。数字化的自动识别系统、船舶监测系统、天气预警系统、极端事件早期预警、生物安全风险防范预报等,成为国内外渔业与水产养殖数字化的首选工程。目前国外开发了很多小程序为渔民提供免费的卫星实时数据,包括波高、风速风向、洋流等海洋状况。同时,国际海事组织《国际海上人命安全公约》中也明确规定,一定规模的船舶(和所有客船)都必须携带自动识别系统。渔船

---

① 江苏省洪泽湖渔业管理委员会办公室. 洪泽湖: 信息化管理助力执法监管 "现代化" [EB/OL]. (2020 - 10 - 28) [2022 - 05 - 10]. http://nynct. jiangsu. gov. cn/art/2020/10/28/art _ 12502_ 9550103. html.

不受这一条例的约束,但挪威、美国和欧盟都要求达到特定规模的渔船携带自动识别系统以提高安全性。在过去 10 年中,世界获得了前所未有的大量关于渔业和水产养殖部门的数据。目前,大约有 4 万颗卫星观测地球的气候和环境,数千颗浮标收集环境数据,2017 年已有近 5 万艘渔船安装了自动识别系统可进行系统性的数据收集。比较有代表性的如哥白尼地球观测方案及其全球海洋观测系统,美国国家海洋和大气管理局的观测系统。大量的渔业及水产养殖业公共数据为安全与预警功能创造了良好的基础条件。

(二)推动渔业与水产养殖业数字化治理变革

渔业和水产业的可持续发展是全球共同关注的重要话题,长期以来,经济学家一直试图从经济学理论角度探寻渔业资源过度利用问题的本源以及有效的渔业管理制度安排。但是随着认识的逐渐深入,研究发现,经济学的现有理论已无法反映渔业管理的关键要素,研究从传统的经济学领域拓展到涵盖生态学、生物学、经济学、管理学、地理学、社会学和政治学的交叉科学研究领域,在管理中要注意整合涉及生态、经济和社会等多领域的复杂变量和知识体系,从社会-生态的复合系统视角重新审视渔业的可持续发展问题,探寻能够促进渔业资源可持续利用的关键因素。总之,渔业及水产养殖的治理和管理是一个不断学习、反馈和适应的持续过程,要调动多个利益相关方的共同参与,探寻综合策略制度体系。

随着移动设备越来越便宜,互联网系统和移动应用程序快速发展,这种无处不在的通信方式正越来越多地被用于开发复杂的监控系统,以应对世界上一些更为紧迫的社会和生态挑战。数字技术近年来越来越多地在渔业和水产养殖领域的治理上发挥重要作用。一方面,很多互联网平台和手机 APP 通过改善获取和分享可靠数据的途径,例如渔获量、渔业管理规则和条例等,从而有助于增强利益相关方的能力。另一方面,完善的信息系统和追踪体系支持打击非法、未报告和无管制的捕捞活动等,加强了管理能力。例如,全球定位系统(GPS)的使用越来越多地用于监测、控制和监视通过船只监测系统捕鱼的大型船只和小型跟踪设备,如 SPOT 跟踪器。

美国阿拉斯加的鳕鱼捕捞业就是新技术帮助渔业变得更加高效和可持续的典型例子。鳕鱼是捕捞业的目标物种,但捕捞要严格遵循太平洋大比目鱼渔获量限制。为了帮助渔民遵守这一规范,让鳕鱼捕捞者能够持续留在鳕鱼所在水域上,阿拉斯加的一些渔船通过安装测试新的电子监控系统,结合计算机视觉技术和机器学习帮助避免过度捕捞太平洋大比目鱼,该系统可以在大比目鱼和其他物种上船或被丢弃时自动计数和测量。由于它的估算速度很快,意味着鱼类离开水面的时间更短,从而提高了它们的存活率。

南非出台《南非小规模渔业政策》,鼓励小规模渔业治理使用创新的、移动的和基于云的信息和通信技术,推动传统上被边缘化的小规模渔业部门进入南非渔业管理的视野,寻求实施新的共同管理办法,实现资源的更分散分配,并让渔民参与资源监测和相关规范的制定。南非的 ABALOBI 是联合利益相关方开展有效治理的典型案例。ABALOBI 是由南非的学术界、政府和渔民社区参与的非营利组织,该组织设计了一款 ABALOBI 信息管理系统和移动应用软件,通过向小规模渔民提供相关信息,引导小规模渔民参与渔业监测、地方发展,获得更多市场机会,融入信息和资源网络。

(三)改革水产养殖生产过程

在渔业领域,GPS 等导航设备使得标记捕鱼区、记录行程和计划节能行程成为可能。一些船只利用信息和通信技术将用于定位鱼类、海床和水下碎片的声呐信息与行程报告结合起来,提供新的数据集,以提高效率。

在水产养殖领域,新一代信息技术助力养鱼户优化养殖生产,随着水下机器人相关技术方案逐渐成熟,部分公司已经实现水产养殖"无人化管理"。DTX2 ROV 是由加拿大 DEEP TREKKER 公司研制的世界上第一款完全便携式水下遥控机器人(ROV),它由电池供电,能向手持控制器或其他岸基监控设备传输高清晰度视频,工作范围达 150 米。凭借其俯仰系统和球形结构,这种机器人可以轻松进入狭小封闭的空间。DTX2 ROV 现在正在被国际水产养殖公司广泛使用。

挪威的大型养殖场已实现三文鱼饲料投喂、收获、洗网、加工的完全自动化,只要定期维护便可实现 1—2 人管理全场所有事务。挪威 SINTEF 研究所开发了 Cage Reporter 机器人,可以自主地在鱼圈周围工作,使用专有的水下定位系统跟踪它的位置,同时机器人配备 3D 计算机视觉系统,用来检查网具和鱼本身的状况。此外,机器人还利用基于人工智能的算法来观察鱼类的行为,调整自己的动作,尽可能避免干扰鱼类。当检查时,Cage Reporter 使用机载传感器测量水的温度、含氧量和光照水平,而光照水平的下降表明可能存在高浓度的悬浮废物颗粒。如果检测到渔网、鱼类或水质有任何问题,机器人就会通过超声波脉冲将其位置传送到水面的基站。该机器人的原型机已经接受了一些实地测试。

(四)加强养殖户能力建设,拓展社交网络

信息通信技术为养殖户,特别是孤立或偏远地区的养殖户,提供了更多能

够提升其生产经营能力的工具。例如,在传统渔业和水产养殖推广系统的工作的基础上,利用电子设备推送更多的内容,使相关领域从业者能够更容易地获得关于供应链的信息和实现可持续生产的有效建议。菲律宾农业、渔业和自然资源部门的电子扩展门户网站是其中的典型案例。社会网络可以为小规模渔业和水产养殖业的工作人员提供分享知识的渠道,帮助他们与家庭成员、社会群体保持联系。网络平台能充分利用当地渔业从业者拥有的本土化知识,提供公民科学平台,开展信息沟通与交流。另一方面,网络平台的建设也推动利益相关方使用智能手机和网站分享关于当地水生环境的最新信息,帮助有关部门和从业人员及时了解当地水产生态或新物种的变化情况,采取相应行动。

(五) 推动企业加快数字化创新

根据联合国粮食及农业组织发布的《2020 年世界渔业与水产养殖状况》,2018 年全球鱼类总产量达 1.79 亿吨,其中海洋捕捞渔业产量 8 440 万吨,淡水捕捞渔业产量达创纪录的 1 200 万吨,水产养殖产量 8 210 万吨,创历史新高。2018 年全部渔业和水产养殖产品的首次销售价值达 4 010 亿美元,其中水产养殖产品的首次销售价值达 2 500 亿美元,水产业是全球农业领域重要的产业部门,水产养殖业将继续扩张,尽管增速将有所放缓,而养殖鱼类将在未来十年占据更大的消费和贸易份额。企业高度看好这一行业,加快推动水产养殖科技创新进程,数字化和信息化手段成为企业投资的重点。国外大型水产养殖企业和新技术创新公司都在寻求水产养殖的创新发展。

嘉吉、Yield、XpertSea Solutions 等大型企业寻求智能水产养殖创新突破。一是利用智能化软件平台综合各类传感器收集的数据进行大数据分析,为养殖户提供决策支撑。如嘉吉发布的 iQShrimp 预测软件平台,该平台使用机器学习、移动设备、传感器和自动投食器收集虾的大小、水质、喂食模式和天气状况数据,为养殖户提供诸如饲养管理策略和最佳收获时期等建议。二是开发水产养殖专用传感器并利用云平台和人工智能软件提供决策分析。如澳大利亚科技公司 The Yield 针对牡蛎养殖业发布的 Sensing＋Aqua IoT 平台,通过传感器收集盐度、水温、深度、气压和海潮高度等诸多重要数据,并上传至 Yield 微软云平台,其中人工智能和其他分析软件会利用这些数据来预测 3 天内当地的天气和收获条件,帮助养殖户作生产决策。据估计,该系统的应用将减少 30% 的收获损失。

近年来,水产业养殖的数字技术公司屡获重大投资。根据 AgFunder 的数据,自 2015 年以来,大约有 13 亿美元投资于水产技术和与海鲜相关的科技企业,从 2015 年的 8000 万美元增长到 2019 年的 4.45 亿美元。如 eFishery 是一家 2013 年创立的水产养殖科技公司,2020 年获得 B 轮融资 520 万美元。eFishery 主要产品是鱼的自动喂食器,此工具不仅可以定时投喂饲料并自动调节投喂量,还可以 24 小时实时记录,养殖户能随时随地精确访问数据,进而作出养殖决策。又例如 Umitron,这是一家利用卫星图像、物联网和自动化技术提高水产养殖效率的初创公司,由 Innovation Network Corporation of Japan 与 D4V(Design for Ventures)共同投资①。该公司通过追踪养殖户的养殖行为,提出关于饲料投喂量的建议,以提高投喂效率,进而促进渔业可持续发展。

四、启示与政策建议

我国水产养殖市场空间大,发展迅速,但在精准养殖、科学管理、产品安全等方面一直存在很大的成长空间,这些因素直接影响着我国水产品在国际市场上的竞争力。在新一轮产业技术革命的助推下,全球智慧渔业、智慧水产发展迅速,挪威、日本、美国等不少国家都走在这一领域的前列。近年来从政策层面,国家大力支持发展现代水产养殖业,推动水产业数字技术创新,不少企业也持续探索推进智能水产养殖系统的建设与应用,"十四五"期间我国将有望迎来水产养殖业的数字化转型变革。

但当前推动我国水产养殖业数字化发展,还需解决一些突出问题。一是水产养殖数据收集、共享与利用存在缺陷。一方面数据收集能力较差,我国水产养殖数字化处于初期阶段,水产养殖传感器的数据收集能力与世界先进水平相比,还存在一定差距。另一方面,水产养殖业的产业链数据缺乏统一的标准和相应的管理机制,难以实现数据挖掘和应用。二是水产养殖业数字化发展的设施设备需加快推进技术创新。我国在动植物生长信息获取及生产调控机理模型研究方面落后于欧美国家,我国在数字化装备专用传感器、精准作业和智能农机的运维管理等关键装备和技术方面也存在突出问题。以农业传感器为例,我国目前自主研发的农业传感器数量不到全世界的 10%,且可靠性、稳定性、精准度等性能指标不佳。三是推动小型养殖户同步参与水产养殖数字化进程仍需探索相应制度安排。数字化装备的使用无疑会增加养殖户成本,如何实现成本产出的平衡,带动养殖户增收是重要的议题。四是想要构建多方利益共同体,共同推动水产养殖的可持续发展,就需要强化数字化运营和相应制度建设。

---

① 农世界网. Umitron 获 830 万美元种子资金,通过行为数据分析帮助水产养殖大户精准喂养降低成本 [EB/OL]. (2018 − 06 − 22)[2022 − 05 − 10]. http://www.nongshijie.com/a/201806/19781.html.

根据当前的前沿研究进展,水产养殖可持续发展需要多方共同努力,数字化手段可有效连接政府、社区、组织、个人,推动构建共同认可的管理模式,推动水产养殖可持续发展。

今后应从以下几个方面进一步推动我国水产养殖业数字化发展进程。

(一)加大对水产养殖数据收集及利用的投资和管理

加大对水产养殖大数据系统的建设力度,提高收集、汇编和分析数据的能力。开发简单易用的手机 APP,推动产业链关键数据的收集,扩展数据库,为渔业管理政策的制定提供数据支撑。支持企业提供大数据分析服务,加大对遥感技术、互联网、物联网和传感器的投资。制定定义明确、透明和包容各方的程序,以确保可信赖的数据和信息来源产生可信、相关和合法的水产养殖知识。解决不必要的制度和监管障碍。认识到在建设有效的渔业信息系统和实施数据共享方面存在体制、政府和监管障碍,并在保障安全的前提下,考虑实施开放的数据政策,加强数据的共享。

(二)大力支持水产养殖数字技术研发及集成应用

要高度重视与水产养殖业的数字技术相关的跨学科研发和成果的集成应用,在水产科学中综合运用传感器、数据科学、信息学等新装备和新技术,迈向水产养殖现代化的新前沿。建议将水产养殖业数字化技术研发作为国家大宗淡水鱼产业技术体系的重点任务,特别强调以数据为核心的跨学科研究,高度重视传感器核心技术研发工作,加大对数字技术在水产养殖中的综合集成应用的研发投入力度。

(三)提高养殖户在农业数字化进程中的参与度

一是通过企业的连接与带动,提高养殖户接触数字农业、应用数字农业的机会。建议在养殖业数字化项目及创新中心建设中将小农户作为推广应用的重要主体纳入建设体系,实现数字化的"共同创新",实现科技研发、成果转化与技术推广三个环节的零距离对接和相互促进。二是加强数字化技术培训,提升养殖户数字化能力。推进渔业科技社会化服务体系的数字化建设,支持养殖户参与信息化技术培训,鼓励企业研发推广服务养殖户的手机小程序,开展信息化服务。

(四)强化水产养殖数字化相关政策的研究与制定

推进数字技术与水产养殖业发展的深度融合、落地应用,仅仅依靠技术创新还不足以产生效果。新技术应用对政策制度改革有着较强的敏捷性要求,建议加强相关政策研究工作,例如水产大数据管理、水产养殖数字应用社会化支持系统建设等,通过深入研究及时反映实践需求、预判政策变革方向,大力推动相关政策法规及管理制度变革,为数字技术改造水产养殖业创造基本条件。同时要根据新技术所引发的渔业变革来探索相匹配的、高效的管理方法,进一步提升渔业综合治理能力。

第四章
大宗淡水鱼养殖户技术效率、全要素 生产率增长及分解

党的十九大报告指出,中国经济增长方式已由高速增长转向高质量发展,这给水产养殖业提出了更高的要求,原来高投入高产出、以污染环境为代价的粗放式增长方式要向集约式增长方式转变。为此,探寻水产品供给快速增长的源泉,识别水产养殖全要素生产率增长及其动力来源对于保障水产品供给,实现水产养殖现代化发展具有重要意义。

水产养殖一般可以分为淡水养殖和海水养殖,其中淡水养殖的面积占总养殖面积的70%以上,淡水产品占水产品产量的60%以上(孙炜琳等,2014)。作为水产养殖重要组成部分的淡水养殖,对保障水产品稳定供给、提高养殖户收入水平具有重要意义。本章以大宗淡水鱼养殖户为研究对象,识别不同投入要素对产出的贡献,估算和解释大宗淡水鱼养殖户技术效率、全要素生产率的变化特征和原因,以为水产养殖业的健康发展和未来产业政策的制定调整提供科学依据。

一、文献评述

对中国水产养殖效率的估算大体可以分为以下几类。第一,对海水养殖效率的测度。杨卫和周薇(2014)利用DEA(数据包络分析)模型分析了中国渔业科技生产效率,研究发现2008年以后渔业科技综合效率稳步上升,但总体上没有达到规模有效的水平。纪建悦和曾琦(2016、2017)利用全局DEA Malmquist-Luenberger指数法测度了环境约束下2003—2014年中国沿海9省海水养殖业的全要素生产率,研究发现2008年以后中国海水养殖业全要素生产率稳步提升,但存在区域差异,而且全要素生产率的提高主要来源于技术的

进步。高晶晶等(2018)基于三阶段 DEA 测算了中国 10 个省份 2006—2014 年海水养殖技术效率,研究发现中国海水养殖技术效率仍有上升空间,而且规模无效是导致效率损失的主要因素。

第二,对渔业生产效率的测度。席利卿和彭可茂(2010)基于 DEA-Malmquist 指数分析了中国 1999—2007 年渔业全要素生产率,发现研究期间渔业全要素生产率快速增长,但不同区域的驱动力来源不同,东部地区以技术进步为主,而内陆地区以技术进步和技术效率为主。于淑华和于会娟(2012)利用 DEA-Malmquist 指数分析了 2002—2009 年中国沿海地区渔业生产效率,发现研究期间沿海地区渔业生产效率有改善,技术进步导致了全要素生产率的增长。

第三,对水产养殖技术效率的测度。万广珠和杨卫(2017)利用随机前沿方法分析了 2007—2015 年中国 29 个省份水产养殖技术效率。研究发现中国水产养殖技术效率水平整体较高,但均处于规模报酬递减阶段。郑思宁等(2016)以浙江省为例利用随机前沿方法分析了水产养殖园区的技术效率,研究发现规模化水产养殖提高了园区技术效率水平。高强等(2013)利用 DEA 模型分析了中国 2000—2007 年淡水养殖效率,发现中国淡水养殖效率低下,投入不合理和产出结构不合理导致 DEA 单元非有效。陆建珍等(2014)利用 SBM 模型和 CCR 模型分析了青虾池塘养殖的环境效率和经济效率,研究发现中国青虾池塘养殖经济效率高于环境效率,且要素投入存在过量情况。张成等(2014)基于 DEA-Malmquist 指数分析了中国 2006—2012 年 29 个省份水产养殖的综合技术效率,研究发现中国水产养殖综合技术效率不高,且技术进步率和纯技术效率的下降导致全要素生产率增速有所下降。缪为民等(2003)基于随机前沿分析方法测算了中国 7 省 283 个池塘的养殖技术效率,发现其技术效率为70.8%。

综上可知,国内学者在水产养殖技术效率的测度方面做了大量的工作,但仍存在以下不足。第一,研究大多基于省级宏观层面的数据测度水产养殖的技术效率或全要素生产率,但忽视了微观个体的异质性问题,由此可能导致估计结果有一定的偏差。第二,淡水养殖与海水养殖存在较大差异,而且基于加总数据估计水产养殖效率也可能存在偏差。第三,当前大多数研究利用 DEA 方法测度技术效率或全要素生产率,但由于调查个体高报、低报或存在极端天气等原因,导致微观调研数据存在较多异常值(outliers),进而导致存在较多噪声(noise),从而影响决策单元(DMU)到前沿面的相对位置和影响前沿面的形状。而 DEA 等非参数方法由于没有控制噪声从而导致效率估计容易受到噪声的影响。相反,随机前沿分析控制了噪声,进而减轻了异常值对前沿面和个体效率估计的影响。

据此,本文拟基于3559个养殖户调查数据和131户2011—2017年跟踪调查数据,充分考虑养殖户的异质性特征,利用超越对数的随机前沿生产函数实证分析不同类型养殖户的技术效率、全要素生产率,以弥补上述研究的不足。

二、研究方法与数据

(一) 研究方法

1. 基于超越对数随机前沿生产函数,对技术效率及影响因素进行测度

对全要素生产率的测度主要有指数法、索罗余值法、数据包络分析法和随机前沿分析法。

借鉴 Aigner 等人(1977)、Battese 和 Coelli(1992)等学者对随机前沿分析方法的研究,可将其基本模型表述为:

$$Y_{it} = f(X_{it}, t) e^{(v_{it} - u_{it})} \tag{4.1}$$

其中,Y_{it} 表示决策单元 i 在时期 t 的产出;X_{it} 表示决策单元 i 在时期 t 的投入向量;$f(\cdot)$ 表示决策单元生产可能性边界上的确定性前沿产出,代表了现有技术条件下一定要素投入的最佳产出;时间趋势项 t 测度了技术进步(TP);v_{it} 表示观测误差和随机因素;非负项 $u_{it} \geqslant 0$ 表示基于产出的相对于随机前沿面的技术非效率项,用来衡量实际产出 Y_{it} 与最大产出 $f(\cdot)$ 之间的差距。

将式4.1两边取对数,可得对数形式的随机前沿模型:

$$\ln y_{it} = \ln f(x_{it}, t) + (v_{it} - u_{it}) \tag{4.2}$$

对于 $f(\cdot)$ 生产函数的选择通常有 C－D 生产函数和超越对数生产函数。由于 C－D 生产函数假定技术为中性,而现实中存在资本增强型、劳动增强型、土地增强型等情况,因此加总的技术进步可能是偏性的。基于这样的考虑,本研究选择的生产函数应该是能够体现技术偏性的,而超越对数生产函数放松了这两个假定(傅晓霞和吴利学,2007)。在假定淡水鱼养殖存在非中性的技术进步的前提下,本文选择 Christensen 等人(1973)提出的超越对数生产函数(Trans-log)作为估计的生产函数,基本的计量估计式可表示为:

$$\ln y_i = \beta_0 + \sum_j \delta_j T + \sum_k \gamma_k D + \beta_a (\ln A_i) + \beta_l (\ln L_i) + \beta_k (\ln K_i) +$$

$$\frac{1}{2}\beta_{aa}(\ln A_i)^2 + \frac{1}{2}\beta_{ll}(\ln L_i)^2 + \frac{1}{2}\beta_{kk}(\ln K_i)^2 + \frac{1}{2}\beta_{al}(\ln A_i)(\ln L_i)$$

$$+\frac{1}{2}\beta_{ak}(\ln A_i)(\ln K_i) + \frac{1}{2}\beta_{lk}(\ln L_i)(\ln K_i) + v_i - u_i \qquad (4.3)$$

其中，y 表示产出，用成鱼出售量加上存塘量表示；A 表示土地投入，用养殖面积来表示；L 表示劳动力投入，用自有劳动力投入、长年雇工和季节性雇工的总和来表示；K 表示中间物资资本投入，用种苗投入费、清塘消毒费、肥料费、饲料费、天然饵料费、卫生防疫费、水电费、运输费、承包租赁费和贷款利息的总和来表示；T 为时间虚拟变量，分别表示 2011—2017 年间的每个年份，用来控制时间趋势；D 为省份固定效应；v_i 为随机误差项，其服从 0 均值、σ_v^2 方差的白噪声分布；u_i 为技术非效率项，且假定与 v_i 相互独立。通常非负 u_i 的分布可分为指数分布、半正态分布、断尾正态分布和 γ 分布。其中由于半正态分布估计相对容易（Aigner 等，1977；Kumbhakar 等，2015），为此本文假定 u_i 为半正态分布，即 $u_i \sim iidN^+(m_i, \sigma_u^2)$。

由于技术非效率的影响因素对随机前沿模型的影响较大，同时考虑本文拟进一步考察规模化养殖、专业化养殖等因素与养殖户技术效率的关系，为此将随机前沿生产函数中技术非效率模型设定为：

$$m_i = \delta_0 + \delta_1 age_i + \delta_2 education_i + \delta_3 \ln labor_i + \delta_4 large\_farmer_i +$$
$$\delta_5 job\_spec_i + \theta\rho \qquad (4.4)$$

其中，age_i、$education_i$、$labor_i$、$large\_farmer_i$ 和 job_spec_i 分别表示第 i 个养殖户年龄、受教育程度、家庭劳动力人数、是否大规模养殖户、是否专业养殖户。σ_i 表示相应变量的参数估计值，若 σ_i 为正值表示该变量对技术非效率有正影响，即对技术效率有负影响；反之，若 σ_i 为负值表示该变量对技术效率有正影响。θ 为控制变量，ρ 为控制变量参数估计值向量。

通常测算技术效率后，查看哪些因素影响技术效率是学者关注的重要议题。当前不少学者分两阶段解决该问题，即首先估计出技术效率，再利用 Tobit 模型分析其影响因素（如曾雅婷等，2018；胡祎和张正河，2018；赵建梅等，2013）。但如 Kumbhakar 等人（1991）、Reifschnieder 和 Stevenson（1991）、傅晓霞和吴利学（2006）等指出的，在估计第一阶段的技术效率时，通常假定第二阶段技术非效率的影响因素与技术效率不相关，但是分析第二阶段的技术效率时，却进一步分析技术非效率的影响因素对技术效率的影响，因此这本身存在内在假设冲突。当前主流的研究，大多是借鉴 Battese 和 Coelli（1992，1995）的一步法，同时估计出生产函数和技术效率影响因素。本文同样采用一步法直接估计大宗淡水鱼养殖户的随机前沿生产函数和技术效率影响因素。

对于模型的检验,Battese 和 Coelli(1992)构造了方差参数 γ 来检验随机扰动项中技术无效项所占的比例,以此来判断构建的模型是否合适。当 γ 趋近于0 时,表明实际产出与可能最大产出之间的距离主要来自不可控的纯随机因素,此时不必采用随机前沿模型;而当 γ 越趋近于 1 时,说明误差主要来自技术非效率,采用随机前沿模型就越合适。γ 可表示为:

$$\gamma = \frac{\sigma_u^2}{\sigma_s^2} \ , \ \sigma_s^2 = \sigma_v^2 + \sigma_u^2 \quad (0 \leqslant \gamma \leqslant 1) \tag{4.5}$$

同时,可利用广义似然比(LR)统计量来检验模型设定的合理性。LR 检验的原假设为"不存在技术非效率效应",当 LR 检验统计量超过单边似然比检验的临界值,则应拒绝零假设,认为随机前沿模型是有效的;否则,随机前沿模型无效。

2. 基于超越对数随机前沿生产函数,对全要素生产率的增长及分解进行测度

为了测度大宗淡水鱼养殖户全要素生产率的增长及其分解,在式 4.3 的基础上,在土地投入 A、劳动力投入 L 和中间物质资本投入 K 之外,再引入时间变化特征,可将超越对数生产函数转化为:

$$\ln y_{it} = \beta_0 + \beta_a (\ln A_{it}) + \beta_l (\ln L_{it}) + \beta_k (\ln K_{it}) + \frac{1}{2}\beta_{aa}(\ln A_{it})^2 +$$

$$\frac{1}{2}\beta_{ll}(\ln L_{it})^2 + \frac{1}{2}\beta_{kk}(\ln K_{it})^2 + \frac{1}{2}\beta_{al}(\ln A_{it})(\ln L_{it}) +$$

$$\frac{1}{2}\beta_{ak}(\ln A_{it})(\ln K_{it}) + \frac{1}{2}\beta_{lk}(\ln L_{it})(\ln K_{it}) + \beta_{at}t(\ln A_{it}) +$$

$$\beta_{lt}t(\ln L_{it}) + \beta_{kt}t(\ln K_{it}) + \beta_t t + \frac{1}{2}\beta_{tt}t^2 + v_{it} - u_{it} \tag{4.6}$$

根据 Kumbhakar(2000)的分解,可将 TFP(全要素生产率)的变动分解为以下几项。

技术进步率(TP):

$$TP_{it} = \frac{\partial \ln f(x, t)}{\partial t} = \beta_t + \beta_{tt}t + \beta_{at}(\ln A_{it}) + \beta_{lt}(\ln L_{it}) + \beta_{kt}(\ln K_{it})$$

其中 $\beta_t + \beta_{tt}t$ 表示中性技术进步,$\beta_{at}(\ln A_{it}) + \beta_{kt}(\ln K_{it}) + \beta_{lt}(\ln L_{it})$ 表示偏性技术进步。TP 表示投入要素不变的情况下,产出随时间的变化率,代表了生产可能性边界的移动。$TP > 0$ 表示技术进步,$TP < 0$ 表示技术退步,$TP = 0$ 表示技术不变。

技术效率变化率($\dot{TE}$)：

$$\dot{TE} = -\frac{\partial u_{it}}{\partial t} = -\frac{\partial \{u_i e^{[-\eta(t-T)]}\}}{\partial t} = \eta u_{it}$$

TE 表示在既定技术水平和要素投入下，实际产出与相应前沿面产出之间的比例，反映了实际产出与最大可能产出之间的差距，TE 随时间的变化率用 $\dot{TE}$ 表示。$\dot{TE} > 0$ 表示技术效率提高，$\dot{TE} < 0$ 表示技术效率降低，$\dot{TE} = 0$ 表示技术效率不变。

规模报酬收益率(RTS)：

$$RTS = (\varepsilon - 1)\left(\frac{\varepsilon_a}{\varepsilon}\frac{d\ln A}{dt} + \frac{\varepsilon_l}{\varepsilon}\frac{d\ln L}{dt} + \frac{\varepsilon_k}{\varepsilon}\frac{d\ln K}{dt}\right)$$

它表示要素的规模报酬对生产率增长的贡献。ε 是规模报酬指数，根据 ε 与 1 之间的大小关系，产出情况可分为规模报酬递增、规模报酬不变和规模报酬递减。

土地、劳动和中间物质资本投入的产出弹性和规模弹性分别可表述为：

$$\varepsilon_a = \frac{\partial \ln f(\cdot)}{\partial \ln A_{it}} = \beta_a + \beta_{aa}(\ln A_{it}) + \frac{1}{2}\beta_{al}(\ln L_{it}) + \frac{1}{2}\beta_{ak}(\ln K_{it}) + \beta_{at}t$$

$$\varepsilon_l = \frac{\partial \ln f(\cdot)}{\partial \ln L_{it}} = \beta_l + \beta_{ll}(\ln L_{it}) + \frac{1}{2}\beta_{al}(\ln A_{it}) + \frac{1}{2}\beta_{lk}(\ln K_{it}) + \beta_{lt}t$$

$$\varepsilon_k = \frac{\partial \ln f(\cdot)}{\partial \ln K_{it}} = \beta_k + \beta_{kk}(\ln K_{it}) + \frac{1}{2}\beta_{ak}(\ln A_{it}) + \frac{1}{2}\beta_{lk}(\ln L_{it}) + \beta_{kt}t$$

$$\varepsilon = \varepsilon_a + \varepsilon_l + \varepsilon_k$$

由于价格信息不易获得，资源配置效率不易计算，因此对于全要素生产率增长率的分解通常只包括技术进步率、技术效率变化率和规模报酬收益率。

(二) 数据及其处理

为了测度大宗淡水鱼养殖户的全要素生产率增长及其分解，基于随机前沿生产模型，需要合理选择投入产出代理变量。借鉴万广珠和杨卫(2017)、孙炜琳等(2014)的研究，本文将成鱼出售量和成鱼存塘量的总和作为产出变量。投入变量包括劳动力投入、土地投入和中间物质资本投入。其中，劳动力投入包括养鱼户自有劳动力、长年雇工人数和季节性短期雇工人数；土地投入用养殖面积来替代；中间物质资本投入用种苗投入费、清塘消毒费、肥料费、饲料费、天然饵料费、卫生防疫费、水电费、运输费、承包租赁费和贷款利息的总和来替代。同时，基于问卷的信息，本文选择养殖户年龄、养殖户受教育程度、家庭劳动力数量、是否为养殖大户、是否为专业养殖户作为效率损失的影响因素。

由于微观调查一些变量存在缺失值,为了尽量不损失样本且尽量反映真实数据特征,对于跟踪数据,本文用缺失值前后年份的均值来插补缺失;如何处理非跟踪数据或跟踪数据部分年份缺失的问题,当前学术界并没有较好的处理方法。

由于全要素生产率增长的测算要求数据是平衡的,而对于缺失数据而言,通常存在以下两种缺失特征以及处理方式。

第一,对于第 k 个个体的第 j 个产出缺失,通常有两种处理方法,一是剔除第 k 个个体,二是剔除第 j 个产出。但显而易见,在微观生产效率评价中,特别是微观跟踪数据,每个个体信息都非常难以获得,为此剔除产出缺失个体的处理方法会损失非常多有用信息。而且,当整体样本量较小或者缺失样本量占总样本量的比例较高时,剔除缺失个体则会增加抽样误差,从而可能导致生产前沿边界内移,进而高估存留个体的效率(Kuosmanen,2009)。

第二,对于剔除第 j 个产出的处理方法,不仅影响第 k 个个体,同时也影响其他个体,因此可能导致效率评价存在较大偏差。此外,基于多投入多产出的效率评价已经非常普遍,如测度环境效率,非期望污染产出和期望效益产出显然是多投入多产出;特别是当只有一个产出时,该种处理方法基本不可行,因此第二种处理方法存在非常大的局限性。

Kuosmanen(2009)指出利用合适的数值来替代投入产出缺失值,估计结果优于直接删除缺失值。为此,本文借鉴 Kuosmanen 提出的方法,针对非跟踪数据或跟踪数据在部分年份缺失的变量,用 0 值替代第 j 个产出缺失,用投入最大值来替代第 i 个投入缺失。

同时需要指出的是,本文研究的大宗淡水鱼具体包括青鱼、草鱼、鲢鱼、鳙鱼、鲤鱼、鲫鱼、鳊鱼、中科三号、长丰鲢、松浦镜鲤、福瑞鲤和芙蓉鲤鲫,这些品种是大宗淡水鱼最主要的品种,也是养殖户混养的主要品种。文章使用的数据来源为大宗淡水鱼产业技术体系产业经济研究室 2011—2017 年的调研数据。样本的基本特征及其变量的特征见表 4.1,样本的省际分布情况见表 4.2。

表 4.1　变量的描述性统计特征

数据类型	变量	变量解释	观测值	均值	标准差	最小值	最大值
混合数据	*age*	养殖户的年龄	3 559	52.28	7.22	29	81
	education	养殖户的受教育年份	3 559	10.86	2.45	0	16
	lnlabor_family	家庭劳动力的对数	3 109	0.90	0.41	0	3.18

数据类型	变量	变量解释	观测值	均值	标准差	最小值	最大值
混合数据	large_farmer	是否为养殖大户	3 559	0.55	0.50	0	1
	job_spec	是否为专业养殖户	3 559	0.58	0.49	0	1
	lntotal_output	成鱼出售量＋成鱼存塘量的对数	3 108	10.75	1.78	3.50	19.86
	lnlabor	劳动力的对数	3 559	3.58	1.39	0	8.62
	lncult_area	养殖面积的对数	3 559	4.44	1.47	0	10.10
	lnintermed_input	中间物质资本的对数	3 559	11.51	1.80	3.89	21.85
平衡面板数据	lntotal_output	成鱼出售量＋成鱼存塘量的对数	917	11.36	1.67	7.33	16.11
	lnlabor	劳动力的对数	917	4.26	1.18	0	8.62
	lncult_area	养殖面积的对数	917	4.86	1.28	2.08	7.57
	lnintermed_input	中间物质资本的对数	917	12.21	1.30	7.27	15.72

表 4.2　样本量的省际分布情况

混合数据			面板数据		
省份	观测量(个)	占比(%)	省份	观测量(个)	占比(%)
上海市	91	2.56	上海市	35	3.82
云南省	178	5.00	云南省	21	2.29
内蒙古自治区	139	3.91	内蒙古自治区	14	1.53
北京市	57	1.60	北京市	7	0.76
吉林省	75	2.11	四川省	42	4.58
四川省	356	10.00	宁夏回族自治区	70	7.63
天津市	118	3.32	安徽省	7	0.76
宁夏回族自治区	190	5.34	山东省	7	0.76
安徽省	168	4.72	广东省	266	29.01
山东省	55	1.55	广西壮族自治区	7	0.76
广东省	376	10.56	江苏省	7	0.76
广西壮族自治区	113	3.18	江西省	56	6.11
新疆维吾尔自治区	10	0.28	河南省	70	7.63
江苏省	144	4.05	浙江省	49	5.34
江西省	102	2.87	湖北省	126	13.74
河南省	195	5.48	湖南省	56	6.11
浙江省	106	2.98	甘肃省	7	0.76
湖北省	253	7.11	福建省	49	5.34

混合数据			面板数据		
省份	观测量(个)	占比(%)	省份	观测量(个)	占比(%)
湖南省	178	5.00	贵州省	21	2.29
甘肃省	67	1.88	合计	917	100
福建省	194	5.45			
贵州省	99	2.78			
辽宁省	40	1.12			
重庆市	133	3.74			
陕西省	122	3.43			
合计	3 559	100			

注:混合数据的时间范围为 2011—2017 年;数据来源于大宗淡水鱼产业技术体系产业经济研究室

三、测算结果与讨论

(一) 基于混合数据的估计结果

　　利用超越对数的随机前沿生产函数,在控制时间趋势和省份固定效应后,测度大宗淡水鱼养殖户技术效率及其影响因素,具体估计结果见表 4.3。LR 检验显著拒绝不存在技术非效率项的原假设,说明前沿生产函数的误差主要来自无效率项 u_i,存在较大的效率损失,因此应该选用随机前沿分析法进行分析。

表 4.3　大宗淡水鱼养殖户随机前沿生产函数及技术非效率影响因素

	(1) 全部养殖户	(2) 大养殖户	(3) 非大养殖户	(4) 专业养殖户	(5) 非专业养殖户
前沿生产函数					
lnlabor	−0.279*	−0.296	−0.127	−0.171	−0.219
	(0.163)	(0.249)	(0.227)	(0.232)	(0.240)
lncult_area	−0.400***	0.434**	−0.371	0.583***	−0.341
	(0.155)	(0.219)	(0.228)	(0.212)	(0.239)
lnintermediate	−0.449***	−1.172***	−0.131	−1.118***	−0.625***
	(0.117)	(0.191)	(0.154)	(0.204)	(0.169)
lnlabor2	−0.021	−0.055	−0.003	−0.031	−0.032
	(0.025)	(0.035)	(0.033)	(0.034)	(0.036)
lnarea2	0.080***	0.236***	0.075*	0.206***	0.073*
	(0.025)	(0.034)	(0.040)	(0.034)	(0.040)

	(1) 全部养殖户	(2) 大养殖户	(3) 非大养殖户	(4) 专业养殖户	(5) 非专业养殖户
lnintermediate_cost2	0.043***	0.146***	0.012	0.153***	0.060***
	(0.012)	(0.023)	(0.015)	(0.024)	(0.017)
lnlabor_area	0.004	−0.077	0.051	0.037	−0.091
	(0.045)	(0.059)	(0.062)	(0.057)	(0.072)
lnlabor_intermediate	0.100***	0.129**	0.029	0.064	0.118***
	(0.032)	(0.050)	(0.043)	(0.049)	(0.041)
lnarea_intermediate	0.046	−0.175***	0.131***	−0.211***	0.067
	(0.031)	(0.043)	(0.038)	(0.046)	(0.041)
cons	10.910***	10.444***	9.957***	11.059***	12.228***
	(0.685)	(1.228)	(0.963)	(1.193)	(0.996)
技术非效率影响因素(usigmas)					
age	0.042	−0.028***	0.028**	−0.005	−0.006
	(0.036)	(0.008)	(0.012)	(0.010)	(0.008)
education	−0.096	−0.006	−0.101**	−0.088**	−0.053*
	(0.068)	(0.024)	(0.046)	(0.040)	(0.027)
lnlabor	0.694***	−0.312***	0.426***	−0.133	0.064
	(0.141)	(0.071)	(0.102)	(0.110)	(0.052)
large_farmer	−7.378	—	—	−0.476**	−0.652***
	(13.695)			(0.208)	(0.118)
job_spec	−0.759**	−0.043	−0.158	—	—
	(0.328)	(0.124)	(0.152)		
cons	−83.994	56.511***	−55.232**	11.623	14.238
	(72.094)	(15.902)	(23.516)	(19.698)	(16.097)
vsigmas					
_cons	0.327***	−0.236**	−0.217**	0.065	−0.863***
	(0.031)	(0.108)	(0.094)	(0.135)	(0.132)
时间固定效应	YES	YES	YES	YES	YES
省份固定效应	YES	YES	YES	YES	YES
平均劳动产出弹性	0.238	0.087	0.129	0.175	0.147
平均土地产出弹性	0.233	0.347	0.152	0.308	0.204
平均中间物质资本产出弹性	0.340	0.427	0.311	0.342	0.430
要素投入弹性之和(规模弹性)	0.811	0.861	0.592	0.825	0.781
平均技术效率$[E(e^{-u}\div e),BC]$	0.827	0.469	0.489	0.526	0.413
平均技术非效率$[E(u\div e),JLMS]$	0.273	1.001	0.942	0.806	1.219
σ_v^2	1.386***	0.789***	0.805***	1.067***	0.422***
LR 统计量	207.896***	55.611***	57.471***	31.576***	139.125***
似然函数对数	−4670.63	−2565.855	−1940.101	−2783.383	−1742.309
N	2884	1636	1248	1740	1144

注:括号内为稳健标准误;* 表示 $p<0.10$,** 表示 $p<0.05$,*** 表示 $p<0.01$。

1. 全部养殖户

比较各要素的产出弹性和技术效率可以发现以下特征。

(1) 中间物质资本的产出弹性最大,达到 0.340,而劳动和土地产出弹性仅分别为 0.238 和 0.233,这说明增加中间物质资本投入带来的产出高于增加劳动和土地的产出;这与万广珠和杨卫(2017)的发现一致,该文发现中国水产养殖的中间消耗产出弹性最大,达到 0.665 7。但该文估计养殖面积产出弹性为负值,这与现实可能存在一定的偏差。而本书估算出的面积产出弹性为0.233,与劳动产出弹性基本一致,这表明中国大宗淡水鱼养殖增加面积和劳动投入仍然能提高产量。郑思宁等(2016)的研究也支持这一发现。该文发现水产养殖面积和劳动投入的产出弹性分别达到 0.337 和 0.285,本文的估计结果与该文的结果较为接近。

(2) 劳动、土地和中间物质资本投入的产出弹性之和为 0.811,说明中国大宗淡水鱼养殖总体呈规模报酬递减特征。本文的估计结果介于万广珠和杨卫(2017)与郑思宁等(2016)之间,其中万广珠和杨卫(2017)估计中国水产养殖产出弹性为 0.950 4,而郑思宁等(2016)的估计结果为 0.771。

(3) 技术效率体现了养殖户基于当前投入组合的实际产出与最优产出的距离。基于全部养殖户的数据发现,当前中国大宗淡水鱼养殖户的技术效率为0.827,这说明当前养殖户对技术的利用水平达到了 82.7%,还存在较大的改进空间。这一结论与万广珠和杨卫(2017)、郑思宁等(2016)、缪为民等(2003)的发现基本一致。万广珠和杨卫(2017)基于 2007—2015 年的数据发现中国水产养殖技术效率为 0.687 1,而郑思宁等(2016)基于 2011—2013 年浙江省 116个规模化水产养殖园区的数据发现水产养殖园区的平均技术效率为 0.693。缪为民等(2003)基于 7 省 283 个渔场鲤科鱼类的数据发现鲤科鱼类的养殖技术效率为 0.708。本文的数据时间范围为 2011—2017 年,发现中国大宗淡水鱼养殖户的技术效率为 0.827,这说明本文的估计结果总体较为可靠。

2. 不同规模养殖户

当前大量的研究显示大规模农户的技术效率高于小规模农户(如章德宾,2018;李然等,2015),但部分研究发现经营规模与技术效率可能呈非线性关系或没有显著关系(金福良等,2013;李谷成,2010)。那么在大宗淡水鱼产业中不同规模的养殖户技术效率是否存在差异呢?本文进一步将全部养殖户分为大规模养殖户和非大规模养殖户,并同样利用超越对数的随机前沿生产函数模型测度其技术效率及其产出弹性。

由表 4.3 第(1)栏可以发现,大规模养殖户的技术效率损失更小,但是不显著,这说明在大宗淡水鱼养殖业中,大规模养殖户的技术效率并没有比中小规模养殖户更高。观察表 4.3 第(2)栏和第(3)栏,可以进一步发现,大规模养殖户的技术效率为 0.469,而非大规模养殖户的技术效率略高,达到 0.489,但这样的差距应该不具有统计上的显著性差异。这说明中国大宗淡水鱼产业不存在大规模养殖户技术效率更高的现象,这样的发现与部分研究的结果一致。高梦滔和张颖(2006)发现粮食亩产与经营面积呈显著负相关关系,李谷成等(2010)基于湖北省 1999—2003 年的数据也发现技术效率与耕地规模没有显著的关系。小规模养殖户在要素投入上的选择更加灵活,为此可通过精细化养殖等方式提高技术效率。虽然郑思宁等(2016)发现养殖园区的技术效率从非规模化的 0.673 增至规模化的 0.712,但这并不一定具有统计上的显著差异。

从要素的产出弹性看,大规模养殖户的土地和中间物质资本产出弹性均明显高于非大规模养殖户的产出弹性,说明大规模养殖户增加土地和中间物质资本投入带来的产出均高于非大规模养殖户。而大规模养殖户的劳动产出弹性低于非大规模养殖户,这说明非大规模养殖户增加劳动投入能够带来更多的产出,这也解释了为什么大规模养殖户并没有更高的技术效率。从要素产出弹性之和看,大规模养殖户的产出弹性之和达到 0.861,而非大规模养殖户的产出弹性之和仅为 0.592,均表现出规模报酬递减的特征。

3. 不同专业化养殖户

在农业收入占家庭总收入比重逐渐下降的背景下,作为农业经营的微观主体的养殖户,从事多种职业以增加家庭收入的趋势越发明显,那么兼业化对养殖户的技术效率是否有影响? 部分研究认为,兼业化农户将减少劳动投入,从而降低整体技术效率;但反之,兼业化农户提高了收入,进而可能增加资本性投入,进而提高整体技术效率。那么大宗淡水鱼专业养殖户的技术效率是否高于兼业户? 同样,利用超越对数的随机前沿生产函数测度大宗淡水鱼专业养殖户和非专业养殖户的技术效率。

由表 4.3 第(1)栏可以发现专业养殖户在 5% 水平显著降低技术非效率,估计系数为 -0.759。进一步将全样本养殖户分为专业养殖户和非专业养殖户,并测算其技术效率和产出弹性。由表 4.3 的第(4)栏和第(5)栏可以发现,专业养殖户的技术效率达 0.526,明显高于非专业养殖户的 0.413。这说明专业养殖户的技术效率较高,这与其他相关研究的结论一致。如徐晓红和郭庆海(2018)的研究发现纯农户的技术效率高于兼业农户。

从各要素的产出弹性看,专业养殖户的劳动和土地产出弹性均高于非专业化养殖户,但专业化养殖户的中间物质资本产出弹性更低,这说明专业化养殖户增加劳动和土地的投入带来的产出明显高于非专业化养殖户,但专业化养殖户增加中间物质资本投入带来的产出低于非专业化养殖户,这在一定程度也体现了兼业化养殖户收入增加后可通过增加物质资本投入来弥补减少的劳动投入的假设,以此维持技术效率。通过对产出弹性之和的比较可以发现,专业化养殖户的产出弹性之和达到 0.825,而非专业化养殖户的产出弹性之和仅为 0.781,均呈现要素规模报酬递减态势。

4. 不同省份的弹性和技术效率

从技术效率的省际分布看,不同省份大宗淡水鱼养殖户的技术效率存在较大差异。其中,江西和宁夏的技术效率相对较高,分别达到 0.967 和 0.943;而陕西和天津的技术效率最低,分别仅为 0.594 和 0.565。同时,江西、宁夏、湖北、浙江等 13 个省份的技术效率高于全国平均值,而安徽、江苏、广东等 12 个省份的技术效率低于全国平均值。此外,从东部、中部、西部的比较发现其呈现从西部到东部技术效率递减的规律,即西部的技术效率最高,而东部地区的技术效率最低。

从劳动产出弹性的省际分布看,排在前 3 位的分别是新疆、辽宁和江西,分别达到 0.324、0.307 和 0.304,说明这 3 个省份增加劳动投入对产出的影响比其他省份大。贵州、陕西和甘肃的劳动产出弹性最小,分别仅为 0.186、0.165 和 0.164。此外,新疆、辽宁、江西、天津等 13 个省份的劳动产出弹性高于全国平均水平,而内蒙古、江苏、四川等 12 个省份的劳动产出弹性低于全国平均水平。

从土地产出弹性的省际分布看,排在前 3 位的分别是天津、浙江和江西,其土地产出弹性分别达到 0.383、0.362 和 0.362。贵州、北京和湖北的土地产出弹性最小,分别仅为 0.137、0.092 和 0.084。此外,天津、浙江、江西和新疆等 12 个省份的土地产出弹性高于全国平均水平,而甘肃、四川和湖南等 13 个省份低于全国平均水平。

从中间物质资本产出弹性的省际分布看,排在前 3 位的分别是天津、广东和新疆,中间物质资本产出弹性分别达到 0.547、0.491 和 0.452。北京、贵州和湖北的中间物质资本产出弹性最小,分别仅为 0.230、0.227 和 0.224。此外,天津、广东、新疆和江西等 10 个省份的中间物质资本产出弹性高于全国平均水平,而湖南、上海和云南等 15 个省份低于全国平均水平。

从要素投入的产出弹性之和看,天津、新疆、江西、辽宁、浙江和广东的产出弹性之和大于 1,说明这些省份的投入产出处于规模报酬递增阶段;而宁夏、山东和福建等 19 个省份的产出弹性之和小于 1,说明其投入产出处于规模报酬递减阶段。

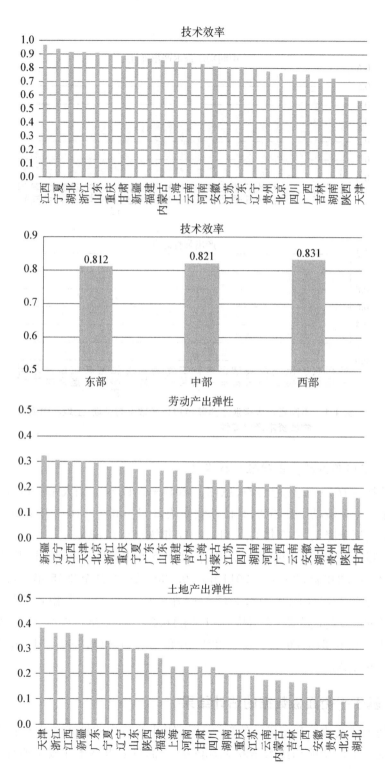

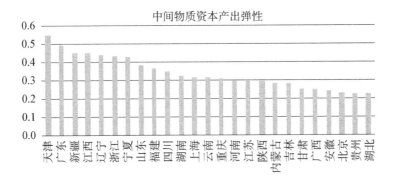

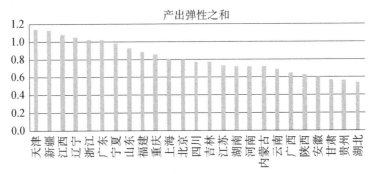

图 4.1　不同省份大宗淡水鱼养殖户技术效率与劳动、土地和中间
物质资本产出弹性

5. 不同年份的产出弹性和技术效率

从技术效率的变化趋势看,总体上 2011—2017 年中国大宗淡水鱼养殖户的技术效率呈波动上升趋势,其技术效率从 2011 年的 0.818 上升至 2013 年的 0.842,随后下降至 2015 年的 0.811,2017 年恢复至 0.831。

从投入要素的产出弹性看,中间物质资本产出弹性呈波动下降趋势,其从 2011 年的 0.342 波动下降至 2014 年的 0.330,随后回升至 2015 年的 0.353,之后又下降至 2016 年的 0.318,2017 年回升至 0.333。劳动产出弹性和土地产出弹性的波动特征类似,分别从 2011 年的 0.241 和 0.233 波动下降至 2014 年的 0.229 和 0.225,随后上升至 2015 年的 0.244 和 0.240,2017 年下降至 0.235 和 0.227。

(二) 基于平衡面板数据的估计结果

基于截面数据利用极大似然估计法估计养殖户的技术效率和技术非效率项受限于误差项和技术非效率项的分布,而且要求技术非效率项与回归元

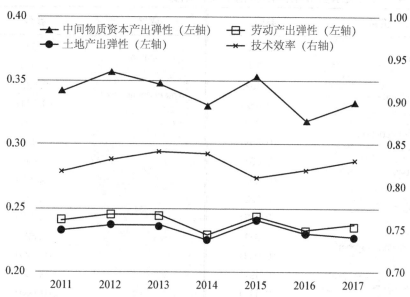

图 4.2　2011—2017 年中国大宗淡水鱼养殖户技术效率与劳动、土地和中间物质资本产出弹性变化

（regressor）不相关，为此利用截面数据估计技术非效率可能存在一定的问题。由于面板数据能够解决上述问题，而且能够捕捉养殖户的异质性，为此本文进一步根据产业技术体系产业经济研究室的跟踪调研，测算 131 个养殖户 2011—2017 年的技术效率、要素产出弹性以及全要素生产率增长的分解。

由表 4.4 的结果得到，LR 统计检验在 1% 水平显著拒绝不存在技术非效率项的假设，说明用前沿随机模型是合理的。γ 估计值为 0.823 且在 1% 水平下显著，这说明技术非效率项变异是随机扰动项变异的主要来源，占 82.3%。η 估计值为 −0.004 但不显著，这在一定程度上表明技术效率呈恶化的趋势。

基于平衡面板的养殖户数据发现，劳动、土地和中间物质资本产出弹性分别为 0.345、0.221 和 0.353，产出弹性之和为 0.918。与前面的混合数据相比，除了劳动产出弹性略有增加外，其他两个要素的产出弹性基本差不多，这进一步说明本文估计的结果总体可靠。

表 4.4　大宗淡水鱼养殖户随机前沿生产函数

变量	参数	变量	参数
lnlabor	−0.245	t_lnarea	0.006
	(0.348)		(0.010)
lncult_area	0.462	t_lnintermediate_cost	−0.029**
	(0.552)		(0.011)
lnintermediate	0.097	t	0.201
	(0.303)		(0.126)
lnlabor2	−0.007	t2	0.045***
	(0.055)		(0.012)
lnarea2	−0.022	_cons	8.778***
	(0.105)		(2.126)
lnintermediate_cost2	−0.011	γ	0.823***
	(0.033)		(0.029)
lnlabor_area	−0.197*	η	−0.004
	(0.114)		(0.009)
lnlabor_intermediate	0.188***	σ_v^2	0.369
	(0.067)		(0.019)
lnarea_intermediate	0.043	σ_u^2	1.709***
	(0.075)		(0.322)
t_lnlabor	−0.013	LR 统计量	33.489***
	(0.012)	N	917

注:括号内为稳健标准误;* 表示 $p<0.10$,** 表示 $p<0.05$,*** 表示 $p<0.01$

1. TFP 增加及其分解

从大宗淡水鱼养殖户全要素生产率(TFP)增加及其分解看,TFP 年均增长率为 3.29%,其中规模报酬率年均增长 1.18%,技术进步年均增长 3.13%,技术效率年均下降 1.02%(图 4.3)。由此可以发现,中国大宗淡水鱼养殖户 TFP 的增长动力来源是技术进步的增长,规模报酬率的贡献不大,而技术效率的下降对 TFP 的增长起到阻碍作用。从 TFP 增长及其分解的变化趋势看,TFP 增长与技术进步率均呈较为明显的线性增长特征,规模报酬率有下降的趋势,而技术效率的变化相对平稳。

该研究结果与纪建悦和曾琦(2017)、戴彬等(2015)、席利卿和彭可茂(2010)等的研究发现基本一致。纪建悦和曾琦(2017)考虑非期望产出,利用 Global Malmquist-Luenberger 模型测算了中国海水养殖的 TFP,他们的研究也发现海水养殖 TFP 的增长主要来源于技术进步。戴彬等(2015)基于

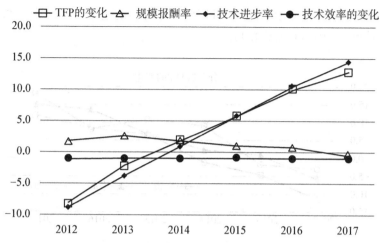

图 4.3　2012—2017 年中国大宗淡水鱼养殖户全要素生产率增长及其分解(单位:%)

2006—2011 年的数据,利用随机前沿模型分析了沿海地区海洋科技的 TFP,他们也发现沿海地区海洋科技的 TFP 增长主要是技术进步推动的。该结果也与农业 TFP 增长主要来源于技术进步的发现相同(尹朝静等,2016;李谷成,2009a,2009b),这说明渔业 TFP 增长及源泉同农业相比并没有明显差异。此外,陈卫平(2006)、李谷成(2009b)也发现农林牧渔业技术效率年均下降2.78% 和 1.77%,而本文也发现大宗淡水鱼养殖户的技术效率年均下降1.02%。上述结果表明本文的估计具有一定的可靠性。

需要注意的是,从陈卫平(2006)、李谷成(2009a)估算得到中国农林牧渔业 TFP 增长率分别为 2.59% 和 3.49% 的结果看,纪建悦和曾琦(2017)、戴彬等(2015)对渔业 TFP 的测算可能存在高估,纪建悦和曾琦(2017)估计的TFP 增长率达到 45%,而戴彬等(2015)的估计结果指出,TFP 呈指数形式持续增长,且最高年增长率已经超过 300%。席利卿和彭可茂(2010)发现沿海地区渔业 TFP 增长主要来源于技术进步,而内陆地区 TFP 增长是技术进步和技术效率提高共同导致的。本文估计中国大宗淡水鱼产业 TFP 增长率为3.29%,与席利卿和彭可茂(2010)估计的 3.7% 的结果非常接近。

2. **各区域 TFP 增长及其分解**

从各区域的 TFP 增长的变化趋势看,东部、中部、西部地区 TFP 均有不同程度的增长,其中东部地区养殖户 TFP 增长率最低,平均为 1.75%,而西部地区的养殖户 TFP 增长率最高,达到 6.95%;中部地区 TFP 平均增长率为5.50%。这与前文测算出的东部、中部、西部养殖户技术效率的区域分布规律是一致的。从各省份的 TFP 增长率看,甘肃省养殖户 TFP 增长率最大,达到

16.87%;而广东、宁夏和山东的 TFP 呈负增长的态势,分别为－0.47%、
－1.35%和－6.01%(见图4.4)。

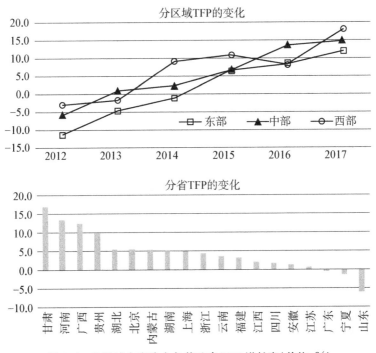

图 4.4　分区域大宗淡水鱼养殖户 TFP 增长率(单位:%)

　　从各区域 TFP 增长的分解看,技术进步是东部、中部、西部地区 TFP 增长
的主要源泉,分别达到 2.30%、4.79%和5.97%,且西部地区的技术进步率最
大,而东部地区的技术进步率最小。同时,规模报酬率对 TFP 增长的贡献不
大,对东部、中部、西部地区的贡献率分别仅为 0.55%、1.69%和1.81%,也表
现出西部地区规模报酬率最高,而东部地区规模报酬率最低的特征。此外,技
术效率的恶化是阻碍 TFP 增长的主要因素,而且西部地区技术效率恶化相对
不严重,为－0.83%,而东部地区相对较严重,达到 1.10%(见图4.5)。
　　从各个省份的 TFP 增长的分解看,虽然各个省份技术进步率、规模报酬率
和技术效率的变化均呈现不同特征,但除云南、安徽、广东、宁夏和山东外,其他
省份均表现出技术进步是 TFP 增长的最主要源泉。云南、安徽和山东表现出
规模报酬率是 TFP 变化的主要因素(山东的规模报酬率为负向作用),而广东
和宁夏表现为技术效率的恶化是 TFP 变化的主要因素。
　　从单个因素的省际比较看,甘肃和河南的规模报酬率较高,分别达到

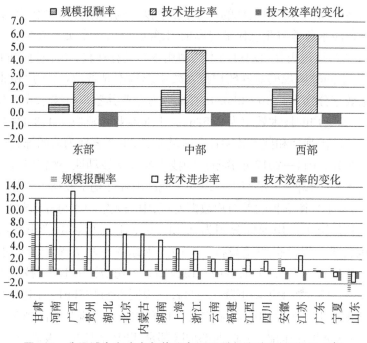

图 4.5　分区域大宗淡水鱼养殖户 TFP 增长率的分解 (单位:%)

6.15%和4.23%,而山东的规模报酬率却为负向增长,达到－3.22%。同时,广西、甘肃和河南的技术进步率较高,分别达到13.10%、11.65%和9.76%,而宁夏和山东的技术进步率均呈负向变化,分别达到－0.66%和－1.67%。此外,虽然所有省份的技术效率均呈恶化趋势,但是江苏和宁夏的技术效率负向变化最大,达到－1.49%和－1.41%,而江西和四川的技术效率恶化相对不严重,分别为－0.39%和－0.48%。

四、结论

本文基于养殖户的微观调研数据,利用超越对数的随机前沿生产函数实证分析了大宗淡水鱼养殖户的技术效率及影响因素,并基于 2011—2017 年对131 户养殖户的跟踪调研数据实证分析了大宗淡水鱼养殖户全要素生产率增长及其分解,主要研究发现可以归纳为以下几点。

第一,基于混合数据发现,中国大宗淡水鱼养殖业的土地、劳动和中间物质资本产出弹性分别为 0.233、0.238 和 0.340,这说明增加中间物质资本投入带来的产出高于增加劳动和土地的产出;要素投入的产出弹性之和为 0.811,说明中国大宗淡水鱼养殖业总体呈规模报酬递减特征;大宗淡水鱼养殖户的技术效率为 0.827,这说明养殖户对技术的利用水平还存在较大的改进空间。

第二,不同养殖规模对养殖户技术效率影响不显著,养殖大户和非养殖大户的技术效率分别为 0.469 和 0.489;是否为专业养殖户对技术效率有显著的影响,专业养殖户的技术效率为 0.526,高于非专业养殖户 0.413 的技术效率。要素投入的产出弹性和技术效率存在区域差异,主要表现为从西部到东部递减的规律。此外,2011—2017 年养殖户的技术效率呈波动性小幅上升趋势,而中间物质资本产出弹性、劳动产出弹性和土地产出弹性均呈波动下降趋势。

第三,基于平衡面板的养殖户数据发现,中国大宗淡水鱼养殖业的劳动、土地和中间物质资本产出弹性分别为 0.345、0.221 和 0.353,产出弹性之和为 0.918,也表现出规模报酬递减特征。中国大宗淡水鱼养殖户全要素生产率(TFP)年均增长率为 3.29%,其中规模报酬率年均增长 1.18%,技术进步年均增长 3.13%,技术效率年均下降 1.02%,这说明养殖户 TFP 的主要增长动力来源是技术进步。东部、中部、西部地区 TFP 增长也呈现从西部到东部递减的规律,且技术进步在东部、中部、西部地区都是 TFP 增长的主要源泉。

第五章
大宗淡水鱼产业要素流入与养殖效率问题

在渔业资源日渐枯竭的背景下,1986 年中国调整了渔业发展战略,颁布实施《中华人民共和国渔业法》,以法律形式确立了"以养殖为主"的发展方针。1990 年,中国的水产养殖产量首次超过捕捞产量,成为全球唯一养殖产量超过捕捞产量的国家。经过 30 余年发展,中国已成为世界渔业大国,水产品产量居世界之首,占世界三分之一以上。目前,中国渔业呈现"养殖以淡水养殖为主,淡水养殖以池塘养殖为主"的格局。在淡水养殖中,大宗淡水鱼有着非常重要的地位。

近 30 年来中国水产养殖业仍是粗放式增长为主(郑思宁等,2016),结构不合理,不平衡、不协调、不可持续的问题突出,亟需推广生态健康养殖模式,大力推进渔业供给侧结构性改革。2017 年初发布的《全国渔业发展第十三个五年规划》明确了水产品减量增收目标,指出要减少捕捞产量、促进养殖产量稳中有升。保持水产养殖总体稳定需要稳定池塘养殖,其关键是提高池塘养殖效率。资源有效配置是提升效率和推进供给侧结构性改革的重要方向。近年来政府为推进渔业现代化而大力培育和发展生产要素市场,资金、土地和劳动力等要素在池塘养殖业的流动越发顺畅。

在经济学界,传统认识是要素流动会增进农业生产效率,尤其是在种植业领域,较为典型的是农地流转对土地生产率和劳动生产率有着显著正向影响(朱建军等,2011;陈园园等,2015)。如果土地资源能够有效配置,那么中国农业部门的全要素生产率和加总劳动生产率都将提高(盖庆恩等,2017)。但在水产养殖领域,由于产业特性、产业发展阶段和要素组合形式都显著异于种植业,要素配置对提升养殖效率的作用是否依然突出?或者说流入要素的水产养殖户就具有更高的生产效率吗?如果经验证据和传统认识不符,那么针对这种不符的相关研究对于未来中国的渔业政策就具有重要参考意义,更应及时思考渔业政策调整的必要性。

面:大多数样本家庭人口为3—5人,占样本总数的73.51%;家庭有水产养殖劳动力2人及以下的占79.85%;户均池塘规模127.98亩,其中50亩及以下的占49.25%,50—150亩的占27.99%,150亩以上的占22.76%,虽然池塘养殖仍以传统的家庭小规模养殖为主,但公司化规模养殖正在日益发展;家庭成员有外出务工的占34.33%;加入渔业合作社的养殖户占比为65.30%。

表5.2　样本特征分布情况

户主特征	选项	人数(人)	比例(%)	家庭特征	选项	户数(户)	比例(%)
年龄	35岁及以下	20	7.46	家庭人口规模	2人及以下	17	6.34
	36—45岁	68	25.37		3—5人	197	73.51
	46—55岁	136	50.75		6—8人	49	18.28
	56—65岁	42	15.67		8人以上	5	1.87
	65岁以上	2	0.75	家庭水产养殖劳动力人数	1人及以下	65	24.25
受教育程度	小学及以下	19	7.09		2人	149	55.60
	初中	103	38.43		3人	32	11.94
	高中或中专	106	39.55		3人以上	22	8.21
	大专及以上	40	14.93	家庭池塘规模	50亩及以下	132	49.25
水产养殖年限	5年及以下	29	10.82		50—150亩	75	27.99
	6—15年	89	33.21		150—250亩	39	14.55
	16—25年	86	32.09		250—350亩	6	2.24
	26—35年	56	20.90		350亩以上	16	5.97
	35年以上	8	2.99	家人是否外出务工	是	92	34.33
是否专职	专职养鱼	134	50.00		否	176	65.67
	兼职养鱼	134	50.00	是否参加渔业合作社	是	175	65.30
是否有非农就业经历	是	119	44.40		否	93	34.70
	否	149	55.60				

(三) 变量选择

根据本文的分析思路和数据的可获得性,各变量选取如下。

1. 被解释变量

从产出层面去表示养殖效率,由于池塘养殖是以混养为主,同一口池塘内投放多种鱼类,如主养草鱼搭配少量鲤鱼和鳙鱼,主养鲤鱼搭配少量鳙鱼和鲫鱼等,有的养殖户还会主养大宗淡水鱼搭配其他小宗鱼类。样本中61.54%的养殖户专养大宗淡水鱼,38.46%的养殖户主养大宗淡水鱼搭配少量小宗鱼类,平均而言大宗淡水鱼产量占到家庭池塘养殖总产量的89.06%。因此,直接对产量进行加总是不够科学的,还需要将价格信息考虑在内,故以产量和产值去反映养殖效率,分别以池塘的亩均产量和亩均产值表示土地生产率,以长期劳动力的劳均产量和劳均产值表示劳动生产率。李谷成等(2009)还从成本利润率角度考察过农户的经营效率,但因池塘养殖户自家实际投入的劳动用工量数据难以获取,且自家投入劳动的机会成本也存在差异,导致自家投入劳动的成本估算存在较大偏差。若计算不含自家劳动力成本的成本利润率,则雇工养殖户的成本利润率是明显被低估的。鉴于此,本文放弃了以成本利润率指标去衡量养殖效率。

2. 关注的解释变量

从是否流入要素和流入要素占比两个层面去衡量要素流动情况。①融资:是否融资从事池塘养殖,融资额占当年池塘养殖总投资额的比重。②雇佣长工:是否雇佣长工,长工人数占池塘养殖总劳动力数量的比重。因多数养殖户不论池塘规模大小都有雇佣临时工的现象,较为普遍的如雇佣专业团队捕鱼清塘,但长工不是"非雇不可",所以长工的雇佣情况更能反映养殖户的劳动力要素流入决策。③村外承租池塘:是否从本村外承租池塘,本村外承租的池塘面积占全部养殖面积的比重。池塘的来源主要有在自家承包地挖塘和承租村镇集体池塘,但以承租居多。通常来说,承租外村池塘需要的交易费用高于承租本村池塘,若养殖户从外村承租池塘,则意味着他有更强烈的池塘流入需求。

3. 其他控制变量

①亩均经营费用,包括苗种费、饲料费、水电费、渔机具折旧费、池塘承租费、雇工费、清塘消毒等各项费用。②亩均劳动力数量,考察养殖户土地生产率时需要用到的变量,以自家投入水产养殖劳动力、长工和短工折算人数(按4∶1折算)之和与池塘总面积之比来表示。③劳均经营池塘面积,考察养殖户劳动生产率时需要用到的变量,以池塘总面积和长期劳动力数量之比来表示。④池塘规模,以养殖户在承包地自挖池塘和承租池塘的面积之和来表示。⑤池塘细碎化程度,以养殖户当年经营池塘的块均面积来表示,单位为亩/块。⑥反映池塘养殖户的户主特征的变量,包括年龄、养殖年限、受教育年限、是否专职养鱼、是否党员或村民代表。⑦销售渠道稳定性,反映养殖户的水产品市场参与方式,以是否有稳定收购方来衡量。⑧地区虚拟变量,定义2014年淡水鱼类

表5.4 要素流入与池塘养殖效率关系的估计结果

	(1)	(2)	(3)	(4)	(5)	(6)	(7)	(8)
	亩均产量	亩均产值	劳均产量	劳均产值	亩均产量	亩均产值	劳均产量	劳均产值
常数项	1.392*	2.244***	1.679**	2.321***	1.679*	2.290***	1.893**	2.350***
	(0.724)	(0.389)	(0.761)	(0.392)	(0.885)	(0.417)	(0.876)	(0.416)
融资养殖	−0.035	−0.053	−0.025	−0.057*	−0.106	−0.329**	−0.072	−0.326**
	(0.106)	(0.031)	(0.104)	(0.031)	(0.172)	(0.140)	(0.173)	(0.140)
雇佣长工	−0.210*	0.035	−0.276*	0.003	−0.149	0.001	−0.229	−0.065
	(0.108)	(0.063)	(0.142)	(0.053)	(0.195)	(0.111)	(0.274)	(0.102)
村外租赁池塘	0.018	−0.014	0.013	−0.022	0.010	−0.009	0.013	−0.015
	(0.097)	(0.054)	(0.095)	(0.057)	(0.096)	(0.054)	(0.096)	(0.056)
亩均经营费用	0.659***	0.809***	0.654***	0.804***	0.628***	0.805***	0.628***	0.801***
	(0.074)	(0.033)	(0.076)	(0.034)	(0.085)	(0.035)	(0.084)	(0.036)
亩均劳动力数量	0.671*	0.034			0.739**	0.077		
	(0.365)	(0.171)			(0.356)	(0.174)		
劳均经营池塘面积			0.887***	0.954***			0.909***	0.951***
			(0.082)	(0.035)			(0.090)	(0.034)
户主年龄	0.002	−0.002	0.002	−0.002	0.003	−0.003	0.003	−0.003
	(0.005)	(0.004)	(0.004)	(0.004)	(0.005)	(0.004)	(0.005)	(0.004)
户主水产养殖年限	−0.008	0.002	−0.007	0.002	−0.007	0.002	−0.006	0.002
	(0.008)	(0.003)	(0.008)	(0.003)	(0.008)	(0.003)	(0.008)	(0.003)
户主受教育年限	0.029	−0.007	0.026	−0.007	0.030	−0.006	0.027	−0.007
	(0.020)	(0.009)	(0.019)	(0.009)	(0.020)	(0.008)	(0.020)	(0.008)
户主是否专职养鱼	0.080	0.014	0.102	0.016	0.098	0.0001	0.127	0.004
	(0.108)	(0.035)	(0.109)	(0.034)	(0.113)	(0.033)	(0.114)	(0.032)
户主社会资本	0.024	0.004	0.038	0.009	0.033	0.010	0.047	0.016
	(0.098)	(0.041)	(0.101)	(0.042)	(0.101)	(0.041)	(0.101)	(0.042)
家庭经营池塘规模	−0.059	−0.041*	−0.007	−0.004	−0.083	−0.020	−0.054	0.019
	(0.048)	(0.024)	(0.074)	(0.026)	(0.065)	(0.027)	(0.103)	(0.032)
池塘细碎化程度	0.0012*	0.0002	0.0014**	0.0002	0.0014*	−0.0001	0.0016**	−0.0001
	(0.0007)	(0.0002)	(0.0007)	(0.0002)	(0.0008)	(0.0002)	(0.0008)	(0.0002)
销售渠道稳定性	−0.077	−0.019	−0.066	−0.019	−0.092	−0.021	−0.079	−0.021
	(0.092)	(0.037)	(0.089)	(0.036)	(0.094)	(0.037)	(0.092)	(0.037)
是否养殖主产区	0.115	0.042	0.111	0.040	0.107	0.032	0.111	0.033
	(0.079)	(0.035)	(0.080)	(0.036)	(0.076)	(0.033)	(0.079)	(0.033)
R^2	0.308	0.805	0.657	0.935	0.293	0.812	0.641	0.937
Prob>F	0.000	0.000	0.000	0.000	0.000	0.000	0.000	0.000
观测值	251	265	251	265	245	259	245	259

注:表示要素流入的变量在第(1)—(4)列为是否融资养殖、是否雇佣长工、是否村外承租池塘,在第(5)—(8)列为融资比例、长工比例、村外池塘比例;括号中数字为稳健标准误;*、**和***分别表示在10%、5%和1%的水平上显著

融资养殖变量对养殖户土地生产率和劳动生产率的产量、产值指标基本都

产生了负向作用,可能的原因是融资资金成本显性化降低了融资养殖户的投资力度。表 5.4 的亩均经营费用变量对各效率指标产生了显著正效应,这与经济学理论预期是一致的,也与池塘高密度养殖技术日益成熟相符。大宗淡水鱼池塘养殖属于资本密集型产业,高密度放养和高频率"捕大留小"对资本投入的需求非常大,理论上是高投入带来高产出,但由于边际收益递减规律的作用,养殖户是根据成本、风险和收益作出资本投入决策的。也正是因为利用外部资金的成本是显性的,利用自有资金的成本是隐性的,融资养殖户的资金成本要比未融资养殖户高。当养殖户投入资金遵循资金边际报酬等于边际成本的原则时,融资养殖户的亩均池塘资金投入就要普遍低于未融资养殖户。样本中,融资养殖户亩均投入 9 193 元,未融资养殖户亩均投入 9 854 元,前者比后者低 6.71%。进一步分析发现,融资养殖户的亩均资金投入随着融资占比的上升而先增后减,呈倒 U 型曲线状[1]。这是因为适度融资确实能起到缓解资金短缺的作用,但当融资占比上升到一定程度后,使用更多外部资金意味着显性化的资金成本增加和还款压力加重,如果融资养殖户继续追求高投入高密度养殖,他的盈亏平衡点和养殖风险都在上升,其理性选择就是通过减少投入、降低养殖密度去规避养殖风险,不再纯粹地追求增加亩均产值和亩均利润,而是追求合理的亩均成本利润率[2]。

融资养殖变量对产量指标的负向作用是不显著的,但对产值指标的负向作用是显著的。这可能是融资资金在偿还时间上的强约束性不利于融资养殖户压塘等待更有利的出售时机。低产值可能是低价格造成的,即融资养殖户在价格低迷行情下更可能会被动出售大宗淡水鱼。一是"借钱"融资有时限约束,养殖户通过金融机构或亲友熟人等渠道融资都有着明确的还款日期,当还款日期临近,不管成鱼价格是否低迷,养殖户的现实选择是"捕大留小"出售规格较大的成鱼以便按时偿还债务。虽然亲友熟人等非正规金融渠道融资的还款时限约束会弱一些,但这类融资的突发性催还借款风险却更强一些。二是供应链融资也有时限约束,当前饲料成本已成为池塘养鱼的最主要成本,不少养殖户从饲料生产厂家、饲料经销商处赊购饲料,而双方对赊购时限、赊购额度也是有着

---

[1] 融资养殖户中,融资占比在(0,0.18]、(0.18,0.36]、(0.36,0.52]、(0.52,1]区间的样本比例分别为 14.55%、47.27%、20.00%和 18.18%,对应的亩均资金投入分别为 9 294 元、9 901 元、9 146 元和 7 431 元。

[2] 通常来说,随着池塘放养密度的升高,饲料使用量越来越大会导致水质环境变差,进而增加鱼群暴发病害的概率,鱼群成活率有所下降。鱼苗投放量和饲料使用量的大幅增加可能只带来了亩均产量的小幅增加,高密度养殖反而会提高养殖成本和降低成本利润率。在养殖技术和配套设施没有大变革的情况下,融资养殖户适当减少投入,降低养殖密度,虽然会降低亩均利润,却提高了成本利润率而显得更加"经济"。

明确约定的,这也迫使融资养殖户面临低迷行情时不得不选择捕捞出售部分成鱼。实际上,融资资金偿还时间的强约束性降低了融资养殖户成鱼压塘的自由度,他们在更有利的时机和价格出售成鱼的选择余地更小。

其实,大宗淡水鱼池塘养殖业出现"融资低效"在某种程度上是养殖户因应当前农村金融和水产养殖保险现状的结果。在农村金融层面,一方面是养殖户缺少投资渠道,富余闲散资金主要流向银行储蓄以致保本增值空间较小和机会成本较低,进而养殖户使用自有资金容易出现成本隐性化,最终可能导致了池塘养殖资金投入"内卷化"。另一方面是农村金融服务未能有效契合池塘养殖业的产业特性,尤其是贷款期限和还款灵活性设计不能根据养殖户应对市场行情变化而压塘延长养殖期进行动态调整,养殖户在享受融资好处的同时也戴上了利差情形下"割肉"还款的"紧箍咒"。在水产养殖保险层面,由于池塘淡水养殖投入大、风险高,但淡水鱼养殖政策性保险目前仅在江苏、安徽、宁夏等少数地区试点,而且对参保对象设置了养殖规模门槛,保险金额也远低于养殖成本①,保费补贴基本由地方财政承担,池塘淡水鱼养殖保险工作的开展严重落后于池塘淡水鱼养殖业发展。规模小的养殖户不能参保,规模大的养殖户不愿参保,减少投入和合理控制养殖密度成为养殖户自我降险的重要策略。

(二) 雇工与养殖效率

从土地生产率看,表5.4第(1)列显示雇佣长工养殖户的亩均产量要低于没有雇佣长工的养殖户,但不是很显著,仅通过10%的显著性检验。第(2)列显示养殖户是否雇佣长工对其亩均产值并无显著影响。第(5)列和第(6)列说明养殖户雇佣的长工占长期劳动力投入的比例对池塘养殖的亩均产量和亩均产值都没有显著影响。这表明池塘养殖户的长工雇佣行为并不会显著影响其土地生产率。从劳动生产率看,表5.4第(3)列中雇佣长工变量的估计系数显著为负,但也只是通过10%的显著性检验,而第(4)、(7)和(8)列该变量的估计系数同样未能通过统计显著性检验。粗略而言,无论是以土地生产率还是劳动生产率来衡量,大宗淡水鱼池塘养殖是否雇佣长工并没有显著影响养殖效率。

雇佣长工不会显著影响养殖户的池塘养殖效率,可能的原因是长工投入具有较强的可替代性,这种可替代性降低了雇佣长工对养殖效率的差异化影响。池塘养殖不是劳动密集型产业,雇佣的长工主要用于人工辅助投喂饲料、适时

---

① 例如江苏张家港市要求养殖规模在30亩以上,常规鱼类的保险金额为3000元/亩,特种鱼类的保险金额为5000元/亩,保险费率都为6%。安徽合肥市要求养殖规模在50亩以上,保险金额为2000元/亩,保险产量为1500斤/亩,保险费率为8%。宁夏平罗县的保险金额是3000元/亩,保险费率为10%。

开关增氧设备和看护池塘等活动,这些活动不需要长工具备较高的养殖技术和管理能力,所以雇佣长工不属于专用性投资,其可替代性是非常强的。一是养殖户通过投入富余的家庭自有劳动力来替代长工,在缺少其他就业机会的情况下,养殖户使用家庭自有劳动力的机会成本很低,同时家庭自有劳动力与池塘养殖的其他可变投入更容易形成互补,因而有的养殖户宁愿放弃闲暇机会或提高劳动强度也不选择雇佣长工。表5.5显示未雇佣长工养殖户亩均投入长期劳动力0.077人,而雇佣长工养殖户为0.054人,群体间的长期劳动力投入差异非常明显。二是通过雇佣更多的短工去替代长工,相较于长工,短工具有市场大、灵活性强、劳动易于监督和计量付酬的特点,池塘规模小的养殖户更倾向选择"自有劳动力+短工"的劳动力配置组合。表5.5也显示未雇佣长工养殖户亩均雇佣短工0.186人,雇佣长工养殖户亩均雇佣短工0.055人,前者是后者的3.38倍。三是通过增加机械设备和引入新的管理方式去替代长工,例如调校投料机自动投喂、安装池塘监控设备、添置水温和溶氧度监测设备等,并通过手机进行远程操作。这在本质上是资本对劳动的替代。

表5.5　雇佣长工养殖户和未雇佣长工养殖户的劳动力投入比较

	样本数	户均池塘规模（亩）	长期劳动力（人/亩）	雇佣短工（人/亩）	总劳动力（人/亩）
雇佣长工养殖户	110	226.59	0.054	0.055	0.068
未雇佣长工养殖户	158	59.33	0.077	0.186	0.124
均值差		167.26***	−0.023***	−0.131***	−0.056***

注:计算亩均劳动力投入时,短工按4∶1折算,长工按1∶1折算;***表示两组样本均值之差在1%的水平上显著异于0

雇佣长工与养殖效率无关的论点是有实践基础的。结合池塘经营规模来看,未雇佣长工养殖户和雇佣长工养殖户的平均池塘规模分别为59.33亩和226.59亩。前者池塘规模小但劳动力投入多,走的是劳动投入"过密型"和"内卷型"道路;后者池塘规模大,虽雇佣长工但户均雇佣约4人,以雇佣长工1—3人居多(占70.6%),他们在适量雇佣长工的基础上倾向于使用更多机械设备和采用新型管理方式,走的是"科技武装"道路。当前农村劳动力要素丰裕,土地、资金、机械设备要素稀缺,池塘养殖户的家庭资源禀赋差异使得他们的池塘经营形成道路惯性,且养殖户的养殖效率又不因劳动力要素配置方式不同而呈现出明显差异,因此,当前中国池塘养殖业是两条发展道路并存而且还将维持较长一段时间。但随着渔业的科技创新和技术推广,池塘养殖业的信息化、组织化程度和装备水平都会明显提高,养殖户的要素禀赋和比较优势发生变化,科技要素的不断介入将使"内卷型"养殖户和"科技型"养殖户呈现出此消彼长态势,"内卷型"养殖户逐渐从自我雇佣转而成为短工甚至长工,"科技型"养殖户进一步扩大规模、适度雇工和使用更多科技要素。两类养殖户的职业分化将成为未来中国水产养殖业转型升级的重要结果。

(三) 池塘区位与养殖效率

表5.4第(1)、(2)、(5)、(6)列的估计结果表明,养殖户经营村外池塘对其养殖单产没有显著影响。换言之,养殖户的池塘区位不会显著影响其土地生产率。第(3)、(4)、(7)、(8)列的估计结果表明养殖户经营村外池塘也不会显著影响其劳动生产率。可以说,养殖户经营村内池塘或村外池塘,并不会使养殖效率出现明显差异。

从池塘来源看,样本养殖户中全部池塘都在本村内承租或自挖的占71.64%,全部池塘都在村外承租的占26.49%,同时承租村内村外池塘的仅占1.87%。对养殖户而言,村内池塘和村外池塘不仅是池塘区位上有差异,区位差异的背后更可能是池塘养殖用水、土壤质地、交通状况等养殖环境的差异以及因池塘经营权获取费用不同导致的养殖投入差异。估计结果表明,样本养殖户经营的是村外池塘还是村内池塘在养殖效率上是没有显著差异的,那么,究竟是村内村外池塘的养殖环境和养殖户的资本投入都不存在明显差异,还是说池塘养殖环境和养殖户资本投入的差异本身就对养殖效率没有影响? 笔者设计养殖户访谈问卷时对影响水产养殖产量和品质的因素分别设置了问题,统计发现,养殖户认为养殖水质、饲料质量、养殖技术和鱼苗质量均是影响养殖产量和品质的主要因素。因此,解释池塘来源与养殖效率的关系时应重点比较村内村外池塘环境差异和养殖户的投入差异。

村外池塘和村内池塘的养殖用水环境并无明显差异。表5.6分组显示了样本养殖户的池塘水源和水质情况。不管是村外池塘还是村内池塘,养殖用水都主要依靠河湖沟渠去补给,其中村外池塘通过河湖沟渠补给用水的比重为50.51%,村内池塘为42.68%。地下水和自然降雨也是养殖用水的重要来源,对河湖沟渠补充用水存在的不足形成有效补充。村外池塘和村内池塘拥有水源处理设施的比重分别为14.86%和13.83%,养殖过程中出现过水源短缺的比重分别为36.49%和33.51%。这说明养殖户经营村外池塘和村内池塘所面临的养殖水源约束是差不多的。从养殖水质看,据《地表水环境质量标准》(GB3838-2002)中的水域功能和标准分类,Ⅱ类水适用于鱼虾类产卵场,Ⅲ类水适用于水产养殖区等渔业水域。统计表明,池塘养殖用水的水质以Ⅱ类水和Ⅲ类水为主,Ⅱ类水和Ⅲ类水占养殖水体的比重在村外池塘是80.00%,在村内池塘是 82.85％。此外,养殖户对于不同来源的池塘都会采取加注新水、搅动底泥、使用增氧剂等多种方式自行调节水质。可以说,样本养殖户的池塘水源条件和水质调控并未因池塘区位不同而有明显差异。

表 5.6　村外池塘和村内池塘的水源条件及水质比较

	样本数	养殖水源	曾发生过水源短缺	拥有水源处理设施	养殖水质	自己调节水质
村外池塘	74	河湖沟渠(50.51％) 地下水(16.16％) 雨水(21.21％) 其他(12.12％)	36.49％	14.86％	Ⅱ类(32.31％) Ⅲ类(47.69％) Ⅳ类(16.92％) Ⅴ类(3.08％)	98.65％
村内池塘	188	河湖沟渠(42.68％) 地下水(25.94％) 雨水(18.41％) 其他(12.97％)	33.51％	13.83％	Ⅱ类(45.14％) Ⅲ类(37.71％) Ⅳ类(12.00％) Ⅴ类(5.14％)	96.81％

注:养殖户同时承租村内和村外池塘则纳入村外池塘计算(表5.7和表5.8按同样方式处理)

　　村外池塘和村内池塘的土壤质地总体上也没有明显差异。土壤质地与土壤通气、保肥、保水状况及养殖捕捞的难易程度有密切关系。据养殖户反映,池塘土质对养殖产量的影响较大,对水产品质量的影响较小(表 5.7)。考察村外池塘和村内池塘的土质差异,发现不同来源池塘的土质大体相当,黏土池塘所占比重均约为 50％,壤土池塘和砂土池塘各自所占比重虽有差异,但差别不是很大。可能的原因是养殖户承租的村外池塘大多还是在本县范围内,同一县域范围内池塘的水环境和土质通常不会有较大差异。从池塘所在地的交通条件看,村外池塘和村内池塘的交通条件总体上都是比较好的,组间均值 T 检验说明二者没有显著差异。

表 5.7　村外池塘和村内池塘的土质及交通状况比较

	样本数	池塘土质对养殖影响的评价	土壤质地		水域交通条件
村外池塘	73	影响产量(53.42％) 影响品质(17.81％) 没有影响(28.77％)	黏土(46.58％)　壤土(16.44％) 砂土(21.92％)　其他(15.07％)		2.00
村内池塘	188	影响产量(57.98％) 影响品质(20.21％) 没有影响(21.81％)	黏土(49.47％)　壤土(24.47％) 砂土(19.68％)　其他(6.38％)		1.92

注:对养殖水域交通条件进行数值化处理,1=很好,2=较好,3=一般,4=较差,5=很差

比较养殖户在村外池塘和村内池塘的投入情况。养殖户在村外经营池塘的平均规模比在村内经营的要大,户均池塘规模相差约 75 亩,且通过 10% 的统计显著性检验。然而,养殖户不管经营的是村外池塘还是村内池塘,他们的池塘承包费、劳动力投入和短期经营性投入虽略有差异,但组间均值差异都没有统计显著性。平均而言,承租村外池塘养殖户的短期经营费用要比承租村内池塘养殖户高出 1 104 元/亩,这一方面可能是因为村外池塘的承包费稍高于村内池塘,另一方面是经营村外池塘需要雇佣更多长工而增加了雇工费用,两类养殖户的长工占长期劳动力的比重差异就说明了这一点,村外池塘养殖户的这一比重为 34.65%,村内池塘养殖户为 18.70%。但是,同池塘养殖产量和成鱼品质关系比较密切的鱼苗费用、饲料费用则差异不大,养殖户投放鱼苗和投喂饲料时并未过多考虑池塘来源,这主要是因为大宗淡水鱼的成鱼养殖周期较短,养殖户的鱼苗和饲料投入资金可以较快回收。

表 5.8　养殖户村外池塘和村内池塘的养殖投入比较

	样本数	户均池塘规模（亩）	水面承包费［元/(亩·年)]	长期劳动力（人/亩）	雇佣短工（人/亩）	总劳动力（人/亩）	经营费用（元/亩）
村外池塘	76	182.76	863.77	0.069	0.114	0.097	10 429.34
村内池塘	186	107.99	703.46	0.066	0.133	0.099	9 325.22
均值差		74.77*	160.31	0.003	-0.019	-0.002	1 104.12

注:计算亩均劳动力投入时,短工按 4:1 折算,长工按 1:1 折算;计算亩均成本时,未在村外承租池塘的养殖户有 183 户;计算水面承包费时,剔除承包费为 0 和未回答样本,村外承租池塘养殖户 73 户,未在村外承租池塘的养殖户 174 户;* 表示两组样本均值之差在 10% 的水平上显著异于 0

大宗淡水鱼养殖户的养殖效率与承租池塘的区位无关,这是养殖水面经营管理制度不断完善和池塘经营权交易市场发育的必然结果。池塘开挖在选址上多数选择了给排水、土地蓄水、交通条件等养殖条件较好的地区,前文分析也说明了村外池塘和村内池塘的养殖环境并无明显差异。随着养殖水面经营管理制度的完善,承租池塘的养殖户不再局限于本村组集体的成员,在开放条件下池塘承包费成了反映池塘质量的有效指标。村组集体为了获取更多的池塘租赁收入而投资改造池塘或者为养殖户改造池塘提供便利,进而池塘管理的竞争租赁和改造激励缩小了不同区位池塘的质量差距。实际上,养殖户承租村外池塘还是村内池塘的决策会受到不同区位池塘质量的影响,同时又反过来刺激不同区位池塘质量趋同化。当池塘养殖环境和养殖户投入都相近时,池塘位于村外还是村内仅是空间位置的差异,此时的池塘只是水产养殖蓄水的"水箱",

其区位基本上就不再是影响养殖效率的重要因素了。当然,村外池塘和村内池塘的养殖环境无差异的论点还需要通过更多养殖户样本去检验,毕竟本文的养殖户样本多数是养殖示范户,可能存在样本选择问题。

四、结论与启示

本文使用国家大宗淡水鱼产业技术体系综合试验站跟踪的 268 个大宗淡水鱼池塘养殖户调查数据,以单位产量和单位产值两个维度去衡量效率,从土地生产率和劳动生产率角度检视了养殖户的池塘养殖效率与资金、劳动力和土地要素流入的关系。研究结果显示:以单位产值衡量的池塘养殖效率与融资存在显著负向关系,但以单位产量衡量的池塘养殖效率与融资的负向关系不显著;无论是以单位产值还是单位产量衡量的池塘养殖效率都与长工雇佣、池塘区位无关。进一步分析指出,融资成本显性化、还款时限硬约束、淡水鱼池塘养殖保险发展滞后可能导致了池塘养殖业"融资低效";长工投入的强可替代性使得养殖效率与长工雇佣无关;打破村组边界的池塘租赁市场发育促使不同区位池塘的养殖环境改善并趋同进而导致养殖效率与池塘区位无关。诚然,这一结论具有很强的产业特性。

未来中国水产品供给的主要主体仍然是池塘养殖。结合本文研究结论,今后促进淡水鱼池塘养殖业健康发展应注重如下几点。第一,根据资金余缺为池塘养殖户提供差异化金融服务,一方面是为资金富余养殖户打通资金出路,拓宽资金保值增值渠道,提高其使用自有资金的成本意识,缓解池塘养殖业的资金"内卷化";另一方面是瞄准淡水鱼池塘养殖经营活动特征,从贷款期限、还款方式等方面为融资养殖户设计灵活的贷款产品,同时还应加快推进以饲料供应为核心环节的供应链金融创新。第二,加强淡水鱼池塘养殖政策性保险体系建设,完善"中央、省、地市政府"三级财政支持体系,积极探索区域产量保险和气象灾害保险等产品,建立由政府、保险机构和养殖户多方参与的巨灾风险共担机制。第三,强化池塘密集地区农民水产养殖技能培训,既要培育池塘经营的专业人才又要培养职业工人,促进养殖户分工分业,还应加强劳动力节约型机具设备的研发推广,以便适应农村劳动力日渐短缺的形势。第四,推进老化池塘改造和加强基础设施建设,继续消除跨区承租池塘的体制机制障碍,消除养殖户跨区流动的壁垒,优化区域间人地资源配置。

需要指出的是,因受制于研究经费和调查难度,本次调查的池塘养殖户样本量并不大,且多是具有一定养殖规模的示范户,因此本文的一些研究结论还需要更广泛地采集样本去做进一步审慎检验。另一个不足之处在于养殖效率和要素流动可能存在互为因果关系,但因获取养殖户的面板数据非常困难,而且尚未找到比较合适的工具变量,故本文缺少对要素流入变量的内生性讨论。此外,本文结论是基于对大宗淡水鱼池塘养殖户的分析而得出的,具有较明显的产业特性,如果以粮食种植户为分析对象,所得结论可能是另一番景象。笔者将在下一步研究中重点解决上述不足及进行产业比较分析。

第二部分
产业竞争力与产业链分析

第六章
中国大宗淡水鱼产业竞争力

大宗淡水鱼是我国渔业的保障性品种,包括青鱼、草鱼、鲢鱼、鳙鱼、鲤鱼、鲫鱼、鳊鲂7个品种,是我国淡水养殖鱼类的主体。2019年,我国大宗淡水鱼养殖产量1953万吨,占淡水养殖产量的65%,占水产品总产量的30%,在水产养殖业中占有重要地位。过去几年,我国渔业供给侧结构性改革倡导"减量增效",大宗淡水鱼产量占比稳中略降,渔业名优特新品种发展加快,中国大宗淡水鱼产量增速略低于世界平均水平。大宗淡水鱼产业竞争力受到市场需求变化、产品质量、产业成本效益等多因素的影响,在新发展阶段,如何客观分析大宗淡水鱼产业竞争力,给予产业合理的引导和发展支持,是个值得研究的问题。本章对大宗淡水鱼养殖业连续12年的发展情况进行梳理,分析大宗淡水鱼养殖业结构调整和转型升级情况及原因,从主产区分布、主要品种、产业集中度和规模度、市场竞争力、消费需求等方面阐述我国大宗淡水鱼的产业发展,构建指标体系对大宗淡水鱼产业竞争力进行测算。

一、大宗淡水鱼养殖业发展现状

(一)产量多年保持稳定增长且在渔业中占比稳定

2008—2019年,我国大宗淡水鱼产量增加507万吨,以年均2.8%的平均速率增长,大宗淡水鱼产量年均增速低于淡水养殖总产量3.5%的年均增速,但高于水产品总产量2.6%的年均增速。从近10年产量比重变化来看,大宗淡水鱼占淡水养殖及水产品总产量的比重基本稳定,占淡水养殖产量的比重基本在66%—70%,个别年份可达70%以上,2014年、2015年达到75%以上水平,2017—2019年这3年大宗淡水鱼产量占淡水养殖产量的比重有所下降,但仍保持在 65% 以上。从占水产品总产量的比重来看,大宗淡水鱼产量占比基本稳定在 30% 左右。

表 6.1 2008—2019 年大宗淡水鱼产量及占比情况 （单位:万吨）

	大宗淡水鱼产量	淡水养殖产量	占淡水养殖产量比重	水产品总产量	占水产品总产量比重
2008	1 446	2 072	69.8%	4 896	29.5%
2009	1 553	2 216	70.1%	5 116	30.4%
2010	1 621	2 347	69.1%	5 373	30.2%
2011	1 699	2 472	68.7%	5 603	30.3%
2012	1 787	2 409	74.2%	5 502	32.5%
2013	1 881	2 548	73.8%	5 744	32.7%
2014	2 019	2 663	75.8%	6 002	33.6%
2015	2 105	2 779	75.7%	6 211	33.9%
2016	1 958	2 878	68.0%	6 379	30.7%
2017	1 964	2 905	67.6%	6 445	30.5%
2018	1 967	2 960	66.5%	6 458	30.5%
2019	1 953	3 014	64.8%	6 480	30.1%

分品种来看,2008—2015 年,除了鳊鱼和青鱼之外,草鱼、鲢鱼、鳙鱼、鲤鱼和鲫鱼的产量均呈缓慢增长态势。2015 年之后,草鱼、鲢鱼、鳙鱼、鲤鱼和鲫鱼的产量有所下降。草鱼在 2018 年较之其他 6 类鱼有比较明显的产量增加,青鱼产量也略微增长,但是鲤鱼、鲫鱼和鳊鱼产量在 2018 年都出现了小幅下降,2019 年基本保持稳定。

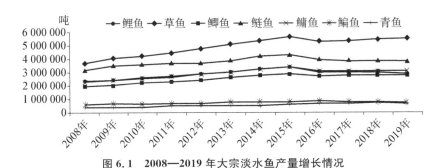

图 6.1 2008—2019 年大宗淡水鱼产量增长情况

表 6.2 2008—2019 年大宗淡水鱼产量增长情况 （单位:吨）

年份	鲤鱼	草鱼	鲫鱼	鲢鱼	鳙鱼	鳊鱼	青鱼
2008	2 350 691	3 707 146	1 955 500	3 193 210	2 290 228	599 623	359 804

年份	鲤鱼	草鱼	鲫鱼	鲢鱼	鳙鱼	鳊鱼	青鱼
2009	2 462 346	4 081 520	2 055 478	3 484 442	2 434 555	625 789	387 623
2010	2 538 453	4 222 198	2 216 094	3 607 526	2 550 848	652 215	424 123
2011	2 718 228	4 442 205	2 296 750	3 713 922	2 668 305	677 887	467 736
2012	2 896 957	4 781 698	2 450 450	3 687 751	2 851 419	705 821	494 908
2013	3 022 494	5 069 948	2 594 438	3 850 873	3 015 380	730 962	525 498
2014	3 272 433	5 376 803	2 767 910	4 226 009	3 202 887	783 023	557 328
2015	3 357 962	5 676 235	2 912 258	4 354 638	3 359 440	796 830	596 102
2016	2 998 937	5 286 580	2 725 841	3 918 236	3 114 939	858 354	679 779
2017	3 004 345	5 345 641	2 817 989	3 852 813	3 097 952	833 393	684 502
2018	2 962 218	5 504 301	2 771 565	3 858 864	3 096 426	783 534	691 296
2019	2 885 284	5 533 083	2 755 632	3 810 286	3 101 637	762 858	679 582

（二）产值保持增长但近年来产值贡献有所下降

在现有渔业统计资料中,仅有淡水养殖总产值数据,而缺乏大宗淡水鱼产值数据。为清晰反映大宗淡水鱼产业情况,我们采用 MPS 法(指反映物质生产部门生产活动成果的收入核算办法)简单估算大宗淡水鱼产业的养殖产值。限于数据有限性和连续性,目前估算的产值不包括青鱼,估算数据也仅从 2009 年开始①。具体估算情况见表 6.3。可以看出,在不包括青鱼的情况下,2019 年大宗淡水鱼产值达到 2 363 亿元,较 2009 年增加 916 亿元,增长 63.3%,年均增幅达到 5.0%,是产量年均增速的 2 倍多(2009—2019 年大宗淡水鱼产量年均增速为 2.3%)。受价格波动影响,大宗淡水鱼养殖产值占淡水养殖总产值的比重变化较大,但基本稳定在 40%—50% 之间。需要说明的是,我们对大宗淡水鱼产值的估算未包括青鱼,而青鱼是大宗淡水鱼中价格较高的鱼类,所以估算出的比重是低于实际的。

表 6.3　2009—2019 年大宗淡水鱼产值估算及占比情况 （单位:万元）

年份	产值估算	淡水养殖产值	占淡水养殖产值比重
2009	14 469 817	27 593 123	52.4%
2010	15 672 457	31 403 444	49.9%

---

① 2008 年底国家大宗淡水鱼产业技术体系产业经济研究室正式成立,并于 2009 年着手建立大宗淡水鱼生产和市场监测系统。该系统实际运行始于 2010 年 1 月。因市场价格监测始于 2009 年,因此我们的产值估算采用的价格数据也从 2009 年开始。

年份	产值估算	淡水养殖产值	占淡水养殖产值比重
2011	18 858 257	37 196 745	50.7%
2012	21 272 397	41 948 184	50.7%
2013	22 557 412	46 655 686	48.3%
2014	23 903 401	50 725 772	47.1%
2015	24 141 152	53 371 213	45.2%
2016	22 547 144	58 131 834	38.8%
2017	23 873 452	58 762 497	40.6%
2018	23 670 433	58 842 681	40.2%
2019	23 631 300	61 865 997	38.2%

注:大宗淡水鱼产值估算采用 MPS 方法(产量×价格),估算的品种包括草鱼、鲢鱼、鳙鱼、鲤鱼、鲫鱼、鳊鲂这 6 种,价格数据来源于中国农业信息网,因缺少青鱼价格数据,故实际估算的大宗淡水鱼产值要低于实际值,淡水养殖产值数据来源于历年《中国渔业统计年鉴》,最终计算得出的大宗淡水鱼产值占淡水养殖产值的比重也低于实际值

(三) 市场价格在波动中小幅上涨

观察近些年大宗淡水鱼价格变化情况发现:2009—2012 年,大宗淡水鱼价格整体上行,各鱼种价格走势基本一致;2012 年以后,大宗淡水鱼价格有所下滑,且各鱼种价格走势出现分化。分品种来看,2012 年以后,鳊鱼、活鲫鱼、活草鱼价格走势基本类似,均在 2014 年、2015 年左右跌至低点后反弹,2017 年达到高点,2018 年回落;鳙鱼价格自 2012 年以来波动很小,基本稳定在 12—13元/千克;鲢鱼价格自 2012 年以后一直下行;鲤鱼价格走势自 2012 年以来一直与草鱼、鳙鱼相反,说明鲤鱼与草鱼有一定的替代关系。

参考股票振幅的计算方法(振幅 = 当期最高价 ÷ 当期最低价×100%—100%)来计算大宗淡水鱼的价格振幅,得到:10 年间,鳙鱼、鲫鱼价格振幅最大,年际间价格振幅分别达到 72% 和 53%;鲤鱼、鲢鱼和鳊鱼价格振幅分别为36%、28% 和 32%;草鱼是近 10 年来价格波动最小的品种,年际间价格振幅仅为 20%。

(四) 养殖户的养殖面积呈波动上升趋势

由于行业统计的指标局限,当前的渔业统计年鉴里没有关于大宗淡水鱼养殖面积、单产、养殖成本收益的相关指标。为了对大宗淡水鱼养殖主体情况进行具体分析,以下我们使用大宗淡水鱼产业技术体系产业经济研究室 2011—

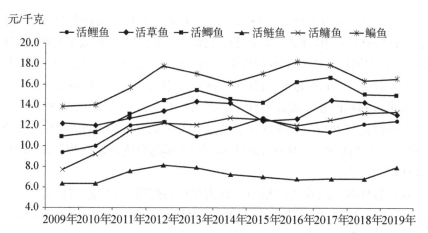

图 6.2 2009—2019 年大宗淡水鱼加权平均价格变化

数据来源：根据中国农业信息网数据计算

2019 年的定点观测微观数据①,分析养殖面积、单产、养殖成本收益等微观数据并得出相应判断。

　　大宗淡水鱼产业作为渔业中的"主粮"产业,其生产技术成熟,产量和市场稳定,养殖风险相对较低,长久以来养殖面积较为稳定。从图 6.3 可见,**2011—2019 年,大宗淡水鱼养殖户户均养殖面积在波动中上升,特别是 2017 年、2018年和 2019 年户均养殖面积持续增加。**

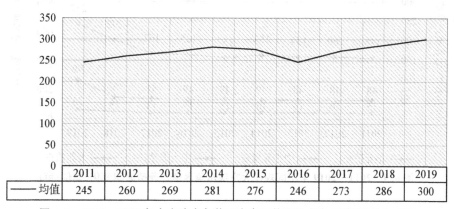

	2011	2012	2013	2014	2015	2016	2017	2018	2019
均值	245	260	269	281	276	246	273	286	300

图 6.3 2011—2019 年大宗淡水鱼养殖户户均养殖面积变化情况（单位：亩）

---

① 此数据库包含 2011—2019 年全国 25 个省份 151 个县 819 名养殖户的跟踪调查数据,样本量总计 3 559 份。

从图 6.3 中可以看出,2011—2014 年,养殖户户均养殖面积呈逐年缓慢上升趋势;受鱼价周期性下跌,以及国家环保督查、渔业减量增效等宏观政策和外部环境因素影响,2015—2016 年监测养殖户的大宗淡水鱼养殖面积有所下降,2016 年下降至 2011 年的水平;受鱼价回升及中美经贸摩擦影响,2016 年后的大宗淡水鱼养殖面积呈现恢复性增长,2017 年开始止跌回升,从 2016 年的户均 246 亩增长至 2017 年的 273 亩,增速达 11.0%,在随后的两年中户均养殖面积仍以近 5% 的增速持续增长,2018 年、2019 年的户均养殖面积分别为 286 亩和 300 亩。

我们将样本户按养殖面积由小到大排序,按照四分位法将他们分为 4 组(见图 6.4)①,其中,大养殖户的户均养殖面积在 750—1 000 亩之间,中大养殖户户均养殖面积在 231—250 亩之间,中小养殖户的户均养殖面积在 80—100 亩之间,小养殖户的户均养殖面积在 16—20 亩之间。分组观察不同规模养殖户在 2011—2019 年度的养殖面积变化情况后发现:大养殖户户均养殖面积近几年波动较大;其他三类养殖户户均养殖面积都是稳中略升,2018—2019 年,中小型养殖户养殖面积增长较快,增幅达 71%,小型和中大型养殖户的养殖面积增长率均在 20% 左右。

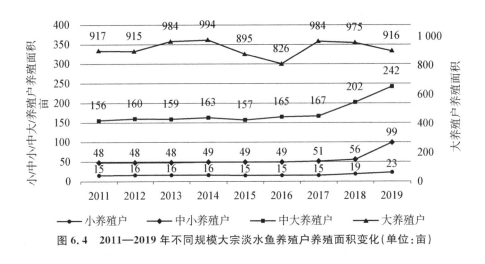

图 6.4 2011—2019 年不同规模大宗淡水鱼养殖户养殖面积变化(单位:亩)

（五）养殖户养殖单产呈波动上升趋势

大宗淡水鱼养殖多为混养,且养殖技术、模式都较为相似,因此可以将养殖户所有的大宗淡水鱼养殖品种的产量简单加总作为衡量养殖户大宗淡水鱼养殖产量的指标,由养殖产量除以养殖户养殖面积得到养殖户的亩均产量,即养殖单产。**分析数据后发现,2011—2019 年,大宗淡水鱼养殖户亩均产量呈上升趋势**(见图 6.5),其中中小养殖户单产波动较明显,小养殖户的单产水平最高但波动幅度最大,且呈现 2014 年后单产快速增高趋势;其他类型养殖户单产较为平稳(见图 6.6)。

图 6.5　2011—2019 年大宗淡水鱼养殖户单产变化情况(单位:斤/亩)

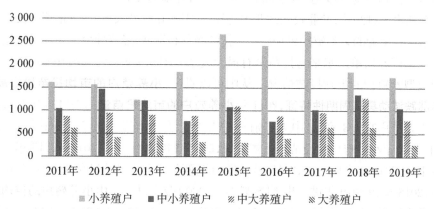

图 6.6　2011—2019 年不同类型(四等分)的大宗淡水鱼养殖户单产变化(单位:斤/亩)

图 6.5 反映了 2011—2019 年大宗淡水鱼养殖户单产变化情况。总体来看,2011—2019 年大宗淡水鱼养殖户的户均单产水平呈波动上升趋势。养殖

户单产由 2011 年的 1 061 斤/亩下降至 2014 年的 968 斤/亩,继而又波动上升至 2017 年的 1 380 斤/亩,2018 年与 2017 年养殖户单产基本持平,为 1 405 斤/亩,2019 年大宗淡水鱼养殖户单产均值下降至 2016 年的水平,为 1 167 斤/亩。从趋势线可以看出,单产的变化整体呈上升趋势。

分组来看(见图 6.6),2011—2019 年不同类型的养殖户单产差异很大。其中,**小养殖户的单产水平最高**,2011 年小养殖户的单产水平为 1 613 斤/亩,2013 年下降至 1 230 斤/亩,降幅 23.7%;2014 年后小养殖户的单产水平大幅提升,2014 年单产为 1 843 斤/亩,比 2013 年高 49.8%,2015 年单产上涨至 2 664 斤/亩,比 2014 年又提升 44.5%,2016 年有少许回落,2017 年又回升反超 2015 年的水平,达到 2 735 斤/亩,2018 年回落到 1 848 斤/亩,2019 年进一步降至 1 735 斤/亩。**中小养殖户单产水平呈波动趋势。**2011 年中小养殖户单产 1 039 斤/亩,2012 年上升至 1 467 斤/亩,涨幅 41.2%,2013 年又下降至 1 216 斤/亩,2014 年继续下降至 773 斤/亩,比 2013 年下降 36.4%;2015 年回升至 1 078 斤/亩后,2016 年又跌回 769 斤/亩,此后连续两年均出现增长,2018 年达 1 354 斤/亩,比 2016 年增长 76.1%,2019 年又下降至 1 054 斤/亩。**中大养殖户单产水平基本平稳**,除 2018 年达 1 280 斤/亩外,其余年份都在 800—1 000 斤/亩的范围内波动。**大养殖户的单产水平最低**,也呈先下降后上升再下降的波动趋势,其中 2017 年和 2018 年的大养殖户单产水平与 2011 年大养殖户的单产水平相似,2019 年单产最低,仅为 261 斤/亩。**大养殖户单产水平低的可能原因**,一是大养殖户的养殖水域主要为山塘水库等天然大水面,没有对水域进行精养池塘改造,大水面有多重功能,养殖密度也不宜过高;二是大养殖户多从事多种经营,渔业收入并非主要收入,因此养殖投入不大;三是那些长期扎根水产养殖业的大养殖户更加注重可持续经营和发展,经营理念上更注重效益。

水产养殖单产水平与投苗量有很大关系。图 6.7 展示了 2011—2019 年不同类型养殖户的亩均投苗情况。从中可以看出,**小养殖户的亩均投苗量最高,其涨跌波动具有周期性特征**,2011 年小养殖户的亩均投苗量为 30 126 尾/亩,是中小养殖户的 2.3 倍,是中大养殖户的 4.0 倍,是大养殖户的 5.7 倍;受鱼价影响,2012 年小养殖户的投苗量大幅下降,2013 年恢复性上涨,2014—2015 年又有所下降,2016 年大幅上涨,2017 年稍有下降,两年的亩均投苗量在 35 000 尾/亩左右,2018 年和 2019 年进一步下降,跌至 20 000 尾/亩以下。**中小养殖户的亩均投苗量也较高**,从 2011 年的 12 928 尾/亩波动上升至 2017 年的 20 597 尾/亩,涨幅为 59.3%,2018 年出现下跌,仅为 8 753 尾/亩,2019 年上升至 11 781 尾/亩。**中大养殖户的亩均投苗量总体上较为稳定**,除 2014 年、2015 年和 2018 年外,基本稳定在 7 000 尾/亩左右。**大养殖户的亩均投苗量最低**,基本稳定在 5 000 尾/亩以下,2014—2016年是低谷,近年维持在3 000尾/亩以下,原因有可能是受外部环境影响,投苗积极性下降。在一般普通年份,大养殖户基本上采取**低密度投苗**、**养大规格成鱼**的做法,这与小养殖户**高密度投苗**、**养小规格成鱼**,主要追求产量的做法形成鲜明对比。

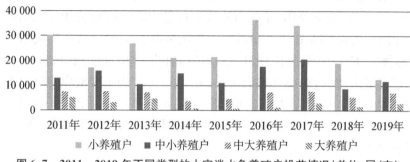

图6.7　2011—2019年不同类型的大宗淡水鱼养殖户投苗情况(单位:尾/亩)

(六)养殖亩均利润呈低水平波动上升趋势

亩均利润能够体现产业的效益水平,这里我们使用养殖户亩均养殖销售收入减去亩均养殖成本,来获得大宗淡水鱼养殖户2011—2019年的亩均养殖毛利润。养殖成本包括种苗投入费、清塘消毒费、肥料费、饲料费、天然饵料费、卫生防疫费、水电费、运输费、承包租赁费和贷款利息。**数据分析表明,养殖户的亩均利润水平较低,且波动较大;小养殖户的养殖更明显地表现出丰产不丰收、高产不高效,且生产非理性、投机性强的特点。**

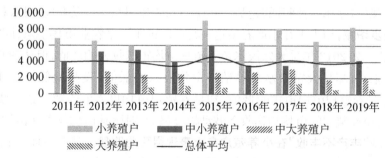

图6.8　2011—2019年不同类型的大宗淡水鱼养殖户亩均养殖成本情况
(不计劳动成本)(单位:元/亩)

图6.9展示了各年度不同类型(按户均养殖面积排名四等分)养殖户的亩均养殖成本变化(柱形图)情况及总体平均亩均养殖成本变化(折线图)情况。**总体**

来看,大宗淡水鱼养殖户的亩均成本呈波动上升趋势,2011年平均每亩投入养殖成本3 974元,2014年降低至3 442元,2015年升至4 606元,2016年下降为3 428元,往后3年的亩均成本变化减小,均为4 000元/亩左右,对比发现,每亩养殖成本的变化与养殖户的亩均投苗量的变化直接相关。**分主体来看**,小养殖户的亩均成本最高,呈波动上升趋势,2011年亩均成本6 871元,2015年亩均成本达到最高的9 100元,2016年和2018年的亩均成本接近,都在6 400元上下,2017年和2019年的亩均成本都在8 100元上下。其次是中小养殖户,其亩均成本呈波动下降趋势,2017年亩均成本3 531元,比最高值的5 948元降低40.6%,2018年与2017年相差不大,2019年略有上升,为4 179元。中大养殖户的亩均成本较为稳定,2011—2017年基本在3 000元/亩的水平以下波动,2018—2019年下降至1 900元/亩左右。大养殖户的亩均投入最稳定,基本维持在700—1 100元/亩的水平。

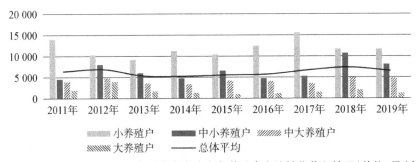

图6.9 2011—2019年不同类型的大宗淡水鱼养殖户亩均销售收入情况(单位:元/亩)

从养殖户的亩均销售收入来看(见图6.9),2011—2019年养殖户亩均销售收入呈现先升后降再回升的趋势。对比图6.8和图6.9可以发现,**投入和收益并不同步增减**,相当于在水产养殖这一行业印证了一个农业市场现象,即**"丰产不丰收"**。如2012年是大宗淡水鱼养殖户亩均销售收入的峰值,但从图6.7和图6.8来看,却是大宗淡水鱼养殖户亩均投入的低值(投苗量低值)。同样,2015年是养殖户亩均销售的低值,却是养殖户亩均投入的峰值。进一步分主体来看,小养殖户的亩均销售收入波动幅度最大,对比其亩均收入和亩均支出,可以发现**"丰产不丰收"在小养殖户身上表现得更为明显**。其他主体,如中小养殖户其亩均销售收入呈现先上升后平稳趋降的趋势,而中大养殖户和大养殖户各年度走势都较为平稳。

更进一步地,从总体年度亩均利润水平来看(图6.10),2011—2019年大宗淡水鱼养殖户总体亩均毛利润呈现先降后升趋势。从利润水平来看,2011年亩均养殖毛利润只有653元,2012年上升为1264元/亩,随后逐年下降至2015年的563元/亩,之后又止跌回升,2017年达到1754元/亩,2018年增长到2188元/亩,2019年进一步升至2271元/亩。然而即使是2019年,年度亩均利润也未及2500元,如再除去日益增加的人工成本,则养殖户的亩均利润更少,这也说明**大宗淡水鱼养殖利润因供需变化而存在波动,直接影响产业稳定。**

图6.10 2011—2019年大宗淡水鱼养殖户亩均毛利润(单位:元/亩)

值得一提的还有不同类型大宗淡水鱼养殖户亩均利润的对比。从图6.11可以看出,**小养殖户的亩均利润波动幅度很大**,结合图6.7的投苗量,一定程度上显示出**小养殖户在大宗淡水鱼养殖中的"非理性"和"投机性":**面对市场价格波动,小养殖户更容易跟风或者更倾向于"一锤子买卖"的赌博式养殖,这种养殖非理性会加剧市场价格的持续波动,表明**小养殖户缺乏良好的经营者素质和运营管理技术。**中小养殖户的亩均利润水平也有波动,但与小养殖户相比,波动幅度更小、频率更低;中大养殖户和大养殖户的亩均利润水平都较为平稳,特别是中大养殖户的亩均养殖利润高于大养殖户的亩均养殖利润。从生产利润的稳定性来看,结合年度投苗水平,可以发现中大养殖户和大养殖户的生产是

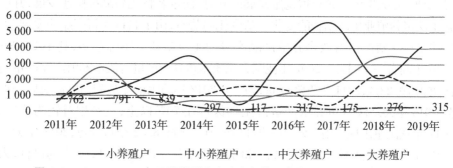

图6.11 2011—2019年不同类型大宗淡水鱼养殖户亩均毛利润(单位:元/亩)

比较稳定的，生产者有长期持续性经营的稳定生产预期。

另外，对比图 6.10 和图 6.11，我们还发现一个很有意思的现象，即**高产未必能带来高收益**。如从亩均产量上看，历年亩均产量最高的均为小养殖户，但从亩均毛利润上看，小养殖户的亩均毛利润只在 2014 年、2016 年和 2017 年处于最高水平，如果剔除劳动力成本，则小养殖户的利润水平更低。从长期看，养殖利润的大起大落会威胁小养殖户的可持续生产能力。从这一角度看，倡导渔业绿色发展，促进水产养殖业由**数量导向型向高质量方向发展的核心关注点和工作重点应为小养殖户群体**。

二、大宗淡水鱼养殖业结构调整和转型升级分析

我国大宗淡水鱼生产历史悠久。改革开放以来，技术进步、流通体制放开、市场需求等刺激大宗淡水鱼产业迅猛发展，为解决我国"吃鱼难"问题作出了重要贡献。20 世纪 90 年代以来，大宗淡水鱼产业进入稳定发展期，产业规模不断扩大，产区分布渐趋均衡，生产以池塘养殖方式为主，养殖技术趋于成熟。目前，作为我国鱼类生产的主体，大宗淡水鱼已成为全国性生产、跨区域流通、全国性消费的重要水产品种，对外贸易量也有所增加。

（一）养殖结构调整

我国大宗淡水鱼的养殖结构调整主要表现在生产结构调整和养殖方式调整两方面。接下来根据历年《中国渔业统计年鉴》数据来分析。

1. 生产结构调整

我国淡水养殖以鱼类为主。大宗淡水鱼是我国淡水养殖业发展的保障性主导品种。在大宗淡水鱼获得稳定发展的同时，淡水名特优新品种快速发展，并引起了淡水养殖业生产结构的变化。从变化趋势看，由于名特优新产品的发展，大宗淡水鱼养殖产量占淡水养殖产品产量的比重整体呈下降趋势，其中 2012—2016 年间有一定回升。2007 年我国大宗淡水鱼养殖产量占淡水养殖产品产量的比重为 70.22%，2011 年下降至 68.71%。2012 年的比重升至 74.19%，之后一直到 2016 年大宗淡水鱼养殖产量占比均保持在 70% 以上，生产相对较为稳定。2017 年该比重出现下滑，较 2016 年的 75.91% 下降 8.32 个百分点，2018 年大宗淡水鱼养殖产量占淡水养殖产品产量的比重继续下降，跌至 12 年来的最低，为 66.45%，该比重与 2016 年的最高值相比下降 9.46 个百分点。

生产结构调整主要体现在品种结构调整上。分品种看，7 种大宗淡水鱼

图 6.12 大宗淡水鱼养殖产量占淡水养殖产品产量比重(单位:%)

历年的养殖产量各自占大宗淡水鱼总养殖产量的比重相对比较稳定,从 2007—2019 年的 13 年间比重的平均值来看,从高到低排序依次是草鱼、鲢鱼、鲤鱼、鳙鱼、鲫鱼、鳊鲂和青鱼。在大宗淡水鱼中,草鱼养殖产量最大,2007—2019 年的 13 年间草鱼养殖产量占大宗淡水鱼养殖产量的比重稳定在 25% 以上。2019 年草鱼养殖产量占大宗淡水鱼养殖产量的 28.33%,占淡水鱼养殖总产量的 18.36%,2008—2019 年草鱼产量的年均增幅达到 3.71%。鲢鱼的养殖产量占大宗淡水鱼养殖产量的比重在 20% 左右,2019 年鲢鱼的养殖产量占大宗淡水鱼产量的 19.51%,位居大宗淡水鱼产量的第 2 位。近年来,鲢鱼的地位已经被草鱼超越,2008—2019 年的年均产量增速仅为 1.62%,是大宗淡水鱼中产量增长最为缓慢的品种,其价格也最为低廉。鲤鱼的养殖产量占大宗淡水鱼产量的比重也在 15% 以上,与鳙鱼接近。2019 年,我国鲤鱼的养殖产量占大宗淡水鱼产量的 14.77%,2008—2019 年鲤鱼的增长趋势相对平缓,年均增速为 1.88%。鳙鱼的养殖产量占大宗淡水鱼养殖产量的比重稳定在 15% 以上,2019 年鳙鱼的养殖产量为 310.16 万吨,占大宗淡水鱼养殖产量的 15.88%,2008—2019 年的年均增速为 2.80%。鲫鱼的养殖产量占大宗淡水鱼养殖产量的比重在 13% 以上,2019 年鲫鱼的养殖产量为 275.56 万吨,占大宗淡水鱼产量的 14.11%,2008—2019 年其产量的年均增速为 3.17%。鳊鲂的养殖产量占大宗淡水鱼养殖产量的比重在 4% 左右,2019 年鳊鲂养殖产量 76.29 万吨,占大宗淡水鱼养殖产量的 3.91%,2008—2019 年的年均增长速度为 2.21%。青鱼的养殖产量占大宗淡水鱼养殖产量的比重在 3% 左右,2019 年青鱼养殖产量仅 67.96 万吨,是大宗淡水鱼中产量最低的品种,占大宗淡水鱼养殖产量的 3.48%,但青鱼也是产量增长最为迅速的大宗淡水鱼,2008—2019 年的年均增速达到 5.95%。

表 6.4　2007—2019 年 7 种大宗淡水鱼各自占大宗淡水鱼总产量的比重

（单位：%）

年份	青鱼	草鱼	鲢鱼	鳙鱼	鲤鱼	鲫鱼	鳊鲂
2007	2.39	25.69	22.22	15.43	16.10	14.00	4.16
2008	2.49	25.64	22.09	15.84	16.26	13.53	4.15
2009	2.50	26.28	22.43	15.67	15.85	13.23	4.03
2010	2.62	26.04	22.25	15.73	15.66	13.67	4.02
2011	2.75	26.15	21.87	15.71	16.00	13.52	3.99
2012	2.77	26.76	20.64	15.96	16.21	13.71	3.95
2013	2.79	26.95	20.47	16.03	16.07	13.79	3.89
2014	2.76	26.64	20.93	15.87	16.21	13.71	3.88
2015	2.83	26.96	20.68	15.96	15.95	13.83	3.78
2016	2.89	27.00	20.63	15.93	16.01	13.76	3.78
2017	3.49	27.22	19.62	15.78	15.30	14.35	4.24
2018	3.51	27.99	19.62	15.74	15.06	14.09	3.98
2019	3.48	28.33	19.51	15.88	14.77	14.11	3.91
平均值	2.87	26.74	21.00	15.81	15.80	13.79	3.98

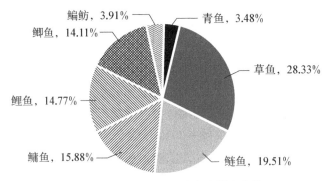

图 6.13　2019 年大宗淡水鱼产量分布情况

2. 养殖方式调整

改革开放以来,我国水产养殖模式发生了很大变化。受养殖基础设施条件差、养殖技术及管理水平较低、盲目追求短期效益等影响,很多水产养殖户仅凭经验养殖,生产方式粗放、养殖密度过大等问题暴露,粗放养殖模式已越来越不适应市场和消费者对水产品健康、安全的要求。在这种背景下,健康养殖模式开始出现。2003 年我国内陆省份继续加大渔业结构调整力度,在大力发展养殖规模的同时,重点创建"绿色渔业"和"品牌渔业",有效增强了渔业发展的后劲。随着养殖技术提高,大宗淡水鱼养殖方式逐渐由传统型向现代化、工厂化、集约化和效益型转变。而随着供给的不断增加,淡水鱼市场竞争日益

124

激烈,导致大宗淡水鱼养殖效益波动。这个基本格局的形成,对我国大宗淡水鱼养殖,对整个淡水养殖业乃至整个水产业都产生了长远而深刻的影响。此后,养殖户养殖大宗淡水鱼的模式日益转向多品种混养、常规品种与名优品种混养。

(二)各品种的区域布局

我国大宗淡水鱼的养殖地主要集中在湖北、江苏、广东、湖南、江西等地。根据《2020 中国渔业统计年鉴》数据,湖北和江苏两省的大宗淡水鱼年养殖产量超过 200 万吨,其次是广东的 190.02 万吨和湖南的 178.71 万吨。

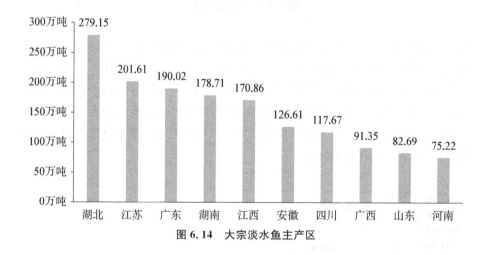

图 6.14 大宗淡水鱼主产区

1. 青鱼主产区

青鱼在全国各大水系均有分布,2019 年除天津、内蒙古、西藏、青海、宁夏和新疆外,其余省份均有养殖。近年来随着配合饲料的广泛应用,青鱼养殖面积不断扩大,除了靠近江河湖泊的省份,北方地区也开始更多地养殖青鱼。青鱼是 7 个大宗淡水鱼品种中唯一的肉食性品种,常与鲢鱼、鳙鱼、鲤鱼和团头鲂等混养。目前长江中下游各省市是青鱼的主产区,湖北是最大的产区,2019 年湖北省青鱼产量为 19.86 万吨,江苏、湖南和安徽的青鱼产量在 8 万吨以上,浙江、江西和广东产量达到 5 万吨以上。

2. 草鱼主产区

中国各大江河水系均有草鱼出产,全国各省份也都有养殖。草鱼养殖年产量在 10 万吨以上的主产省份分别为广东、湖北、湖南、江西、江苏、广西、四川、安徽、山东、福建、河南、重庆和辽宁。草鱼常与青鱼、鲢鱼、鳙鱼、鲤鱼和鲫鱼等

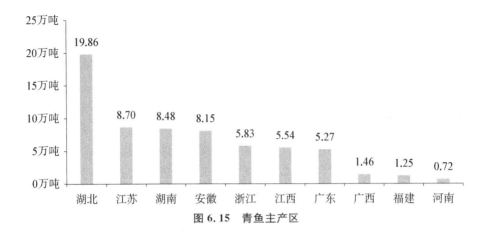

图 6.15　青鱼主产区

混养。近些年随着"水煮鱼"等餐饮形式的发展,草鱼深受广大消费者的喜爱。无论餐厅消费还是家庭消费,草鱼一直以来有着稳定的消费群体。草鱼产量已经由 2008 年的 370.71 万吨增长到 2019 年的 553.30 万吨,年均增幅达到 3.71%。草鱼由 20 世纪初与鲢鱼产量相当的地位,已逐步成为大宗淡水鱼类的"龙头老大",近十几年来草鱼养殖产量一直稳居大宗淡水鱼首位。除鲜活销售外,草鱼加工正在逐步开展。

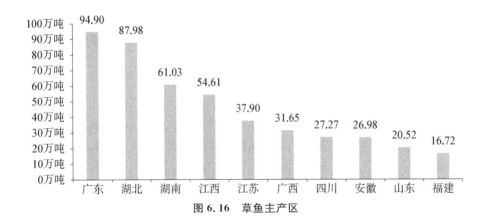

图 6.16　草鱼主产区

3. 鲢鱼主产区

鲢鱼在长江、珠江和黑龙江水系均有分布,全国各省份均有养殖。长江中下游各省份是主要产区。2019 年湖北、江苏、湖南、四川、江西、安徽、广西和广东的产量均在 20 万吨以上。20 世纪 80 年代以前,鲢鱼、鳙鱼是主要水产养殖品种之一。进入 20 世纪 90 年代,鲢鱼的经济价值下降,虽然一些地方仍有养殖,但因为经济价值低而有一部分被用作饲料鱼,主要是粉碎后拌入商品鱼饲料,投喂青鱼、龟、鳖等。近十几年来,鲢鱼的地位被草鱼超越,产量从 2008 年的 319.32 万吨增加到 2019 年的 381.03 万吨,年均增长速度仅为 1.62%,是大宗淡水鱼中产量增长最为缓慢的品种,也是价格最低廉的品种,近几年批发价一般在每千克 7—8 元。不过作为池塘混养的搭配品种,近年来鲢鱼常被用作江河湖库的增殖放流品种,其在改善生态环境方面正发挥着越来越重要的作用。

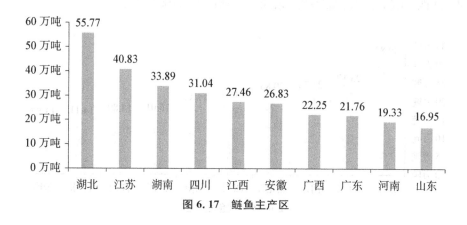

图 6.17　鲢鱼主产区

4. 鳙鱼主产区

鳙鱼在中国东部平原各主要水系均有分布,2019 年除青海外,其余省份均有养殖。湖北、江西、广东、湖南、安徽、江苏、四川、广西、河南和山东的鳙鱼养殖产量均在 10 万吨以上,其中湖北省产量超过 40 万吨。鳙鱼因其头部肉质鲜嫩,风味独特,深受消费者欢迎,产量一直保持上升势头。鳙鱼作为滤食性鱼类

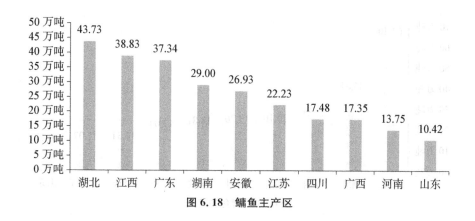

图 6.18　鳙鱼主产区

净化水体的作用显著,因此多数养殖户会选择将其作为配养品种。

5. 鲤鱼主产区

鲤鱼在各水系均有分布,全国各省份也均有养殖。作为主要养殖鱼类之一,常与青鱼、草鱼混养,有些地区还把鲤鱼作为网箱或流水高密度养殖的对象。鲤鱼是大宗淡水鱼中品种选育做得最好的品种,也是在北方地区比较受欢迎的种类,养殖地也主要集中在北方地区。相比其他大宗淡水鱼品种而言,鲤鱼养殖的产区分布相对均衡,2019年辽宁、山东、河南、黑龙江、四川、湖南、广西、江西、江苏、云南、湖北和广东的产量都在10万吨以上。

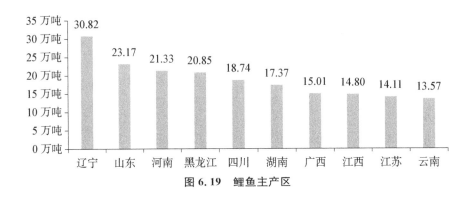

图 6.19　鲤鱼主产区

6. 鲫鱼主产区

目前全国各省份均有养殖鲫鱼。鲫鱼在池塘养殖过程中一直属于配角,通常与青鱼、草鱼、鲢鱼、鳙鱼等混养在一起。鲫鱼的变异性很大,金鱼就是鲫鱼的变种。目前通过杂交等手段,我国培育了方正银鲫、异育银鲫和彭泽鲫等优良品种。鲫鱼和鳊鲂的大小适中,是适应城市化而快速发展的品种。2019年,

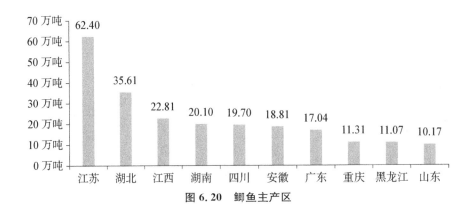

图 6.20　鲫鱼主产区

江苏、湖北、江西、湖南、四川、安徽、广东、重庆、黑龙江、山东和浙江的鲫鱼产量在 10 万吨以上,其中江苏产量超过 60 万吨,江苏盐城地区是鲫鱼的主产区。

7. 鳊鲂主产区

渔业统计中的"鳊鲂"是鳊属和鲂属鱼类的统称,我国常见的有 3 种。①鳊。在东部平原各水系均有分布。以草为食,个体较小,一般作为搭配品种养殖,天然水域中产量较多。②鲂。在东部平原各水系及海南岛均有分布。肉质细嫩味鲜美,是优质食用鱼,曾是我国淡水养殖业的传统养殖对象之一。③团头鲂。仅分布于长江中下游一些大中型湖泊如湖北梁子湖、花马湖、武昌东湖和江西鄱阳湖等。团头鲂属植食性鱼类,是中华人民共和国成立后才开发的淡水养殖重要对象,由于疾病少、易于饲养和捕捞、生长快,养一年即可上市,目前已成为鳊和草鱼的替代和补充。2019 年湖北和江苏两省的鳊鲂年产量在 10 万吨以上,两省产量占全国鳊鲂总产量的 51.17%,江苏的常州、无锡等地是鳊鲂主养区。

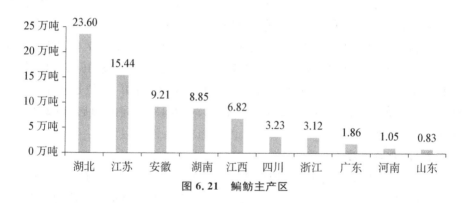

图 6.21　鳊鲂主产区

(三) 产业集中度和规模度

产业集中度和规模度是衡量产业发展的重要指标。

1. 产业集中度

产业集中度的衡量指标很多,鉴于数据的可得性,此处用排名靠前的 10 个省份的大宗淡水鱼养殖产量占全国大宗淡水鱼养殖产量的比重来表示大宗淡水鱼产业的集中程度。由图 6.22 可知,2007—2018 年,我国大宗淡水鱼产业的集中度呈明显下降趋势,表明大宗淡水鱼生产区域逐渐扩大,其他非主产省份的大宗淡水鱼养殖产量逐渐增加。大宗淡水鱼产业集中度的最低点是 2017 年,集中度为 76.82%,说明排名靠前的 10 个省份的大宗淡水鱼养殖产量占全

高,而一般年后价格较低。在我国四川、湖南等劳动力输出大省,在每年的春节前到正月十五之间,大宗淡水鱼价格涨幅很大;而在平时,大宗淡水鱼价格平稳。一般,元旦、春节前老百姓腌鱼需求大,大规格的青鱼和草鱼价格高,而节后对大规格鱼的需求降低,价格回落。

(二) 消费地域差异显著

分地区来看,东部沿海地区水产品丰富,居民对水产品的消费更多;而内陆地区水资源短缺,过去主要从畜产品中获取动物蛋白,因而使得我国水产品消费呈现明显的地域差异。总体上,中西部地区的水产品消费水平远远低于东部地区。由于区域之间大宗淡水鱼的丰度存在差异,使得主产区和北方、西北内陆地区的消费频度存在明显差别。在大宗淡水鱼第一主产省湖北,城镇里遍布活鱼馆,一般家庭每周消费 1—2 次大宗淡水鱼;东北的黑龙江和辽宁的城镇对鲤鱼的消费也比较多;但在其他北方地区和西北内陆地区,大宗淡水鱼的消费频度则不高。

(三) 以鲜销为主,加工利用率较低

受我国居民淡水鱼消费习惯的影响,目前大宗淡水鱼约 70% 为鲜销。这种消费习惯也导致大宗淡水鱼的加工利用率很低。一方面,大宗淡水鱼鲜销,需要活水运输,一定程度上消耗了水资源,增加了运输成本。另一方面,宰杀后的大宗淡水鱼废弃物利用率不高,对环境造成一定污染。据水产品加工专家统计,鲜活大宗淡水鱼约产生 20% 的废弃物,以每年 1500 万吨鲜销计算,就会产生 300 万吨废弃物。

(四) 以家庭消费为主,在外就餐消费和休闲消费比例提高

由于我国淡水养殖面积较大,养殖条件好,养殖技术比较成熟,所以大宗淡水鱼产量较高,在水产品消费中所占的比重也比较大。大宗淡水鱼的多数品种价格相对低廉,烹饪方式简单,消费群体以广大普通家庭为主。但消费者购买淡水鱼的地点比较分散,农贸市场和大型连锁超市为普通家庭主要购买场所。根据产业经济研究室样本调查,经常到水产品专卖店和农贸市场购买的样本占 25.43%,到大型连锁超市购买的样本占 24.69%,中型超市占 9.14%,此外还有社区小超市(6.17%)、便利店(3.95%)、批发市场(0.49%)、早市(1.23%)、养殖场和其他购买场所(28.89%),经常去超市购买淡水鱼的消费者平均收入要高于经常去农贸市场购买淡水鱼的消费者。

目前我国居民的水产品消费层次开始逐渐拉开,中等收入家庭已不满足于

普通的家庭消费,他们更喜欢去餐厅或垂钓地让专业的厨师进行烹饪,来满足自己对水产品的多层次消费需求。总体上看,随着城乡居民家庭收入水平的提高,在外饮食支出在家庭消费总支出中所占的比例越来越大。餐饮消费的兴旺在一定程度上拉动了大宗淡水鱼消费,饮食加工技术水平的提高,水煮鱼、火锅鱼等做法的出现,使草鱼、鳙鱼等成为倍受餐馆青睐的淡水鱼品种,使消费量大增。其次,休闲产业发展也使垂钓餐饮一体化消费增加。而小包装、方便携带的大宗淡水鱼加工产品也受到部分青少年消费者的青睐。

(五)品牌消费意识不高

在蛋白质食品中,大宗淡水鱼是消费价格相对较为低廉的一种食品,因此消费者购买大宗淡水鱼时不像其他蛋白源食品或工业食品那样具有较强的品牌消费意识。据调查,知道消费水产品品牌的消费者比例只有10%左右。而一般消费者在进行水产品消费选择时,往往优先考虑价格因素,对无公害水产品、绿色水产品、有机水产品的认识不够。但调查也显示,对于有绿色食品认证的淡水鱼产品,消费者的购买意愿比较强烈,愿意购买的比例高达71.46%。消费者在选择大宗淡水鱼等水产品时,更多考虑的是其新鲜程度和价格因素,对产品营养和安全认知比较模糊,说明消费者需要一定的知识普及和消费引导。

四、大宗淡水鱼产业竞争力测算

(一)产业竞争力指标构建

本节主要运用SCP模型、因子分析法、主成分分析法来分析大宗淡水鱼产业竞争力和各省份的大宗淡水鱼竞争力情况。

SCP(structure-conduct-performance,结构-行为-绩效)模型由美国哈佛大学产业经济学权威贝恩、谢勒等人在20世纪30年代建立。它提供了一个包含市场结构(structure)、企业行为(conduct)、经营绩效(performance)的产业竞争力分析框架。参考王淼[1]等学者根据SCP模型的分析框架来构建渔业竞争力指标的研究,我们将大宗淡水鱼产业竞争力指标分为两级,其中一级指标有3个:由大宗淡水鱼养殖产量、淡水养殖面积和淡水加工产品占比这3个二级指

---

① 王淼,李国飞.山东省渔业产业竞争力实证分析[J].中国渔业经济.2014,32(3):33—40.

标组成的基础竞争力指标；由水产技术推广机构总量、自有试验示范基地养殖面积和水产技术推广项目经费这 3 个二级指标组成的可持续发展能力指标；由淡水养殖业产值、渔民人均纯收入和出口市场占有率这 3 个二级指标组成的获利能力指标。(见表 6.6)

表 6.6　大宗淡水鱼产业竞争力指标评价体系

一级指标	二级指标	指标代码
基础竞争力	大宗淡水鱼养殖产量(吨)	x_1
	淡水养殖面积(公顷)	x_2
	淡水加工产品占比(%)	x_3
可持续发展能力	水产技术推广机构总量(个)	x_4
	自有试验示范基地养殖面积(公顷)	x_5
	水产技术推广项目经费(万元)	x_6
获利能力	淡水养殖业产值(万元)	x_7
	渔民人均纯收入(元)	x_8
	出口市场占有率(%)	x_9

(二) 分析过程

我们综合评估产量、收入等情况，选取综合排名前十的省份来进行分析。表 6.7 为各二级指标对应的原始数据，数据主要来源于《2020 年中国渔业统计年鉴》。

表 6.7　大宗淡水鱼产业竞争力指标原始数据

	x_1	x_2	x_3	x_4	x_5	x_6	x_7	x_8	x_9
江苏	2 016 080	423 138	16.22	911	1845	4 258.33	11 588 033	28 745	1.77
浙江	544 255	173 041	2.06	404	87.7	7 479.53	2 385 085	29 853	9.17
安徽	1 266 147	483 012	5.00	591	528.5	895.05	4 488 163	17 868	0.26
福建	413 729	86 351	4.79	742	81.8	4 121.61	1 837 904	23 003	26.87
江西	1 708 552	411 531	9.23	917	284.6	1 112	4 315 454	16 020	0.66
山东	826 894	197 394	2.63	975	647.1	2 206.79	1 932 567	23 521	24.82
湖北	2 791 487	531 552	33.17	452	1484	2 178.96	11 254 800	20 467	0.51
湖南	1 787 144	425 678	5.55	201	4	606.9	4 322 250	16 772	0.08
广东	1 900 181	313 222	8.35	676	423	9 268	6 350 472	21 997	15.51
四川	1 176 700	193 096	0.12	1044	275.5	2 708.47	2 513 208	19 516	0.25

采用因子分析方法可以实现对评价对象的综合水平评价。本文采用 KMO 和 Bartlett 球形检验来确定变量之间的相关性，一般来说 KMO 值大于 0.5，Bartlett 球形检验统计量对应的 p 值小于 0.05 时，可以进行因子分析。KMO 的值越接近 1，意味着变量之间的相关性越强。下表 6.8 显示，KMO 值为 0.528，Bartlett 球形检验统计量对应的 p 值为 0.004，通过检验。

表 6.8 KMO 和 Bartlett 球形度检验

取样足够度的 Kaiser-Meyer-Olkin 度量		0.528
Bartlett 球形度检验	近似卡方	62.071
	df	36
	Sig.	0.004

运用主成分分析法来提取主成分，选取特征值大于 1，且累计方差贡献率达到近 90% 的前 3 个指标作为主成分。通过表 6.9 可以看出，前 3 个主成分方差贡献率分别为 46.539%、25.269% 和 14.224%，累计方差贡献率为 86.032%，满足了解释要求，说明提取的 3 个主成分可以替代原始变量的大部分信息。

表 6.9 解释的总方差

成分	初始特征值			提取平方和载入			旋转平方和载入		
	合计	方差贡献率(%)	累计方差贡献率(%)	合计	方差贡献率(%)	累计方差贡献率(%)	合计	方差贡献率(%)	累计方差贡献率(%)
1	4.493	49.922	49.922	4.493	49.922	49.922	4.189	46.539	46.539
2	2.110	23.444	73.366	2.110	23.444	73.366	2.274	25.269	71.808
3	1.140	12.666	86.032	1.140	12.666	86.032	1.280	14.224	86.032
4	0.554	6.150	92.183						
5	0.466	5.174	97.357						
6	0.149	1.656	99.013						
7	0.054	0.601	99.614						
8	0.023	0.256	99.870						
9	0.012	0.130	100.000						

提取方法：主成分分析法

采用最大方差法进行空间旋转，得到表 6.10 的旋转成分矩阵，可以看出与主成分因子 F_1 相关度较高的二级指标为淡水养殖面积、大宗淡水鱼养殖产量、淡水加工产品占比、自有试验示范基地养殖面积和淡水养殖业产值;与主成分因子 F_2 相关度较高的二级指标为水产技术推广项目经费、渔民人均纯收入和出口市场占有率;与主成分因子 F_3 相关度较高的二级指标为水产技术推广机构总量。

表 6.10　旋转成分矩阵

二级指标	主成分		
	F_1	F_2	F_3
淡水养殖面积	0.752	−0.520	−0.289
大宗淡水鱼养殖产量	0.875	−0.296	−0.190
淡水加工产品占比	0.900	−0.020	−0.118
水产技术推广机构总量	−0.070	0.005	0.962
自有试验示范基地养殖面积	0.906	0.152	0.324
水产技术推广项目经费	−0.048	0.865	−0.165
淡水养殖业产值	0.987	0.066	−0.050
渔民人均纯收入	0.105	0.903	0.119
出口市场占有率	−0.482	0.568	0.269

提取方法:主成分分析法。旋转法:具有 Kaiser 标准化的正交旋转法。旋转在 4 次迭代后收敛

(三) 分省情况

运用回归法估计主成分因子 F_1、F_2、F_3 的值,并进行排序,进而从不同角度反映 10 个省份大宗淡水鱼产业的竞争能力。综合得分计算公式为:

$$F = (46.539 \times F_1 + 25.269 \times F_2 + 14.224 \times F_3) \div 86.032$$

综合各项因素,大宗淡水鱼产业竞争力总体排序为:江苏省第一,湖北省第二,广东省第三。说明这 3 个省份大宗淡水鱼产业的总体竞争力较强。通过表 6.11 中 F_1 的排序可以看到,湖北省在因子 F_1 中排第一,说明湖北省大宗淡水鱼在分布及产量上有优势,基础竞争力强。浙江省在因子 F_2 中排第一,说明从水产技术推广项目经费、渔民人均纯收入和出口市场占有率等指标来看,浙江省、广东省、江苏省 3 个经济较发达的沿海省份排名更靠前。江苏省在因子 F_3 和综合排序中均为第一,说明该省的大宗淡水鱼产业竞争力具有明显优势。

表 6.11　10 省份大宗淡水鱼产业竞争力情况

	F_1	排序	F_2	排序	F_3	排序	综合得分	综合排序
江苏	1.636	2	0.810	3	1.548	1	1.287	1
湖北	1.889	1	−0.217	6	0.040	6	0.863	2

	F₁	排序	F₂	排序	F₃	排序	综合得分	综合排序
广东	0.151	3	1.024	2	1.022	3	0.292	3
山东	−0.645	8	0.245	5	0.384	4	−0.055	4
浙江	−0.761	9	1.517	1	1.460	2	−0.160	5
福建	−1.090	10	0.702	4	0.264	5	−0.322	6
江西	−0.075	4	−1.293	10	−1.526	10	−0.335	7
四川	−0.639	7	−0.632	7	−1.157	9	−0.365	8
安徽	−0.120	5	−1.055	8	−1.000	7	−0.423	9
湖南	−0.346	6	−1.099	9	−1.035	8	−0.783	10

五、大宗淡水鱼产业竞争力弱的原因分析

（一）科技进步贡献率高但技术效率低

基于同一研究数据库，产业经济研究室采用计量经济学方法计算了2011—2018年大宗淡水鱼养殖户的全要素生产率。采用"一步法"，利用超越对数的随机前沿生产函数，在控制时间趋势和省份固定效应后，测度了大宗淡水鱼养殖户的技术效率及其影响因素。研究结果如下。

1. 科技进步对养殖户全要素生产率（TFP）增长的贡献率达95％

基于平衡面板数据计算的大宗淡水鱼养殖户全要素生产率（TFP）年均增长率为3.29％，其中规模报酬率年均增长1.18％，科技进步年均增长3.13％，技术效率年均下降1.02％，这说明科技进步是大宗淡水鱼养殖业增长的**主要动力来源**。

2. 大宗淡水鱼养殖业有先进的技术，但养殖户技术掌握程度不足，技术效率低

基于混合数据发现，大宗淡水鱼养殖户的技术效率为0.827，说明养殖户的技术利用水平、运营管理能力还存在较大的改进空间；同时，养殖大户和非养殖大户的技术效率分别为0.469和0.489；而专业化养殖对技术效率具有显著的正向影响，专业养殖户的技术效率为0.526，高于非专业养殖户的0.413；此外，不同区域间技术效率存在从西部到东部递减的特征，而且近年来技术效率呈波动性小幅上升趋势。最后，土地、劳动和中间物质资本产出弹性分别为0.233、0.238和0.340，这说明增加中间物质资本投入带来的产出高于增加劳

动和土地的产出;要素投入的产出弹性之和为0.811,说明我国大宗淡水鱼养殖总体呈规模报酬递减特征;要素投入的产出弹性表现为从西部到东部递减的规律,且各要素投入的产出弹性均呈波动下降趋势。

3. 主要启示

一是相关政策及其导向在强调和推动科技进步的同时,应**注意提高先进技术的推广使用水平和资源的配置效率**(特别针对小养殖户开展技术利用和监督方面的工作,如**限制超标准高密度投苗**),以此实现技术进步、技术效率和规模报酬率共同驱动全要素生产率的增长;二是不同地区资源禀赋、科技水平存在差异,其推动全要素生产率增长的动力源泉和阻碍因素也存在一定差异,为此相应的政策导向应该具有区域性和针对性,从而推动全国不同区域渔业的均衡、可持续发展。

(二)产业绿色化程度有待提高

高密度养殖模式下,大宗淡水鱼产量不断上升,但也出现了鱼的品质下降的问题,直接影响着大宗淡水鱼加工业的发展和产业提质增效。部分养殖户为获得高产量,鱼苗投放严重超过养殖水体的承载量,在恶化水体环境的同时,降低了原料鱼的品质。渔药、添加剂的滥用,也影响了鱼的品质。目前渔业生产中也缺乏相应的鱼的品质调控技术和检测技术,导致对鱼品质的控制缺乏相应有效手段。例如水霉病可感染100多种水产动物,对渔业生产影响很大。在防治水霉病方面,孔雀石绿具有"特效",但因其具有致畸、致癌、致突变等毒副作用已被列为禁用药物,替代药物不是药效差就是成本高,使得水霉病防治陷入困境。另一方面,对养殖尾水处理不能形成有效约束,集约化养殖的大量尾水集中排入江河湖泊,严重超过水体的自我净化能力,破坏水体生态平衡。养殖户缺乏换排水意识,相关的低成本技术产品少。

(三)国内市场消费潜力尚未完全释放

目前大宗淡水鱼以生鲜销售为主,缺乏深加工,产业链短,产品附加值低;烹饪方式以水煮、清蒸、炖汤或烧烤为主;总体上看,未能与餐饮、旅游、文化等产业配套形成完整的产业链,缺乏相应的品牌建设。

大宗淡水鱼消费在我国表现出明显的地域性和群体性差别。在地域上,大宗淡水鱼消费主要集中于长江流域一带,北方消费相对较少。从加工品消费形式看,大宗淡水鱼加工品约60%是鱼糜制品,如鱼糕、鱼丸等,很多用于火锅消费,而目前火锅消费已进入稳定期,鱼糜制品发展受限,且在南方更受欢迎。从消费群体来看,"90后"年轻人已经成为消费主体,但年轻人普遍不喜欢吃带刺的鱼,也不会杀鱼,因生活节奏快,也没有时间烹饪鱼,大宗淡水鱼加工或半加工品的相对缺乏也限制了消费增长。

六、对策建议

根据以上分析,对提升全国各省份的大宗淡水鱼产业竞争力,提出如下建议。

(一) 提高养殖鱼品质

好的原材料可以为产业发展争取更大的利润空间和市场份额,原料鱼的品质好坏决定了整条产业链的产品质量,是产业发展的关键一步。大宗淡水鱼产业发展亟待提升原料鱼品质。建议从精细化的养殖技术和环境调控技术入手,合理控制养殖密度,提升水体环境。推广种青养鱼、稻鱼共生等渔业绿色发展模式,以饵料(如草)替代或部分替代配合饲料。鼓励渔民合理利用市场,实现错峰上市,从而均衡保证大宗淡水鱼加工原材料的季节分配。

(二) 延长产业链,重视消费群体培育

大宗淡水鱼产业要扩规模、提效益必须与餐饮、旅游、文化等产业相配套,形成有地域特色的品牌,完善产业链,提高附加值。在消费方面,要强化消费引导和宣传,餐饮业除已有的烹饪方式外,要继续研发新的面向市场和大众的大宗淡水鱼菜品。在加工方面,要以市场需求为导向推进大宗淡水鱼深加工,一方面研发并推出适合北方人口味的产品,打开大宗淡水鱼及其鱼糜制品的北方市场,另一方面要发挥电商、直播或"网红经济"的作用,扩大消费需求,特别是引导并迎合"90后"消费群体的心理,改良产品,或通过深加工去掉鱼刺,使其口感、肉质更符合新一代消费群体的习惯。

(三) 加大绿色研发投入,促进产业转型升级

加大科研经费的投入,实现大宗淡水鱼提质增效、减量增收和绿色发展。

一是规范渔药使用,积极研发替代药品。规范渔药使用,从源头上做好监管,特别是严控网上的不法销售,加强面向养殖户的宣传教育。严格执行产地准出、准入制度,做好整条产业链的药品抽检工作。药物研发部门要加大力度,尽快研发出价格低廉、药效好的替代药品。

二是做好渔业尾水达标排放工作。鼓励养殖户采用现代化的尾水处理设

备,实现水的循环高效利用,适当降低养殖密度,并实现定期排水,保证良好的水体环境。实现水产品的分散出塘,有效发挥鱼自身的水体净化功能。结合新的养殖尾水排放标准,大力推广池塘三级净化循环水养殖模式、池塘工程化循环水养殖模式、"集污式网箱＋短程净水系统"养殖模式等绿色高效养殖新技术。合理设定相应的抽水价格,依靠成本对养殖户形成约束。

第七章
2019 年我国草鱼产业竞争力实证分析

　　草鱼是世界大宗淡水鱼养殖的主导品种,中国在国际草鱼养殖中占绝对优势。据联合国粮食及农业组织(简称 FAO)统计,2017 年世界草鱼养殖产量为551.95 万吨,占大宗淡水鱼产量的四分之一。草鱼生长快、规格大、生产成本低,可以与种植业和畜牧业相结合,做到充分利用自然资源,因此在发展中国家有一定发展潜力,是中国、孟加拉国、印度等国发展水产养殖的理想品种。中国、孟加拉国、伊朗、巴基斯坦、印度、缅甸等国家是草鱼的主产国,这些国家的草鱼产量都在万吨以上。2017 年,我国大宗淡水鱼养殖产量为 1 963.66 万吨,占世界大宗淡水鱼养殖产量的 89.91%,中国草鱼占世界草鱼产量的96.85%。[1]

　　世界草鱼消费量最大的国家是中国。而中国草鱼基本在内地被消费。草鱼大部分以新鲜整鱼或鱼片形式上市,很少加工。草鱼是我国重要的淡水经济鱼类,一直以来,草鱼以其养殖技术成熟、投入成本低、管理难度小、养殖成活率高、消费市场稳定而备受生产者青睐,并形成了一条从育种、养殖、饲料、病害防控、加工、流通和销售一体化的完整产业链。近年来,受农业供给侧结构性改革、渔业绿色发展等政策影响,草鱼产业经历转型调整的过程,一批草鱼绿色高效的养殖模式在实践中取得了较好的经济、社会和生态效益。本章基于2019 年情况,重点梳理了我国草鱼产业的发展现状、技术研发进展,分析面临的问题,并提出发展建议。

---

[1] 为促进草鱼产业持续健康发展,受农业农村部渔业渔政管理局委托,国家大宗淡水鱼产业技术体系产业经济岗位承担了《中国草鱼产业发展报告(2019)》撰写工作。本章内容基于这一报告,数据来源于当年《中国渔业统计年鉴》、产业经济研究室组织的产业调查和 FAO 统计。由于报告数据对应的年份为 2018 年,而当时 FAO 统计数字只到 2017 年,因此在国际对比时国内外数据均采用 2017 年数据,其他数据则是 2018 年数据。

一、产业发展现状

(一) 养殖情况

1. 规模布局

草鱼是我国淡水养殖鱼类中产量最大的品种。2018 年,我国草鱼养殖产量 550 万吨,占淡水养殖鱼类产量的 21.63%。我国草鱼养殖分布较广,除西藏、香港、澳门、台湾以外的 30 个省、直辖市、自治区均有养殖。长期以来,华南、华中、华东和西南地区是草鱼的主要产区。从省份来看,2018 年广东省的草鱼产量最高,达 89.23 万吨,其次是湖北省,达 87.44 万吨,湖南省名列第三,产量为 60.23 万吨。2018 年,草鱼产量超过 10 万吨的省份有 12 个,具体产量见表 7.1。

表 7.1　2018 年中国草鱼产量地区分布 (单位:吨)

排名	省(直辖市、自治区)	产量
1	广东	892 370
2	湖北	874 422
3	湖南	602 294
4	江西	527 487
5	江苏	405 208
6	广西	299 481
7	安徽	265 181
8	四川	265 121
9	山东	220 227
10	福建	160 727
11	河南	146 706
12	重庆	113 435

2. 产业效益

2018 年中国草鱼产量 550.43 万吨,按照国家大宗淡水鱼产业技术体系示范县塘边价格监测数据,以 2018 年草鱼平均出塘价 12.72 元/千克计算,2018 年草鱼养殖业产值达 700 亿元。如果考虑饲料、渔药、流通、贸易、加工、垂钓、餐饮等相关产业的价值,则草鱼产业的经济效益将会超过 2 000 亿元。调查表明,草鱼养殖的产业效益因养殖模式而异,一些养殖新模式展现出良好的经济、生态和社会效益。

(1)不同养殖模式的草鱼成本收益

按照养殖模式的不同,我们从主养、混养、池塘养殖、网箱养殖、水库养殖、稻田养殖以及种养结合等方面来分析草鱼养殖的成本收益情况。具体情况见表7.2。

表 7.2 2018 年不同养殖模式的草鱼养殖亩均成本收益分析

养殖模式	样本量 (个)	亩均产量 (千克/亩)	销售价格 (元/千克)	亩均成本[①] (元/亩)	亩均毛利润[②] (元/亩)	亩均非草鱼 收入(元/亩)
主养草鱼	389	1 041	12.08	11 015.3	3 130.9	5 607.1
混养部分草鱼	180	330	13.52	4 831.2	404.3	5 957.9
淡水池塘养殖	519	684	12.30	6 337.8	2 149.2	5 972.9
非淡水池塘养殖[③]	51	2 177	14.40	37 517.3	3 873.2	2 397.1
网箱	14	7 263	17.00	138 123.2	6 405.2	289 239[④]
水库	21	337	13.40	3 463.5	6 095.6	2 195
稻田	3	132	18.60	1 414.1	614.9	814.1
种养结合	162	701	12.38	5 374.1	2 222.3	7 031.5
非种养结合	341	945	12.76	11 748.5	2 682.1	5 607.7
总体平均	—	—	12.52	—	—	—

数据来源:产业经济研究室 2019 年草鱼养殖户调查数据[⑤](下同)

第一,主养草鱼的养殖户亩均年收益高于非主养草鱼的养殖户。2018 年,主养草鱼的养殖户亩均产量 1 041 千克,高于非主养草鱼养殖户 330 千克的亩均产量;在售价方面,2018 年主养草鱼的养殖户草鱼平均售价为 12.08 元/千克,低于非主养草鱼养殖户的 13.52 元/千克;从生产投入的可变成本来看[⑥],主养草鱼养殖户的亩均生产成本为 11 015.3 元,高于非主养草鱼养殖户

---

① 生产成本:包括鱼苗鱼种费、肥料费、饲料费、防疫费、水电费、雇工费等可变投入部分。

② 亩均毛利润计算方式为:亩均毛利润=亩均草鱼产量×草鱼价格−亩均可变成本。由于成本部分除养殖草鱼的成本外,还包括养殖其他鱼类的成本,故亩均毛利润有低估的可能。

③ 以网箱和水库养殖为主。在问卷调查中养殖水体设置的选项是淡水池塘、滨海盐碱池塘、湖泊、水库、稻田、河沟、滩涂、网箱、其他,并没有设置非淡水池塘选项,在数据统计时只是使用了非淡水池塘这一指标综合计算除淡水池塘外的模式的平均生产特征值,以便与淡水池塘养殖进行对比。

④ 此处为采用网箱养殖的养殖户销除草鱼外的大宗淡水鱼的销售收入(未剔除成本)。

⑤ 调查涉及大宗淡水鱼产业技术体系 30 个综合试验站,回收问卷 676 份,有效样本 571 份。

⑥ 由于此处无法区分专门针对草鱼的养殖成本,故展示数据表示亩均池塘所有鱼类养殖的生产可变成本。

4 831.2 元的亩均生产成本。综合来看,不计固定资产折旧和养殖户家庭劳动力成本,仅草鱼养殖部分,主养草鱼的养殖户 2018 年亩均年收益为 3 130.9 元,非主养草鱼养殖户的亩均年收益为 404.3 元。

第二,池塘养殖草鱼的养殖户草鱼售价最低,且亩均年收益低于网箱和水库养殖。从亩均产量看,池塘养殖亩均产量低于网箱养殖,高于水库和稻田养殖;在价格方面,池塘养殖户的草鱼平均售价 12.30 元/千克,低于非池塘养殖的草鱼价格;从生产成本看,池塘养殖户生产可变成本为 6 337.8 元/亩,低于非池塘养殖户;从经济效益上看,池塘养殖的亩均年收益 2 149.2 元,低于网箱养殖和水库养殖,后两者的亩均年收益超过 6 000 元。

第三,种养结合户的亩均收益高于非种养结合户。种养结合户 2018 年亩均草鱼产量 700.7 千克,低于非种养结合户 945.3 千克的亩均产量;从价格上看,种养结合模式下草鱼价格为 12.38 元/千克,低于非种养结合模式的 12.76 元/千克;从生产成本看,种养结合户年均生产可变成本 5 374.1 元/亩,远低于非种养结合户的 11 748.5 元/亩。若考虑草鱼收入之外的其他鱼类收入和水生蔬菜、青饲草等种植业收入,则种养结合户的亩均收益要比非种养结合的养殖户高出 964 元。

需要说明的是,不同经营形式的草鱼销售价格不同。据调研,养殖商品草鱼平均售价 12.52 元/千克,垂钓草鱼平均售价 16.46 元/千克,较前者每千克高出近 4 元。在摸鱼抓虾休闲经营模式中,草鱼的售价更高,约为 20 元/千克。

(2)新模式的采用及效益分析

当前,我国草鱼养殖主体仍采用传统养殖模式。仅有 18% 的调查样本采

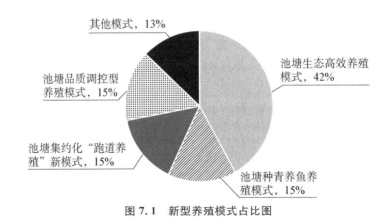

图 7.1　新型养殖模式占比图

用新型养殖模式①,且这些样本户主要来自大宗淡水鱼产业技术体系。在新型养殖模式中,池塘生态高效养殖模式约占42%,池塘"种青养鱼"、池塘集约化"跑道养殖"、池塘品质调控等模式各约占15%,池塘"渔光互补"模式、滨海盐碱池塘规模化养殖模式、池塘-湖泊复合型养殖模式、小区型池塘工程化高效养殖模式、稻渔综合种养模式等比例较低,共约占13%。

新模式初始投入高于传统模式,但能够降低养殖过程中劳动力等要素成本,并提高产品收益。在成本方面,采用新模式会带来初始投入增加,增幅最低为0.2万元,最高达650万元②,普通养殖户平均成本增加约1万元,但新模式也会降低要素投入,特别是减少人工成本,平均降幅为45%。在收益方面,新模式会带来收益增加,养殖户增收1万元以下的占25%,增收1万—5万元的占42%,增收5万—10万元的占18%,增收10万元以上的占15%。

新模式的采纳有良好的生态效益。近4年有58%的新模式养殖主体认为养殖水质呈向好趋势,但也有4%的养殖主体反映水质出现变差现象。有42%的养殖主体认为水体底质变好,但也有7%的养殖主体表示示范点水体底质变差。生态环境的改善,有助于降低鱼类病害发生率,44%的养殖主体认为采用新模式后病害发生率有所降低,但也有24%的养殖主体认为病害发生趋势无规律可言。对于渔药使用情况,有51%的养殖主体认为呈减少趋势,但也有24%的养殖主体认为4年来渔药使用情况没有变化,同时有16%的养殖主体认为4年内呈现时而增加、时而减少的无规律随机变化。

新模式的示范、推广和带动作用不断增强。超过50%的新模式养殖主体组织其他养殖户进行技术培训,内容主要包括科学投喂、苗种培育技术、沟渠设计和改造技术等。33%的养殖主体表示采用新模式后带动了当地养殖环境的改善。48%的养殖主体表示新模式丰富了当地居民的垂钓、农家乐等休闲娱乐活动,表明新模式引入对三产融合有一定促进作用。

(二)加工及贸易情况

1. 规模布局

近年来,随着草鱼加工保鲜新技术的产业化应用和新产品的不断研发,我国草鱼加工量、加工产品和产业规模不断壮大,初步形成了从草鱼提质净化、分割冷鲜,到调理制品、熟食即食的适用于餐饮配送、家庭烹饪、快餐饮食、休闲营

---

① 特指大宗淡水鱼产业技术体系绿色高效养殖核心示范点采用的14种养殖模式。
② 该样本来自北京,混养部分草鱼,主养鲟鱼,采用池塘工程化高效养殖模式,采用新模式增加投入650万元,其中增加设备配套成本600万元,增加水电费30万元,增加管理费20万元。

养的系列产品加工业。通过对全国 5 省 20 个草鱼加工主体的调查分析[1],目前草鱼加工产品主要以初加工产品为主,精深加工产品占比较低,分割调制草鱼、"三去"草鱼等冷冻冷鲜产品占 60% 以上,风味熟食鱼制品和风干腌制鱼制品占 30% 以上,鱼糜制品约占 10%。草鱼加工企业主要分布在湖北、广东、安徽、江西、湖南、浙江等省,其中湖北草鱼年加工量最大,达 16 000 多吨;广东省草鱼年加工量 2 000 多吨;湖南、安徽、江西、浙江等省的草鱼加工产业逐步发展,浙江草鱼加工以绍兴醉制风味草鱼加工为主。见表 7.3。

表 7.3 主要草鱼加工企业及产品类型

企业名称	省份	产品类型	年加工量
德炎水产食品股份有限公司	湖北	调制鱼、"三去"鱼	1000 吨以上
洪湖市井力水产食品有限公司	湖北	调制鱼、"三去"鱼	1000 吨以上
湖北兴祥食品有限公司	湖北	调制鱼	500 吨
湖北土老愙生态农业科技股份有限公司	湖北	即食风味鱼	300—500 吨
中山食品水产进出口集团有限公司	广东	分割、调制脆肉鲩	400—500 吨
富煌三珍食品集团有限公司	安徽	调制鱼	1000 吨
江西大家食品有限公司	江西	常温熟食草鱼	1000 吨
湖南喜味佳生物科技有限公司	湖南	即食风味鱼	300—500 吨

数据来源:大宗淡水鱼产业技术体系加工岗位统计

从市场销售方面看,华中地区是草鱼加工品主要销售地;其次是华东、华北和华南地区;销售量最低的是西北和东北地区。52.63% 的草鱼加工企业有产品出口,但出口贸易量较小。草鱼加工有季节性,冬季是加工销售的旺季,其次是春季和秋季,冬季草鱼加工量是其他季节总量的 2 倍以上。

2. 产业效益

(1) 经济效益分析

原料、劳动力和包装支出是草鱼加工的主要成本。2018 年,草鱼加工成本中 63.3% 是原料,劳动工资占 12.6%,包装费占 5.5%。原料、工资和包装 3 项支出占草鱼加工主体经营成本的 81.4%,水电租金、设备维护折旧等其他支出占 18.6%(见图 7.2)。

(2) 社会效益分析

不同规模草鱼加工主体雇佣员工的地域范围存在差异。小规模草鱼加工主体(员工数量低于 200 人)倾向于雇佣本地员工,其员工 93.00% 来自当地县

---

[1] 主要数据来源:产业经济岗位 2019 年开展的 20 家草鱼加工企业调查,下同。

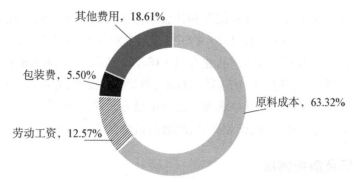

图7.2　2018年草鱼加工主体各项支出占总经营成本比重

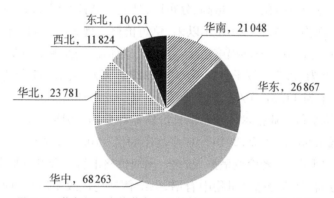

图7.3　草鱼加工主体草鱼制品的销售分布情况（单位：千克）

域，7.00％来自外地；中等规模草鱼加工主体（员工数量201—500人）倾向于雇佣外地员工，其员工16.67％来自当地县域，83.33％来自外地；大规模草鱼加工主体（员工数量在500人以上）雇工时无明显的地域倾向，员工42.22％来自当地县域，57.78％来自外地。这说明，草鱼加工企业为县域劳动力就业作出了重要贡献。

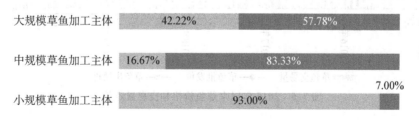

图7.4　不同规模草鱼加工主体雇佣员工所属地域情况

草鱼加工主体对人力资本提升和社会公益事业有重要贡献。技能培训方面,90.91%的草鱼加工主体2018年都组织了专业技术培训,平均每个加工主体当年开展培训7.75次,培训从业人员1 187.25人次。培训内容主要包括苗种培育技术、科学投喂技术、病害防治技术、调节水质技术、养殖管理技术、养殖及加工技术和加工工艺提升技术等。公益项目方面,70%的草鱼加工企业参与资助贫困学生与弱势群体、产业扶贫、政府公益基金等公益项目。

(三) 市场及消费情况

1. 市场及价格变动情况

我国草鱼养殖面积大、产量高、分布广,其大宗品种的属性决定草鱼市场和价格整体呈现稳定特征。2015年以来,草鱼价格表现为缓慢周期性上涨,近2年有所回调,总体价格波动幅度较小。中国农业信息网监测数据显示,2015年草鱼批发价[①]为12.54元/千克,2016年为12.64元/千克,2017年为14.51元/千克,2018年为14.37元/千克,2019年下降为12.91元/千克。产地价格方面,据大宗淡水鱼产业技术体系示范县价格监测数据,2018年平均出塘价比市场批发价低1.65元/千克,2019全年平均出塘价[②] 10.58元/千克,比市场批发价低2.3元/千克,二者价差呈扩大趋势,出塘价格走势与批发价基本一致。

供给方面,草鱼养殖产量稳中有增,供给侧结构性改革后草鱼产量增长减

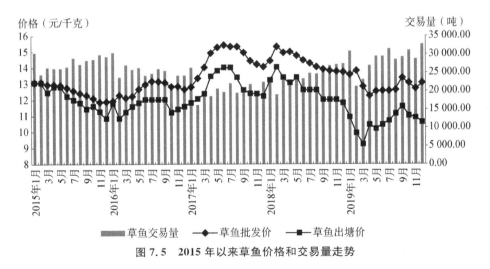

图7.5　2015年以来草鱼价格和交易量走势

---

① 此处为当年草鱼月度批发价的简单平均值。

② 此处为当年草鱼月度出塘价的简单平均值。

缓。2017年以来,环保检查力度加大,主产区取缔关停了一些不符合要求的养鱼场,尤其是网箱围栏养殖,减少了部分养殖产能,但草鱼仍是大宗淡水鱼供给的主要品种。需求方面,除传统消费方式外,近年来巴沙鱼在水产加工业和餐饮业中对草鱼消费造成一定冲击,这也是草鱼产业整体供大于求的一个不可忽视的原因。2019年,国内草鱼产业出现价格低位运行和鱼病加剧的双重问题。

2. 消费意愿及结构分析

草鱼是我国消费区域最广泛的淡水产品之一。据草鱼消费专项调查①,消费者对草鱼的消费偏好可以总结为以下三点。第一,草鱼是消费者最常消费的水产品。723份有效样本中,99.6%的受访者表示吃过草鱼,喜欢和非常喜欢吃草鱼的约占60%;22.3%的受访者表示最常消费草鱼,20.5%的受访者最常消费鲫鱼,13.8%的受访者最常消费虾类;最常消费鲤鱼和鲢鱼的分别占10.9%和9.1%;虾蟹类、贝类、龟鳖类等占比较低,分别为4.3%、2.3%和0.3%。草鱼受众广,但有土腥味和刺多影响了草鱼消费。不喜欢吃草鱼的消费者表示口感不好、土腥味、有刺等是影响消费的主因。第二,大部分草鱼消费者偏好鲜活草鱼,罐制和烟熏草鱼消费较少。89.3%的样本消费者选择购买鲜活草鱼,选择冷冻草鱼的只有1.3%,选择烟熏腊制草鱼的占5.5%。第三,优质优价是消费者对草鱼的期望,大水面养殖草鱼最受欢迎。77.7%的样本消费者愿意接受更高的价格以购买通过质量认证的草鱼。65.35%的样本消费者倾向于购买大水面养殖的草鱼,其次是池塘养殖草鱼,占17.92%,选择稻田养殖草鱼的占13.04%。

草鱼消费有3个结构性特点。第一,消费需求量较为稳定,消费地点变化不大。根据822个有效样本的调查反馈,2017—2019年在家消费草鱼变多的样本占21.9%,变少的占25.1%,没有变化的占53.0%;根据809个有效样本的调查反馈,2017—2019年在外消费草鱼变多的样本占22.6%,变少的占27.6%,没有变化的占49.8%。第二,家庭仍是消费的主要场所。在家烹饪草鱼的样本占69.2%,在餐馆消费草鱼的占30.1%;在烹饪方法上,家中烹饪草鱼的方法主要是红烧或酱烧,占54.6%;消费者在餐馆选择的草鱼菜品主要是水煮鱼,占49.7%。第三,线下市场依然是主要购买渠道。在消费者购买草鱼及其制品的渠道中,超市占32.3%,社区/便利店占6.6%,批发市场占36.0%,电商平台等线上渠道仅占2.4%。

---

① 大宗淡水鱼产业经济研究室2019年开展草鱼消费调查,涉及28个省,发放问卷821份,回收有效问卷723份。

二、技术研发进展①

(一) 国际技术研发进展

国际养殖渔业技术研发进展集中在养殖和加工环节,具体体现在以下几方面。

1. 前沿育种技术开发及育种技术集成应用

随着生物技术的快速发展,水产遗传育种已从传统的选择育种和杂交育种,发展至细胞工程育种、性别控制育种、分子标记辅助选择育种、全基因组选择育种、分子设计育种和基因组编辑等精准设计育种。利用现代分子生物技术,解析水产养殖生物重要经济性状的遗传基础,鉴定有重要育种价值的功能基因或分子标记与模块。在传统选育的基础上,集成应用全基因组选择育种、基因组编辑育种、性别控制育种、分子设计育种等前沿育种技术,培育具有高产、优质、多抗等优良经济性状的养殖新品种。但因育种工作投入大、时间长,加上现代育种技术对育种环境和人员要求较高等原因,导致分子标记育种、全基因组选择育种和基因组编辑等先进技术很难商业化应用,传统育种技术仍是"主流"。

2. 养殖过程的机械化程度不断提高

国外水产养殖机械化程度较高,如国内尚不普及的鱼类疫苗注射设备在国外已经成熟。Rossi International、Aasmund Torvik、6099 Fosnavg 等公司生产的专门用于鱼类疫苗注射的设备,自动化程度高,一般只需 1—2 人即可完成操作,每小时可注射 5 000—6 000 条鱼苗,注射角度、深度和注射量可调节,还具有计数功能。挪威 Skala Maskon 公司设计研发的全自动鱼类疫苗注射系统,集鱼苗养殖、运输、导向、分级和注射于一体,可以实现不同种类和大小的鱼苗的疫苗快速注射。该系统利用鱼苗本身的物理特性,通过滚轮实现自动导向;通过机器视觉技术实现鱼苗的分级;根据鱼苗的大小调整注射装置的位置,实现不同鱼苗的疫苗精确注射。只需一人操作,即可每小时为 10 000—20 000 条鱼苗注射疫苗。

---

① 本节主要内容参考国家大宗淡水鱼产业技术体系研发中心各个相应的功能研究室提供的材料,特此说明。

3. 信息化技术深入推广

国外已经开始研究利用机器视觉方法对鱼的摄食行为进行分析,并对未被摄食的饲料颗粒进行检测,以此判定鱼的摄食欲望并研发智能投喂系统。随着人工智能、生理学和行为学的发展,多种技术结合机器视觉应用于智能投饲反馈系统成为一种趋势,目前利用多种技术获取鱼的摄食行为变化信息开发高度自适应的智能投饲控制系统已成为一个热门的研究课题。

4. 鱼类品质评价与加工保鲜技术不断发展

目前国际上草鱼加工技术研发主要集中在中国。国外技术进展主要围绕虹鳟鱼、沙丁鱼、鳕鱼等海水鱼和罗非鱼等其他淡水鱼的品质评价与保鲜、生物加工及副产物利用。光谱分析、图像分析、生物传感器等技术越来越多地应用于鱼类新鲜度和品质的评价;在保鲜方面,采用天然多酚类物质、生物基可食性涂层涂膜或同时结合酸性氧化电位水、气调包装、辐照、超高压等单一或联合技术延长低温保鲜鱼的货架期,开发了系列生鲜调理鱼制品的保鲜加工技术;在生物加工方面,围绕各国地方特色发酵鱼制品,解析了传统鱼肉发酵过程中菌群结构与风味组分变化的内在联系,开发了基于新型菌株与酶解耦合的鱼类固态发酵技术;鱼糜加工技术仍是研究热点之一,应用卡拉胶结合乳蛋白、大豆多糖、氨基酸、变性淀粉、纳米鱼骨粒等改善鱼糜凝胶特性,开发了具有不同地域特色的鱼香肠、鱼面条等产品;鱼类副产物的加工利用也逐渐引起各国重视,集成生物酶解、分离提取、微球包埋、干燥等加工技术,开发了鱼明胶、功能活性肽、鱼油微胶囊、鱼骨粉等产品,并以此为原料进一步开发活性包装膜、功能性饮品、营养添加剂、医用凝胶等高附加值产品。这些技术进展为进一步推进我国草鱼加工技术研发和加工产业发展提供了很好的借鉴。但现有技术进展主要集中在品质评价、保鲜技术方面,适合现代需求的营养健康类食品、方便熟食类食品的加工技术研究较薄弱,对加工、流通过程中潜在的质量安全风险的研究有待加强。精深加工、全产业链安全控制和绿色高效综合利用技术将是未来技术发展的重要趋势,研发鱼类加工保鲜的配套装备是推动加工机械化、提高加工率、扩大加工规模的必然要求。

(二) 国内技术研发进展

近年来,育种、养殖、加工、饲料营养等草鱼产业链各环节都有新的突破,支撑了草鱼产业的可持续发展。详细内容可见本书第二章第一节,此处不再赘述。

三、问题及建议

（一）存在的问题

育种方面,草鱼至今没有人工选育的新品种,依然是野生种的直接利用。野生种由于缺少定向选育,生产单位又不注重亲本留种操作规程,导致草鱼种质抗逆性差、生长性状退化,种质问题成为制约草鱼产业持续健康稳定发展的核心要素,亟待加强对草鱼的种质资源的利用和良种选育。草鱼性成熟周期长,即使在广东一般也要 4 年才能性成熟,新品种培育周期长,亟待通过现代分子生物技术育种来加快选育改良进程;普通草鱼苗种长期生产利润较低(售价约 5—10 元/万尾水花),短期的经济价值驱动力弱,导致草鱼新品种研发单位主要集中在科研院所,有强烈意愿投入研发的生产企业不多,众多的中小型苗种场没有雄厚的资金、技术和足够的品牌意识来推进草鱼优质品种的选育改良研发。

养殖方面,草鱼养殖户以分散的小规模养殖户为主,养殖规范性和科学性弱,养殖户有过密投苗的倾向。当前环保与绿色发展对水产养殖提出更高的要求,但我国养殖区域普遍缺少功能规划,养殖池塘的工程化和机械装备水平较低,养殖尾水的处理方式亟待完善。目前,关于增强促进草鱼器官健康和改善鱼肉品质的营养与关键饲料调控技术研究取得较大进步,但仍缺少不同生长阶段、不同养殖环境条件下草鱼健康养殖的动态与精准营养调控技术,需要持续全面开展增强促进草鱼器官健康和改善鱼肉品质的营养技术研究。草鱼养殖户的组织化程度低,应对生产和市场风险的能力不足,缺乏渔业保险等风险分担措施。另外,虽然绿色高效养殖模式取得了良好的效益,但新模式的推广受池塘租赁期短、产权不稳定、产品优质不优价、进入门槛高、经营者能力弱等问题影响。

加工方面,草鱼的加工率低、产品种类少,缺乏高附加值产品;现有鱼类前处理与加工设备不适用于草鱼,草鱼加工机械化程度低,产品稳定性和加工效率难保证,限制了规模化发展;草鱼多集中在年底出鱼,价格低,造成养殖亏本,亟待开展与序批式养殖相关的技术工艺和配套苗种培育、成鱼轮捕轮放等技术的研究。

在养殖和保活储运过程中渔药、饲料及添加剂的不合理或不规范使用等问题也导致加工产品存在安全风险。目前草鱼加工主体面临较大的资金压力,

70%的草鱼加工主体反映有资金压力且基本上都由原料采购引起,14.29%的草鱼加工主体面临人员工资压力。草鱼加工主体平均贷款金额为703.25万元,但仍有40%的草鱼加工主体反映存在贷款难问题。

病害防控方面,我国草鱼病害较为严重,由于草鱼病害防控投入品质量良莠不齐,病害防治技术服务人员缺乏,养殖户病害防控知识有限,乱用及滥用药物现象仍时有发生,不仅影响防治效果,甚至造成草鱼大量死亡,药残问题威胁人的健康。目前治疗病毒性疾病的技术和手段有限,免疫接种仍然是防控草鱼出血病的最有效方法,但我国获批的草鱼疫苗仅2种,无法解决草鱼疫病多发、并发、继发的问题。

营养与饲料方面,首先,草鱼营养需求研究主要集中在幼鱼和生长中期阶段,对不同生长阶段、不同养殖环境条件下的营养需求和营养调控研究严重缺乏;其次,饲料中植物性原料用量大,存在抗营养因子含量多且易受霉菌毒素等有毒有害因子污染的问题,由于相关研究较少,缺乏有毒有害因子控制限量等相关数据,上述问题都制约了草鱼绿色健康养殖的发展。

市场与消费方面,近年来受巴沙鱼和乌鳢等产品冲击,草鱼市场需求不旺,价格低迷;草鱼往往年底集中上市,压低了市场价格;市场流通渠道传统且单一;草鱼消费以鲜活消费为主,加工制品缺乏,品牌化程度低;供求信息不对称使草鱼养殖存在优质不优价问题。

(二)发展建议

一是保障草鱼选育工作的长期、稳定和可持续。稳定外部环境,加强体制建设,通过现代农业产业技术体系建设来保障科研人员研发经费的稳定,夯实长期性、基础性工作积累,厚积薄发,进一步发挥好体系优势,维护好现有人才队伍不流失,并发展壮大。

二是提高水产养殖组织化程度和社会化服务水平。鼓励水产合作社、行业协会等组织的发展,提升技术服务和信息服务能力,提高养殖户的价格话语权,并倡导建立信用合作、互助保险等风险分担机制。地方渔业部门应对水产养殖地区进行科学合理规划,积极推广新品种、健康养殖技术和绿色生产理念,建立技术培训和信息共享机制,通过认定颁发水域滩涂养殖权证保护养殖户产权,促进养殖主体生产投资,实现产业转型升级。

三是建立良好的水产养殖规范并在养殖过程中贯彻落实。贯彻落实良好的水产养殖规范,可使草鱼生产受到连续、稳定、有效的控制,促进生产规范化和标准化。

四是强化投入品管理,加大对绿色投入品研发的支持力度。健全水生动物疫病防控体系,完善基层病害防治技术服务队伍;做好规范化管理和使用水产养殖投入品的宣传引导工作,严防违法违规投入品流入水产养殖环节,严厉查处非法使用水产养殖投入品的行为;加大对渔用疫苗、中草药制剂、微生态制剂和生物渔药等绿色投入品研发的支持力度,重点开发实用性强的口服型、浸泡型多价多联疫苗,并利用高效的生物材料作为疫苗载体,优化渔用疫苗的审批流程,并加快疫苗的推广应用。

五是加大对草鱼加工产品的研发力度,构建全产业链高质量发展体系。随着消费升级,适合餐饮配送、家庭烹饪的方便快捷的调理保鲜类鱼制品是目前市场发展的主要方向。在"大健康"、全产业链安全、低碳生活等产业发展趋势和消费需求下,发展精深加工、全产业链安全控制和绿色高效综合利用技术是未来的必然趋势。应加强饮食文化宣传;增加适用于草鱼的加工与保鲜技术及配套装备的研发投入,并从全产业链层面加强质量安全控制;促进"养殖—加工—冷链物流—餐饮"全产业链发展。

六是推动草鱼市场品牌化建设,做好水产品质量安全监督和管理。加强草鱼及其制成品的品牌化建设,推出"瘦身草鱼""稻田鱼""水库鱼"等一系列绿色健康草鱼产品,以此带动草鱼产业朝着高质量发展的方向转型升级;加强质量安全监督和检测,规避草鱼加工、流通、销售中的食品安全风险,为消费者提供信息透明、优质优价的良好市场环境。

数据分析报告一：2019 年中国草鱼养殖调查报告——基于 673 个草鱼养殖主体的实证分析

在我国，草鱼养殖有悠久的历史，草鱼也一直是大宗淡水鱼中的主要品种。2019 年 2 月，农业农村部等十部委印发了《关于加快推进水产养殖业绿色发展的若干意见》，大宗淡水鱼养殖业的绿色高效转型也成为整个水产养殖业转型升级的重要组成部分。为进一步了解国内大宗淡水鱼养殖业的基本情况，产业经济研究室以草鱼养殖业为例，对草鱼养殖户的生产经营情况进行了实地调查。调查以一对一问卷调查的方式展开，调查范围涉及大宗淡水鱼产业技术体系 30 个综合试验站，每站选择 2 个示范县，每个县内调查 10—20 个草鱼养殖主体，共收取问卷 673 份。

通过数据分析发现，**在生产者特征方面**，草鱼养殖者普遍为中年男性，以个体户为主兼具多种类型主体。**在生产特征方面**，养殖品种以主养草鱼、搭配其他鱼类为主，池塘养殖是主要的生产方式；混合种养模式较受欢迎，且该种模式的草鱼销售价格高于非混合种养模式。**在产业融合方面**，草鱼养殖主体兼业程度不高，一二三产业融合等新型经营业态尚处于起步阶段。**在渠道收支方面**，养殖户草鱼养殖病害防治用品、饲料等的购买渠道趋于正规化，销售渠道不断拓宽，养殖户家庭经营总收入高于总支出，能够实现盈利。此外，多数采用**新模式**经营的养殖主体在经济、社会、生态等方面效益提升较为明显，对新模式的认可度较高，可进一步研究推广相应的绿色高效养殖模式。

一、草鱼养殖户基本情况

草鱼养殖户以男性居多，主要是 40—50 岁的中年群体。在被调研对象中，男性养殖主体比例高达 91.2%，女性主体仅占 8.8%。在从业人员的年龄分布方面，年龄普遍集中在 40—50 岁之间，人数为 279 人，其次为 50—60 岁之间，人数为 208 人，紧接着是 30—40 岁、60 岁以上和 30 岁以下，具体数量依次为 96 人、44 人、14 人，呈现较为明显的中老龄化特征，年龄处于 40—50 岁以及 50—60 岁阶段的中年人是草鱼养殖户中的主要人群，30 岁以下的青年人群占比很低，也反映出草鱼养殖领域的老龄化倾向。

表 7.4　调查样本年龄分布表

年龄区间	样本量(户)	占比
30 岁以下	14	2%
30—40 岁	96	15%
40—50 岁	279	44%
50—60 岁	208	32%
60 岁以上	44	7%

草鱼养殖主体以个体养殖户为主,兼具多种类型养殖主体。调研涉及的草鱼养殖主体包括普通养殖户、规模养殖户、水产养殖合作社、渔场等多种类型,其中普通养殖户居多。从具体数量来看,普通养殖户数量最多,为 437 人,约占调查对象的 65%,其次为规模养殖户 145 人,占比 22%,水产养殖合作社和渔场共计 91 家,占 14%。

在成员规模与雇工方面,不同养殖主体的人员数量因规模大小有所差异,规模最大的主体有 86 人,普遍主要集中在 2—6 人的范围,配合完成相关渔业生产工作,其中 80% 以上人员直接从事水产养殖工作。水产养殖往往会存在雇工现象,分为长期雇工和临时雇工两种类型,但由于草鱼养殖管理具有季节性,因此普遍以临时雇工为主。由于地域和用工时间不同,雇工工资存在一定差异,临时雇工平均工资为 1 414 元/年,长期雇工平均工资为 34 299 元/年。

二、草鱼养殖户的生产经营模式分析

样本养殖户的养殖模式以主养草鱼为主。数据分析表明(见表 7.5),超过 65% 的养殖主体选择主养草鱼的养殖模式,并搭配其他品种共同养殖,按照选择比例从大到小依次为鲢鱼、鳙鱼、鲫鱼、鲤鱼、青鱼、鳊鱼,较少选择虾、蟹、龟、鳖、贝类等品种混养。而混养一部分草鱼的养殖模式,主养品种主要为鳙鱼、鲤鱼、鲫鱼等鱼类。

表 7.5　主养草鱼养殖户的搭配品种选择情况

搭配品种	样本量(户)	占比
青鱼	105	16%
鲢鱼	411	61%
鳙鱼	399	59%
鲤鱼	244	36%

搭配品种	样本量(户)	占比
鲫鱼	323	48%
鳊鱼	67	10%
虾、蟹、龟、鳖、贝类	23	3%

草鱼养殖户的养殖模式以池塘养殖为主,混合种养的模式亦较受欢迎。 90%的养殖主体选择淡水池塘进行生产,其余依次为水库、滨海盐碱地池塘、稻田和滩涂,比例分别为6%、4%、3%、2%。存在选择多种水体养殖现象,比例占总调查样本的10%。此外,在混合种养方面,29%的养殖主体采取混合种养方式(见表7.6),通过池塘种草养鱼、稻田养鱼、鱼菜共生、鱼藕共生等方式进行混合种养,以此提高经济效益。由于养殖鱼类需要晒塘,保障鱼类有足够水草进食,更多主体倾向于选择池塘种草养鱼的混合种养模式,比例为56%,平均面积305亩;其次会选择鱼菜共生模式,挑选适合水生的经济蔬菜作物,如卷心菜等,平均面积88亩;养殖主体对稻田养鱼与鱼藕共生两类模式青睐度一般,比例均占5%,平均面积分别为43亩、22亩;此外,养殖主体还会选择种植果树、大棚蔬菜等混合种养模式,平均面积在2亩左右。

表7.6 混合种养农户的混种形式及面积

混合种养形式	占比	平均面积(亩)
池塘种草养鱼	56%	305
稻田养鱼	5%	88
鱼菜共生	7%	43
鱼藕共生	5%	22
其他方式	6%	2

样本养殖户的经营模式仍以一产养殖为主,一二三产融合的经营模式仍停留在起步阶段。 数据显示(见表7.7),仅有7%的样本养殖户尝试开办渔家乐,平均年经营总收入为634 649元。这部分群体中,普通养殖户和规模养殖户所占比例接近,足以看出是否开办渔家乐不受规模大小的影响,主要取决于养殖主体的经营战略规划和创新意识。13%的样本养殖户依靠水域设置垂钓场,拓展垂钓业务,开办垂钓业务的样本养殖户平均年经营总收入达137 176元。仅有1个样本养殖户开办渔文化展示场馆,且为公益性质,并不营利。同时,在产

业延伸方面,仅1%的样本养殖户开办了加工场所,3%的样本养殖户涉足流通、批发销售生意,他们的平均年经营总收入分别为9 229 714元和485 600元。

表7.7 草鱼养殖户其他经营模式开展情况

经营模式	开展比例	平均年经营总收入(元)
渔家乐业务	7%	634 649
垂钓业务	13%	137 176
渔文化展示业务	0.1%	0
加工业务	1%	9 229 714
流通和批发销售	3%	485 600

三、草鱼养殖成本收益分析

(一) 不同养殖模式的草鱼亩产与销售价格对比

草鱼养殖主体的养殖模式大致分为两类:混合种养模式与非混合种养模式,其中混合种养模式包括池塘种草养鱼、稻田养鱼、鱼菜共生以及鱼藕共生等模式。不同养殖模式下的草鱼亩产量和销售价格存在一定差异,下表显示,采用混合种养模式的草鱼亩均产量可达619千克,平均价格为6.2元/斤,但未采用混合种养模式的草鱼亩均产量仅为258千克,亩产比混合种养模式低361千克,这可能与非混合种养模式不主养草鱼有关。另外,在销售价格上二者也有差异,非混合种养模式的草鱼平均价格为5.6元/斤,低于混合种养模式。

表7.8 不同养殖模式的草鱼养殖亩均产量及销售价格

养殖模式	亩均产量(千克/亩)	平均销售价格(元/斤)
混合种养模式	619	6.2
非混合种养模式	258	5.6

(二) 不同经营模式的草鱼价格

不同经营模式,也会导致草鱼的销售价格有所差异。根据调研数据可知,通常的草鱼平均销售价格为6.3元/斤,发展特色垂钓业务,进行垂钓销售的草鱼平均价格为 8.2 元/斤, 较通常草鱼销售价格高出近 2 元/斤。在摸鱼抓虾经营模式中, 草鱼的销售价格为 10.0 元/斤, 价格最高。

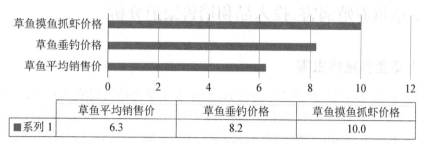

	草鱼平均销售价	草鱼垂钓价格	草鱼摸鱼抓虾价格
■系列 1	6.3	8.2	10.0

图 7.6　不同经营模式的草鱼价格对比 (单位: 元/斤)

(三) 草鱼养殖户的家庭收入与支出情况

草鱼养殖户的家庭收入主要来自水产养殖收入, 支出大部分用于生产经营性支出。从表 7.9 的数据可以看出, 草鱼养殖户家庭各项收入中, 水产养殖收入是家庭主要收入来源, 占总收入的 83%。在剩余家庭收入来源中, 其他渠道的收入与农业补贴收入占比较高, 均为 5%。值得注意的是, 草鱼养殖户并未在一般种植、其他养殖以及经济作物种植等方面有较多兼业, 而这三项经济活动带来的平均年收入分别为 8 784 元、13 162 元、8 776 元。此外, 由于草鱼养殖具有季节性特征, 不少养殖户的家庭成员会选择打工作为生计之一, 他们的平均年打工收入为 22 548 元, 占总收入的 3%。在家庭支出方面, 草鱼养殖户平均年家庭总支出为555 810 元, 其中家庭生产经营年平均总支出为 505 013 元, 占比 91%, 用于购买和维护与草鱼养殖相关的各项生产资料; 家庭生活消费总支出 50 579 元, 占比为 9%。总体来看, 2018 年被调查的草鱼养殖户家庭各项总收入高于总支出, 有一定盈余。

表 7.9　草鱼养殖户家庭平均收入与支出对比表

(单位: 元)

家庭各项收入	平均收入金额	占比	家庭各项支出	平均支出金额	占比
水产养殖收入	696 984	83%	家庭生产经营总支出	505 013	91%
一般种植收入	8 784	1%	家庭生活消费总支出	50 797	9%
经济作物种植收入	8 776	1%	总支出	555 810	100%
其他养殖收入	13 162	1%			
打工收入	22 548	3%			
农业补贴收入	41 622	5%			
租金收入	4 915	1%			
其他收入	42 394	5%			
总收入	839 185	100%			

四、草鱼养殖病害、投入品和销售渠道分析

（一）草鱼养殖病虫害

69%的调查对象在2018年养殖过程中发生草鱼病害现象，病害发生率偏高，按病害发生率由高到低排序，依次为草鱼出血病、寄生虫病、水霉病。草鱼出血病和寄生虫病是草鱼养殖主体面临的主要病害问题，由此造成的损失平均在1874千克左右，占养殖户总产量的3%，平均带来经济损失2万余元。

（二）投入品渠道情况分析

草鱼苗种购置渠道以本地购买为主。数据显示，养殖主体所需草鱼苗种主要从苗种场购置，本地苗种场为主要购置渠道，占比高达43%，外地苗种场次之，占比接近26%，养殖户自我繁育以及鱼贩子推销这两个渠道的占比接近，约为7%。选择政府提供和体系提供这两种购置苗种方式的养殖主体较为稀少，养殖主体主要依赖大型苗种繁育场。购置鱼苗质量方面，超过70%的养殖主体认为质量上等，成活率普遍在60%以上，主要与品种好、养殖水环境好、养殖技术好等原因相关。

在草鱼饲料购置方面，超过55%的养殖主体选择**从正规饲料厂进货**，超过18%的养殖主体从饲料经销商处购置饲料，约7%的养殖主体选择从本地水产饲料商店购置饲料，这表明，草鱼养殖的饲料进货渠道趋于正规化，但仍有部分养殖群体选择自制草鱼饲料或者通过其他途径购置。对于购置的草鱼饲料质量，基于对厂商和饲料商的信任，86%的养殖主体认为饲料质量普遍较好，认可度较高。

养殖主体在购置渔药时**以正规厂商和经销商店为主要渠道**。具体来说，本地渔药经销商店是养殖主体最主要的购置渠道，占42%，其次为正规厂家，占32%，再次为渔药经销商，约占13%，其他购置渠道占13%。渔药厂家和经销商店较为规范和可靠，养殖主体对渔药质量认可度高达87%。同时，94%的养殖主体在鱼病诊断和渔药鉴别等方面提出有专业培训的需求，以便开展更科学的养殖。目前主要是水产技术推广部门开展此类业务，数据显示，有超过54%的养殖主体接受过水产技术推广部门提供的相应培训，合作社、渔药经销商、企业等也会略有涉及此方面的专业知识培训，仅有8%的养殖主体表示从未接受过关于鱼病诊断和渔药鉴别知识的培训。

（三）草鱼销售渠道及行情分析

在所有调研对象中,属于合作社成员的养殖主体数量为 226 人,占总数量的 44%,属于其他组织的占 41%,来自协会、合作社联合社以及商会的分别占12%、2%、1%。总体来看,草鱼销售方式中,鱼贩子收购这一模式占比高达79%,实现就地销售。其中,在合作社组织中,草鱼销售也同样以鱼贩子收购模式为主,占 86%,合作社自身收购仅占 14%,合作社通过联系批发市场、零售市场或机关单位食堂等方式来销售自己收购的草鱼。

在草鱼销售行情认知判断方面,**59%的养殖主体认为 2018 年草鱼销售行情一般**,有 25%的养殖户认为行情较差,仅有 15%的养殖户认为 2018 年草鱼销售行情较好。养殖主体表示这种判断主要基于市场需求较低这一事实。有关 2019 年的销售行情预测,养殖主体普遍持较为悲观的态度,有 44%的养殖主体认为 2019 年销售行情一般,40%的养殖主体表示对草鱼销售市场不乐观,仅有 16%的养殖主体认为销售市场行情较好。由于需求量持续走低和不确定因素的共同影响,养殖主体对 2020 年草鱼销售市场的判断与对 2019 年的判断基本大致相同,态度并不乐观。

五、新型养殖模式采用情况及其经济、社会、生态效益分析

（一）新型养殖模式采用情况

数据显示,养殖主体仍旧惯用传统养殖模式,仅有 18%的养殖主体采用新型养殖模式,且主要来自体系内。在所有新型养殖模式中,池塘生态高效养殖模式选用比例最高,约占 42%,池塘种青养鱼养殖模式、池塘集约化"跑道养殖"新模式、池塘品质调控型养殖模式占比相近,均为 15%,其他诸如池塘"渔光互补"模式、滨海盐碱池塘规模化养殖模式、池塘-湖泊复合型养殖模式、小区型池塘工程化高效养殖模式、稻渔综合种养模式等采用比例较低,总共约占 13%。

在对新模式的概念理解方面,超过 18%的养殖主体认为其理念较为新颖,接近 13%的养殖主体认为新模式的主要特点是采用的养殖技术比较先进,能够提升经济效益,其余则认为其"新"体现在生产设备先进、节能减排效果明显、品种类型市场先进等方面。此外,还有个别养殖主体认为其在合理利用水体、生态循环养殖、调控水质、控制养殖密度等方面具有先进性。

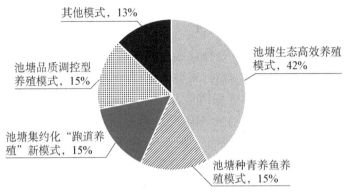

图 7.7　各类新型养殖模式占比

（二）经济效益分析

采用新型养殖模式,势必会带来投入产出的新变化。调查显示,采用新模式的养殖主体成本增加,根据规模大小不同,增加的成本最低为 2 000 元,最高达 650 万元。普通养殖户成本增加大多在 1 万元以下,规模养殖户成本增加数额较大,达十几万元。在增加的成本中,80% 以上用于增加配套设施,引入新的养殖生产机械设备,其余不到 20% 的部分为水电费和管理费用。引入新模式也会相应减少部分生产成本,平均减少成本约 45%,且主要以先进机械化设备逐步代替传统人工劳作形式,减少人工成本。在产出收益方面,新模式的引入能够普遍增加养殖主体收益,增收效果较为明显。在所有采用新模式的养殖户中,增收 1 万元以下的占 25%;增收 1 万—5 万元的占 42%,占比最高;增收 5 万—10 万元的占 18%;增收 10 万元以上的占 15%。新型养殖模式带来的增收

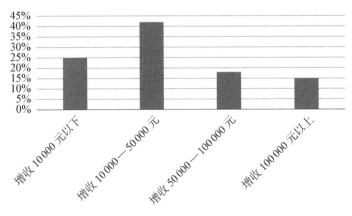

图 7.8　新型养殖模式的增收效果

效果主要集中在 1 万—5 万元区间内。总体来看,新模式的采用虽然需要较高的前期投入,但能够大大降低养殖过程中的劳动成本,并提高养殖户的产品收益。

(三)生态效益分析

新型养殖模式有良好的生态效益。针对采用新型养殖模式的养殖主体,本研究重点考察近 4 年的生态综合变化。依据养殖主体对相关变化的感知和判断,产业经济研究室以示范点水体水质变化情况、示范点水体底质变化情况、病害发生趋势、渔药使用情况 4 个指标,对新模式生态效益进行评价(见表7.10)。在示范点水体水质方面,有 58% 的采用新型养殖模式的养殖主体表明水质呈变好趋势,38% 的群体认为没有变化,仅 4% 的群体认为水质变差。示范点水体底质变化方面,认为水体底质变好的养殖主体占 42%,29% 的养殖主体由于没有监测,并不清楚实际变化情况,认为示范点水体底质没有变化的养殖主体占22%,仅有 7% 的养殖主体表示采用新型养殖模式后,示范点水体底质变差了。

表 7.10　新型养殖模式生态效益分析

效益评价指标	积极评价比例	一般评价比例	消极评价比例
示范点水体水质变化情况	58%	38%	4%
示范点水体底质变化情况	42%	51%	7%
病害发生趋势	44%	32%	24%
渔药使用情况	51%	25%	24%

生态环境的改善,有助于降低鱼类病害发生率,44% 的养殖主体认为采用新模式后,病害发生率有所降低,但有 24% 的养殖主体发现病害发生趋势并无规律可言。对于渔药使用情况,51% 的养殖主体认为呈减少趋势,但也有 24%的养殖主体认为 4 年来渔药使用情况没有变化,同时有 16% 的群体认为 4 年来渔药的使用呈时而增加、时而减少的变化趋势。

整体来看,近 4 年来,有超过 71% 的养殖主体认为示范点水体整体生态趋于良好,认为示范点整体生态变差的群体仅占 2%。养殖主体对示范点水体生物多样性的感知方面,48% 的养殖主体认为生物多样性有所增加,其余养殖主体或认为没有变化或是不了解,但并未有人认为生物多样性减少,这表明新模式对水体生物多样性具有一定的保护作用。

(四)社会效益分析

新型养殖模式的社会示范、推广和带动效益不断增强。在品牌商标、产品认证等领域,有26%的养殖主体形成了自己的品牌,有15%的生产者获得地理标志产品认证,26%的生产者获得绿色食品认证,16%的生产者获得有机产品认证。这表明草鱼生产者在品牌等社会示范上取得了一定突破。

表7.11 新型养殖模式社会效益分析

品牌认证指标	比例
自有品牌建立	26%
申请地理标志产品	15%
绿色食品认证	26%
有机产品认证	16%

在产品发展和技术推广方面,有24%的养殖主体建立了自己的苗种场,实现苗种自我供应。41%的养殖主体建立起产地追溯体系,确保产品生产地的可追溯,提高市场竞争力。建立从生产到销售整个环节的信息安全网有助于确保渔业的安全发展,数据显示46%的养殖主体已经建立渔业监控网络。在扩大对外效应,积极带动周边发展方面,已采用新模式的养殖主体中,有41%的群体认为周边的非示范户对这一被推广的新模式有采纳意愿;超过50%以上的新模式养殖主体开展了面向其他养殖户的技术培训,主要涉及科学投喂技术、苗种培育技术、沟渠设计和改造技术等方面。

在模式带动方面,33%的养殖主体表示所采用的新模式带动当地养殖环境改善;48%的养殖主体表示新模式丰富了当地居民的休闲娱乐活动,主要表现在提供休闲垂钓、餐饮渔家乐、休闲观光旅游等方面。整体来看,新模式的采用一定程度上提高当地居民的主观幸福感,认同该观点的养殖主体占58%,同时这部分群体也认为新型模式也能保护传统的生活方式和习惯,如保护和延续农耕或传统渔业活动。但是对新模式是否有利于农耕或渔业文化的发展,养殖主体间存在分歧,认可与否定的比例大致相同。由于自身财力和其他因素所限,仅有34%的养殖主体曾参与对外公益活动,主要是参与当地的精准扶贫行动,带动贫困户发展,资助金额从2 000元到2万元不等。

六、小结

通过数据分析可知,当前我国的草鱼养殖业正在由传统养殖向现代化多模式的养殖方式转型。在**养殖规模**方面,草鱼养殖主体虽仍以个体经营为主,但规模养殖户、专业合作社等养殖主体比例有所增加,呈现出规模化、专业化养殖趋势。**新模式的采纳,**如种青养鱼、鱼稻混合种养等模式提高了草鱼养殖的经济效益,成为未来绿色高效养殖方式的发展方向。

在投入品采购方面,鱼苗购置、渔药采购、饲料选择等均体现出较强的规模化、正规化趋势。草鱼销售方面,仍然主要以鱼贩子收购为主,就地销售,这也与生鲜行业的特殊性有关,但直销、电商销售等也日益成为新兴的销售渠道。总体来看,虽然当前采用新模式的养殖主体比例不高,但新模式在带动养殖户增收、改善生态环境、创造社会效益等方面起到较大示范、推广和带动作用,可对此继续加强跟踪研究。

(执笔人:张璟)

数据分析报告二:2019年中国草鱼加工业调查报告——基于对20家草鱼加工主体的调查

　　中国是世界上淡水鱼产量最大的国家,作为中国大宗淡水鱼中最为普遍的养殖鱼类之一,草鱼在我国淡水养殖业中占有重要地位。随着水产行业的不断发展,淡水鱼的保鲜、加工及综合利用成为产业提质增效和转型升级的重要课题。对草鱼进行及时高效的商品化加工,无论对满足市场消费需要,还是扩大就业,或是带动产业高质量发展都具有重大意义。近年来,我国水产加工业规模化和产业化水平不断提高,但由于统计指标限制,当前统计年鉴中还没有关于草鱼加工主体的相关指标。2019年10月,产业经济岗位专家陈洁研究员作为任务牵头人和调查方案设计者,联合位于杭州、湖州、武汉、荆州、长沙、常德、中山、乌鲁木齐的8家综合试验站开展调查,获得广东、湖北、湖南、浙江、新疆5个省份8家综合试验站20个草鱼加工主体的调查数据。分析报告如下。

一、草鱼加工产业呈现"小而散"特征,但纵向一体化程度呈上升趋势

　　按照注册成立时间的不同将成立时间在2013年前后的样本分为两组,图7.9展示了分组后的草鱼加工主体规模及类型情况。分析数据后发现,两组样本企业均以中小型加工企业为主,大型加工企业仅占样本总量的10%,可见我国草鱼加工行业产业集中度不高,中小企业纷杂,难以形成规模。

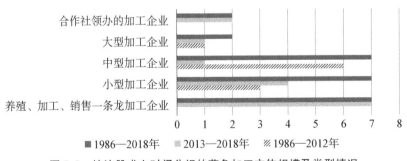

图7.9　按注册成立时间分组的草鱼加工主体规模及类型情况

166

样本中注册成立时间在 1986—2012 年的草鱼加工主体均不属于养殖、加工、销售一条龙加工企业，而注册成立时间在 2013 年以后的草鱼加工主体中有 70％属于养殖、加工、销售一条龙企业，且有 20％属于合作社领办的加工企业。总体来看，我国草鱼加工产业呈现"小而散"的特征，但加工主体的纵向一体化程度呈明显的上升趋势。

尽管我国草鱼加工产业长久以来都呈现组织化程度较低的"小而散"的单兵作战式产业态势，但近年来通过整合各个生产环节、成立合作社等方式，有效地将分散生产的小规模草鱼加工主体组织起来对接市场，实现了生产、加工、销售纵向一体化经营。同时，除水产品加工外，草鱼加工企业的经营范围也很广泛。图 7.10 展示了样本加工主体除水产品加工外的其他经营范围。由图 7.10 可知，水产养殖和其他食品加工是草鱼加工主体最主要的兼营业务，分别占样本总量的 38％，除此之外，捕捞、增殖放流、物流、餐饮、休闲垂钓也都在我国草鱼加工主体的经营范围之内，使得草鱼加工行业由第二产业向第一、第三产业延伸，增加了草鱼加工主体的产品附加值。

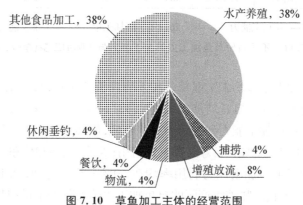

图 7.10　草鱼加工主体的经营范围

二、草鱼主产区与非主产区加工能力差异明显

我国草鱼养殖业主要集中在广东、湖北、湖南、江西等地，2018 年草鱼主产区产量占全国草鱼总产量的 50％以上。由于鲜鱼活体不耐储藏，因此就近加工是最优选择，由此也造成草鱼主产区与非主产区草鱼加工主体加工能力的明显差异。图 7.11 展示了按省份分组的草鱼加工主体加工能力和 2018 年实际

加工量情况,由图 7.11 可知,湖北、广东、湖南这 3 个主产区的草鱼加工主体的加工能力均较高,明显高于浙江和新疆这 2 个非主产区的草鱼加工主体的加工能力。具体而言,湖北省草鱼加工主体年加工能力平均为 24 129 吨,2018 年实际加工量平均为 16 862 吨;广东省草鱼加工主体年加工能力平均为 3 000 吨,2018 年实际加工量平均为 2 074 吨;湖南省草鱼加工主体年加工能力平均为 1 833 吨,2018 年实际加工量平均为 1 165 吨;浙江省草鱼加工主体年加工能力平均为 501 吨,2018 年实际加工量平均为 275 吨;新疆维吾尔自治区草鱼加工主体年加工能力平均为 200 吨,2018 年实际加工量平均为 95 吨。

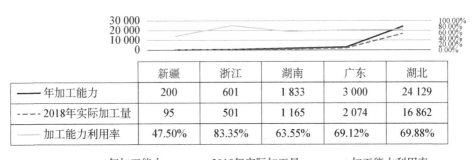

	新疆	浙江	湖南	广东	湖北
—— 年加工能力	200	601	1 833	3 000	24 129
---- 2018年实际加工量	95	501	1 165	2 074	16 862
—— 加工能力利用率	47.50%	83.35%	63.55%	69.12%	69.88%

—— 年加工能力　　---- 2018年实际加工量　　—— 加工能力利用率

图 7.11　不同省份草鱼加工主体加工能力与实际加工量(单位:吨)

多数样本加工主体均未实现草鱼加工的满负荷运转,整体来看,2018 年样本加工主体的实际加工量是其加工能力的 66.16%。分组来看,尽管浙江省草鱼加工主体的草鱼加工能力和实际加工量较低,但其草鱼加工主体加工能力利用率却达到 83.35%,加工能力得到充分利用;湖北、湖南和广东这 3 个草鱼主产区的草鱼加工主体加工能力利用率均在 60%—70% 之间,加工能力利用率处于平均水平,这也意味着主产区的草鱼加工主体实际加工量与其加工能力之间仍有一定的差距,当市场行情变好和当地草鱼产量提升时有条件扩大年加工量;新疆维吾尔自治区的草鱼加工主体加工能力利用率仅为 47.5%,远低于平均水平,这意味着 2018 年新疆的草鱼加工行业市场行情较为低迷。

三、草鱼加工行业风险较高,各省份面临不同的行业风险

在样本总体中,80% 的草鱼加工主体均感到从事草鱼加工有比较大的风险,总体而言草鱼加工行业风险较高。在 20% 未感知到行业风险的草鱼加工

主体中,15%位于浙江省,5%位于湖南省,各省的草鱼加工主体风险感知分布很不均匀。总体而言,市场不稳定、价格波动大、缺乏销售渠道、食品安全问题、基础设施可得性差和市场环境糟糕是草鱼加工主体感到行业风险较大的主要原因。

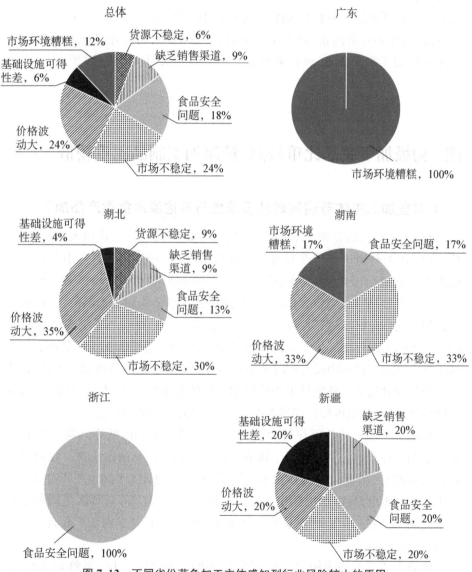

图 7.12　不同省份草鱼加工主体感知到行业风险较大的原因

进一步按省份分组对草鱼加工行业的风险类型进行分析。由图 7.12 可知,市场环境糟糕是广东省草鱼加工主体感知到行业风险较大的唯一原因;价格波动大、市场不稳定、食品安全问题是湖北省草鱼加工主体感知到行业风险较大的最主要原因,其他原因还包括缺乏销售渠道、货源不稳定和基础设施可得性差;价格波动大、市场不稳定也是湖南省草鱼加工主体感知到行业风险较大的最主要原因,市场环境糟糕、食品安全问题也产生了较大影响;食品安全问题是浙江省草鱼加工主体感知到行业风险较大的唯一原因;价格波动大、市场不稳定、食品安全问题、缺乏销售渠道、基础设施可得性差是新疆维吾尔自治区草鱼加工主体感知到行业风险的主要原因,且5项原因所占比重各为20%。

四、初级加工制品比重较高,精深加工制品比重较低

(一) 草鱼加工主体普遍同时从事草鱼与其他淡水鱼类产品加工

2018年,85%的草鱼加工主体在加工草鱼的同时也加工其他大宗淡水鱼,草鱼加工的原材料量平均占原材料进货总量的30.89%。同时从事草鱼与其他淡水鱼类加工与淡水鱼类本身固有的土腥味且鲜鱼活体不耐储藏等共同特性有关。草鱼、鲢鱼、鳙鱼、鲤鱼、鲫鱼、鳊鱼等淡水鱼均属淡水低值鱼,都适合通过加工制作鱼糜制品等方式进行保存与提升产品附加值,可以在加工主体的同一生产线上进行加工生产,所以同时从事多种淡水鱼类的加工在草鱼加工主体中非常普遍。样本中没有同时从事草鱼和海水鱼加工的草鱼加工主体,在加工草鱼的同时也加工虾蟹贝类的草鱼加工主体也较少,占样本总量的30%,这可能与淡水鱼、海水鱼和虾蟹贝类的加工工艺与流程不同有关。

我国草鱼加工行业仍存在加工工艺落后、产品附加值低等问题。图7.13展示了调查样本中各草鱼加工主体的不同类型加工产品所占比重。仅对草鱼进行初级加工的草鱼加工主体占很高比重,相应的初级加工品也在所有加工产品中占较高比重,其中切块和冷冻产品占比最高,均占25%,其次是罐制品和风干腌制品,均占15%,再次是鱼糜制品,占10%,最后是精深加工和真空包装产品,均占5%。

随着生活节奏加快和生活水平提高,人们已不再满足于吃活鲜鱼,而是更多地转向方便、营养和具有保健功能的鱼类加工食品,这给低值淡水鱼加工提供了良好的发展机遇和发展空间。

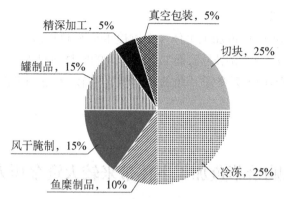

图 7.13 草鱼加工主体的不同类型加工产品占比

（二）草鱼加工具有明显季节性，第四季度（冬季）是行业旺季

由于鲜鱼肉具有易腐性，因此在温度较高的季节不易保存与运输，这使得温度较低的冬季成为草鱼原料采购、产品加工和销售的旺季，另外，受春节等消费热点影响，草鱼及其加工制品在冬季有更大的市场需求。接下来将草鱼的原料采购量、产品加工量和销售量按季度分组（图7.14），分别比较草鱼加工主体在2018年不同季度的草鱼加工制品生产销售情况。

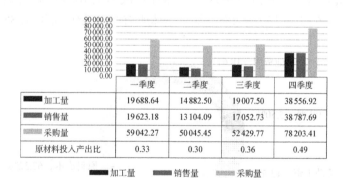

	一季度	二季度	三季度	四季度
加工量	19 688.64	14 882.50	19 007.50	38 556.92
销售量	19 623.18	13 104.09	17 052.73	38 787.69
采购量	59 042.27	50 045.45	52 429.77	78 203.41
原材料投入产出比	0.33	0.30	0.36	0.49

图 7.14 按季度分组的草鱼加工主体原料采购、产品加工与销售情况（单位：千克）

从图7.14可以看出，四季度（冬季）是草鱼加工主体的加工旺季，该季度草鱼加工主体的原料采购量、产品加工量和销售量均达到其他3个季度的2倍以上；其次是一季度（春季）和三季度（秋季），这2个季度的原料采购量、加工量和销售量较为接近，这与春秋两季温度相近有关；原料采购量、加工量和销售量最低的是二季度（夏季），这是由于夏季气温升高，草鱼生长速度放缓、鲜肉保质期

变短、运输难度增大。

通过图 7.14 中草鱼加工主体 4 个季度的原材料投入产出比可知,四季度草鱼的原材料投入产出比最高,而二季度草鱼的原材料投入产出比最低。夏季草鱼的原材料损耗较多,冬季草鱼的原材料损耗较少,这与低温时草鱼原材料不易腐烂有关。

五、原料采购给草鱼加工主体带来较大资金压力

(一)原料成本、劳动工资和包装费是草鱼加工主体的主要支出

草鱼加工主体的流动成本包括原料成本、店铺租金、管理费、税金、交通工具的租金/使用费用、定期维护成本、保险费、水费、电费、柴油费、通信费、广告费、包装费、劳动工资、利息等。图 7.15 展示了 2018 年所有样本加工主体的各项支出占总经营成本的比重。由图 7.15 可知,所有样本加工主体的总经营成本中有 63.32%是原料成本;其次是加工主体向员工支付的劳动工资,占总经营成本的 12.57%;接着是包装费,占总经营成本的 5.50%。原料成本、劳动工资和包装费 3 项支出共占草鱼加工主体经营成本的 81.39%,其他支出共占18.61%。草鱼加工品的销售额占加工主体所有产品销售额的 51.82%。

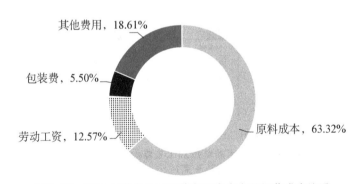

图 7.15　2018 年草鱼加工主体各项支出占总经营成本比重

较高的成本带来较高的资金压力。在样本中,70%的草鱼加工主体面临资金压力,而在面临资金压力的草鱼加工主体中,100%的加工主体面临原料采购的压力,14.29%面临人员工资压力。70%的草鱼加工主体产品销售能及时回款,但也有 30%的加工主体不能及时回款,从而造成企业的资金压力。向金融

机构贷款是缓解草鱼加工主体资金压力的主要方式,样本中草鱼加工主体平均贷款金额为703.25万元,仍有40%的草鱼加工主体存在贷款难的问题。草鱼加工主体普遍提出"畅通贷款渠道、放宽贷款政策、简化放款手续、对农产品加工企业放低贷款门槛和利率、支持中小微企业发展"等建议。

(二) 草鱼制品是加工主体主要收入来源,华中地区是主要销售地

2018年,草鱼加工主体的销售收入中平均有51.82%来自草鱼加工品销售,作为草鱼加工主体,草鱼加工品销售的确占据了加工主体收入的大部分。草鱼加工主体生产的草鱼制品有其主销区,图7.16展示了2018年草鱼加工主体的草鱼制品销售分布情况。由图7.16可知,华中地区是草鱼加工主体的草鱼制品主要销售地,平均销售量达到68.26吨,远高于其他地区;其次是华东、华北和华南地区,平均销售量都在20—27吨之间;销售量最低的是西北和东北地区,销售量平均只有10吨左右。

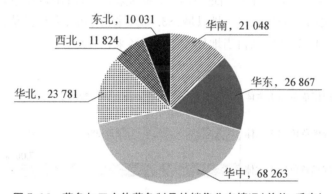

图7.16　草鱼加工主体草鱼制品的销售分布情况(单位:千克)

六、草鱼加工主体出口贸易参与度高,但很少有草鱼加工制品出口

样本总体中,52.63%的草鱼加工主体有产品参与出口贸易,草鱼加工主体参与出口贸易的比例较高。从出口国家和地区上看,欧洲、美国、加拿大、墨西哥、俄罗斯、日本和中国香港是中国内地草鱼加工主体的主要出口国家和地区。从出口产品类型上看,脆肉鲩片、罗非鱼肉片、鲮鱼肉片、黄骨鱼、龙虾仁、小龙虾制品、大闸蟹、活鱼、虾蟹制品是草鱼加工主体的主要出口产品类型。由此可

见,尽管草鱼加工主体参与出口贸易的比例较高,却很少有草鱼加工制品参与出口贸易,企业仍需在草鱼制品的出口贸易方面开拓市场。

七、草鱼加工主体的社会效益情况

(一) 不同规模草鱼加工主体雇佣员工的地域倾向性具有明显差异

我们将草鱼加工主体按照雇佣员工人数划分为 3 组,将雇佣员工数在 200 人及以下的草鱼加工主体定义为小规模草鱼加工主体,将雇佣员工数在 201—500 人之间的草鱼加工主体定义为中规模草鱼加工主体,将雇佣员工数在 500 人以上的草鱼加工主体定义为大规模草鱼加工主体。图 7.17 展示了不同规模草鱼加工主体雇佣员工的地域倾向性。由图 7.17 可知,小规模草鱼加工主体雇佣的员工中 93.00%来自当地县域,7.00%来自外地;中规模草鱼加工主体雇佣的员工中 16.67%来自当地县域,83.33%来自外地;大规模草鱼加工主体雇佣的员工中 42.22%来自当地县域,57.78%来自外地。

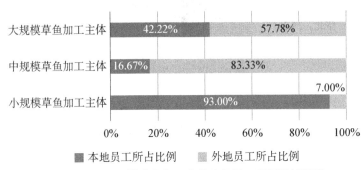

图 7.17 不同规模草鱼加工主体雇佣员工所属地域情况

分析数据后发现,小规模草鱼加工主体倾向于雇佣本地员工,中规模草鱼加工主体倾向于雇佣外地员工,大规模草鱼加工主体雇佣员工时对本地或外地员工没有明显的倾向性。从雇佣劳动力的社会效益角度来看,尽管小规模草鱼加工主体能够提供的就业岗位不多,但由于其更倾向于雇佣当地员工,也为解决本地就业问题贡献了不小的力量;中规模草鱼加工主体提供就业岗位的外部性更强,不仅解决了本地县域的一部分就业问题,更多地将提供就业岗位的社会效益扩散到本地县域以外;大规模草鱼加工主体能够提供的就业岗位更多,无论对于解决本地县域的就业问题还是解决外地的就业问题都有极大的贡献。

（二）草鱼加工主体在技能培训和公益项目方面作出重要贡献

技能培训方面,90.91％的草鱼加工主体都组织了专业技术培训,组织过专业技术培训的草鱼加工主体中,平均每个加工主体累计开展培训活动7.75次、培训从业人员1187.25人次。培训内容主要包括苗种培育技术、科学投喂技术、病害防治技术、调节水质技术、养殖管理技术、养殖及加工技术和加工工艺提升技术等。公益项目方面,70％的草鱼加工主体参与了公益项目或资助,这些加工主体主要参与资助贫困学生与弱势群体、产业扶贫、政府公益基金等项目。

八、草鱼加工主体技术研发和电商发展情况

（一）草鱼加工主体具有较高的加工新技术需求

从研发投入方面看,2018年草鱼加工主体研发投入占总利润的比重平均为9.75％,平均每个加工主体有6名研发人员。草鱼加工主体负责人认为目前影响大宗淡水鱼加工业发展的主要技术性问题包括机械自动化问题、保鲜问题、营养流失问题、食品安全问题和加工设备升级问题。

比较草鱼加工主体对不同原料的加工技术升级需求,发现大宗淡水鱼是草鱼加工主体最需要加工技术升级的品种。图7.18展示了草鱼加工主体对不同原料的加工技术升级需求情况,由图7.18可知,草鱼加工主体对草鱼和其他大宗淡水鱼的加工技术升级需求很高,其中66.67％的草鱼加工主体对草鱼有加工技术升级需求,73.33％的草鱼加工主体对其他大宗淡水鱼有加工技术升级需求,而对虾蟹贝类和海水鱼的加工技术升级需求较低,分别为33.33％和6.67％。

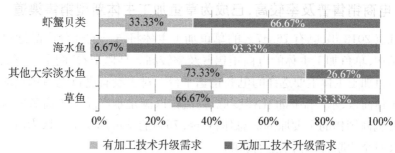

图7.18 草鱼加工主体对不同原料的加工技术升级需求情况

从加工环节来看,保鲜和固定设备是草鱼加工主体最需要技术升级的环节。图 7.19 展示了草鱼加工主体对不同加工环节的技术升级需求情况,由图 7.19 可知,分别有 53.33% 的草鱼加工主体对保鲜和固定设备环节有技术升级需求,40.00% 的草鱼加工主体对储藏环节有技术升级需求,33.33% 的草鱼加工主体对质检环节有技术升级需求,26.67% 的草鱼加工主体对包装环节有技术升级需求,13.33% 的草鱼加工主体对制冷环节有技术升级需求。

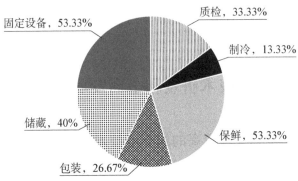

图 7.19　草鱼加工主体对不同环节的技术升级需求情况

(二) 草鱼加工主体采纳产业技术体系加工技术受到多方面因素限制

相对于草鱼加工主体较高的加工新技术需求,其过去 5 年中采纳大宗淡水鱼产业技术体系加工技术的比例仅为 44.44%,其中还有 11.11% 的草鱼加工主体感觉采纳大宗淡水鱼产业技术体系加工技术的效果一般。限制草鱼加工主体采纳产业技术体系加工技术的原因是多方面的,其中没有适合企业的技术、人员素质不足以应用新技术、缺乏关于新技术的后期指导是没有采纳大宗淡水鱼产业技术体系加工技术的主要原因。

(三) 电商销售普及率较高,已成为草鱼加工主体新型销售渠道

截至 2018 年,已有 76.47% 的草鱼加工主体将自己的部分产品通过电商渠道销售,草鱼加工主体的电商销售普及率较高。具体来看,淘宝、京东、拼多多是草鱼加工主体主要选择的电商销售平台。对于没有进行电商销售的草鱼加工主体而言,水产品标准化程度低、物流难以满足水产品电子商务要求是其未进行电商销售的主要原因。总体看,68.75% 的草鱼加工主体认为电子商务的发展对企业原有销售渠道有影响。

图 7.20 展示了影响水产品电子商务快速发展的各种因素,由图 7.20 可

知,水产品物流条件和水产品标准化程度是制约水产品电子商务快速发展的最主要原因,分别有 71.43% 和 64.29% 的草鱼加工主体认为**水产品物流条件和水产品标准化程度**影响水产品电子商务快速发展,需要国家在宏观层面出台相应政策予以支持。除此之外,还分别有 28.57% 的草鱼加工主体认为缺乏人才、资金和网络客户资源影响水产品电子商务快速发展,这是草鱼加工主体的自身原因,需要其自身加大对人才的吸引和拓宽网络客户资源。分别有 14.29% 和 7.14% 的草鱼加工主体认为交易安全性差和交易双方缺乏对第三方平台的信任影响水产品电子商务快速发展,这两个因素影响不大,需要政府部门加大对电商交易安全性的监督和宣传教育。

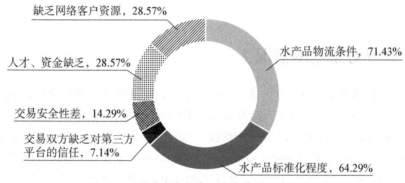

缺乏网络客户资源,28.57%

人才、资金缺乏,28.57%

交易安全性差,14.29%

交易双方缺乏对第三方平台的信任,7.14%

水产品物流条件,71.43%

水产品标准化程度,64.29%

图 7.20 影响水产品电子商务快速发展的因素

综上分析,我国的草鱼加工业正在由小而散的传统加工形态向产业链一体化的方向转型。新型的一体化加工企业或合作社正在崛起,加工企业的产能与养殖主产区分布日益匹配,新的销售形式如电子商务发展迅速。但当前的草鱼加工企业还面临生产、市场、政策等多重风险;企业加工技术仍以粗加工为主,精深加工能力不足,产品附加值低;加工企业还需要在金融、技术和市场信息等多方面获得外部支持。需要特别指出的是,大宗淡水鱼产业技术体系应在开发契合企业升级需求的技术、培训新技术采纳人员、加强新技术后期指导服务等方面加强工作。

(执笔人:张璟)

数据分析报告三:2019 年草鱼消费及消费者行为特征——基于 832 份草鱼消费者调查问卷

草鱼属于四大家鱼,是我国消费区域最广泛的淡水产品之一。2018—2019 年草鱼价格持续低迷,影响养殖户积极性。为了解草鱼终端消费情况、促进草鱼相关产业高质量发展,2019 年 9—10 月,国家大宗淡水鱼产业技术体系产业经济岗位依托 30 个试验站开展了草鱼消费专项调查,最终回收来自 28 个省份的有效问卷 832 份。将有关情况梳理如下。

一、调查对象基本情况

有效样本中,男性占 60.3%,女性占 39.6%;89.1% 为已婚(含离异),10.9% 为未婚;63.6% 自认为南方人,36.4% 自认为北方人;84.4% 位于内陆地区,15.6% 位于沿海地区;61.1% 为城市户籍,38.9% 为农村户籍;年龄方面,在 20—30 岁、30—40 岁、40—50 岁、50—60 岁、60—70 岁和 70 岁以上的分别占 16.1%、28.9%、31.1%、19.9%、3.4% 和 0.6%;学历为小学及小学以下、初中、高中(中专)、大学(大专)、硕士及以上的分别占 2.7%、13.4%、20.6%、48.2% 和 15.1%;职业为机关公务员、科研和教育单位人员、企业管理人员、私营业主、退休、无业或待业、其他职业的,分别占 13.6%、28.6%、10.7%、15.3%、3.2%、3.2% 和 25.4%;从事过医疗卫生或食品相关职业的占 25.5%;调查对象的平均家庭人口为 4 人,其中,三口之家占 30.8%,四口之家占 21.2%,五口之家占 20.1%,六口之家占 10.8%;46.9% 的家庭有 12 岁以下儿童;7.3% 的调查对象家里有孕妇;57.4% 的调查对象家里有 65 岁以上老人;认为自己的身体健康状况非常好、好、一般、差和非常差的分别占 24.7%、48.5%、25.1%、1.5% 和 0.3%;家庭月总收入在 3 000 元以下、3 001—5 000 元、5 001—7 000 元、7 001—9 000 元、9 001—11 000 元、11 001—13 000 元、13 001—15 000 元和 15 001 元以上的分别占 7.1%、22.5%、22.5%、15.2%、8.9%、7.1%、7.1% 和 9.7%;家庭月总生活消费支出在 3 000 元以下、3 001—5 000 元、5 001—7 000 元、7 001—9 000 元、9 001—11 000 元、11 001—13 000 元、13 001—15 000 元和 15 001 元以上的分别占 34.2%、37.2%、17.9%、6.1%、2.5%、0.7%、0.7% 和 0.7%;家庭月食品支出在 3 000 元以下、3 001—5 000 元、5 001—7 000 元、

7 001—9 000 元、9 001—11 000 元、11 001—13 000 元、13 001—15 000 元和 15 001 元以上的分别占 71.3%、24.7%、2.5%、0.6%、0.3%、0.3%、0.3%和 0.1%。

二、草鱼消费的主要特征

(一) 草鱼的消费群体较大,有土腥味和刺多影响草鱼消费

本次调查样本中,吃过草鱼的占 99.6%,没有吃过的占 0.4%,没有吃过的原因是无吃鱼习惯(频数为 1)和素食者(频数为 2)。其中,非常喜欢、喜欢、一般和不喜欢吃草鱼的分别占 14.7%、45.7%、34.0%和 5.5%。在不喜欢吃草鱼的原因中,按照比例由高到低排序,依次是有土腥味、有刺、口感不好、吃素。调查样本中,有鱼刺卡进食道经历的被访者占 52.3%,认为鱼刺多影响对草鱼消费意愿的占 42.8%,接近一半。而在整体消费频次上,经常吃、偶尔吃、基本不吃和从来不吃的比例分别为 28.8%、63.4%、7.4%和 0.4%。

(二) 鲜活草鱼是最常消费的草鱼产品,罐制和烟熏腊制等草鱼制品消费较少

在调查对象最常消费的草鱼产品方面,选择鲜活草鱼、腌熏腊制草鱼、冷冻草鱼、罐制草鱼和其他情况(因为刺多或吃素等原因,很少吃草鱼)的分别占 89.3%、5.5%、1.3%、0.7%和 3.2%。吃过和没有吃过罐制或其他包装的草鱼的受访者分别占 19.5%和 80.5%。在吃过罐制或其他包装的草鱼的受访者中(有效数 138),认为其携带方便、味道好、口感不新鲜、价格贵、对安全性和添加剂有担忧、不习惯吃和易储存(多选)的人分别占 45.7%、44.2%、8.7%、5.8%、12.3%、7.2%和 8.7%。吃过和没有吃过腌熏腊制草鱼的受访者分别占 19.5%和 80.5%。在吃过腌熏腊制草鱼的受访者中(有效数 295),认为其易于保存、有独特风味、感觉不新鲜、价格贵、口味不好、对安全卫生有担忧和不习惯吃(多选)的人分别占 28.8%、76.9%、5.8%、4.1%、3.7%、6.1%和 6.1%。风味独特(或者口味好)是烟熏腊制草鱼产品的消费主因,而携带方便和味道好则是罐制或其他包装草鱼产品的消费主因。

(三) 草鱼和鲫鱼是相对受欢迎的淡水产品,饮食习惯、口感好、有营养是选择水产品的主要因素

样本中,最常消费的淡水产品为青鱼、草鱼、鲢鱼、鳙鱼、鲤鱼、鲫鱼、鳊鱼、

虾类、蟹类、贝类、鳖类和其他淡水产品的人分别占 3.0%、22.3%、9.1%、8.6%、10.9%、20.5%、4.1%、13.8%、4.3%、2.3%、0.3% 和 0.8%。只有草鱼和鲫鱼这 2 类水产品比例超过 20%。消费这些淡水产品的原因(多选)选项中,选择习惯、好吃、有营养、小刺少和其他原因的人分别占 48.1%、53.8%、50.6%、10.0% 和 3.3%。可见,饮食习惯、口感好、有营养是选择水产品的主要原因。

(四) 近 3 年草鱼消费情况变化不大,大多数被访者能够烹调草鱼

近 3 年草鱼消费变化不大。一方面,样本中认为家庭成员烹饪草鱼消费变多、变少、没有变化的人分别占 21.9%、25.8% 和 52.2%;另一方面,样本中在外(餐馆、饭店、食堂等)消费草鱼变多、变少、没有变化的人分别占 23.2%、28.1% 和 48.7%。调查样本中,71.3% 的被访者会烹调草鱼。家中草鱼的主要做法(多选)中,选择红烧或酱烧方式的超过一半,其中,清蒸、红烧或酱烧、水煮、糖醋、炖汤或其他(熏鱼、烤鱼、酸菜鱼、香煎、酸汤鱼、炝锅或很少做)分别占 15.5%、54.6%、30.6%、5.4%、9.8% 和 5.4%。

三、草鱼及其初级产品消费行为的主要特征

(一) 家庭日常消费草鱼频次为每月一次,家庭食品购买负责人与水产品购买负责人基本一致

样本中,认为家中经常购买草鱼的被访者占 48.3%,不经常购买的占 51.7%。其中,家庭平均每 33 天购买一次草鱼,被访者中购买时间间隔最长的为 1 年,最短的为 2 天;家庭平均每次购买草鱼 3.2 斤,被访者中每次购买最多的为 10 斤,最少的为 1 斤。家庭每次购买草鱼的平均支出为 30.0 元,中位数为 25 元,众数为 20 元。每月购买草鱼的平均支出为 74.1 元,中位数为 50 元,众数为 30 元。最近购买草鱼的价格从 0—38 元/斤不等,平均购买价格是 8.9 元/斤。

表 7.12　家庭购买草鱼的时间间隔与每次购买重量

	有效数	平均值	中位数	众数	标准差	最小值	最大值
家庭购买草鱼的时间间隔(天)	408	32.933	22	30	45.8632	2	365
家庭每次购买草鱼的重量(斤)	362	3.166	3	3	1.4221	1	10

样本中,家庭食品购买负责人(多选)为老人、配偶、本人、孩子、保姆或其他(谁闲谁买等)的分别占28.1%、31.5%、47.0%、1.0%、0.1%和1.3%。家庭水产品购买负责人(多选)为老人、配偶、本人、孩子、保姆或其他(谁闲谁买等)的分别占26.4%、33.1%、43.5%、1.4%、0.1%和1.0%。两者基本一致。

(二)年节草鱼消费自用比例较高,赠与比例较低,赠与以鲜活草鱼为主,饮食习惯和营养美味是年节草鱼消费的主因

样本中,过年家里买草鱼自用的比例为57.1%,不买草鱼的比例是42.9%。购买或不购买的原因中,"草鱼个头大,适合多人吃""当地有节日吃草鱼的习惯""草鱼好保存,可以一次多买几条""草鱼味道鲜美"及其他原因(吃海鱼、名优鱼、肉类等)分别占38.7%、14.5%、8.0%、31.2%和7.6%。给亲戚朋友送礼时送过草鱼的比例为30.4%,不送草鱼的比例是69.6%。送或不送的原因中,"当地有节日吃草鱼的习惯""草鱼个头大,送人有面子""草鱼营养美味,过节大家一起热闹和改善下伙食""当地居民有吃草鱼的习惯"及其他原因(自己养殖、草鱼廉价、个头太大难剖杀等)分别占19.5%、24.1%、31.4%、17.4%和7.6%。可见,饮食习惯和营养美味是年节草鱼消费的主因。送礼草鱼类型以鲜活草鱼为主,其中,活鱼、自己做的腌腊鱼、市场上买的腌腊鱼和其他类型分别占84.4%、10.4%、2.0%和3.2%。

(三)鲜活度是草鱼消费者的主要考虑因素,农贸市场是草鱼的主要消费场所

样本中,被访者购买草鱼时的最主要考虑因素是草鱼的鲜活度,其次为草鱼的价格。其中,把价格、购买是否方便、新鲜度、营养、口味、烹饪是否方便、听鱼贩推荐、是否安全、有无品牌或认证标志、没有特别关心的因素或其他因素作为最主要考虑因素的人分别占18.1%、13.0%、26.8%、7.2%、11.1%、9.2%、1.7%、8.1%、2.8%、1.8%和0.2%。农贸市场是被访者购买草鱼的主要场所,其次为水产专卖店。其中,把大型超市、中型超市、社区小超市和便利店、批发市场、水产专卖店、农贸市场、早市、养殖场、电商平台和其他渠道作为最主要购买渠道的人分别占12.3%、7.0%、3.7%、7.7%、16.3%、33.3%、9.6%、9.0%、0.5%和0.8%。

(四)大部分人没有购买草鱼制品的经历和意愿,农贸市场是草鱼制品的首要购买场所

样本中,家中买过草鱼制品(如草鱼干、草鱼丸、腌制草鱼等)的仅占

25.6%。被访者中,对即食小包装草鱼有消费意愿的仅占 35.3%,对腌制草鱼等半加工草鱼有消费意愿的仅占 36.2%。被访者家庭购买草鱼制品时,把大型超市、中型超市、社区小超市和便利店、批发市场、水产专卖店、农贸市场、早市、养殖场、电商平台和其他渠道作为最主要购买渠道的家庭分别占 18.6%、13.7%、6.6%、11.9%、13.2%、22.8%、4.9%、4.7%、2.4%和1.3%,农贸市场占比较高。

表 7.13 买过或考虑购买草鱼制品的消费者比例

	是否曾经购买过草鱼制品	是否考虑购买即食小包装草鱼	是否考虑购买腌制草鱼等半加工草鱼
是	25.55%	35.7%	36.2%
否	74.45%	64.3%	63.8%

(五) 大部分人认为可以较为便利地买到鲜活草鱼,交通不便和水产市场布局不合理影响草鱼购买便利程度

在购买鲜活草鱼是否便利的问题上,2.5%的被访者认为非常不方便,5.7%认为不方便,67.6%认为方便,24.2%认为非常方便。在购买草鱼不方便和非常不方便的最主要原因方面,"居住地偏远,交通不便"占 30%,"附近买不到活鱼"占 40%,"卖活鱼的市场都被清理了"占 12%,"附近卖的鱼太贵"占12%,其他原因占 6%。可见,大部分人认为可以较为便利地买到鲜活草鱼,交通不便和水产市场布局不合理影响草鱼购买便利程度。

四、餐馆消费草鱼菜肴的主要特征

(一) 家庭仍为草鱼菜肴的主要消费场所,餐馆就餐群体的家庭外草鱼消费频数远远超出其家庭消费频数

样本中,主要在餐馆消费草鱼、主要在家烹饪草鱼和两者差不多(有效数698)的人分别占 30.1%、69.2%和0.7%。餐馆就餐和在家烹饪的比值(有效数494)中位数为 0.5,众数为 0.33,但是平均值为 3,表明虽然主要在家烹饪的被访者较多,但是餐馆就餐群体的餐馆草鱼消费数远远超出其家庭消费数,因此拉高了样本人群在餐馆就餐和在家烹饪的整体比值。在外就餐吃草鱼的次

数方面,4.3%的被访者认为很多,15.0%的被访者认为较多,39.6%的被访者认为一般,27.7%的被访者认为不多,13.4%的被访者认为很少。这与调查后发现的样本人群实际消费情况基本一样。餐馆消费草鱼的主要原因(多选)中,好吃、实惠、有营养和其他水产品太贵分别占 43.5%、53.5%、35.4% 和18.8%。

(二)水煮鱼是朋友聚餐首选草鱼菜品,过半被访者认为与其他水产品相比,草鱼菜品相对便宜

样本中,朋友就餐会选择的草鱼菜品里,水煮鱼是首选。选择水煮鱼、麻辣或香辣火锅鱼、剁椒鱼头、酸汤鱼、醋溜鱼片、酸菜鱼和其他菜品(多选)的被访者分别占 49.7%、1.3%、9.8%、8.0%、6.4%、40.8%和5.7%。在外就餐,被访者能够接受的草鱼菜品的平均价格为 50.96 元/份。一顿饭中水产品菜品的价格在 50 元以下、51—100 元、101—200 元、201—500 元、501—1 000 元和1 001 元以上的分别占 11.6%、50.3%、27.4%、9.9%和 0.9%。认为草鱼菜品相对其他水产品,比较便宜、不贵、有点贵和很贵的被访者分别占 53.3%、31.1%、14.7%和 0.9%。

五、草鱼产品安全关注和认知的主要特征

(一)过半被访者对草鱼质量安全表示放心,主要担心的是渔药残留问题

样本中,对于目前市场上销售的草鱼质量安全状况的放心程度,13.6%的被访者表示非常放心,45.3%的被访者表示比较放心,29.6%的被访者表示一般,10.6%的被访者表示不太放心,1.0%的被访者表示很不放心。对于质量安全状况不放心的原因(多选),40.4%的人是因为新闻报道过一些问题,83.9%的人担心渔药残留,29.8%的人认为流通环节存在问题,5.0%的人认为可能存在其他原因。

(二)过半被访者认为自己知道如何鉴别草鱼健康状况,鱼眼、鱼鳞、鱼身是主要观察对象

样本中,60.4%的人表示自己知道如何鉴别并购买健康的草鱼,39.6%的人认为自己不知道。判断草鱼健康状况(多选)时,44.12%的人会关注鱼眼是

否模糊肿胀,45.78%的人会关注鱼鳞是否脱落、长毛,40.39%的人会关注鱼身是否有溃口出血,26.14%的人会关注鱼鳃是否有白点,23.51%的人会关注鱼肛门是否红肿出血,3.04%的人会关注其他因素。

(三) 大多数被访者愿意购买优质优价的草鱼产品,大水面养殖的草鱼成为优质草鱼首选,优质草鱼认证的真伪影响优质草鱼消费行为

样本中,77.7%的人表示愿意多花钱购买经过绿色食品认证或产地认证的草鱼产品。从已有的反馈来看,不愿意购买的原因(多选)中,32.3%的被访者认为有认证的产品也不一定安全,70.8%的被访者无法辨别认证的真伪,11.2%的被访者表示价格贵,3.1%的被访者认为一般的草鱼都是安全的,没必要多花钱去买经过认证的。在草鱼养殖方式中,大水面养殖的草鱼更受到消费者的信赖。优先选择购买大水面养殖、池塘养殖、稻田养殖和其他方式养殖的草鱼的消费者分别占 65.35%、17.92%、13.04%和 3.69%。

(执笔人:李竣)

第八章
我国大宗淡水鱼养殖的特征、问题及对策

自 1986 年中国确立"以养为主"的渔业发展战略以来,大宗淡水鱼产业在整个渔业生产中的地位越来越重要。目前,我国大宗淡水鱼生产以池塘养殖为主,在打好农业面源污染防治攻坚战的背景下,大水面养殖面临越来越多的约束,推广池塘健康养殖成为推进渔业供给侧结构性改革的重要举措。本章基于 2015 年 10—11 月和 2017 年 9—10 月产业经济研究室从国家大宗淡水鱼产业技术体系内的 30 个综合试验站跟踪获取的养殖户调查数据,从微观视角归纳我国大宗淡水鱼养殖的基本特征和存在的问题,研判养殖主体需求,提出有益于渔户发展和渔业发展的建议。

一、大宗淡水鱼养殖主体的基本特征

2015 年产业经济研究室获取了 268 个纯池塘养殖户调查数据;2017 年获取了 182 个养殖户调查数据,其中纯池塘养殖户 144 个。基于这些养殖户调查资料,从养殖主体、养殖效益、养殖要素三个层面归纳我国大宗淡水鱼养殖主体的基本特征。

(一) 以中等学历的中年男性为主体的专职养殖户是养殖主力军

大宗淡水鱼养殖业从业人员的性别差异非常明显,养鱼事业基本由男性从事。调查显示,养殖户样本中男性占 95.05%,女性占 4.95%。从样本养殖户的受教育水平看,小学及以下、初中、中专或高中、大专及以上的占比分别为 2.8%、34.8%、46.7% 和 15.7%,即 81.5% 的样本养殖户是中等学历,15.7% 的样本养殖户是高等学历。从样本养殖户的年龄看,平均年龄是 47.28 岁,其中 30 岁以下、31—40 岁、41—50 岁、51—60 岁、60 岁以上的养殖户分别占

2.89％、15.61％、47.40％、29.48％和4.62％,即41—60岁年龄段的中年养殖户占76.88％。从养殖户的职业看,专职养鱼的占66.29％,兼职养鱼的占33.71％。进一步分析发现,养殖户的学历和年龄是显著负相关的,初等、中等和高等学历养殖户的平均年龄分别是51.20岁、48.01岁和43.07岁,学历和年龄的皮尔森相关系数是−0.1912且通过5％的统计显著性检验。"谁在养鱼"显而易见:中等学历的中年男性专职养殖户是当前大宗淡水鱼养殖的中坚力量。渔业转型升级需要人才支撑,在养殖环节则需要养殖群体的结构升级和素质提升。因此,现代渔业要求加快培育年轻化、有知识、学习能力强的专业养殖接班人。

(二) 家庭经营规模和成本收益具有明显的水域差异

按是否经营池塘将养殖户分为3组,即纯池塘养殖户、池塘兼营养殖户和非池塘养殖户(主要是湖泊、水库或沟渠养殖户,简称湖库沟渠养殖户)。2017年样本中,3组养殖户的户均经营规模分别为225.54亩、602.92亩和1195.10亩。以水域面积为权重计算各组养殖户的亩均成本收益情况,纯池塘养殖户共135个样本,2016年他们的亩均成本是11404.17元,亩均收入14833.04元,亩均利润3428.87元,成本利润率为30.07％;池塘兼营养殖户共12个样本,亩均成本9602.99元,亩均收入12772.82元,亩均利润3169.83元,成本利润率为33.01％;非池塘养殖户共15个样本,亩均成本936.79元,亩均收入1843.97元,亩均利润907.18元,成本利润率为96.84％。据产业经济研究室2016年10月对160余户稻田养殖户的专题调研数据统计,稻鱼模式养殖户亩均综合成本2391.53元,亩均综合收入3496.86元,亩均利润1105.33元,成本利润率为46.22％。[①] 在三大类养殖水域中,池塘水域的功能主要是养鱼,池塘养殖属于集约化、精细化养殖方式,投入和产出值都高,也因投入基数大导致成本利润率最低。稻田水域的功能是种稻和养鱼"一水两用",投入、产出、成本利润率均居中。湖泊、水库或沟渠的功能以生态保护为主、养鱼为辅,其养殖特点是粗放式"广养薄收",投入和产出都最少,但成本利润率最高。养殖水域功能的差异直接导致了养殖效益的明显差异。

(三) 池塘是主要养殖水域且规模结构呈"两头大中间小"

水域是水产养殖最基础的要素。池塘是大宗淡水鱼养殖的最主要水

[①] 稻田养殖除稻鱼模式外,还有稻虾(小龙虾)、稻鳅、稻鳖、稻蟹模式,据样本统计,后4种模式的成本利润率分别为43.72％、79.01％、77.48％和95.86％。

域。[①] 养鱼对池塘规模没有严格要求,我国各地池塘"小而多"特征相较于湖库沟渠等水域更为明显,因而大宗淡水鱼养殖主体以池塘养殖户居多。按养殖水域划分,2017 年样本中 82.29% 的养殖户是纯池塘养殖,7.43% 的养殖户是池塘兼湖库沟渠等其他水域养殖,10.29% 的养殖户是非池塘养殖。从户均池塘规模看,147 个池塘养殖户的平均规模是 217.95 亩。分组考察池塘规模,发现养殖户的池塘规模呈"两头大中间小"的哑铃型结构,50 亩以下、50—100 亩、100—150 亩、150—200 亩、200—250 亩、250 亩以上的比重分别为 31.85%、22.29%、12.10%、7.64%、2.55% 和 23.57%,即超过半数养殖户的池塘规模在 100 亩以下,这类养殖户主要是小型的家庭渔场养殖户;近四分之一的养殖户规模在 250 亩以上,组内平均规模达到 666.24 亩,这类养殖户以公司化养殖主体居多。养殖户的池塘规模结构反映出当前我国池塘养殖仍以传统小规模养殖户为主,但公司化的规模养殖主体已成为一股重要力量。

(四) 要素投入两大特征是饲料最费钱和捕捞最耗工

从资金需求看,82.29% 的养殖户认为淡水鱼养殖中资金需求最大的是购买饲料。由于养殖成本具有非常明显的水域差异性,考察养殖户的养殖成本结构需要聚焦同类型养殖水域。因多数养殖户没有记账习惯,2017 年样本中完整填写了成本明细项的纯池塘养殖户只有 58 户,样本量虽然不多,但仍可基本反映出大宗淡水鱼池塘养殖的成本结构。表 8.1 显示,不计算池塘改造等重大工程成本,池塘养殖的常规成本是 9 849.24 元/亩,其中饲料费和苗种费分别是 6 218.74 元/亩和 2 053.28 元/亩,分别占总成本的 63.14% 和 20.85%,二者合计占养殖总成本的 83.99%。淡水鱼池塘养殖中,占用资金最多的是饲料费,其后依次是苗种费、池塘租金、水电费、雇工费、家庭用工折算、肥料费、病害防治费和清塘消毒费。当饲料价格运行平稳时,降低池塘养殖成本的重要方向是提高饲料利用效率和降低饵料系数。从劳动力需求看,池塘养殖户中52.78% 的人认为最费劳动力的环节是捕捞,其次才是养殖巡塘(23.89% 的养殖户认为该环节最费劳动力),但仍有少数养殖户认为最费劳动力的是沟渠建设、清除杂草等环节。捕捞活动对劳动力的需求量较大、时间短且集中,养殖户完全可以通过雇佣捕捞组织去完成捕捞活动以解决自家劳动力不足的问题,而这也是各地相继涌现专业捕捞组织的主要诱因。

[①] 据统计,2016 年中国淡水养殖面积 6 179.6 千公顷,其中池塘养殖面积 2 762.6 千公顷,占比44.71%,远高于其他养殖水域所占比重。由于大宗淡水鱼在实际生产中多为混养,在统计项目中没有直接的大宗淡水鱼养殖面积数据,根据大宗淡水鱼产量占淡水养殖产量的 77.59% 这一数据,间接推测池塘是大宗淡水鱼养殖的最主要水域。

表 8.1　纯池塘养殖户的养殖成本结构　　　　　　　　　　（单位:元/亩、%）

项目	池塘流转费	清塘消毒费	苗种费	肥料费	饲料费	病害防治费	水电费	家庭用工折算	雇工费	其他	总成本
数值	381.88	100.21	2053.28	130.75	6218.74	100.23	302.31	184.15	290.65	87.04	9849.24
比例	3.88	1.02	20.85	1.33	63.14	1.02	3.07	1.87	2.95	0.88	100.00
排序	3	9	2	7	1	8	4	6	5	10	

注:本表根据调研数据整理

二、大宗淡水鱼养殖存在的主要问题

淡水养殖在我国有着数千年历史,而大宗淡水鱼养殖在整个水产养殖中占有非常重要的地位,特别是在 1986 年确立"以养为主"的发展战略后,大宗淡水鱼养殖取得了令人瞩目的成就,但其存在的问题在渔业转型升级过程中也日益暴露出来。

(一) 养殖品种优化、技术培训和市场信息服务供需缺口大

大宗淡水鱼产业的养殖风险和市场风险比较高,养殖户对从养殖到销售全过程相关服务都有着非常高的需求。2017 年样本中,有病害防治服务需求的养殖户占 70.79%,有技术培训需求的占 95.51%,有市场价格信息服务需求的占 73.03%,同时对 3 种服务都有需求的占 53.93%。这反映出超过半数养殖户从产到销的自我服务能力不足。就优化养殖品种而言,82.78%的养殖户需要更新优化品种,他们选择养殖品种时优先考虑的因素是"快大高产"(占75.98%)、易出售(占 74.86%)、抗病力强(占 72.63%)、符合当地水土气候条件(占 69.27%),然后才是饲料转化率高(占 51.96%)、养殖成本低(占45.25%)和易捕捞(占 34.64%)。具体到技术培训内容,在 170 个有技术培训需求的养殖户中,属于第一层次需求的技术包括病害防控(占 80.59%)、水质调节(占 70.00%)、养殖管理(占 61.18%)和科学投喂(占 57.65%),这 4 类技术的共性是养殖户平时使用比较频繁、和养殖效益关系最为直接且显性;属于第二层次需求的技术包括苗种培育(占 45.29%)、污水减排(占 37.65%)、品种改良(占 27.06%)和沟渠建设(占 18.24%),这 4 类技术具有公共品或准公共品属性,与养殖效益的关系并不直接或显性,因而养殖户对其有需求,但迫切性和强度低于第一层次需求。

从供给侧角度看,大宗淡水鱼优质种苗供应不足,种质混杂退化,良种覆盖率低[1],青鱼、草鱼、鳙鱼都没有人工选育的良种,鲤鱼、鲫鱼、鳊鲂虽有良种但高产抗病新品种极少[2]。一些地方仍是传统养殖品种占主导地位,部分地区的养殖户自繁苗种,但育种不专业导致种间或种群间杂交和近亲交配,鱼的生长优势逐渐丧失甚至出现逆反并造成巨大经济损失。养殖技术培训出现重理论轻实践、接地气的实用技术少、培训内容不能紧扣养殖户需求、培训方式不灵活等问题,导致养殖户的培训参与度较低。此外,养殖户获取市场信息主要依靠自身渠道,如通过电脑和手机浏览信息平台、电视广播、电话问询鱼贩子、养殖户之间互通信息等方式了解最新市场行情。但信息滞后时有发生且区域市场信息的精确性不高,区域内的养殖情况和存塘压塘信息难以获取,信息搜寻低效,等等,这些都影响了养殖户的经营决策,导致养鱼增收有时要靠碰运气。总体而言,养殖户在品种优化、技术培训和信息服务方面的需求得不到满足,供不应求或供需结构性失衡都影响着渔业转型升级和渔户增收。

(二) 水资源约束趋紧,但调节水质仍偏重补新水及粗放处理废水

我国大宗淡水鱼的产量主要来自池塘养殖,而池塘改善水质的传统方式是换水。据估算,全国淡水池塘每年用水量达到 1 518.6 亿立方米,占全国淡水资源总量的 5.4%[3],在水资源趋紧的大背景下池塘养殖面临越来越大的用水约束。据样本调查,2013 年有 32.31% 的养殖户曾遇到水源短缺的情况,这一比例在 2015 年上升到 34.60%。2017 年,87.36% 的养殖户在养殖过程中需不断补水,需补水的养殖户大部分是池塘养殖户,养殖用水来源的排序依次是河湖沟渠、地下水、雨水、水库水。与 2013 年相比,地下水的排序从第 4 位上升到第 2 位,抽取地下水已成为河湖沟渠养殖用水不足时的最主要补充方式。在一些干旱半干旱地区,如新疆昌吉市的水产养殖 95% 以上为池塘养殖,其养殖水源几乎全部来自地下水。

大宗淡水鱼养殖一方面面临日益收紧的水源约束,另一方面是养殖户调节水质和处理养殖废水的方式粗放。水质对于淡水鱼养殖具有至关重要的影响[4],高密度养殖造成了严重的水污染,倒逼养殖户调节水质[5][6]。样本调查显

① 刘景景,张静宜,袁航. 淡水鱼养殖成本收益调查与分析[J]. 中国渔业经济,2017(1):18—27.
② 陈洁,刘景景. 2014 年度大宗淡水鱼产业发展趋势与建议[J]. 科学养鱼,2014(1):81—84.
③ 戈贤平. 我国大宗淡水鱼产业现状与发展方向[J]. 渔业致富指南,2013(14):17—21.
④ 张军英,戴云燕. 淡水鱼养殖对水质的要求及生产管理[J]. 中国畜牧兽医文摘,2016(2):71.
⑤ 程俊. 浅论淡水鱼养殖对水质的要求及生产管理要点[J]. 农技服务,2016(11):138.
⑥ 杨雪,张汉邦. 浅谈淡水鱼养殖水质调节的方法[J]. 山西农经,2017(7):72.

示,89.01%的养殖户使用一种或多种方法调节水质,其中73.46%的养殖户使用过微生态制剂,70.37%的养殖户采用加注新水方式,其次是培养水生植物、泼洒生石灰、使用增氧剂、混养鲢鳙鱼等。近年来养殖户逐渐采用生态方法去调节水质,但加注新水仍是最为重要的选择之一,尤其是塘内水环境较差时,养殖户大多直接排放旧水换新水。池塘养殖废水直接排放到鱼塘周边,废水中的氮和磷含量超标,因而影响土质环境[①]。样本养殖户中养殖废水直接排出塘口的占51.98%,处理后循环利用的占22.60%,未处理继续使用的占25.42%。总体上,样本养殖户调节水质和处理废水的方式仍然十分粗放。

(三)水产养殖高度依赖饲料投喂,但水产饲料产业发展滞后、投饲技术不足

除了因作为饮用水源保护地而开展洁水养殖的部分水库、湖泊和开展生态养殖的少数水域外,池塘等多数水域的养殖都高度依赖饲料投喂。2017年的养殖户样本调查显示,82.32%的养殖户以人工投喂饲料为主,辅以天然饵料;10.50%的养殖户以天然饵料为主,适量地人工投喂饲料;仅7.18%的养殖户完全依靠天然饵料,这类养殖户主要是在水库、湖泊和稻田进行生态养殖。我国水产配合饲料产量从1991年的75万吨提高到2016年的1904万吨,25年间增加了24倍多,增速远高于同期淡水产品养殖产量,这种高增速很重要的原因是饲料产量基数太低。2010—2016年,我国淡水产品养殖产量从2347万吨增加到3179万吨,增长35.49%,年均增长5.19%,而同期水产配合饲料产量从1474万吨增加到1904万吨,增长29.21%,年均增长4.36%。可以说,"十二五"以来我国水产饲料产业发展仍相对滞后。2016年我国青鱼、草鱼、鲤鱼、鲫鱼和鳊鱼产量共1386万吨[②],按饵料系数1.5估算,需饲料2079万吨,而当年水产配合饲料产量是1904万吨,这说明国内水产饲料供给连大宗淡水鱼养殖的饲料需求都难以满足。此外,我国每年大约有3000万吨淡水养殖产品作为饲料原料(即原料鱼)被投喂给了其他肉食性鱼鳖等,粗放的投喂方式不仅浪费资源,还对环境造成影响。

从养殖户层面看,2015年的养殖户样本中,自配饲料的养殖户仅占4.10%,绝大多数养殖户都是外购饲料。价格偏贵是水产饲料最突出的问题,86.38%的人认为饲料价格偏贵,58.37%的人认为饲料性价比不高,27.63%的人认为饲料的专用性不强。样本养殖户中86.64%的人接受过饲料投喂技术

---

① 吕兰兵.新时期淡水鱼产业发展现状与对策分析[J].农技服务,2016(7):102,123.

② 鲢鳙鱼以滤食为主,当池塘中浮游生物较多时,不用喂食也可以长得很好。

培训,且 75.25% 的受训者认为效果较好,但养殖户的饲料投喂技术仍显不足。在投喂饲料的过程中,仅 9.96% 的人认为不存在技术问题,54.18% 的人认为饲料利用率不高,29.08% 的人在气温发生变化或出现鱼病时掌握不好投喂时间,3.59% 的人存在投喂机械功率小导致投喂范围小的问题。92.34% 的养殖户需要精确投喂技术的指导或培训服务。目前,饲料投喂技术培训基本是由当地水产技术推广部门提供,饲料公司、合作社和养殖大户提供相关培训服务的较少,存在着养殖户饲料投喂技术需求多样化和饲料投喂技术培训供给单一的矛盾。

(四)病害严重导致滥用渔药,但疫病防治和识药用药知识欠缺

随着池塘养殖密度提高和饲料投喂量加大,池塘水体环境容易恶化,大宗淡水鱼养殖面临的细菌性鱼病、病毒性鱼病和寄生虫等病害威胁越来越大。据统计,淡水养殖鱼类的病害种类多达 100 余种[①]。2016 年全国受病害影响的水产养殖面积达 14.02 万公顷,因病害造成水产品损失 24.80 万吨、损失金额 27.40 亿元[②]。根据 2017 年调查,81.32% 的养殖户出现过死鱼现象,其中水质不好是最主要原因。调查中选择水质不好、溶氧不够、养殖密度过高、喂养技术掌握不好、温度变化大的养殖户比例分别为 51.35%、37.84%、25.00%、22.30% 和 20.27%,选择苗种质量差、饲料质量差和滥用抗生素的比例分别为 7.43%、2.03% 和 1.35%。病害严重导致养殖户滥用渔药。养殖户中 93.96% 的人使用过渔药,43.62% 的人认为水产养殖依赖抗生素,并且 10.32% 的人在养鱼过程中经常使用抗生素。滥用渔药不仅使病原体产生耐药性,更为严重的是造成药物残留和危害养殖鱼类健康,严重影响水产品质量安全。

滥用渔药实际上反映出养殖户欠缺识药用药知识和渔药使用技术培训不足。样本调查显示,养殖户使用渔药时,有详细用药记录、简单记录和没有记录的比例分别为 42.52%、50.39% 和 7.09%;对禁用渔药非常了解、了解一些、听说过但不了解的比例分别为 61.02%、34.25% 和 4.72%;对渔药使用后有休药期规定非常了解、了解一些、听说过但不了解、不知道的比例分别为 57.48%、31.10%、9.45% 和 1.97%。在渔药使用技术获取方面,使用大宗淡水鱼产业技术体系研发药品和疫苗的养殖户,有 68.23% 的人获得过体系相关岗位提供的用药培训,尚有 31.77% 的人没有获得专门指导。87.71% 的养殖户认为体系推广的新疫苗或微生物制剂是有效果的,但他们在使用过程中也遇到一些问

① 戈贤平. 我国大宗淡水鱼产业现状与发展方向[J]. 渔业致富指南,2013(14):17—21.
② 数据来源:《2017 中国渔业统计年鉴》。

题,如 27.93% 的人不知道应该在何时使用,50.84% 的人掌握不好用量。调查中需要水产养殖疾病预防、用药技术、真假渔药识别、药品功能介绍等知识培训的养殖户比例分别为 85.38%、78.36%、53.80% 和 46.78%。养殖户识药用药知识欠缺恰恰反映出渔药使用技术培训的有效供给不足。

(五)池塘简陋老化亟待改造,电力供应和道路设施需升级换代

我国淡水养殖的池塘多数建于 20 世纪 80 年代中期至 90 年代,1984—2000 年淡水养殖池塘面积从 1 096.8 千公顷增加到 2 220.0 千公顷,16 年间新增 1 123.2 千公顷,增长 102.41%;到 2016 年,淡水养殖池塘面积达到 2 762.6 千公顷,这 16 年里新增 542.6 千公顷,增长 24.44%。21 世纪以前修建的池塘基本沿袭了传统养殖方式的结构和布局,建设标准低,配套设施少,功能不完善,很多池塘作为鱼类生长的"容器"只有简陋的进排水口。调查中发现,池塘有水源处理设施的养殖户占 14.45%,有排放水处理设施的占 28.52%。由于运行时间长且得不到应有的维护,池塘的进排水口堵塞、池埂垮塌、塘底淤积、保水性差等问题日益严重。样本显示,2015 年池塘严重老化的养殖户占 16.42%,老化不太严重的达 52.61%,轻微老化但不影响使用的占 30.97%。总体上,多数池塘因设施落后、功能缺失和陈旧老化而制约了传统渔业的现代化转型。

老化池塘亟需改造。据 2017 年产业经济研究室的调查,养殖户在渔业设施建设上遇到的最突出问题是沟汊塘老化改造,75.15% 的养殖户需要改造老化池塘,但部分养殖户又缺少沟汊塘改造技术,例如有 40.34% 的养殖户需要专家提供沟汊塘改造技术。在池塘养殖的配套设施保障上,道路条件差是很大的痛点,41.82% 的养殖户都面临池塘道路差的问题。由于村庄建设规划滞后,进出池塘的主干道路较为狭窄,路面无硬化,能让大型运输车停靠的塘口非常少,养殖户需要组织小型拖拉机摆渡甚至人力担抬才能将鱼从塘口装上鱼车。电力供应难保障是另一个痛点,33.94% 的养殖户受电力供应不足困扰。池塘电力供应不稳时有发生,而且很多池塘没有安装变压器,致使渔业用电线路过长,电线年代久远导致经常断电,既影响增氧机、抽水机等渔业机械的使用,又存在安全隐患。

三、促进大宗淡水鱼养殖业健康发展的建议

结合当前我国大宗淡水鱼养殖的基本特征和存在的主要问题,为促进大宗

淡水鱼养殖业持续健康发展,加快其现代化转型进程,推进渔业供给侧结构性改革,需要重点从以下几方面发力。

（一）注重培育新型渔业经营主体

新型渔业经营主体是实现渔业现代化的重要组织载体[1],应对淡水鱼养殖户老龄化的趋势,培育新型渔业经营主体的着力点应侧重两个方面:一是稳定既有主体,通过渔业机械替代劳动力和加强技术培训及指导的方式延缓老龄养殖户退出养殖领域的过程,同时鼓励发展渔业经营性社会化服务组织,以外购服务补充养殖户自我服务的不足;二是培育新生力量,注重培育一批年轻化、专业化的经营主体,特别是引进懂养殖、懂市场、善管理的专业技术人才,优化渔业人才队伍梯队结构。在分工分业深化的大背景下,不管是从哪个着力点去发力,都需要把握住一点:转变传统的淡水鱼养殖方式需要适度规模经营,包括经营水域的规模化和社会服务的规模化。因此,培育新型渔业经营主体,一方面应进一步消除各类主体跨区承包养殖水域的制度性障碍,促进养殖水域流向渔业合作社、渔业企业、养殖大户、家庭渔场等新型主体,引导不同类型主体加强联合与合作;另一方面应大力发展专业化服务组织,如专业捕捞队、种苗防疫队等,在养殖户无法自我服务或不划算的环节提供专业服务。

（二）完善水产科技和信息服务体系

大宗淡水鱼养殖产业已进入微利阶段,其转型升级需要以市场需求为导向,坚持科技兴渔和信息兴渔。良种培育应围绕消费者对鱼类的肉质口感需求和养殖户省劳力、少病害、"快大高产"的养殖需求,找到供需最佳平衡点,通过改良品种生长特性和引进新品种去调整地区养殖品种结构,将良种繁育提升到同步实现种源优化和水产品市场调节双重目标的高度。根据地区水土和气候环境、养殖传统、市场销路等因素因地制宜、分地区分品种支持良种繁育基地和良种推广工作。加速推进水产饲料产业发展,加强水产饲料营养研究,重点攻克饲料精确投喂模式及技术,提高饲料利用率和降低水体环境污染。加大养殖专业技术培训力度,通过举办培训班、现场讲座、送科技下乡等形式为养殖户传授实用技术,加快本地技术人员的知识更新培训。围绕健康绿色养殖、机械化养殖等重点领域加强养殖技术的研发与集成示范推广。鼓励各类养殖主体联合组建横向组织,整合产业链各环节主体创建纵向联盟,同时在横向和纵向上

---

[1] 赵蕾,孙慧武.水产品价值链视角下的新型渔业经营主体发展研究[J].中国海洋大学学报(社会科学版),2017(6):50—55.

促进各主体之间互通信息,提升供求沟通效率,避免盲目养殖。把握"互联网+"的发展契机,由政府建设集种苗生产、水产品供求、气象预测、政策法规等信息于一体的网络平台,通过培训指导养殖户通过多种途径跨越信息鸿沟,以便养殖户能更好地作出经营决策。

(三)加强渔药开发和病害监测预警

调查时,仍存在养殖户在淡水池塘养殖生产过程中滥用渔药,特别是违规使用抗生素、激素类药物和高残留化学药物的现象,同时又因为缺少在功效和价格方面与水产禁用药品相近的替代品,养殖户遇到需要使用禁用药的病害时处于无药可用的困境。对此需要不断加强渔药研发,重点支持水产院校、体系病害防控研究室、渔药企业等单位研发疫苗和禁用渔药的替代产品。大宗淡水鱼产业技术体系一方面应加强有效且价格低廉的疫苗和渔药研发,另一方面应加大疫苗和渔药的使用技术培训及推广示范力度,切实做到让养殖户有药可用和用得起药。在渔药研发推广方面,政府需要做好三件事:一是对渔药研发从资金保障上建立长效支持机制,从体制机制上提升研发成果的转化效率;二是支持农技推广部门和各类有能力的经营主体为养殖户提供系统的用药知识技能培训,包括常见病害预防知识、渔药识别和功能介绍、渔药使用技术等;三是加强渔药生产流通监管工作,成立专门机构查处假冒伪劣渔药,确保渔药质量。同时,政府还应加快健全渔业疫病防控体系建设,对重大疫病加强监测和预警,在网络平台上及时发布各地区疫病防治信息并提供用药指导。

(四)推广普及洁水和节水健康养殖

当前大水面养殖受到的管制约束越来越强,生态健康的洁水养殖必然会成为水产养殖业发展的核心方向,其根本举措在于预防为主、管治结合的"防管治"三位一体。"防"需要开发并推广普及健康养殖模式,如池塘循环流水养殖模式、稻鱼复合生态养殖模式、池塘鱼菜共生模式等,但健康养殖模式要具备成本低和可行性强的特点,否则就只能是理论创新和个别特例却无推广实用价值;需要加快创新生物浮床池塘原位净化技术,加快研发调节水质的制剂和渔机具;引导养殖户树立生态养殖观念,适度投放鱼苗并选用优质饲料进行科学投喂,以减轻饲料对水体的污染,严格要求养殖户对养殖废水处理达标后再排放。"管"需要建立养殖水质信息采集与监测体系,各地区设置水样监测点和传感器,由样本养殖户定期上报和相关部门不定期抽检相结合,构建从点到面的区域水域生态环境动态监测网络,防止污染事件发生。"治"需要继续加大养殖面源污染治理专项资金的投入,加大对水域污染行为的惩罚力度。面对日益短缺的水资源,大力发展节水养殖是必然趋势和唯一出路①。节水养殖一方面应高度重视高效节水养殖技术的推广应用,另一方面应立足区域资源禀赋,推动水产养殖业向地表水资源丰富、养殖空间大的地区集聚,干旱地区应严防过度养殖并根据资源环境承载力调整养殖规模。

(五) 加快池塘改造和完善配套设施

政府应继续加大对标准化池塘改造的投入力度,以精养池塘升级改造工程为突破口,适当降低池塘改造项目申报"门槛"和提高补贴标准,探索"以奖代补"方式,以财政资金撬动养殖户投入更多的池塘改造资金。按照"集中连片、分段实施"的原则,将池塘改造纳入各级农田水利工程项目中统一组织实施,项目资金由中央财政和省级财政提供,逐步取消项目县安排配套资金的制度设计。在稳定池塘承包关系的基础上适当延长池塘承包期,给予养殖户稳定的池塘投资预期,鼓励养殖户自主参与池塘改造。此外,要实现淡水养殖业的转型升级,还必须要改造与之不配套的生产设施,配套完善水、电、路、养殖机械设备、监(检)测仪器设备、越冬设施、进排水系统、养殖废水预处理设施等基础设施建设,全面提高池塘质量和设施保障水平。

---

① 杨慕,张清靖,贾成霞等. 北京节水渔业发展的现状及建议[J]. 中国水产,2017(11):107—109.

第九章
我国淡水产品加工业的现状、问题及发展思路

　　提升水产品加工环节综合实力是延伸我国渔业产业链、提升价值链、打造供应链的必然选择,对建立健全现代渔业产业体系具有重要意义。水产品加工是提高水产品综合效益和附加值的重要途径,低值水产品通过加工可以提高附加值和综合利用率,优质水产品通过加工可以进一步提质增效。目前,我国淡水产品加工已形成包括鱼糜制品、调味制品、罐装和软包装、干制品、冷冻制品和保鲜制品、鱼粉、鱼皮制革及工艺品等在内的现代化加工体系。未来,通过工艺流程升级、产品升级、产业功能升级和产业链升级等方式,我国淡水产品加工还将进一步转型发展。2019年10月,产业经济研究室依托国家大宗淡水鱼产业技术体系8个综合试验站开展调查,获得广东、湖北、湖南、浙江、新疆5个省份20个草鱼加工主体的调查数据。本章结合统计数据、调研数据和案例,对近10年我国淡水加工业的现状、问题和下一步发展思路进行分析。

一、我国水产加工业和淡水产品加工业发展现状及特征

　　水产加工业是渔业产业链承上启下的关键环节,水产品加工不仅从总量上带动了渔业产值增长,还从结构上优化了行业产品供给。2019年,我国水产加工业运行基本平稳,水产品加工企业主营业务收入稳步提升,产业转型升级和重构步伐加速,全年水产品加工总量为2171万吨,同比增长0.68%。结合历年《中国渔业统计年鉴》数据来看,我国水产加工业和淡水产品加工业具有以下发展特征。

（一）水产品加工企业数量逐渐减少、区域趋于集中

20世纪90年代以来,我国水产加工企业蓬勃发展。统计数据显示,自2009年以来,我国水产品加工企业发展呈现先增长后减少趋势。2009年,全国有水产加工企业9635家,后增加至2015年的9892家,2015年以后,水产加工企业发展总体呈现逐年递减趋势。2019年,我国水产加工企业数量为9323家,较上年减少13家。在全国的水产加工企业中,规模以上加工企业的数量比例约为30%,水产加工业的规模化经营仍待加强,小企业普遍存在。

水产加工企业的分布受地理位置、自然资源等多方面因素的影响,区域分布较为集中,在沿海地区建厂的情况较为普遍,主要集中在浙江、山东、福建、广东、江苏等东南沿海一带,而山西、宁夏、青海等西北内陆地区鲜有涉及。

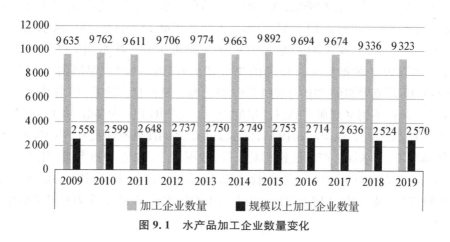

图9.1　水产品加工企业数量变化

（二）水产品加工能力总体提升,冷库冻结能力增强

随着科技发展、技术普遍应用,水产加工企业的加工能力整体呈上升趋势,并在2017年达到近10年来的发展顶峰。截至2019年底,我国水产加工能力为2888.20万吨/年。从具体数值来看,2009年国内水产加工企业的水产品加工能力为2209.17万吨/年,经过多年积淀发展,2017年水产品加工能力达到2926.23万吨/年,比2009年加工能力提升717.06万吨/年。从整体变化趋势不难看出,国内水产加工能力一直保持稳定增长,2014—2015年,水产加工能力出现短暂下降,加工能力降低36.91万吨/年,降幅为1.3%,随后在2015—2017年,水产加工能力恢复平稳增长。未来,随着科技进步,水产加工企业的加工能力还会再上新台阶。

在企业数量总体下降的同时,我国水产品冷库数量呈总体下降趋势,冷库冻结能力逐年提升。数据显示,自2009年以来,我国水产品冷库数量先增长后减少,由7 548座升至2013年的9 046座,随后呈现递减趋势。2015—2019年,我国水产品冷库数量从8 654座降至8 056座;冷库冻结能力从2015年的91.92万吨/日提升至2019年的93.05万吨/日,呈现上升态势。

(三)产品结构微调整,淡水加工产品比例有所增加

随着水产品产量增加、加工技术进步和消费者习惯的变化,2009—2019年间,用于加工的水产品总量不断增加。全国水产品加工总量自2009年起,每年保持较为稳定的增长速度,由2009年的1 477.33万吨增长到2019年的2 171.41万吨。水产加工品分为淡水加工产品和海水加工产品两类,与全国水产加工品总量的增长相类似,淡水加工产品和海水加工产品也同样呈现每年递增的发展态势,截至2019年底,海水加工产品产量1 776.09万吨,淡水加工产品产量395.32万吨,同比分别增长0.06%和3.53%。淡水加工产品由2009年的227.93万吨增长至2019年的395.32万吨,海水加工产品则由2009年的1 249.40万吨增加至2019年的1 776.09万吨。从产量占比看,10年内淡水加工产品产量不到水产加工品总产量的20%,水产加工品大多数为海水加工产品,占比高达80%以上。2019年,淡水加工产品的比例有所提升,由15.4%变为18.2%,海水加工产品比例相对下降,数据显示,截至2019年底,用于加工的水产品总量2 649.96万吨,同比下降0.13%。其中,用于加工的海水产品2 091.79万吨,同比下降0.34%,用于加工的淡水产品558.17万吨,同比增长0.68%。

(四)电商销售普及率较高,已成为大宗淡水鱼加工主体新型销售渠道

根据产业经济研究室2019年的调查,截至2018年,已有76.47%的草鱼加工主体将自己的部分产品通过电商渠道销售,草鱼加工主体的电商销售普及率较高。具体来看,淘宝、京东、拼多多是草鱼加工主体主要选择的电商销售平台。对于没有进行电商销售的草鱼加工主体而言,水产品标准化程度低、物流难以满足水产品电子商务要求是其未进行电商销售的主要原因。总体看,68.75%的草鱼加工主体认为电子商务的发展对企业原有销售渠道有影响。

图9.2展示了影响水产品电子商务快速发展的各种因素,可以看到,水产品物流条件和水产品标准化程度是制约水产品电子商务快速发展的最主要原因,分别有71.43%和64.29%的草鱼加工主体认为水产品物流条件和水产品

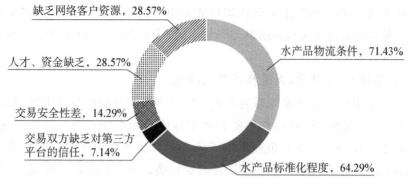

缺乏网络客户资源，28.57%

人才、资金缺乏，28.57%

交易安全性差，14.29%

交易双方缺乏对第三方
平台的信任，7.14%

水产品物流条件，71.43%

水产品标准化程度，64.29%

图 9.2　影响水产品电子商务快速发展的因素

标准化程度影响水产品电子商务快速发展，这需要国家在宏观层面出台相应政策予以支持。除此之外，还分别有 28.57% 的草鱼加工主体认为缺乏人才、资金和网络客户资源影响水产品电子商务快速发展，这是草鱼加工主体的自身原因，要靠其自身加大对人才的吸引和拓宽网络客户资源。分别有 14.29% 和 7.14% 的草鱼加工主体认为交易安全性差和交易双方缺乏对第三方平台的信任影响水产品电子商务快速发展，针对这两个影响因素，需要政府部门加大对电商交易安全性的监督和宣传教育。

二、我国淡水加工业的相关进展与成效分析

近 10 年来，我国水产加工业进入转型发展时期，行业呈现出企业数量减少但行业集中度提高；冷链替代鲜活，冷冻加工品比重提高；海水产品加工比重降低，淡水产品加工比重提高等特征。为适应产业发展新要求，应对市场新挑战，大宗淡水鱼产业技术体系（以下简称"体系"）以科技为引领，促进大宗淡水鱼加工企业改革创新，走出了一条提质增效之路。

（一）主要进展与成效

1. 强研发、创品牌，促进产业转型升级

体系协同加工企业研发先进的加工技术，破解了淡水鱼加工领域中的传统难题，开创了有核心竞争力的品牌产品，实现了产业的转型升级。如体系综合试验站广东省中山食品水产进出口集团有限公司，以脆肉鲩这一特色品种作为传统产业转型升级的切入点，运用国际先进的微冻技术以及全去骨技术进行深度加工，仅围绕脆肉鲩的养殖、加工、包装，该企业就申请了 11 项专利，破解了

传统淡水加工品无法进超市、无法出口欧美市场的难题。其研究成果"草鱼品质提升及养殖减排关键技术研发与产业化应用"于2017年11月荣获广东省科技进步二等奖。

2. 推技术、重协作，促进生产节能降耗

大宗淡水鱼产业技术体系为产业发展提供全面系统的技术支撑，推进产学研相结合，为推动产业结构调整和转型升级作出重要贡献。在加工环节，湖北省水产领域国家龙头企业采用了体系即食淡水鱼风味食品工业化生产技术，从2010年开始使用，不需要缴纳专利费，2015年改进了腌制、干燥和灭菌工序设备，建成新的生产线，新生产线共投资1500余万元。在采用新技术时，企业需要调整生产工艺流程，也需要对人员进行培训，但由于采用了岗位专家的技术，熊善柏教授免费培训公司技术人员。企业认为该技术应用显著提高了生产效率，显著提高了产品质量，与市场上相似技术相比，产业技术体系的技术更为稳定，技术的后续保障和服务更好，使用该技术后，企业的原料利用率提高了5%，节约用水10%，且不产生盐卤等废水，能够降低能耗8%。

3. 重示范、重服务，促进企业提质增效

围绕大宗淡水鱼加工技术的示范推广，体系协助华大（镇江）水产科技产业有限公司开展美味休闲水产食品和方便菜肴水产食品开发与产业化建设，建成冷冻水产品生产线一条并投产销售，包含隧道式液氮速冻机、低温液体储罐等高值设备；协助江苏麦克诺菲生物科技有限公司开展新型液体急冻技术研究；为江西省水投生态渔业发展有限公司制订年产2万4千吨淡水鱼制品的加工生产线实施方案，对冷冻鳙鱼头、"三去"冻品、鱼糜制品、干制品4类产品进行生产工艺论证和生产线设备选型，对加工车间进行生产工艺与车间布置，合作进行淡水鱼加工厂建设。除此之外，体系还注重为淡水鱼加工企业提供技术服务，针对企业出现的问题提出切实可行的建议和措施方案。如针对华文食品有限公司提出的休闲鱼制品加工过程中油炸用油使用周期短、用油成本高等问题开展研究，通过改变用油配方提高油的稳定性，有效延长了油炸油使用寿命，降低了生产成本；针对华大（镇江）水产科技产业有限公司液氮冻结鱼产品开裂问题，采用液体急冻技术，降低成本的同时有效改善了产品质量；针对大湖水产食品有限公司的常温风味休闲水产品质量提升和改变包装后保质期短的问题进行研究，通过进一步优化预处理工艺、热杀菌工艺，改善包装材质和形式，有效提升了产品风味和口感，并实现常温储藏，保质期达3个月以上，极大地促进了企业生产的提质增效。

(二) 广东省水产加工业发展典型经验

广东省中山食品水产进出口集团有限公司(以下简称"中山水出集团")创建于 1955 年,1998 年转制为混合所有制企业,是一家集科研、养殖、深加工、储存、运输、品牌连锁销售、"互联网＋"新业态为一体的综合外贸集团企业,同时也是国家级农业产业化重点龙头企业。集团主营水产品进出口及国内销售,从事机电设备、轻工业产品、食品等商品的进出口贸易和服务。中山水出集团是中国外贸协会副会长单位、中国食土畜商会副会长单位、广东省供港澳鲜活商品协会会长单位、中山市外贸企业协会会长单位。

1. 强研发,促进产业转型升级

中山水出集团有针对性地加强与科研院所和企业间的合作,重视淡水加工亟需的鱼类品种提纯、肉类深加工技术、精深加工仪器设备开发技术、副产物综合利用技术等关键技术的转化,有意识地培养创新型人才、高端管理人才等。2011 年,中山水出集团加入国家大宗淡水鱼产业技术体系专项建设,成为综合试验站,集团以脆肉鲩这一特色产品作为传统产业转型升级的切入点,运用国际先进的微冻技术以及全去骨技术进行深度加工,仅围绕脆肉鲩的养殖、加工、包装,中山水出集团就申请了 11 项专利,破解了传统水产品无法进超市、无法出口欧美市场的难题。其研究成果"草鱼品质提升及养殖减排关键技术研发与产业化应用"于 2017 年 11 月荣获广东省科技进步二等奖。

2. 提效率,保障产品质量安全

中山水出集团通过生产设备更新、创新,不断提高劳动生产效率。企业定制开发了智能自动装罐机、自动贴标机等设备,大大提升了生产效率,有效减少了用工,目前普通工人比例已降到 58％,生产经营成本明显降低。从集团新旧罐头厂的加工能力可以看出,通过更新空罐生产线、装罐生产线、卧式杀菌缸等设备,大大提高了生产效率。例如,空罐生产线工作能力由每分钟 70 罐提升到每分钟 140 罐,装罐生产线工作能力由每分钟 120 罐提升到每分钟 240 罐,加工能力均实现翻番;卧式杀菌缸由每缸 3 000 罐提高到 4 500 罐,能力提高50％。此外,中山水出集团建立了完善、科学、现代化的检测监控体系,实现了从池塘到餐桌的全程质量监控。企业对水产品生产环境、规格、尺寸,以及水产品微生物含量都有严格规定。企业对入场原料一般要进行感官检查,观察鱼的色泽、形态、规格等,进行药物残留检测,包括孔雀石绿、铝镁、硝基呋喃类、沙星类等,进行微生物检测,如细菌总数、大肠菌群、沙门氏菌、金黄色葡萄球菌等。通过防治水质污染、改良饲料配方、改善鱼肉品质等科研课题的攻关,使宝平牌淡水鱼得到消费者"肉质结实、味道鲜美、安全放心"的赞誉。集团现有淡水鱼绿色食品生产基地,绿色食品认证过程严格,为水产行业中获得此证的少数企业之一。在中山、珠海、江门等地区设有 6 个配套的养殖基地,养殖面积 8 000多亩。2005 年宝平牌淡水鱼通过 ISO9001 认证、HACCP 认证和欧盟认证。

3. 创品牌,扩大企业销售市场

中山水出集团十分注重品牌建设,创立了淡水鱼品牌——宝平鱼。集团还形成了连锁专卖网,进一步创立了宝和牌、溢鲜牌等广东省著名商标品牌,成为四大家鱼养殖和出口方面的全国第一品牌。目前该企业草鱼销售价格普遍比普通草鱼高 15%—20%。水产品冷冻加工厂每年有 5 000 吨产品出口美国、南美洲、俄罗斯等国家和地区。为真正实现产销平衡、精准供应,集团筹建中山水产交易中心,依托"互联网+",整合信息流、运输流,实现水产品产业链的信息化、平台化、金融化和标准化流通。企业不断扩大港澳台地区以及外贸市场,其经营策略由满足国外水产品加工需求,逐渐转变为适应国内市场、开发大宗淡水鱼产品,实现由外向型企业向综合型企业的转变。中山水出集团还充分利用"互联网+"新业态带来的商机。2013 年,集团依托自身产业化经营和品牌农产品连锁销售的基础,以宝平品牌为核心,建立了宝平 365 网上商城,开始探索生鲜农产品 O2O 电商模式,并且通过天猫、阿里巴巴等电商平台销售。2016年,集团又专门成立了广东宝平电子商务公司,致力于打造覆盖珠三角九市的水产品线上线下营销网络。为了适应市场变化,企业不断加大新产品研发,2017 年企业研发了 2 项新产品:鲭鱼罐头和鳕鱼罐头,新产品产值占总产值的比例为 0.2%。

(三)湖北省水产加工业发展典型经验

湖北淡水鱼产量连续 20 年居全国首位,淡水养殖业已经成为渔民生产增收的重要产业。在水产加工方面,2016 年湖北省共有大宗淡水鱼加工企业 187家,其中国家级龙头企业 6 家,省级龙头企业 50 家,开发了青鱼、草鱼、鲢鱼、鳙鱼、鲫鱼、编鲂等大宗淡水鱼加工产品,产品涵盖冷冻产品、干腌制品等初级产品和休闲食品、鱼糜制品、保健制品等精深加工产品共 10 个系列 50 多个产品。加工工艺由传统"三去"向预制调理、生物酶解等精深加工发展,开发出利用鱼加工副产物制取鱼胶原蛋白肽等高附加值产品的清洁联产工艺。2016 年湖北省的水产品加工能力 173.94 万吨,年产加工品 103.75 万吨,居全国淡水加工品总量第一,其中鱼糜制品 27.08 万吨、干腌制品 26.99 万吨、冷冻品 15.70 万吨、冷冻加工品 29.64 万吨、罐制品 4.11 万吨。下面选取湖北省淡水鱼加工企业中的国家级龙头企业 1 家,省级龙头企业 2 家进行案例研究,从其节能降耗、质量控制、品牌建设等方面探究企业发展中的科技竞争力和提质增效情况。

1. 注重节能降耗

3家企业都注重节能降耗,在节能设备上进行了较大投入。国家级龙头企业购买低温热泵干燥机等节能设备,花费资金200万元,未享受税收减免。从事鱼糜研发的省级龙头企业在节能设备上的投资更高,企业表示每年增加节能设备投入900万元,也未享受税收减免。从事淡水产品加工的省级龙头企业在动力设备方面采用了大量的变频电机,累计投资超过1 000万元,所有采购的设备均享受了增值税抵扣政策。3家企业都建有污水处理厂。

2. 建立质量安全追溯体系

3家企业均建立了质量安全追溯体系,国家级龙头企业执行HACCP和ISO9000两个质量安全标准,从事鱼糜研发的省级龙头企业执行ISO9000标准,从事淡水产品加工的省级龙头企业执行HACCP标准。3家企业对水产品原料生产的环境、水产品微生物以及产品规格尺寸都有具体规定,并对入厂原料鱼的鲜活度、理化指标、安全指标(重金属、农药残留、致病菌)进行检验。3个加工厂一致认为原料鱼的源头污染,特别是养殖用药管理不规范,导致原料质量安全不可控,造成淡水鱼加工业在质量安全方面存在隐患。

3. 打造品牌,重视品牌宣传建设

3家企业都注重参加水产品相关的展会活动,包括中国国际农产品交易会、水产品农博会、中国农博会等。3家企业均通过电商渠道销售企业产品,主要的电商渠道包括天猫、淘宝、京东、每日优鲜等。3家企业表示,影响水产品电子商务快速发展的因素主要在于水产品物流条件不足、水产品标准化程度低、电子合同执行和监督困难、交易双方缺乏对第三方平台的信任,以及人才资金缺乏。在品牌方面,国家级龙头企业受益于产业技术体系,创立了品牌"清江野渔",2016年成为中国驰名商标;从事鱼糜研发的省级龙头企业正在申请淡水鱼糜湖北名牌;从事淡水产品加工的省级龙头企业没有相应的品牌。

三、我国淡水加工业当前存在的发展问题

当前我国淡水加工业已经取得长足发展,但仍存在一些尚待解决的问题,以下结合统计数据、体系内科学家调查和全国20家草鱼加工主体的调研来分析。

（一）加工企业数量和规模过小，行业集中度不够

当前我国淡水加工企业的数量和规模过小，行业集中度有待进一步提高。当前，诸多从事淡水鱼加工的大型水产加工企业多为综合性企业，主要以养殖为主、加工为辅，或者以海水产品和冷冻制品加工为主、淡水鱼加工为辅，纯粹以大宗淡水鱼加工为主的企业普遍规模较小。产业经济研究室对20家草鱼加工主体的调研发现，样本中注册成立时间在1986—2012年的草鱼加工主体均不属于养殖、加工、销售一条龙加工企业，而注册成立时间在2013年以后的草鱼加工主体中有70%属于养殖、加工、销售一条龙企业，且有20%属于合作社领办的加工企业。总体来看，我国草鱼加工产业形态呈现"小而散"的特征，但加工主体的纵向一体化程度呈明显的上升趋势。

（二）加工企业产品工艺简单、精加工比例过低

就全国层面而言，我国淡水加工目前仍停留在低端水平，产品加工工艺简单，加工率低，加工企业的产能利用率不足，大宗淡水鱼加工量仍有待进一步提高。加工品中，粗加工的初级加工品比例高，精深加工比例低；产品同质化，一般产品多、名优产品少、高值产品少、老产品多、新产品少；产品单一，大宗淡水鱼加工品种主要是草鱼和鳙鱼，其他低值大宗淡水鱼的加工需进一步开发；工艺流程简单，技术要求低，采肉剩余鱼体资源化利用不足，加工产品综合利用仍是问题；自动化生产设备较少，自动化水平低，淡水鱼加工的前处理设备缺乏（这个环节往往劳动强度大、用工多）；环保压力大，废气、废水、废渣等的处理和循环再利用问题没有解决。根据2019年产业经济研究室对全国20家草鱼加工企业的调研，我国草鱼加工行业加工工艺落后、产品附加值低。调查样本中，仅对草鱼进行初级加工的草鱼加工主体占较高比重，相应的初级加工品也在所有加工产品中占较高比重，其中切块和冷冻产品占比最高，均为25%；其次是罐制品和风干腌制品，均为15%；再次是鱼糜制品，占10%；最后是精深加工和真空包装产品，均为5%。随着生活水平提高，人们已从吃鲜活鱼更多地转向方便、营养和具有保健功能的鱼类加工食品，这给低值淡水鱼加工提供了良好的发展机遇。体系首席科学家戈贤平提出要最大化地利用好整条鱼，减少环境负担，要探索新的利用方式，要发挥从育种、饲料、养殖、加工到销售各个环节的全产业链技术优势。

（三）原料供应、融资等存在困难，加工质量存在隐患

当前绝大多数养殖还是以家庭为单位，农户利用鱼塘、水库、稻田等场地进

行淡水养殖,由于养殖面积狭小导致淡水产品产量有限且分散,不便于产品的集中销售与水产加工企业采购原材料,导致加工企业原材料采购成本高,原料数量和质量得不到有效保证。较高的成本支出相应带来较高的资金压力。20家调研样本中,70%的草鱼加工主体面临资金压力,面临资金压力的草鱼加工主体中,100%均面临原料采购的压力,14.29%面临人员工资压力。尽管70%的草鱼加工主体产品销售能及时回款,但也有30%的加工主体不能及时回款。向金融机构贷款是缓解草鱼加工主体资金压力的主要方式,样本中草鱼加工主体平均贷款金额为703.25万元,且仍有40%的草鱼加工主体存在贷款难问题。草鱼加工主体普遍提出"畅通贷款渠道、放宽贷款政策、简化放款手续、对农产品加工企业放低贷款门槛和利率、支持中小微企业发展"等建议。

虽然绝大部分样本企业建立了质量监控体系,加强了对水产品加工质量安全的保障,但某些调研单位反映,水产加工质量安全仍存隐患。部分私营企业设备简陋,卫生条件差,产品不进行必要的检验即流入市场;甚至有的为获取不正当利益而不顾原料品质好坏或在加工过程中掺杂使假,人为地造成水产品的二次污染;在流通环节,一些不法商贩滥用添加剂甚至违禁药物和化学品进行水产品保鲜或处理;没有统一的技术质量标准,又无统一的货源渠道,导致质量参差不齐,严重侵犯了消费者权益。出口水产品加工企业虽然已有不少通过ISO质量认证及HACCP认证,但部分企业不严格按照标准生产,执行情况不尽如人意。在2019年11月8日于湖北武汉召开的大宗淡水鱼水产品养殖产业竞争力提升会议上,与会者对目前加工厂的车间分类管理提出了问题,指出大宗淡水鱼加工环节存在污染风险,包括:制作成鱼粉车间和鱼糜制品车间混杂,鱼头、鱼尾露天放置,空气污染严重,既影响参观体验,也让人对产品质量产生怀疑。

(四)环保政策收紧提高企业运行成本

落实生态环保责任对企业的影响较大:一方面,网箱网围拆除,养殖尾水排放要求提高,压缩了水产养殖产量,对企业加工厂货源造成一定影响;另一方面,由于历史原因和地缘优势,一些加工厂原来的厂房临河而建,环保要求的提高对企业生产经营影响很大。中山水出集团原有的宝利罐头厂和东升分公司加工厂在防洪堤坝内,2017年原宝利罐头厂旧厂区停止生产,新租赁土地厂房,投入1100多万元进行改造,2018年3月投入生产,集团公司原东升分公司加工厂也因环保问题停止生产,搬迁到位于小榄镇的集团公司船队地址,投入200多万元进行车间改造,已于2018年6月正式投入生产。厂房搬迁对企业正常生产经营影响较大,特别是宝利罐头厂,因为是租赁厂房,房租费用将摊薄利润。中山水出集团占地面积2.9公顷,其中,购买土地2.4公顷,2017年租赁土地面积 0.5 公顷,地上建筑面积约 1 160 平方米,仅厂房(含冷库、仓库)租赁费就高达每月 31 000 元。

(五) 技术人才缺乏、产品研发力度不够

大宗淡水鱼从原料生产、加工、销售到餐桌,各环节对各类技术需求较大,样本企业普遍反映缺乏加工技术,对各类技术及其更新需求很大,但与之相应的各类技术人员短缺,同时产品研发力量不足,技术相对落后。具体表现为:综合利用技术缺乏,原料利用率较低;核心技术较少,新产品的开发、推广缺少技术和平台;研发能力较弱,高附加值产品研发能力弱,深加工缺乏技术支持。可见,加工技术已成为淡水养殖发展的瓶颈。企业普遍存在原料保鲜、储存、脱腥脱苦去臭技术难题,亟需鱼汁鲜味营养保存技术;原料鱼养殖检测及实时自动上传的水产加工全产业链物联网追溯系统有待开发;气调保鲜、微冻保鲜深加工产品的技术难以掌握;加工成品保存、防变质方面存在一定问题;产品风味开发能力一般,有待创新;加工后排放污染物处理和净化技术不成熟;水产品,尤其是水产功能性食品的开发技术有待掌握;缺少高效安全的速冻技术、水产品质量安全检测技术、副产物综合利用技术、水产品精深加工技术和仪器设备;"互联网+"技术利用不够,亟需构建完善的信息和电子商务平台,等等。

(六) 产业宣传和消费引导不足

目前大宗淡水鱼产业部门、科技部门、从业人员等对大宗淡水鱼的宣传不够。体系加工岗位科学家罗永康教授认为,目前影响大宗淡水鱼消费的主要因素包括刺多、有土腥味和食用不方便。但这 3 个问题可以通过养殖方式、饲料和加工技术的改良来改善,最重要的是要引导消费者。大宗淡水鱼与海水鱼相比具有明显的优势:一是消费者能吃到新鲜的活鱼;二是嘌呤含量低;三是碘含量低,对有甲状腺结节的人来说比较好。由于市场宣传比较少,对消费者的引导不足,导致大家对大宗淡水鱼的消费还停留在"新鲜"这个层次上,市场对大宗淡水鱼的好处认识不足。另外,市场对腌制品的认识也有待提高。需进一步加强淡水鱼产品的多方位宣传与引导,强化消费和饮食文化宣传,进一步扩大国内市场。

(七) 供给赶不上消费需求变化

加工是渔业消费的未来。当今年轻人的消费偏好已经发生重大改变。随着快递业发展和生活节奏日益加快,年轻的家庭和消费者对调理半成品的需求增加,对易于加热的酸菜鱼、清蒸胖头鱼等的消费增加;而聚会的需求直接导致烤鱼、火锅鱼的需求增加。特别是火锅消费的快速发展使得越南巴沙鱼大量进

入中国,在这个领域几乎看不到大宗淡水鱼。体系首席科学家戈贤平研究员指出,大宗淡水鱼的竞争既来自国内市场,也来自国际市场,国内的竞争者是海水鱼,国际的竞争者是巴沙鱼,但竞争更多地还是来自淡水产品的冲击。水产加工业需要的是规模化、标准化、刺少甚至无刺的淡水鱼,这使得目前无刺的罗非鱼、巴沙鱼备受青睐,而传统大宗淡水鱼则被挡在门外。

(八) 产学研信息不对称

在 2019 年 11 月 8 日于湖北武汉召开的大宗淡水鱼水产品养殖产业竞争力提升会议上,有企业提出冷冻鱼的口味问题。华中农业大学熊善柏教授指出,他的团队已经研发出一种调味料,在冷冻前给鱼调味,然后在零下 3℃ 至 0℃ 环境下储存,能让口感保持 7 天。还有企业提出餐饮业需要持续供应鱼头,但目前无法保证每天都有。熊善柏教授指出,供应问题其实还是技术问题,技术问题解决了,就可以做到持续供应。根据调查了解,目前产学研信息不对称问题还是广泛存在的,很多科研成果之所以束之高阁,与信息闭塞、缺乏信息交流有着直接的关系。

四、未来发展建议

目前,大宗淡水鱼的加工量占淡水鱼养殖总量的比重并不高,国内消费者仍以鲜活鱼类消费为主,加工产品以出口为主。随着消费习惯改变,快捷方便的加工鱼产品越来越受到城市居民家庭的欢迎,淡水鱼加工产品市场前景广阔。为适应发展新要求,应对市场新挑战,我国淡水产品加工行业需要树立新发展理念,以科技为引领,走出一条提质增效之路。

(一) 注重科技研发,提升品牌效应

加工企业积极研发先进的加工技术破解了淡水鱼加工领域中的传统难题,开创了有核心竞争力的品牌产品,实现了产业的转型升级。研发精深加工技术及设备直接影响产品的质量和企业效益,这些技术的推进应用可大幅度提高大宗淡水鱼加工利用程度。应继续提高国家大宗淡水鱼产业技术体系中较为成熟的淡水鱼加工技术的转化效率,加大水产加工新技术的推广力度,做好科研单位与企业之间的对接工作,有效输出科研型、管理型人才,组织企业积极开展技术转化,形成产品生产力和竞争力。企业应引进先进技术、设备和加工工艺,提升水产加工产品附加值和产业竞争力。加工企业应注重产品宣传,积极打造

自身品牌效应,加强市场拓展、提升产品知名度。

(二)提高养殖端的组织化和标准化水平

渔民合作社既是促进渔业提质增效和渔业现代化的重要主体,也是实现渔民与现代渔业有机衔接的重要载体。以渔民合作社和渔业协会为抓手,将分散的渔民组织起来,使水产养殖业更好地满足消费市场、收购企业在质量标准、数量规模等方面的需求,从而倒逼生产端的规范化和标准化,提高水产加工原料的品质。同时加强渔业专业合作社规范化建设,加大对渔业专业合作社的扶持力度,努力构建"企业十合作社十基地"的渔业产业化经营模式,不断提高渔业组织化水平和发展质量。强化水产加工质量监督和管理,对生产、加工、流通等环节不定期抽查,对已认证相关质量标准却不执行的企业实施罚款、禁止行业准入等处罚。

(三)优化企业营商环境,给予政策支持

提高政府对淡水加工领域的重视程度,加大对相关加工技术的基础研究投入和应用投入。政府应在信贷、资金、项目等多方面加大对水产加工企业的倾斜力度。在新冠肺炎疫情大背景下,适当降低企业税负和社保支出成本,让企业维持订单和生产,缓解企业生存压力和对养殖户生计的冲击,适当提供不同程度的社保补贴。扶优扶强,继续扶持发展行业龙头企业,发挥龙头企业对现代渔业产业的带动作用。吸引各类资本参与水产加工业开发和建设,形成以企业投入为主体,政府扶持为引导,银行贷款、风险投资、社会融资、外资介入等多层次、多渠道投融资体系。适当提供出口补贴,支持企业开拓国内外市场。

(四)在餐饮对接、品牌推介等方面提供支持

立足国际国内双循环,开拓国内市场、挖掘内销潜力是我国水产加工业的重要发展方向。中小水产企业应积极开拓新客户,挖掘市场需求,积极创新多种类型的市场营销方案。政府在餐饮对接、品牌推介、消费习惯培养等方面可为企业提供多方面支持。如通过"三同"产品(同线、同标、同质)宣传,转变"一流产品出口,二流产品内销"的国产产品印象,提振消费信心。市场消费对加工业的发展具有重要影响。我国居民的大宗淡水鱼消费习惯仍然以鲜活鱼为主,水产养殖主要满足了居民对鲜活产品的需求。需要长期持续引导,加大淡水加工产品宣传,从消费观念上转变居民对水产加工产品的认知,扩大消费群体。此外利用互联网等多种现代营销工具,打造知名水产加工品牌,提高水产加工品牌的影响力和竞争力。

第十章
渔文旅产业融合发展

渔文旅融合是我国现代渔业发展的新路径、新增长点。立足新发展阶段，贯彻"创新、协调、绿色、开放、共享"发展理念，促进渔业绿色高质量发展，需要以渔业资源为支撑开发渔业的多元功能和价值，以文化旅游为媒介扩大产业融合发展的空间和潜力，走渔文旅产业融合发展之路，为推动渔业供给侧结构性改革、充分挖掘国内需求潜力、助力乡村振兴积蓄力量。在渔文旅产业融合发展的过程中，还需破解人才、资金、基础设施和发展理念等方面的制约瓶颈，出台有针对性的政策、规划和标准，鼓励各地结合创新意识和当地实际，推动渔文旅产业融合，实现高质量发展。

一、渔文旅产业融合发展的内涵特征

（一）渔文旅产业融合发展的基本内涵

我国渔业发展历史悠久，渔文化源远流长，渔业具有丰富的资源禀赋和多元价值，为产业融合发展提供了基础支撑。早在原始社会，人类便掌握了捕鱼技能作为谋生手段。在漫长的历史时期里，随着渔业生产技术模式不断改进，渔业与经济社会生活的互动增强，作为劳动人民适应自然、改造自然，人与自然和谐共处、共荣共生的智慧结晶，渔文化的内涵、功能、形态逐渐发展变迁。随着经济社会发展和人们生活水平不断提高，传统渔业生产已经不再是渔业的全部内容，而渔业所承载寄托的精神文化价值和生态功能进一步凸显，并在产业发展和文化传承的互相促进中发挥了更大的作用[1]。面对人们求美、求新、求奇、

---

[1] 张静宜,陈洁.我国淡水渔业发展历史与渔文化演进[J].中国渔业经济,2021,39(1):90—97.

求知、求乐的愿望和从养眼到补脑、从旁观到体验、从大众到分众的需求转型，渔业文化和旅游产业的内在关联逐渐紧密，需要开发出更多更好的文旅融合产品和形式[①]，推动形成渔业、文化和旅游产业融合发展的新场景。

渔文旅融合，顾名思义就是渔业、文化、旅游三者的融合发展，是这三大产业及相关要素之间的相互渗透、交叉、融合和重组，逐步突破原有的产业边界或要素领域，彼此交融而形成新的产品服务业态和产业体系，形成渔业、文化和旅游产业要素资源的互动整合过程。在这个过程中，资源优势和产业环节互补融合、互促互进，实现产业功能重组和价值创新，延伸了渔业、文化和旅游产业的核心价值，出现了产业链和收益的叠加效应。渔文旅产业融合发展以渔业生态系统和生产体系为支撑，提供渔业景观、优质产品和多样化生态体系，以文化为提升，丰富产业多元内涵，打造特色亮点，以旅游为载体，发掘渔业产业潜力空间，体验并传承文化，促成文化繁荣的良好格局，构建产业融合发展的新业态、新模式，推动转型升级和高质量发展，更好满足人民群众日益增长的优美生态环境、绿色水产品、优秀传统文化和多元旅游服务等方面的需求。

(二) 渔文旅产业融合发展的主要特征

1. 渔文旅产业融合发展突出生态价值

自古以来，渔业发展就强调遵循规律、顺应自然、合理利用自然，渔文化体现了人类敬畏自然、尊重生命，希望与自然和谐相处并通过合理利用自然来实现美好生活的价值取向。如《国语·鲁语》中的"鱼禁鲲鲕"，《淮南子》中的"鱼不长尺不得取"等，都传达了古人朴素的生态环境保护思想。历代渔民敬畏自然、感恩自然的仪式，以及在长期的生产生活实践中形成的种种渔业信仰或禁忌等习俗，都蕴含着淳朴而丰富的生态文化思想。随着经济社会发展和城乡居民收入提高，消费需求日益增长和加速转型，人们更加重视养殖环境、养殖过程和养殖产品的生态价值，推动渔业供给侧进一步调优调绿。党的十八大以来，以习近平同志为核心的党中央把生态文明建设摆在全局工作的突出位置，全面加强生态文明建设，一体化治理山水林田湖草沙，推动生态文明建设认识和实践发生历史性、转折性、全局性变化。特别是为全局计、为子孙谋，作出了实施长江禁捕退捕的重大决策部署，推动长江大保护、落实长江十年禁渔，促进黄河流域生态保护和高质量发展，也为渔文旅融合发展划定了生态红线，奠定了绿色主基调。在新的发展阶段和新发展理念的指导下，渔文旅融合成为"绿水青

---

① 刘博士.高标准推进文旅深度融合[N].光明日报,2021-02-05(8).

山就是金山银山"的实现形式和生动例证①。

2. 渔文旅产业融合发展注重文化价值

渔文旅产业融合过程中,渔文化在其中居主导地位,是产业的关联节点。我国渔业发展具有鲜明的地域特点,各地各民族在不同的地理环境、气候环境中繁衍生息,形成各自不同的风俗习惯、文化心理,使渔文化具有浓郁深厚的地域和民族特色。在新的发展阶段,物质文明得到显著发展的基础上,这些渔文化元素很多早已脱离了它产生时的生产方式和生活环境,但在文化层面,历史传统、风俗习惯、民族特色等多姿多彩的文化元素活动等作为我国渔文化特有的资源,其独特的价值成为现代渔业发展有待挖掘的重要资源,保护传承和发扬这些渔文化具有重要意义。当前,人们对有特色、有内涵、多样化的文旅产品的需求日益高涨,渔文化与旅游产业融合日益紧密,渔文化成为文旅产品服务开发的切入点和着力点,一些地方通过对渔村建筑、渔港渔船、渔风渔俗等进行创造性转化应用,形成一系列具有渔家风貌、文化特色、生活情趣的渔文旅产品。比如,宁波象山开发渔文化老街、渔文化餐饮、渔文化节庆、渔文化教育等实现渔文化与文旅产业的同频互动、交融发展,拉动了象山渔业、宾馆餐饮、建筑、休闲娱乐、文创、民宿等的总体发展②。山东荣成树立"以文促旅,以旅彰文"理念,注重形式创新,提升传统文化活力,围绕渔民节、成山头吃会、赤山庙会等传统节庆,突破固有的方式,创新融入游客参与的展演形式,由渔民号子祈雨开篇起势,到渔家秧歌庆丰收结束,将传统渔家祭祀活动打造成为一场游客深度参与的地方文化盛宴,拉长了文旅产业链,成为渔文旅融合发展的新亮点。在云南江川,每逢开渔节,星云湖都会献上一场饕餮盛宴,游客欢聚高原水乡江川,眺望千帆竞渔,观赏秀丽风光,观看文艺表演,感受江川独特的古滇青铜文化、高原水乡文化、渔文化和美食文化,一系列文化活动突出民间性、民族性、民俗性和特色化,打造了文旅活动中的精品。同时,渔业与文博事业的融合也在加速,在2019年兴起的"博物馆热"带动下,渔文化更多地走进了公共展馆,在各类专题和综合展陈中精彩亮相,如重庆自然博物馆、杭州京杭大运河博物馆、天津海洋博物馆等,将渔业科技教育的文化内涵进一步深化。

3. 渔文旅产业融合发展强调科技支撑

先进的生产力是渔业高质量发展的基础,渔文旅产业融合发展以科技为支撑。我国有较多具有重要价值的地方渔业资源,有稻渔综合种养等传承逾千年至今仍在发挥作用的、富有智慧的传统养殖模式,有历久弥新、不断丰富发展的

---

① 金童欣,宁波. 数字经济时代渔文化经济的创新与发展[J]. 中国渔业经济,2021,39(4):89—96.
② 金童欣,宁波. 数字经济时代渔文化经济的创新与发展[J]. 中国渔业经济,2021,39(4):89—96.

饮食文化,更有天人合一的传统思想为当下的生态文明建设、人与自然生命共同体提供思想源泉和不竭活力,这些都是支撑今后我国现代渔业发展的宝贵财富,也有待进一步挖掘、保护和传承利用。在现代渔业发展中,优良品种选育、池塘绿色高效养殖系统、稻蟹综合种养、大水面生态养殖、工厂化养殖等生产模式、数字渔业和信息科技服务平台等技术全面改变了渔业发展面貌,提升了水产健康养殖水平,促进渔业走上了现代化的发展道路,同时也丰富了渔业生产场景和应用场景,催生了新业态、新模式,资源节约型、种养循环型、绿色生态型、潜在资源开发型等现代渔业生产模式与休闲渔业加快融合,有利于打造全产业链、提高附加值,为渔文旅融合拓展了发展空间,奠定了生产基础。

4. 渔文旅产业融合发展立足需求导向

随着人民生活水平的提高和市场供给的进步,消费由实物型向服务型转变,文化娱乐、休闲旅游、大众餐饮、教育培训、健康养生等服务性消费成为新的消费热点,体验类消费快速发展。渔文旅产业融合以新的供给满足新的需求,在保障粮食和食物安全之外更广泛的领域,进一步发挥渔业生态、经济、社会和文化方面的多元价值,渔文化内涵拓展、功能更为多元,发展空间和受众范围进一步延伸,进一步融入市场经济、现代科技和现代产业,具有广阔的发展空间和市场潜力,形成深化挖掘渔业多元价值、创造文旅融合发展活力的生动局面,持续满足广大人民群众的多元需求。例如,休闲渔业能陶冶情操、滋养心灵,让消费者感受文化、探索自然、愉悦身心,丰富了人们的精神生活和体验。随着科技创新、绿色养殖和文化旅游产业的发展,渔文旅产业融合呈现多主体参与、多业态打造、多要素发力、多模式推进、多机制联结的特征[①]。

二、渔文旅产业融合发展的现状

乡村振兴战略为渔文旅产业融合提供了机遇。当前,我国渔文旅融合蓬勃发展,产业转型升级和多元化发展步伐加快,成为渔业增长的新动能,探索了产业融合发展的新路径,打造了区域特色产业的新亮点。

(一)乡村振兴战略为渔文旅融合发展提供机遇

党的十九大提出实施乡村振兴战略,提出"产业兴旺、生态宜居、乡风文明、治理有效、生活富裕"总要求。乡村振兴战略的提出为渔文旅融合发展带来了

---

① 王文彬. 渔业产业融合发展的六种新模式[J]. 新农村,2019(12):25—26.

重大机遇。

1. "产业兴旺"要求大力发展现代休闲渔业

乡村产业振兴要求渔业转型发展,抓住"产业兴旺"这个着力点,不断发展渔业生产力,做大做强休闲渔业,以推进渔业供给侧结构性改革,升级发展新动能,加快推进农业产业升级,发展特色渔业、乡村旅游等新产业、新业态、新模式,创新经营模式,做好渔文旅深度融合的大文章,提高产业融合发展的综合效益和竞争力。通过产业融合提升渔民参与度,将产业升级发展的收益更多地留在当地,激发内生发展活力和动力,夯实乡村振兴基础。

2. "生态宜居"对渔业生态建设提出更高要求

按照生态宜居的要求,渔业不仅要为人民群众提供丰富的水产品,还要提供优美的水生态环境。渔文旅产业融合要转变发展观念和发展方式,把生态文明建设摆在更加突出的位置,不断强化渔业生态系统、生态景观和生态文化的价值。注重做好增殖放流"加法",实现丰富水生生物多样性、优化生物资源群落结构,做好投入品使用"减法",规范渔药等投入品使用,推广在养殖活动中使用微生态制剂、底质改良剂等,探索生态净水渔业,做好养殖尾水生态净化、达标排放、循环利用,维护好水清岸绿、鱼翔浅底的优美乡村水域生态环境,在渔业资源养护方面取得新进展,在发展绿色生态新产业、新业态上迈出新步伐。

3. "乡风文明"要求进一步挖掘渔文化内涵

繁荣乡村文化,挖掘渔业文化内涵价值是基础工作,因此要扩充渔业发展领域空间和文化内涵,充分挖掘具有农耕特质、民族特色、区域特点的物质文化和非物质文化遗产,统筹做好传统渔文化的挖掘、保护和传承创新工作,促进传统渔文化的创造性转化和创新发展。不断满足城乡居民日益增加的休闲、度假和健康需求,提供更好的休闲文化形式,使观赏、餐饮、民俗活动、休闲旅游等环节更有"文化味道",促进传统渔文化的多元保护和传承。同时,产业的发展也对休闲渔业公共服务体系,包括文化基础设施和公共服务等提出更高要求。

4. "治理有效"要求优化产业融合发展体制机制

推进渔文旅产业融合发展与村级经济组织、农民合作组织的发展相互促进,发挥村集体经济组织、合作社组织渔民的重要作用,健全基层社会化服务组织和公共服务组织,助力乡村组织振兴。产业发展要维护当地居民在渔文旅融合发展中的利益,在就业安排与创业机会上更多地考虑本地居民,使其在融合发展中真正得到实惠。通过产业组织形式创新,发挥龙头企业对渔民的带动作用,同时协调产业部门之间、上下游之间的利益关系,对渔业基础产业和弱势群体进行托底安排和补偿。无论是监管层面还是消费者,其对生产、流通、销售产业链发展和产品服务质量的要求都上升到一个新的高度,因此要健全水产品质量安全体系和休闲渔业公共信息服务体系,积极应用物联网、大数据、云计算、移动互联网等现代信息技术开展产业监测和信息服务,强化现代化渔业治理。

5. "生活富裕"要求提高渔业相关产业发展质量效益

相对落后地区的渔业资源、文化旅游资源和生态环境资源丰富,推进渔文旅融合发展优势明显。而产业融合发展的进入门槛相对较低,便于渔民进入产业链寻找发展机会,因此具有广泛的适应性,为实现生活富裕提供了难得的新途径。渔文旅产业融合发展要求实现渔民增收致富,提高渔民群众获得感、幸福感。在现代化进程中促进休闲渔业提档升级,同时也促进渔民共同分享现代化的成果,提升休闲渔业主体参与程度,拓宽就业和收入渠道,促进致富增收。结合开展村庄的人居环境整治,加强农村基础设施建设、基层公共服务水平,提升人民群众的获得感、幸福感和安全感,推进美丽宜居渔村建设。

(二) 渔文旅融合发展成效明显

1. 渔文旅融合发展势头较好

各地挖掘渔业资源潜力,优化资源配置,将渔业与餐饮美食、休闲娱乐、观赏旅游、生态建设、文化传承、科学普及等有机结合,提供满足人们多元需求的产品和服务。据《中国渔业统计年鉴》历年数据,我国休闲渔业快速发展,休闲渔业产值连年提高,从业人数不断增加,我国休闲渔业产值由 2003 年的 54.11 亿元增至 2018 年的 839.53 亿元,年均增长 20.06%,占渔业经济总产值的比重由 2003 年的 0.94%增至 2018 年的 3.25%。《中国休闲渔业发展监测报告(2020)》显示,2019 年我国全年休闲渔业产值达 943.18 亿元,占我国渔业经济总产值的 3.57%,占涉渔第三产业产值的 12.45%,同比增长 12.34%[①]。休闲渔业已显示强劲的发展势头,成为渔民增收的新渠道和渔业经济发展的新动能。

2. 产业融合领域不断拓展

据国家大宗淡水鱼产业技术体系产业经济研究室 2020 年对 283 个休闲渔业消费者的调查发现:休闲渔业的产品服务以渔家乐和景观游览为主,休闲渔业主要在城市周边呈散点分布,交通便利、环境优美的渔家乐广受消费者欢迎,消费者重视的要素中,重视交通便利的占 59.7%,物美价廉 56.2%,风景优美 44.5%,食宿综合服务 15.2%。休闲渔业主要服务于城市及周边人群,其提供的产品主要是水产品、土特农产品及有机蔬菜等,提供的服务主要是休闲垂钓、

---

① 李明爽.推动休闲渔业更快更好更高质量发展——第四届中国休闲渔业高峰论坛举办[J].中国水产,2019(11):19—20.

观光游览、特色餐饮、民俗文化等,适合周末、短途的亲子游、家庭旅游。随着城乡居民的文化、旅游、休闲、体验等消费需求增长和升级,渔文旅产业融合发展领域和形式趋于多元化。休闲渔业表现为休闲垂钓、渔事体验、休闲海洋牧场、鱼鲜美食、赶海拾趣、渔家民宿、水上渔家、水族器材、水产购物、赛事节庆、科普教育、文化创意等多种类型[1]。在渔业绿色高质量发展的背景下,稻渔综合种养成为热门模式,美食餐饮、特色民宿、渔事体验、休闲垂钓和科普教育等旅游业态充分与渔业融合。一批区域品牌得到发展,区域休闲渔业公共品牌遍地开花,各地结合地域自然、文化历史等资源举办渔文旅推介活动,如开展象山开渔节、云南元阳稻花鱼丰收节、盘锦蟹稻家欢乐节、千岛湖人欢鱼跃庆丰收等丰富多彩的活动,各地立足自身优势,深挖特色渔业文化,加大品牌建设力度,涌现出千岛湖、查干湖、阳澄湖、鄱阳湖等著名公共品牌,推动渔文旅产业发展和品牌建设进一步升级。

表 10.1　休闲渔业产品和服务多元形式

休闲渔业产品和服务	数量	比例
渔家乐	223	78.80%
渔村	110	38.87%
渔港	70	24.73%
江河湖泊水库	185	65.37%
渔文化博物馆	53	18.73%
饲养观赏鱼	120	42.40%
休闲垂钓	130	45.94%
渔文化节	47	16.61%
创意产品	45	15.90%
书画歌赋	5	1.77%
其他	2	0.71%
样本量	283	100.00%

数据来源:2020 年大宗淡水鱼产业技术体系休闲渔业消费者调查

3. 政策导向更加明确

休闲渔业等渔文旅融合产业模式顺应了新发展理念要求,在优化农业资源配置、促进农村发展、带动农民增收等方面发挥了越来越重要的作用[2]。近年来,国家高度重视休闲渔业发展,陆续出台一系列政策措施。2011 年《全国渔

---

[1] 冯松涛. 推动休闲渔业健康发展的思考[N]. 海南日报,2020 - 11 - 18(A8).
[2] 刘蓓. 休闲渔业助力精准扶贫的路径研究[J]. 河北渔业,2020(10):56—58.

业发展第十二个五年规划》将休闲渔业列为现代渔业的五大产业之一,鼓励发展文化多元的休闲渔业。2012 年,《农业部关于促进休闲渔业持续健康发展的指导意见》发布,同年还开展了"全国休闲渔业示范基地"创建工作。2013 年发布的《国务院关于促进海洋渔业持续健康发展的若干意见》指出,要积极推进渔村建设,切实促进捕捞渔民转产转业,支持发展海水养殖、海水产品加工和休闲渔业,落实相关就业创业扶持政策。2016 年,农业部召开全国休闲渔业现场会,这是农业部第一次以休闲渔业为主题召开全国性会议,对全国休闲渔业发展起到里程碑式的指导意义,同年底,农业部印发《全国渔业发展第十三个五年规划》,提出了"加强渔业重要文化遗产开发保护""建设美丽渔村""推进发展功能齐全的休闲渔业基地"等休闲渔业发展的具体指导意见。2017 年,《农业部关于推进农业供给侧结构性改革的实施意见》发布,提到要加快推进渔业转型升级,规范有序发展远洋渔业和休闲渔业。2018 年,农业农村部印发了《关于开展 2018 年休闲渔业质量提升年活动的通知》,要求因地制宜、创新发展,促进休闲渔业项目品质提升,品牌建设与人才建设不断加强。2019 年 2 月,农业农村部等十部门联合发布的《关于加快推进水产养殖业绿色发展的若干意见》提出,要"完善利益联结机制,推动养殖、加工、流通、休闲服务等一二三产业相互融合、协调发展""推动传统水产养殖场生态化、休闲化改造,发展休闲观光渔业"。2019 年 4 月印发的《农业农村部办公厅关于规范稻渔综合种养产业发展的通知》提出加快推动稻渔综合种养与产业融合。2019 年 12 月,农业农村部、生态环境部、林草局联合发布《关于推进大水面生态渔业发展的指导意见》,提出促进大水面生态保护与渔业发展实现充分融合。2022 年 1 月,农业农村部印发《"十四五"全国渔业发展规划》,提出推进产业融合发展,提升渔业产业现代化水平,把提升水产品加工流通、培育壮大多种业态、加强水产品市场拓展、推进产业集聚发展作为"十四五"渔业发展重点任务。

政策为休闲渔业发展提供支撑,为渔文旅产业融合发展明确方向、优化环境。同时,各地在扶持休闲渔业发展方面出台了很多好政策。山东省把海洋牧场、增殖放流等产业政策与休闲渔业发展相结合;广东省、浙江省允许持证捕捞渔船从事休闲渔业的同时,继续享受油补政策;上海市将水产垂钓用地划入设施农用地范畴;陕西、湖南、重庆等地为休闲渔业在财政投入、税收优惠、金融扶持等方面出台了扶持政策;山西、福建、江西、山东、广西、海南、四川、青岛和大连等省市建立了水库型休闲渔业示范基地、渔文化主题公园、海洋特色小镇、休闲渔业发展区、休闲海钓基地、休闲海钓场所、县市级休闲渔业试点、美丽渔村等休闲渔业基地 200 多处,大力发展餐饮休闲、渔旅结合、渔业康养等多种产业融合模式,促进渔文旅产业融合发展,取得了良好的生态、经济和社会效益。

三、渔文旅产业融合发展的问题

虽然近年来渔文旅融合成为现代渔业创新发展的亮点,取得较快的发展,但产业基础还比较薄弱,存在融合质量不高、发展不平衡不充分、重发展轻保护的持续性问题,产业转型升级和融合发展还面临较多限制,政策支持体系也有待完善。

(一) 从业人员年龄偏大、素质偏低,专业人才缺乏

由于地理区位偏远、基础配套设施和发展空间的限制,具有高学历、专业技能的青年人才大多不愿从事渔业相关产业,渔文旅产业融合发展缺乏专业人才支撑,影响了产业融合发展的质量水平。根据产业经济研究室调查,渔家乐样本中 60% 的渔家乐经营者是传统渔民,还有一部分是乡村干部、返乡创业者等;经营主体年龄普遍偏大,40—60 岁之间的养殖户占 75.58%;经营者文化素质较低,中等学历(初中、中专或高中)的经营主体占 66.67%,大专及以上学历的占 28.00%,大多数经营者没有受过专业知识和技能的培训,缺乏经营管理知识和营销技能,缺少现代经营管理理念。

受到人才资源匮乏的掣肘,健康养殖的新模式、新形式难以推广应用,缺乏稻渔综合种养职业农民和质量安全管理技术和知识,渔业蕴含的历史、文化资源的挖掘不深入、多元价值难以得到有效发挥,产业融合发展不紧密,渔业与科教文的融合层次较低、同质化严重,难以体现传统渔业的智慧和现代渔业的新发展,优势和特点不鲜明。一些地方,小而散的休闲渔业处于低水平重复建设的状态,很多游客止步于"一轮游",难以吸引回头客,在应用场景、营销策略、线上线下互动等方面缺乏专业人才的策划,也就制约了产业发展水平。

(二) 资金投入不足,基础设施不完善

从经营主体来看,除大型集团公司和综合性文旅项目,很多渔旅融合是渔民家庭经营的夫妻店、父子店,资金投入多来自家庭自有资金,投入水平低,后续资金紧张,各项建设配套能力不足,基础设施不完善。一些小规模经营主体存在卫生条件差,客房、餐厅、厕所等简陋,厨房无消毒设施,生活污水难以排放等问题,也缺乏消防设备、应急设备、监控设备等安全配套设施,在旺季容易出现超负荷用电,安全隐患多,在装修设计方面大量复制、模仿甚至堆砌海洋元素,缺乏独特性。

从产业布局和组织来说,以分散经营为主,组织程度和规划水平不高,没有形成区域公共品牌,乡村基础设施和服务设施建设薄弱,公共基础设施难以适应渔文旅融合发展需求,包括交通设施不完善,缺少基本的道路、厕所、停车场、公共展示场所、引导标志等设施,已成为制约渔家乐发展的一个重要瓶颈。根据大宗淡水鱼产业经济研究室开展的消费者调查,消费者认为我国渔村发展中存在的问题主要是基础设施跟不上(34.9%)、特色不明显(27.6%)和缺乏发展规划(26.5%)。从发展休闲渔业遇到的主要问题来看,营销和宣传存在困难、基础设施不完善、资金不足、政府支持不足等问题排在前列,而且76%的经营者迫切需要政府帮助改善基础设施。此外,融合的体制机制中利益主体间联结机制不完善,一些地方出现大企业、大集团等工商资本对普通渔民的"挤出"效应,渔民只有有限的劳务机会和收入,未能充分享受渔文旅融合发展的成果,不利于产业的可持续发展。

(三) 融合发展水平低,发展理念不清和特色不鲜明

渔文旅融合发展总体上还处在起步阶段,融合的广度和深度均不够。从融合发展的理念看,有的地方出于经济发展的考虑,推进旅游开发的热情较高,但是缺乏前期规划和整体设计,导致渔旅融合无序发展。有的地方重开发利用,轻保护传承。对于稻渔综合种养等传统渔业智慧和生产方式的传承重视程度较低,旅游开发已经对生态环境和生产方式产生破坏性影响。还有一些地方乡村片面理解民俗文化、过分迎合旅游需求,出现文化呈现形式千篇一律甚至庸俗化的现象。

从渔文旅融合的产业链和时空布局来看,由于渔业的季节性、地域性特点,与文旅融合出现"潮汐"现象,旺季时游客大量进入,淡季时少人问津,反映了产品和服务供给单一,产业链较短,延伸价值和带动能力有限的问题。总的来看,主要满足中低端消费市场的需求,缺乏高质量的渔文旅产品和服务供给。特色不明显,同质化问题突出,在农事体验、传统饮食、农耕文化、科教宣传等方面的深度挖掘不足。大宗淡水鱼产业技术体系调查发现,休闲渔业的消费潜力较大,65.7%的消费者愿意多花钱购买优质的休闲渔业服务。但同时,消费活动中的满意度不高,对目前休闲渔业的服务质量非常满意的消费者仅占6.7%,选择一般满意和比较满意的分别占43.1%和42.7%,可见,没有高质量的供给去满足变化的需求。由于渔文旅融合发展水平低,渔文化的多元价值没有得到充分发掘利用,缺乏对外宣传、推介的意识,抱着资源找不到路子,发展面临瓶颈。

（四）生态保护不到位，"两山转化"不顺畅

在渔文旅产业融合和结构优化升级的过程中，发展不平衡、不充分、不可持续的问题比较突出，其中重要的一点是渔业生产发展和生态保护之间没有实现平衡，水产养殖业的绿色成色不足，生态环境资源的保护仍有待加强。一些地方渔业发展与耕地红线矛盾突出，还有一些地方的水产养殖在环保方面不达标，对生态环境造成破坏，背离了渔文旅产业融合的发展出发点。不少休闲渔业的项目建在河道、库区旁，甚至是保护区周边等生态环境脆弱的地方。休闲渔业经营者对资源环境的保护意识不强，缺乏可持续经营意识和绿色生态养殖的技术，小规模休闲渔业主体大多缺乏完善的排水系统与污水处理系统，污水直接排放到农田或河道，加之生活垃圾处理不到位、不规范，对当地水体、土壤、农田环境、植被等造成污染和破坏。据调研了解，一些渔家乐经营者对于经营过程中产生的垃圾采取直接排放、填埋和焚烧的办法，没有进行任何处理，还有一些渔家乐经营者私自乱建乱修、加层加棚等还造成新的环境污染，影响农村整体环境面貌。

渔文旅融合是践行"绿水青山就是金山银山"理念的具体实践形式，但在现实中"两山转化"的机制仍不顺畅。靠山吃山，靠水吃水，以看景吃鱼为重点的模式虽然无可厚非，但相比于渔业丰富的生态和景观资源，相比于渔文化的历史厚度和开发潜力，统筹开发利用仍处于起步阶段，产业融合发展链条集中在中低层次，而在观光旅游、康养度假、节庆文化、品牌打造、科学教育方面缺乏深层次挖掘，生态产品和服务转化为经济价值的潜力没有得到充分挖掘，将自然资源转化为发展机会的创新思维和模式探索不多，导致"两山转化"的效益不高。同时，渔业生态资源、环境保护方面的监督管理缺失，先污染后治理的生态风险仍然存在。

（五）新冠肺炎疫情造成较大损失，转型升级压力加大

2020年新冠肺炎疫情的出现，对我国渔文旅融合发展造成了严重影响。成本收益上看，渔文旅融合的"假日经济""客流经济"特征明显，疫情导致客流锐减，经营收入受到直接影响。为应对疫情，各地采取了交通管制、人员限制、企业停产等措施，导致生产经营陷入停滞或半停滞状态，一些经营主体收入骤降、渠道不畅、库存上升、成本压力加大，经营主体流动资金缺乏，生存压力骤增，乡村旅游产业供应链、产业链遭到一定程度的破坏。休闲渔业主体具有规模较小、资源禀赋不足、风险防范和承受能力低的特点，在疫情冲击下受到的影响更大，不少主体停业或转型，行业遭受较大冲击。如2020年一季度北京市乡

村旅游收入 4 261.4 万元,同比下降 69.7%;接待 59.6 万人次,同比下降 72.2%。渔业经营困难也导致产业融合发展受挫,不利于转型创新,产业融合的新模式、新业态发展受到一定程度的抑制。客流来源和需求上,以往大客流量的基数支撑不复存在,不聚集、不扎堆的要求促使人们对渔文旅项目的选择更加注重环境空旷优美、产品和服务优质且有特色、产业融合进一步提档升级,品质要求不断提高,这些对渔文旅高质量融合发展提出了更高的要求。

四、推进渔文旅产业融合发展的政策建议

我国水域辽阔、渔业资源丰富、渔业生产模式多样、渔文化底蕴深厚,发展渔文旅产业融合的条件优越。当前,我国渔业发展的主要矛盾已经转化为人民对优质安全水产品和优美水域生态环境的需求,与水产品供给结构性矛盾突出和渔业对资源环境过度利用之间的矛盾。渔文旅产业融合发展是推进渔业供给侧结构性改革和绿色高质量发展的关键抓手,有利于满足城乡居民对美好环境和生活的需求,促进渔民就业增收,助力实施乡村振兴战略,加快生态文明建设,繁荣农村文化等。当前渔文旅融合发展需要挖掘渔业文化资源多重价值,破解资源环境约束、提升产业发展质量,需要强化政策引导,优化体制机制,深挖传统渔业文化资源,推进渔业与文化、科技、生态、旅游、扶贫、科普的融合,形成新的经济增长点和消费热点,构建综合发展的新格局。

(一)加强规划引领,开展基础研究

实践表明,渔文旅产业融合发展比较好的地区,都有较为系统科学的产业发展规划引领,如《青田稻鱼共生系统保护与发展规划(2016—2025 年)》《休宁县山泉流水养鱼系统保护与发展规划》等。各地应按照"适应市场、因地制宜、合理布局、突出特色、发挥优势"的原则,结合自身资源禀赋和渔业发展状况,深入分析区域特色和市场潜力,科学制定产业融合发展规划,并纳入现代渔业发展规划和当地经济发展总体规划,明确渔业、文化和产业资源的挖掘、保护与利用的总框架,推动渔文旅融合高起点、高起步、高质量发展。加大渔业多元价值和文化资源的研究力度,增强动态保护与科学利用的理念,由农业农村部牵头,指导有关地方分流域、分地区、有步骤地开展渔业历史文化资源调查,全面系统研究渔业在历史文化、经济社会、生态景观、科学技术等方面的丰富内涵,不仅将传统生产中的水系、山林等自然环境及房屋、道路、交通等人文景观列为对象,还要把传统生产技术、生产经验、劳动工具、特有品种与生物资源,以及精神

信仰、风俗习惯、道德价值观念等活态文化纳入研究保护范围,强调渔业文化资源的整体性、动态性,加强对渔文化适应性保护与管理,夯实渔文旅融合发展的研究基础。

(二) 优化政策措施,引导渔文旅高质量融合发展

加强顶层设计,完善渔文旅产业政策支撑体系。将重要渔业品种、作业方式和生产体系纳入文化遗产保护项目,加大政策引导支持力度,积极搭建平台,打造精品休闲渔业示范基地,鼓励创建休闲渔业小镇和美丽渔村,创建一批有影响力的渔文旅融合活动品牌,打造符合渔文旅产业发展规律特点、具有广泛影响力的渔文旅融合活动。畅通投融资渠道,在资金、税收、土地、价格等方面提供优惠支持,加大基础设施建设力度,将休闲渔业的公共基础设施建设纳入当地基础设施建设规划予以支持,将渔文旅融合发展纳入现有渔业产业政策体系,创造良好政策环境和发展氛围。创新融资模式,建立健全金融服务体系。健全监管服务政策体系,在市场准入、产品服务、旅游开发、环境保护等方面进一步推进规范管理、规范经营。把握消费需求,全面构建高质量产品供给体系。强化政府推动和项目的示范引领,促进"渔业＋全域旅游""生态养殖＋生态旅游""休闲渔业＋海洋牧场""休闲渔业＋田园综合体"等产业融合项目创新发展,进一步提升渔文旅融合发展层次。

(三) 优化人才培训工作,提高从业人员整体素质

渔文旅产业高质量发展,人才是关键。加大人才引进力度,在人才培养、科技研究、资源产品开发和技术推广等方面,与高校、企业、科研院所等建立全方位产学研合作,推动人才与产业融合发展为渔文旅产业高质量发展提供人才和智力保证。紧扣特色产业资源,积极整合各类人才资源,组建专家技术服务团队,强化技术指导,以"人才链"提升"产业链"。持续开展生态健康养殖、休闲渔业、渔业文化等特色产业技能培训,建立多渠道、多层次、多形式的培训体系,提高培训的针对性、有效性和及时性,培养各类特色产业相关的农村实用人才,提升从业人员的综合素质、专业技能和服务水平,培养一支带头引领示范、带强产业发展、带动群众致富的产业人才队伍。加强基层治理工作力量,形成渔业、文化、旅游多部门协作机制。加强对地方主管部门和基层工作人员的培训,提升其对渔文旅产业融合发展的认识,系统、科学开展渔文旅产业规划和增强工作落实的协调性,促进行业协会、民间组织和科研机构等社会力量广泛参与渔文旅资源保护和开发工作。

（四）创新发展模式，打造公共品牌

从供需两端发力，因地制宜，充分利用当地资源优势，开发渔业独特的自然资源、生产方式、民俗文化、风土人情、传统饮食等多元价值，着眼渔业发展特色，讲好"海洋、湖泊、江河"故事，把当地渔村、渔业、渔民的生产、生活方式转化为多元有序的开发方式，多角度选择产业融合切入点，精心推出研学旅游、影视旅游、非遗旅游、文博旅游和乡村旅游等，深挖渔业潜力，以文促旅，以旅彰文，创造新模式，满足不同层次人群的消费需求，让游客参与其中，欣赏渔村美景、体验渔村文化、了解渔家民俗。打造文化产业园、田园综合体、乡村旅游等多元载体，推动渔文旅产业成为新经济的重要形态、支柱产业。优化渔业相关资源布局，努力做大做强跨界交互、叠加衍生、有独特竞争力的文旅融合产业链群。

突出科技支撑，开展水产健康养殖创建活动，在做好资源调查基础上，科学确定养殖品种和容量，因地制宜划定休闲渔业产品和服务范围。找准产业结合点，坚持渔业生态、渔业科技、渔业历史文化、渔业饮食、渔业艺术形式的核心要素特色，着眼大众消费，拓展创新美食、民宿和夜经济等传统业态，着重推进红色旅游、旅游演艺、文化遗产旅游等已有融合业态提质升级，着眼推广研学旅游、康养旅游和婚庆旅游等个性特色新业态，促使文旅融合产业产品人气旺、点赞多、效益好。突出品牌创建，充分发挥地区资源优势，利用电视、广播、报纸、网络等多种媒体扩大宣传，对产品线路规划、地区特色产品发展等进行联合营销，创建推介地区品牌，提高知名度、影响力和吸引力，逐步形成规模和区域特色，强化创新引领，鼓励先行先试，开展资源开发、综合利用等方面的创新探索，提升精品思维，积极探索发展新模式，加快形成可复制、可推广的创新经验、创新模式。

（五）坚持绿色发展，擦亮生态底色

渔业发展的根基在于资源。要重视恢复和保护江河水生生物资源，做好长江禁渔工作、黄河流域生态保护和高质量发展，坚决扭转渔业资源逐年萎缩的趋势，促进生态环境的有效恢复，确保渔业的可持续发展。突出绿色发展，突出生态产品和服务价值，健全生态保护补偿机制，将具有桑基鱼塘、淡水珍珠养殖、稻渔综合种养等农业文化遗产景观的特色渔区渔村划入生态产品价值实现机制试点范围，探索政府主导、企业和社会各界参与、市场化运作、可持续的生态产品价值实现路径，要在严格保护生态环境的前提下，建立生态产品保护、生产、流通、消费、增值全过程价值实现机制，推动绿水青山转化为金山银山。

渔文旅融合发展过程中必须坚持保护生态环境，充分考虑生态环境的承载能力,禁止对自然资源的过度开发利用,不能以牺牲水域生态环境为代价来换取经济效益,必须统筹考虑资源和环境承载能力,不能一哄而起、盲目无序发展,应统筹做好资源的挖掘、保护、传承、开发利用工作,实现经济效益、社会效益、生态效益相统一,促进产业健康、持续和绿色发展。

第三部分
渔业绿色发展与消费转型

第十一章
中国淡水养殖业绿色发展:提质增效与未来路径

　　中国淡水养殖业发展迅速,为满足国民对优质动物蛋白的需求与提升人民生活品质作出了巨大贡献。国家统计局数据显示,1950 年,中国淡水产品总产量仅 36.00 万吨,人均拥有量仅 0.65 千克,到 2020 年,中国淡水产品总产量已达到 3 234.64 万吨,人均占有量为 22.91 千克,分别是 1950 年的 89.85 倍和 35.25 倍。其间,中国国民人均寿命从 35 岁提高至 77 岁,同时人民的营养健康状况显著改善[1]。2013 年中国人均摄入能量、蛋白质与脂肪量分别比 1961 年提高了 1.2 倍、1.5 倍、5.5 倍[2]。不仅如此,2020 年中国水产养殖产业总产值高达 13 517.24 亿元,其中淡水养殖业实现产值 6 387.15 亿元,不仅增加了养殖户的收入[3],还满足了国民的基本营养物质需求,也保障了国家的粮食安全。

　　纵然如此,淡水养殖行业在生态振兴视域与绿色健康养殖目标下仍然存在诸多问题,亟待解决。生态振兴是乡村振兴的重要支撑,良好的生态环境是未来中国农村发展最大优势和财富。乡村振兴战略对淡水养殖行业提出了更高的目标:以实施乡村振兴战略为引领,以满足人民对优质水产品和优美水域生态环境的需求为目标,以推进供给侧结构性改革为主线,以减量增收、提质增效为着力点,加快构建水产养殖业绿色发展的空间格局、产业结构和生产方式,推动我国由水产养殖业大国向水产养殖业强国转变[4]。然而,现阶段中国的淡水养殖行业仍然存在诸多矛盾:一是养殖产量供给与产品质量提升之间的矛盾;二是水体环境优化与提质增收的矛盾;三是结构调整与固有生产方式之间的矛

---

① 国务院办公厅.国民营养计划(2017—2030 年)[Z].2017 - 06 - 30.

② 高杨.收入增长对农村贫困人口食物与营养保障的影响研究[D].北京:中国农业大学,2020.

③ 《2021 中国渔业统计年鉴》提到,对全国近 1 万户渔民家庭当年收支情况的调查显示,渔民人均纯收入已经达到 21 837.16 元,比上年增加 728.87 元、增长 3.45%。

④ 农业农村部,生态环境部,自然资源部,等.关于加快推进水产养殖业绿色发展的若干意见[Z].2019 - 01 - 11.

盾;四是产品市场竞争力与产品同质化之间的矛盾;五是绿色养殖与面源污染之间的矛盾。因此,当前中国淡水养殖业正面临着从传统养殖到绿色健康养殖模式的转型问题。无论是从提升淡水产品质量、保障人民身体健康等微观视角,还是从保护水体生态环境、提升水产品国际竞争力与保障国家粮食安全的宏观视角,推进淡水养殖行业的绿色健康发展均显得十分必要。

淡水养殖业发展绿色健康养殖不仅是水产业发展的大势所趋,更是各级政府和全社会关心的热点问题。早在十八届五中全会,中央政府就强调了要推进绿色发展,并明确提出了"绿色发展"的基本理念。在当前淡水资源及面源污染问题日益突出的背景下,绿色健康发展必然成为淡水养殖业改革的重要方向①。2015 年 9 月,中央及时出台《生态文明体制改革总体方案》,明确指出要"加强水产品产地保护和环境修复,控制水产养殖,构建水生动植物保护机制"。为了促进中国淡水养殖业的健康可持续发展,加快推进淡水养殖业转方式、调结构,2016 年,《农业部关于加快推进渔业转方式调结构的指导意见》发布,提出"提质增效、减量增收、绿色发展、富裕渔民"的要求,从而加快转变渔业发展方式。2016 年以来,农业农村部印发了一系列政策文件②,提出了合理布局淡水养殖产业,划定禁养区、限养区和养殖区等不同区域,鼓励发展生态养殖、稻渔综合种养模式。2017 年,农业部发布《全国渔业发展第十三个五年规划》,提出以健康养殖、适度捕捞、保护资源、做强产业为方向,大力推进渔业供给侧结构性改革;提出通过创建绿色养殖示范县、大力鼓励发展稻渔综合种养模式、推广健康养殖新技术等方式带动淡水水体环境污染治理。2019 年,农业农村部等十部委印发了《关于加快推进水产养殖业绿色发展的若干意见》,围绕加强科学布局、转变养殖方式、改善养殖环境等重点作出全面部署,进一步优化水产养殖业绿色发展的空间布局、产业结构和生产方式,推动我国由水产养殖业大国向水产养殖业强国转变。该意见也要求对传统淡水养殖池塘实施升级改造,推进养殖尾水治理。同年,农业农村部召开渔业高质量发展推进会,明确进一步推进渔业高质量发展的工作思路和重点。推动渔业高质量发展,增加市场有效供给,不断满足城乡居民日益增长的消费需求,是今后一个时期渔业供给侧结构性改革的主要任务。2020 年制定与细化了生态健康养殖模式、尾

---

① 操建华. 水产养殖业的绿色发展模式与生态支持政策案例研究——以江西、烟台和安吉为例[J]. 农村经济,2018,(05):34—39.

② 参见 2016 年 12 月印发的《养殖水域滩涂规划编制工作规范》《养殖水域滩涂规划编制大纲》,2017 年印发的《2017 年农业面源污染防治攻坚战重点工作安排》《"十三五"农业科技发展规划》,2019 年 4 月印发的《2019 年农业农村绿色发展工作要点》,2021 年 4 月印发的《农业农村部办公厅关于做好 2021 年高素质农民培育工作的通知》。

水治理、用药减量等行动方案。2021年明确提出了促进淡水养殖业提质增效、建设国家级水产健康养殖和生态养殖示范区的具体要求。可以说，相关部门对渔业绿色健康发展不可谓不重视，但近年来淡水水体养殖环境持续恶化(面源污染严重)、水产品质量不高(产品同质化严重、缺乏知名品牌)、产业结构不合理等问题仍然大量存在。

面对淡水养殖业绿色健康发展过程中的众多难题，已有文献也进行了大量的探讨。早在1999年，胡嘉猷[1]对湖北淡水养殖业发展的研究中就提出，湖北省淡水资源丰富，未来需要推广大水面和稻田养殖技术，推广鱼稻、鱼蟹共生模式。为此，陈诗波与李崇光[2]还分析了湖北省水产业发展的优势，得出湖北省是千湖之省，水产品资源丰富、自然条件得天独厚。夏春萍与董蓓[3]从经济、社会、资源和环境4个方面进一步测算了省级水产业的可持续发展水平，认为湖北、天津的优势最为突出，但也指出湖北省淡水养殖模式粗放且缺乏特优产品，经济效益偏低。阳小华[4]认为湖北省水产业发展存在单位产出低、核心竞争力弱、加工水平低、产品质量标准体系不健全等问题。除了对湖北省的淡水养殖产业的关注外，吴赘等[5]还对鄱阳湖淡水渔业进行研究，甚至认为鄱阳湖已经出现了"公地悲剧"，原因是市场失灵和政府缺位。同样，王敏等[6]对内蒙古的达里诺尔湖进行了分析，提出了淡水湖泊养殖业高质量发展的路径：修复流域生态、创建品牌与延伸产业链。为了探究淡水产业生产效率，孙炜琳等[7]测算了全国18个淡水养殖省的技术效率，得出淡水养殖业技术效率主要受到加工率和受灾率的影响。因此，陈洁等[8]认为养殖技术进步显得尤为重要，而且当下养殖户对淡水产业的科技进步的需求十分强烈。为了解决淡水养殖产业存在的现实问题，高强[9]提出要保护和恢复淡水渔业资源，加强淡水流域生态保

① 胡嘉猷.湖北省水产业可持续发展对策[J].理论月刊,1999(12):90—91.

② 陈诗波,李崇光.湖北省淡水产业发展的对比分析[J].生态经济,2007(5):125—129.

③ 夏春萍,董蓓.我国省域渔业可持续发展水平测度及时空演变特征分析[J].农业技术经济,2014(12):118—126.

④ 阳小华.湖北水产业发展问题探索[J].湖北社会科学,2008(1):94—96.

⑤ 吴赘,吴芳春,吴良成.生态经济视野下鄱阳湖渔业发展研究[J].企业经济,2011,30(3):98—101.

⑥ 王敏,冯相昭,赵梦雪,等.达里诺尔湖流域高质量发展路径研究[J].环境保护,2019,47(22):64—66.

⑦ 孙炜琳,刘佩,高春雨.我国淡水养殖渔业技术效率研究——基于随机前沿生产函数[J].农业技术经济,2014(8):108—117.

⑧ 陈洁,朱玉春,罗丹,等.中国淡水养殖业的科技瓶颈与突破[J].管理世界,2010(11):61—67.

⑨ 高强.资源与环境双重约束下渔业经济发展战略研究[J].农业经济问题,2006(1):29—33,79.

护,优化淡水渔业产业结构;辛岭、陈洁等[1]和蒋高中等[2]提出要加快淡水渔业产业科技创新,转变淡水渔业经济发展模式等良策。

综上所述,已有文献对于淡水养殖业的研究不可谓不丰富,为后续的研究提供了丰富的资料。但是,在仔细研学后仍然能发现以下几点不足。第一,关注淡水养殖问题、养殖技术者多,对于淡水养殖可持续发展模式的深入探讨少,而对近年来政府提出的淡水养殖业的绿色健康发展的关注更显不足。2020 年,淡水养殖产品已经占水产品总量的 49.4%,产值占 53.0%,表明增加对淡水养殖业的关注对于增加渔业经济效益更为重要。第二,就水产养殖业的具体环节来讲,已有研究侧重于对水产业绿色健康养殖的某一环节的介绍,例如原料获取、生产管理、生态环境治理等环节;或偏向于某一物种,如养殖贝类[3]、养殖鱼类[4]等,而忽视了从养殖投入到水产品产出整个产业过程的系统性分析。目前仅能检索到的系统而富有针对性的研究,如俞洋等[5]、吴一平等[6],虽然是研究绿色健康养殖话题,但主要关注的是生猪产业,缺乏对淡水产业的绿色健康养殖的关注。水产行业与淡水产品的重要性决定了相关研究的必要性:水产品大约为 31 亿人提供了将近五分之一的动物蛋白,已是人类食物蛋白质的第三大来源[7]。

与已有研究不同的是,本章在生态振兴、绿色健康养殖的目标要求下,从淡水养殖行业的发展历程、养殖面积、养殖结构等方面出发,分析了整个淡水产品行业的质量安全问题,为加强针对性,重点以大水面养殖、池塘养殖和稻渔综合种养模式中的稻鱼模式、虾稻共作模式等绿色健康养殖模式为例,深度解析了3 种绿色养殖模式的经济效益、生态效益,并最终给出了中国淡水养殖业绿色健康发展未来路径的建议,以期为实现"产品增质、渔民增收、产业变绿、水域生态优化"的战略目标建言献策。

[1] 辛岭,陈洁,等. 我国渔业现代化发展水平评价研究[J]. 中国农业资源与区划,2020,41(11):140—149.

[2] 蒋高中,李群,明俊超,等.中国古代淡水养殖鱼类苗种的来源和培育技术研究[J].南京农业大学学报(社会科学版),2012,12(3):88—93.

[3] 王波,韩立民.我国贝类养殖发展的基本态势与模式研究[J].中国海洋大学学报(社会科学版),2017(3):5—12.

[4] 高强.资源与环境双重约束下渔业经济发展战略研究[J].农业经济问题,2006(1):29—33,79.

[5] 俞洋,刘向华,宋宇,等.政府规制、双重嵌入性治理与绿色健康养殖行为——以河南省为例[J].农业技术经济,2021(6):66—83.

[6] 吴一平,俞洋,刘向华,等.规模化猪场绿色健康养殖行为分析——基于三维协同分析框架[J].农业技术经济,2020(6):116—130.

[7] 联合国粮食及农业组织.2016 年世界渔业和水产养殖状况:为全面实现粮食和营养安全做贡献[M].罗马:联合国粮食及农业组织,2016.

一、中国淡水养殖业发展的现状

（一）中国淡水养殖业的发展概况

改革开放以来,中国水产养殖面积迅速扩大、发展迅猛。1978—2005 年,中国淡水养殖面积逐年增加,2005 年达到 586.37 万公顷,但 2006 年迅速下跌至 425.38 万公顷;随后开始快速增长,到 2015 年达到淡水养殖面积的峰值,为 614.72 万公顷,此后的 2016—2019 年,淡水养殖面积缓慢下降,2019 年为 511.63 万公顷。虽然淡水养殖面积变化的历史阶段中以及近几年均出现了大幅度下跌现象,但是淡水产品总量仍然保持了稳健增长态势,除了捕捞量增加和养殖密度加大的原因之外,淡水养殖产业技术革新使得生产效率逐步提升,表现为单位面积产量的持续上升:从 1978 年的 21.86 千克/亩提升至 2019 年的 833.39 千克/亩。这也显示了中国渔业确实逐步在实现中央"缩减养殖面积、推进水产养殖业绿色发展"的政策目标。水产养殖面积的迅猛扩张也带动了产量的快速增加。从历史维度来看,中华人民共和国成立时全国的水产品总产量仅为 44.80 万吨,人均拥有量仅 0.83 千克[①],20 世纪 80 年代末至 90 年代初期,中国渔业开始腾飞、快速增长,到 2020 年,全国水产品总产量高达 6 549.02 万吨,比上年增长 1.06%,国民人均占有量高达 46.39 千克[②],分别是中华人民共和国成立时的 146.18 倍、55.96 倍;淡水产品产量从 1950 年的 36.00 万吨,增长至 2020 年的 3 234.64 万吨,年均增长率为 7.13%(见图 11.1)。

中国水产养殖结构持续优化,人工养殖成为淡水养殖产业的主导。从整个水产养殖业结构来看,改革开放初期,淡水产品仅占水产品总产量的 23.8%,而淡水产品的养殖面积却是海水产品养殖面积的 27.1 倍,养殖结构不合理。此后,进入水产养殖结构调整的漫长阶段,淡水养殖面积逐年上升,淡水产品产量也持续快速上升,到 2020 年,淡水产品的全年产量高达 3 234.64 万吨,淡水产品、海水产品的产量之比已经调整为 49.4∶50.6,而淡水产品、海水产品的养殖面积之比已调整为 2.6∶1。可见,中国水产养殖业结构调整取得明显效果,养殖结构持续优化与合理化。就淡水渔业内部结构来说,1978 年以来,天然野生的淡水产品逐年减少,而人工养殖的淡水产品产量占比飞速上升,到

---

① 根据 1949 年全国 5.4 亿人口计算。
② 根据第七次全国人口普查结果,全国人口为 14.12 亿人。

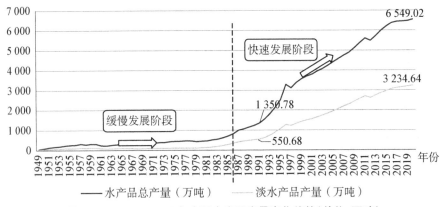

图 11.1　1949—2020 年中国水产品产量变化趋势（单位：万吨）

数据来源：国家统计局

2020 年，人工养殖产品已经成为水产品的绝对主导，占比高达 95.5%；淡水产品的内部结构调整也取得了明显效果，鱼类从 1978 年的 94.2% 下降到 2020 年的 83.4%，虾蟹类产品的占比逐年上升到 13.7%(见表 11.1)。

表 11.1　1978—2020 年中国淡水产品结构

年份	淡水产品产量(万吨)			人工养殖占比(%)	淡水产品结构(%)			
	总产量	天然生产	人工养殖		鱼类	虾蟹类	贝类	其他
1978	105.87	29.64	76.23	72.0	94.2	3.6	2.2	0.0
1980	124.00	33.85	90.15	72.7	93.8	4.2	2.0	0.0
1982	156.20	35.50	120.70	77.3	94.7	3.6	1.7	0.0
1984	225.00	43.90	181.10	80.5	96.4	2.3	1.3	0.0
1986	348.20	53.80	294.40	84.5	96.6	1.8	1.6	0.0
1988	455.20	65.40	389.80	85.6	96.8	1.9	1.3	0.0
1990	523.72	78.30	445.42	85.0	96.4	1.8	1.4	0.4
1992	623.47	90.10	533.37	85.5	96.0	2.0	1.7	0.3
1994	901.73	116.69	785.04	87.1	95.3	2.3	1.7	0.7
1996	1275.22	176.27	1098.95	86.2	92.4	2.8	3.8	1.0
1998	1338.11	197.51	1140.60	85.2	92.0	3.9	3.0	1.1
2000	1502.32	193.44	1308.88	87.1	90.4	5.1	2.7	1.8
2002	1656.40	194.71	1461.69	88.2	89.2	6.4	3.0	1.4
2004	1842.09	209.60	1632.49	88.6	88.7	7.2	2.5	1.6
2006	2073.97	220.38	1853.59	89.4	87.9	8.1	2.5	1.5
2008	2297.32	224.82	2072.50	90.2	87.0	9.1	2.2	1.7
2010	2575.47	228.94	2346.50	91.1	86.4	9.6	2.1	1.9
2011	2695.16	223.23	2471.93	91.7	87.0	9.2	2.0	1.8

年份	淡水产品产量(万吨)			人工养殖占比(%)	淡水产品结构(%)			
	总产量	天然生产	人工养殖		鱼类	虾蟹类	贝类	其他
2012	2 612.53	204.02	2 408.51	92.2	85.6	10.3	2.1	2.0
2013	2 751.87	204.17	2 547.69	92.6	86.0	10.1	1.9	2.0
2014	2 865.70	202.49	2 663.17	92.9	86.2	10.1	1.8	1.9
2015	2 978.70	199.34	2 779.34	93.3	86.3	10.1	1.7	1.9
2016	3 078.20	200.33	2 877.89	93.5	86.2	10.3	1.7	1.8
2017	3 123.60	218.30	2 905.29	93.0	86.5	10.3	1.5	1.7
2018	3 156.23	196.39	2 959.84	93.8	85.3	11.7	1.3	1.7
2019	3 197.87	184.12	3 013.74	94.2	84.0	13.0	1.2	1.8
2020	3 234.60	145.80	3 088.90	95.5	83.4	13.7	1.1	1.8

注:1978—2019年数据来源于国家统计局、中国国家粮食局,2020年数据来源于《2020年全国渔业经济统计公报》

总之,无论是淡水产品产量还是整个水产业均呈现出了较为明显的阶段性特征,结构调整取得了明显效果。人工养殖的淡水产品产量大幅提升,而天然生产淡水产品产量越来越少。在不同淡水产品的产量方面,鱼类的产量不断提高,但比重逐年下降;虾蟹类的产量增长较快,比重也不断上升,这主要归功于大量人工养殖(养殖面积的大幅扩张)及养殖技术的提高。这表明随着经济发展水平的提高,中国消费者的淡水产品消费结构从常规走向多样,虾蟹类等"高端"水产品的消费增加。那么,淡水产品养殖面积和产量大幅度增加,是否意味着养殖户的经济效益大幅度增长? 接下来我们将浅析淡水养殖业的经济效益。

(二) 中国淡水养殖业的经济效益

中国淡水养殖业的快速发展给养殖户带来了巨大经济效益,淡水产品的人均产值逐年提升。由表 11.2 可知,随着淡水渔业快速发展,淡水产品产量大幅度提升,淡水渔业产值也大幅提高,由 1990 年的 203.8 亿元增加到 2020 年的 6 783.4 亿元,年均增长高达 219.32 亿元;淡水养殖户人均收入大幅增加,由 0.14 万元增加到 3.94 万元,年均增长 1 266.67 元。人均淡水产品产值占人均水产品产值的比重从 49.63% 增加到 53.10%,其中人均养殖淡水产品产值占人均淡水产品产值的比重已高达 87.01%。另外,1990 年我国渔业产值仅 410.60 亿元,到 2020 年快速增加到 12 775.9 亿元,年均增长 412.18 亿元;同期,渔民人均产值从 1990 年的 0.29 万元增加到 2020 年的 7.42 万元,年均增加 2 376.67 元。《2020 年全国渔业经济统计公报》显示,根据对近 1 万户渔民的调查,渔民人均纯收入为21 837. 16元,年度增长率为3. 45%①。无论从淡水养殖户的人均总收入和纯收入来看,还是从整个水产业的产值利润来看,水产养殖户都获得了巨大的经济收益。

表 11. 2   1990—2020 年中国淡水产业产值与养殖户收入

年份	水产品		淡水产品			占比 *（%）
	总产值（亿元）	人均产值（万元/人）	总产值（亿元）	人均产值（万元/人）	人均养殖产值（万元/人）	
1990	410.6	0.29	203.8	0.14	0.11	49.63
1995	1701.3	1.01	825.2	0.49	0.42	48.50
2000	2712.6	1.40	1403.8	0.72	0.61	51.75
2001	2815.0	1.45	1469.7	0.76	0.65	52.21
2002	2971.1	1.45	1560.2	0.76	0.66	52.51
2003	3137.6	1.51	1017.0	0.49	0.62	32.41
2004	3605.6	1.72	156.9	0.93	0.75	54.27
2005	4016.1	1.94	2198.1	1.06	0.91	54.73
2006	3970.5	1.95	2094.0	1.03	0.85	52.74
2007	4427.9	2.10	2427.0	1.15	0.97	54.81
2008	5137.5	2.45	2863.0	1.37	1.14	55.73
2009	5514.7	2.65	3088.0	1.48	1.26	56.00
2010	6263.4	3.01	4702.0	2.26	1.40	75.07
2011	7337.4	3.56	4142.8	2.01	1.47	56.46
2012	8403.9	4.05	4717.9	2.27	1.62	56.14
2013	9254.5	4.48	5247.1	2.54	2.05	56.70
2014	9877.5	4.85	5690.1	2.80	2.14	57.61
2015	10339.1	5.13	5877.5	2.91	2.04	56.85
2016	10892.9	5.52	5809.9	2.94	2.52	53.34
2017	11577.1	5.99	6068.6	3.14	2.59	52.42
2018	12131.5	6.46	6348.4	3.38	2.93	52.33
2019	12572.4	6.88	6628.9	3.63	3.17	52.73
2020	12775.9	7.42	6783.4	3.94	3.43	53.10

注:数据依据历年《中国渔业统计年鉴》中的"渔业人口"计算。＊表示计算淡水产品的人均产值占水产品人均产值的比重

总之,20 世纪 90 年代以来,中国淡水养殖业取得了巨大的进步,为保障国民的水产品消费需求、提升人民生活品质(动物蛋白供应)作出了巨大贡献。淡水产品单产快速提高的原因是:养殖技术的进步、养殖密度的增大与养殖投入

① 参见《2020 年全国渔业经济统计公报》。

的增加。渔业结构发生了较大的变化,淡水养殖产品产量已经和海水养殖产品产量旗鼓相当。淡水产品的单产与产量迅速增长,大幅度提升了水产养殖户的收入。但值得思考的是,在生态振兴的绿色健康养殖目标与居民消费方式从数量导向型转为质量导向型的双重背景下[①],淡水产品的质量是否得到保障甚至逐年提升呢?淡水产品产量的增加是否可持续?水域生态系统能否维持,甚至得到优化?是否存在值得推广的绿色健康的生态养殖模式?这些问题关系到渔民增收、国家食品安全和生态安全等战略性方针。因此,接下来将深入分析阻碍中国淡水养殖业提质增效的现实问题。

二、中国淡水养殖业提质增效的现实阻碍

(一)淡水产品存在质量安全隐患

无论是通过已有文献还是计算水产养殖业的中间消耗[②],都可以看出水产品存在质量安全隐患,与"绿色健康发展"目标有所偏离。无论是早期文献还是最新研究都对水产品的质量安全问题表示担忧:卢东等[③]的研究指出,随着中国水产养殖业规模快速增大,水域生态环境日益恶化、污染严重,主要是渔民滥用药物等影响了水产品质量和水体环境。江希流等[①]的研究认为,激素、抗生素、重金属、农药残留等污染物在水产养殖品中超标,影响了水产品的营养健康与质量安全。事实上,水产养殖污染的主要来源,一是养殖水产品需要的直接投入品对水体的污染,二是饲料残留和药物残留对土壤和水体的污染。水产业的中间消耗占农林牧渔业总中间消耗的比重变化趋势可以大致反映出中国水产品质量下降问题(见图11.2)。

图11.2中,浅灰色实线表示实际的渔业中间消耗占农林牧渔业中间消耗比重,浅灰色虚线表示其线性趋势;黑色实线表示水产品产量占主要农产品产

---

① 张瑛,赵露.中美水产品消费需求对比研究及其启示[J].中国海洋大学学报(社会科学版),2018(5):77—84.

② 依据国家统计局的划分,渔业中间消耗包括中间物质消耗(包括用种量、饲料、燃料、用电量、办公用品购置与其他物质消耗)、生产服务支出(包括修理费等11项)。由于无法查到淡水养殖业的中间消耗,因此这里以整个水产业的中间消耗来反映。

③ 卢东,席运官,肖兴基,等.中国水产品质量安全与有机水产养殖探讨[J].中国人口·资源与环境,2005(2):85—88.

④ 江希流,华小梅,朱益玲.我国水产品的生产状况、质量和安全问题及其控制对策[J].农村生态环境,2004(2):77—80.

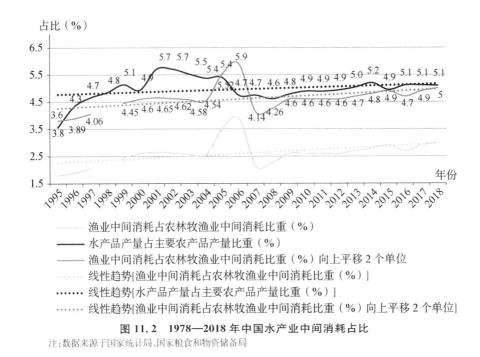

图 11.2　1978—2018 年中国水产业中间消耗占比

注:数据来源于国家统计局、国家粮食和物资储备局

量的比重,黑色虚线表示其线性趋势;为了便于观察分析,将浅灰色实线上移 2 个单位,得到深灰色实线,将浅灰色虚线(趋势线)上移 2 个单位,得到深灰色虚线(趋势线)。结果可知,渔业中间消耗占农林牧渔业中间消耗比重与水产品产量占主要农产品产量比重之间的差距随着时间推移而明显变小,这表明,近年来生产出同样多的水产品需要增加饲料等更多的中间消耗;即同样的水产品和养殖水体需要更多的物质消耗,从而降低了水产品质量和恶化了水体生态环境。因此,健康绿色养殖产业和模式是在生态振兴目标下未来水产业发展的必经之路。

(二)淡水养殖水体污染日益严峻

相关数据显示,全国淡水河湖每天大约要承接 1 亿吨未处理的污水,淡水养殖水体环境日益恶化。全国的主要淡水水系均受到不同程度的污染,35 个大型淡水湖泊中有 17 个已经被严重污染;同时,全国 30% 的淡水水体已经无法开展鱼类养殖活动,25% 的淡水水体甚至不能用于灌溉土地。被污染的淡水水体环境已经给人类的养殖业发展带来了巨大的挑战。以云南滇池为例,大约60 万亩水体已经被用作昆明城市发展的“下水道”,年均排入污水 1.85 亿吨,水质污染严重,富营养化导致藻类大量繁殖,挤占了鱼类的生存空间,大批鱼类死亡且种群和多样性逐年锐减,滇池的养殖产量只有原先的几分之一。虽然,当地政府近十几年来投入了多达56亿元的水体治理费用,但整个水域水质很难实现根本性的好转。除了城市和工业排污导致水污染之外,有研究显示,淡水养殖业中的网箱养殖模式,是导致淡水水域环境恶化的重要推手,淡水湖泊也呈现出沼泽化的趋势;如东太湖的沼泽化趋势和水产品产量下降尤为明显,原因仍然是网箱养殖导致污染加剧[①]。兰书斌等(2011)对山东省南部的4个淡水湖的调查得出,调查样本区域内90%的水体退化严重,已经处于沼泽化进程中,一半以上的水体重度沼泽化,其原因是当地人对水资源的利用不合理、外源污染物输入和湖泊富营养化水平不断提升[②]。不仅如此,淡水水域养殖业的掠夺性开发(包括网围面积过大、投放鱼类品种不当等)使原有的水草资源遭到破坏,水生动植物的多样性逐渐丧失,不利于中国淡水养殖业的未来发展[③]。

总之,无论是从水产养殖业中间消耗还是从淡水水体污染的事实来讲,都可以清晰地得出"淡水产品质量下降"的一般性结论。因此,未来中国应该大力推广和发展绿色健康养殖模式,来逐步改善水产品质量和优化水域生态环境。

三、中国淡水养殖业提质增效的典型模式

(一) 典型养殖模式的发展概况

1. 大水面养殖模式

大水面是指中国内陆水域中面积大于5000亩的湖泊、水库、江河、河道和低洼塌陷地等。大水面养殖属于淡水养殖方式,主要包括湖泊养殖、水库养殖和河沟养殖。根据养殖管理模式的不同,又可以分为粗放型的增养殖模式和网箱、网栏、网围等集约化养殖模式。《2020中国渔业统计年鉴》数据显示,中国2019年淡水养殖面积为511.63万公顷,其中大水面养殖面积(包括湖泊、水库与河沟)占45.78%;淡水养殖产量为3013.74万吨,其中,大水面养殖产量占14.17%。

大水面渔业发展历史悠久,经历了天然捕捞、养捕结合、以养为主到发展生

---

① 吴庆龙,胡耀辉,李文朝,等.东太湖沼泽化发展趋势及驱动因素分析[J].环境科学学报,2000(3):275—279.

② 兰书斌,吴丽,张德禄,等.南四湖沼泽化现状及其驱动因素分析[J].湖泊科学,2011,23(4):555—560.

③ 蒋雪英.湖泊水草资源的保护和合理利用是湖泊渔业持续发展的根本措施[J].渔业经济研究,1999(4):8,27—30.

态渔业等发展阶段。

第一阶段:20世纪50年代和60年代,以天然捕捞为主,此阶段大水面渔业产量较低,1950年湖泊、水库及河流等水体的捕捞产量总计36.60万吨,1957年增长到117.93万吨。

第二阶段:1958—1965年,养捕并举方针的确立,推动了中国渔业产量快速提升,1959年总产量达到123万吨,创造了当时的淡水产品产量最高纪录,但仍采用"人放天养"的渔业生产方式。

第三阶段:20世纪80年代和90年代,为了解决"吃鱼难"问题,"三网"养殖(网箱、网围、网栏)和肥水养鱼(使用生活污水或专门施肥)等大水面集约化养殖方式逐渐兴起,集约化养殖成为大水面渔业的主要生产方式。

第四阶段:探索生态渔业阶段。大水面渔业发展方式应该从"以水养鱼"向"以鱼养水"转变。

2. 池塘养殖模式

中国池塘养殖在改革开放以后开始迅猛发展,主要可以划分为3个阶段。

第一阶段:开始集约化养殖阶段。20世纪80年代,该阶段的基本目标是解决消费者"吃鱼难"问题;随着鱼饲料研发,并大量应用于水产养殖业,使得池塘养殖的单产水平大幅提高,从200千克/亩提高到500千克/亩以上。

第二阶段:高产量、高成本阶段。20世纪90年代以后,随着市场需求的增大,池塘淡水养殖开始普遍追求高产;增氧机、投饵机等养殖设备的大范围推广使用以及淡水养殖技术的日渐成熟,使得池塘养殖产量大幅提高,东北、西北、华北地区的淡水养殖单产几乎提高了一倍。辽宁淡水鱼养殖亩产达1500千克,峰值可达2000千克/亩以上,河南省洛阳市的淡水鱼亩产达到1750—2000千克。同时,养殖成本上升,利润空间被压缩,淡水养殖户往往以增产弥补利润率的下降。

第三阶段:转变增长方式阶段。21世纪以后,淡水养殖产品已经基本满足国民的日常消费需求,随着人们收入水平的进一步提升,消费需求逐渐发生变化,开始追求多样性与高质量。

池塘养殖模式目前是中国水产养殖业的支柱。改革开放以来,淡水池塘养殖发展迅速,在中国内陆淡水养殖中所占比重逐年增大,池塘养殖面积占淡水养殖总面积的比重达到52.09%,池塘养殖水产品更是占淡水产品总产量的79.57%。1990—2020年,淡水池塘养殖面积扩大了约85%,增加了1815万亩,池塘淡水产品产量增加了2236.75万吨,是原先的7.64倍,年均增长74.56万吨;池塘养殖的亩均产量由158.76千克增加到653.56千克,是原先的4.12倍(见表11.3)。但是,随着池塘养殖密度的不断增大,水体污染问题逐渐显现,严重影响了水产品质量,进而造成淡水养殖的"增产不增收"。产品质量和渔民收入问题使得人们开始探索健康养殖的新模式,转变增长方式,近年来池塘绿色健康养殖模式开始兴起。

表 11.3　1990—2020 年池塘养殖面积与产量

年份	池塘养殖面积(万亩)	池塘养殖面积占淡水养殖总面积比重(%)	池塘养殖产量(万吨)	池塘养殖产量占淡水养殖总产量比重(%)	池塘养殖平均亩产(千克/亩)
1990	2 123	36.91	337.05	75.59	158.76
1995	2 787	39.79	695.27	73.91	249.47
1996	2 940	40.34	804.25	73.18	273.55
1997	2 991	40.25	892.28	72.15	298.32
1998	3 128	41.05	951.15	71.95	304.08
1999	3 218	41.28	1 019.58	71.70	316.84
2000	3 330	42.06	1 087.65	71.70	326.62
2001	3 429	42.63	1 145.19	71.80	333.97
2002	3 535	43.09	1 215.01	71.72	343.71
2003	3 598	43.05	1 251.51	70.54	347.83
2004	3 644	42.89	1 331.24	70.36	365.32
2005	3 743	42.65	1 409.97	70.20	376.69
2006	3 797	42.06	1 494.51	80.63	393.60
2007	2 761	41.70	1 350.86	68.54	489.27
2008	3 217	43.14	1 459.45	70.42	453.67
2009	3 498	42.99	1 548.85	69.88	442.80
2010	3 566	42.72	1 647.72	70.22	462.13
2011	3 675	42.77	1 743.50	70.53	474.44
2012	3 850	43.45	1 866.42	70.58	484.75
2013	3 935	43.67	1 988.75	70.96	505.43
2014	3 993	43.75	2 090.26	71.20	523.48
2015	4 052	43.94	2 195.69	71.70	541.90
2016	3 671	45.76	2 096.49	72.85	571.16
2017	3 792	47.12	2 122.22	73.05	559.71
2018	4 000	51.82	2 210.97	74.70	552.71
2019	3 967	51.69	2 230.05	74.00	562.14
2020	3 938	52.09	2 573.80	79.57	653.56

数据来源:历年《中国渔业统计年鉴》

3. 稻渔综合种养模式

稻田养殖模式历史悠久,目前在全国发展势头很好。据统计,1993 年全国的稻田养鱼面积为 1 475 万亩,共产出淡水鱼类产品 23 吨,同时还产出口感上佳的优质稻谷约 45 万吨。次年,稻田养殖面积增加到 1 540 万亩,淡水鱼和优质稻谷产量分别增长到 26 万吨、48 万吨[1]。1995 年开始对西部 12 省份稻田养殖面积进行官方统计,当时的数据为 56.17 万公顷(842.55 万亩),占淡水养殖面积的 12.03%,随后呈快速增长趋势,原因是当时政府部门政策的鼓励与支持,强调"稻鱼并重",鼓励稻鱼生产,实现稻田养鱼的一二三产业融合发展[2]。受政策支持的影响,稻田养殖面积从 1995 年开始持续快速增长,到 2011 年达到峰值,为 120.79 万公顷,占淡水养殖面积的 21.09%;但在 2012 年快速回落至 62.62 万公顷,此后一直维持在 65 万公顷左右。2017 年的一号文件提出要尝试将稻田综合绿色健康种养模式作为推动农业供给侧结构性改革的重要举措[3]。因此,稻田养殖产业又开始了新一轮发展热潮(以西南、华中和华东的部分省域为主),目前全国稻田养殖已经初具规模。

表 11.4　2010—2020 年各区域稻渔综合种养面积分布(单位:万亩)

年份	华北				东北			华东				西北
	天津	河北	山西	内蒙古	辽宁	吉林	黑龙江	江苏	浙江	安徽	山东	宁夏
2010	—	9.9	—	3.6	151.9	—	37.5	245.8	126.8	77.0	0.3	5.4
2011	—	5.2	0.4	3.3	152.0	2.2	37.7	224.4	130.3	74.1	0.8	9.3
2012	15.0	3.8	0.4	3.1	138.1	6.0	38.3	200.8	117.8	75.5	0.7	13.7
2013	4.0	4.0	0.4	3.8	146.1	6.7	27.2	188.0	113.1	129.6	9.4	16.7
2014	1.6	2.9	0.4	4.9	157.4	8.8	22.6	176.5	113.1	79.3	0.9	17.1
2015	4.5	1.8	0.4	4.4	122.3	12.3	47.8	164.6	124.6	82.3	2.6	7.2
2016	4.2	1.7	0.4	6.3	90.9	18.8	35.4	166.1	115.7	97.0	2.7	4.3
2017	4.2	2.2	0.4	6.8	77.7	37.9	5.0	197.7	109.7	127.2	3.0	2.6
2018	4.9	3.6	0.4	9.5	77.3	49.8	70.5	361.6	69.7	226.0	3.4	3.2
2019	5.7	2.9	0.4	10.1	88.6	53.9	88.8	288.2	78.0	407.8	5.9	4.4
2020	30.4	3.5	0.0	9.4	10.0	69.5	110.2	340.3	84.9	508.7	7.6	6.1

年份	华中				西南				华南			西北
	江西	河南	湖北	湖南	重庆	四川	贵州	云南	福建	广东	广西	陕西
2010	99.7	1.2	245.1	—	62.3	471.6	174.1	167.9	29.0	8.3	68.3	0.5
2011	14.1	1.1	222.8	—	64.2	457.8	150.4	161.7	28.2	6.9	64.7	0.3
2012	94.6	1.0	278.7	—	60.1	449.1	183.6	164.4	28.9	3.5	64.9	0.3

---

[1] 农业部. 农业部关于加快发展稻田养鱼促进粮食稳定增产和农民增收的意见[Z]. 1994 - 10 - 28.

[2] 农业部. 农业部关于加快发展稻田养鱼促进粮食稳定增产和农民增收的意见[Z]. 1994 - 10 - 28.

[3] 中共中央, 国务院. 中共中央国务院关于深入推进农业供给侧结构性改革加快培育农业农村发展新动能的若干意见[Z]. 2016 - 12 - 31.

年份	华中				西南				华南			西北
	江西	河南	湖北	湖南	重庆	四川	贵州	云南	福建	广东	广西	陕西
2013	90.2	0.7	268.5	284.3	61.5	452.3	208.3	167.7	28.1	3.6	66.6	0.4
2014	95.1	1.1	288.9	248.4	56.0	460.4	226.5	170.1	27.9	5.1	67.7	1.3
2015	96.2	2.0	301.3	257.1	55.2	463.4	229.7	167.1	27.7	5.0	68.1	4.7
2016	95.4	1.9	380.8	272.9	51.4	462.8	188.3	168.8	28.0	5.2	69.2	4.7
2017	75.6	23.7	502.3	332.3	50.6	464.5	181.6	168.5	23.0	4.9	71.5	4.7
2018	100.5	50.6	589.8	450.2	52.9	468.3	179.4	167.9	23.9	5.5	68.1	4.7
2019	151.7	83.4	689.8	469.5	53.7	469.1	269.0	146.1	24.3	5.5	70.6	6.9
2020	202.9	113.7	735.4	497.2	33.2	477.2	280.2	120.6	24.6	5.6	75.0	7.1

注:数据来源于国家统计局及 2020 年《中国稻渔综合种养产业发展报告》,"—"表示数据缺失

(二) 提质:绿色健康养殖模式的生态效益

1. 大水面生态养殖模式

以千岛湖生态养殖为例。调查可知,近年来,千岛湖水体水质慢慢变好,水体底质逐渐改善。4 年来,千岛湖未发生过严重水产动物病害问题,也未使用抗生素、消毒剂、杀毒剂等渔药。其生态效益具体体现在以下两方面。一是保护了千岛湖生态系统。千岛湖发展集团有限公司专门组建了由 140 名护理人员组成的护理队伍,保护鲢鱼、鳙鱼和土著鱼类,原有渔民或养殖户加入护理队伍,使生态系统得到保护。二是净化千岛湖水质。每年投放鲢鱼苗、鳙鱼苗共计约 60 万千克(约 1 000 万尾),同时渔政增殖放流野杂鱼 5 000 万尾,配合形成大鱼保水、小鱼治水的保水渔业;经过 20 年实践,千岛湖水质已达到 I 类水检测标准,基本实现净化水质目标。

2. 池塘绿色健康养殖模式

池塘养殖模式本身具有一定的生态优势,主要体现在以下几方面。第一,池塘水面相对小、人工可控度高,有利于集约化精养与维护水域生态。池塘水面较小,水体利用率相对较高。池塘养殖中,养殖户进行多品种混养,高效利用水域,提高池塘鱼产量,实现增产增收。第二,养殖水域水质可以短期内调节变好。在人工可控的池塘水域内使用微生态制剂可以调节水体水质,使池塘水质变好,减少病害发生率,降低渔药使用率,增加水体生物多样性。第三,渔业机械为池塘养殖业的发展提供了有利条件,有利于池塘水域生态化处置。常见的渔业机械(包括排灌机械、增氧机械、饲料加工机械、挖泥清塘机械、活鱼运输机械)被广泛应用,大大促进了池塘养殖业发展,特别是增加水体溶氧量的增氧机

的引进和研制成功,为池塘高密度养鱼提供了有利条件,保证了池塘养殖的稳产高产。

标准化池塘养殖模式具有自我调节功能。但是在生产中,养殖主体往往为了追求高产量而盲目投苗、投饲料、投渔药,不进行护坡、清淤、池塘标准化改造等基础性工作,一些不科学、不健康的养殖方式使得池塘养殖产品的品质下降。在新发展阶段,提出池塘绿色健康养殖模式,主要是强调池塘养殖要在科学指导下朝着标准化、设施化、绿色化的方向发展,采用优良的新品种鱼苗,使用品质过关的饲料,精心管理,使用绿色渔药并严格遵守休药期制度,打造优质优价机制,确保池塘养殖绿色健康。池塘绿色健康养殖模式的构建是一项系统工程,须以系统思维从多角度、多途径发力。

3. 稻渔绿色健康综合种养模式

稻渔综合种养模式也被称为稻鱼共生模式,是绿色健康养殖业发展的典型模式。借鉴陆忠康[①]的稻鱼共生理论,本书提出"稻渔绿色健康养殖模式"(图11.3):水稻、鱼虾、鳖蟹、鸭等淡水养殖动植物和其他动物之间形成可循环种养模式。

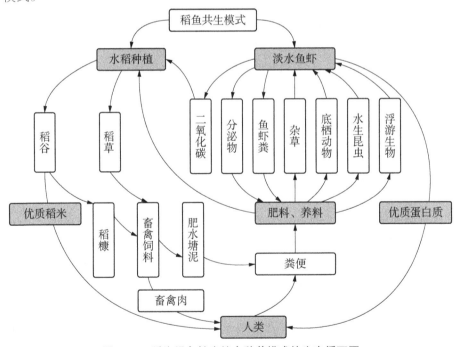

图 11.3 稻渔绿色健康综合种养模式的生态循环图

---

① 陆忠康.简明中国水产养殖百科全书[M].北京:中国农业出版社,2001.

首先,水稻养活鱼虾等水生动物。一是稻田和收割后的水稻秸秆为鱼虾等水生动物提供天然栖息场所;二是水稻生长过程中的杂草、产生的微生物、虫与收割损失的稻谷等为水生动物的生长发育提供充足的饵料资源;三是水稻的光合作用释放出大量氧气,有利于稻田水生动物生长;四是水稻秸秆和稻糠喂养家养畜禽,畜禽粪便可以肥田,其中的部分微生物和动物可成为鱼虾的食物(见图 11.3)。

其次,鱼虾鸭等动物反哺水稻生长。一是养殖鱼虾鸭等动物会产生大量的排泄物、分泌物,能为水稻生长提供部分生物肥料;二是鱼虾鸭等水生动物排出的二氧化碳,刚好能被水稻吸收,促进光合作用。

最后,稻鱼共生为人类提供优质的动植物产品。一方面,相比传统常规稻的种植,稻鱼共生模式中,养殖动物的排泄物可为稻田土壤提供有机肥力从而减少化肥使用,鱼鸭等可以吃掉一些有害昆虫,从而保障水稻健康生长和减少药物使用,由此提高稻谷品质。另一方面,自然水体里养殖的稻田水产品能够提供高品质的稻花鱼、小龙虾等水产品,满足消费者对优质绿色农产品的日益增长的需求。

稻渔绿色健康养殖模式的特点是动植物优势互补,形成稻田内小生态,稻田水产品和水稻品质都大幅度改善,相比传统常规稻种植,还能减少农药、化肥施用量,节约种养成本,释放出较大的生态效益。一些地方组织"抓鱼节"等活动吸引游客到田间休闲体验,促进渔文旅融合发展。总之,稻渔绿色健康综合种养模式产出较高质量的淡水产品,不仅满足消费者日益增长的高品质农产品需求,还能保障食品安全。

总之,在绿色健康和生态振兴的新形势下,中国池塘淡水养殖模式应继续以"提质增效、绿色发展"为目标,推进结构性改革,转变发展方式,进一步提高池塘养殖产品的质量,持续推进养殖现代化、生态化。稻渔绿色健康综合种养模式能够改善水体环境、恢复地力、提升稻米与水产品质量,真正实现了"提质增效"的发展目标。可以说,绿色健康养殖模式是现代农业的典型代表,是现代农业的一次革命。

(三) 增效:绿色健康养殖模式的经济效益

目前,中国淡水养殖业主要包含大水面养殖、池塘养殖和稻田养殖等模式。为进一步深入分析绿色健康养殖模式的经济效益,本文将以千岛湖大水面生态养殖模式、池塘绿色养殖模式和稻渔模式中的"稻鱼共生""虾稻共作"为例进行深度案例剖析。

1. 大水面生态养殖模式的经济成效

以杭州千岛湖为例,千岛湖的渔业生产、加工、销售、餐饮服务与经营由千岛湖发展集团有限公司(以下简称"千发集团")承包。2016 年至 2019 年 6 月，千发集团主要养殖产品的成本收益情况如下:2016 年,公司养殖大宗淡水鱼面积 80 万亩,养殖总产量 2 950 吨,养殖总收入 7 055 万元;2017 年养殖总产量 3 160 吨,比 2016 年增产 7.1%,养殖总收入 7 374 万元,比 2016 年增收 4.5%;2018 年养殖总产量 3 480 吨,比 2017 年增产 10.1%,养殖总收入 11 300 万元,比 2017 年增收 53.2%;2019 年 1—6 月,千发集团养殖总产量 1 800 吨,养殖总收入 6 754 万元。与传统的池塘或者网箱养殖相比,在亩均产量和经济效益上大水面养殖不具备比较优势,但大水面养殖依靠巨大的水域面积,在较低的亩均效益上,依然可以实现比较可观的收益。未来还可以通过品牌构建、质量认证、产业链延长等手段,不断丰富和提高养殖产品附加值。

2. 池塘绿色高效养殖模式的经济成效

池塘绿色高效养殖模式因具有显著的经济效益而发展迅猛。本文以养殖户 A 为例分析其经济成效。养殖户 A 经营 53 亩池塘,其中 4.5 亩为自有承包地,48.5 亩来自流转,每亩租金 200 元。养殖户 A 的养殖成本和收益情况见表 11.5。可以看到,养殖户 A 在 2016—2018 年的亩均养鱼成本大于 5 000 元,其中,2018 年的饲料费占总成本的 68%,53 亩池塘 2016—2018 年分别使用了 50 吨、55 吨和 55 吨饲料,平均每亩池塘每年使用 1 吨饲料。2016—2018 年,养殖户 A 的亩均利润分别为 1 949.06 元、3 795.28 元和 1 139.62 元,除了 2017 年利润异常高外,据养殖户 A 介绍,其正常年份的亩均利润均能达到 1 900 元/亩。可见,池塘养殖模式具有较为可观的经济效益。

表 11.5　2016—2018 年养殖户 A 回型池种青养鱼的经济效益测算(单位:元)

	年份	2016	2017	2018
亩均成本费用	清塘	94.34	37.74	94.34
	苗种	754.72	754.72	754.72
	肥料	3.77	3.77	3.77
	饲料	3 396.23	3 735.85	3 943.40
	病害防治	94.34	75.47	94.34
	种草	56.60	75.47	132.08
	电费	94.34	113.21	113.21
	水面承包	183.02	183.02	183.02
	雇工	188.68	188.68	188.68
	贷款利息	37.74	37.74	37.74
	运输	188.68	188.68	226.42
	固定资产折旧	37.74	47.17	47.17
	成本合计	5 130.19	5 441.51	5 818.87

年份		2016	2017	2018
产值	总产值估计	375 200	489 550	368 800
	亩均产值	7 079.25	9 236.79	6 958.49
利润	亩均利润	1 949.06	3 795.28	1 139.62

数据来源:本表由倪坤晓博士根据调研资料整理

3. 稻渔综合种养模式的经济效益

(1) 稻鱼共生模式

稻鱼共生模式最早出现在广东省。该省气候温暖湿润,稻田养鱼历史悠久,最早可以追溯到晚唐时期[①]。据估计,在中华人民共和国建立初期的1953—1957年,广东全省发展稻鱼模式一度高达60万亩(约占全国稻田养鱼面积的6%),成鱼年产量约为4 000—6 000吨,平均亩产5—10千克[②]。据广东水产研究所发布的报告数据,1971年时,广东省稻田养鱼面积萎缩到仅剩5.28万亩,亩产4.27千克,单产相对较低;此后,稻田养鱼面积逐步增加,到1998年达到历史峰值,约为54.23万亩,稻花鱼的总产量达20 225吨,亩均产量为37.29千克(见表11.6)。虽然此后稻田养鱼面积大幅下降,但单产逐步提高,最高为2016年的45.17千克/亩;按照稻花鱼目前的市场价格20元/千克计算,2019年除去稻谷收益外的亩均产值为1 806.80元。由此可见,稻鱼模式能为水稻种植户带来较大的经济效益。

表 11.6　1971—2019 年广东省稻田养鱼面积、产量与产值估计

年份	面积(万亩)	稻花鱼总产量(吨)	亩均产量(千克)	亩均产值估计(元)
1971	5.28	225.62	4.27	170.92
1983	5.95	690.61	11.61	464.28
1985	12.13	2 361.08	19.46	778.59
1987	32.04	6 038.22	18.85	753.84
1995	35.37	9 832.00	27.80	1 111.90
1998	54.23	20 225.00	37.29	1 491.79
2000	51.32	21 400.00	41.70	1 667.97
2008	8.12	3 647.00	44.91	1 796.55

---

① 晚唐刘恂所著《岭表录异》记载:"新、泷等州山田,拣荒平处,锄为町畦。伺春雨,丘中聚水,即先买鲩子散于田内。一二年后,鱼儿长大,食草根并尽。既为熟田,又收鱼利,及种稻,且无种草,乃民之上术。"此乃最早记载广东稻田养鲩的史料。

② 阮世玲.稻渔综合种养模式及其在广东的发展[J].海洋与渔业,2019(8):20—23.

年份	面积(万亩)	稻花鱼总产量(吨)	亩均产量(千克)	亩均产值估计(元)
2010	8.29	3 178.00	38.34	1533.41
2016	5.20	2 349.00	45.17	1806.80
2019	5.54	2 502.42*	45.17*	1806.80*
2020	5.61	2 534.04*	45.17*	1806.80*

注:1957—2016年数据来源于阮世玲的研究,稻花鱼价格按照40元/千克计算;2019—2020年的面积数据来自国家统计局及《2021年中国稻渔综合种养产业发展报告》,*表示由于2019—2020年数据缺失,相关数据参照2016年45.17千克/亩的单产来计算

依据2019年广东省渔业技术推广总站的测算:与传统的水稻田相比,在发展稻渔绿色健康种养技术后,实现了稻谷产量与质量的双提升,此外还带来了成本下降等多种好处。具体来讲,一是亩产可以比传统稻田高5%—15%;二是稻田养鱼过程中依靠鱼类的排泄物为水稻提供部分肥料,可以通过少施化肥和不喷洒农药来降低成本,降幅约为500—600元/亩;三是养殖出的稻花鱼、禾花鱼等绿色健康水产品,亩产大约30—50千克,其价格高于市场同品种鱼类,使水稻种植户增收;四是稻渔绿色健康种养,必然会提升水稻的口感与品质,产出的稻谷价格比传统稻谷高10%—30%。相比传统的水稻种植户,采用稻鱼模式可使综合效益提高100%—250%。此外,稻鱼模式也产生了较大的社会效益,如举办稻鱼文化节,促进餐饮、休闲垂钓等多种产业融合,增加就业机会的同时,也带动了三产融合发展,有助于发展地方经济。

(2)虾稻共作模式

位于湖北省中部的潜江市,是虾稻共作模式示范基地。2015年,潜江市的水产养殖总面积达到了51万亩,比2014年多5.5万亩,增幅12%,其中虾稻共作等稻渔综合种养面积突破了31万亩(2015年新增虾稻共作面积10万亩),比2014年多5.5万亩,增幅21%,年产小龙虾6万余吨,增幅达43%,养殖产值超18亿元,比2014年多5.4亿元,增幅43%。2011—2015年间,该市政府投资了大约5亿元,用来建设虾稻共作绿色养殖的标准化生产基地,最终建成面积约20余万亩,其中示范基地约2万亩,良种选育繁育基地约4万亩。2015年,湖北省潜江市与虾相关的产业链的综合产值高达150亿元(见表11.7)。2016年潜江市《"虾稻共作"模式汇报材料》称,虾稻共作模式增加了农民收入,虾稻共作绿色健康养殖模式下,平均亩产小龙虾200千克、绿色有机稻谷626千克,相比传统的水稻田,可增加纯收入4 000元/亩以上。此外,虾稻共作模式也产生了巨大的社会效益。虾稻共作模式的推广,使得潜江市有近十万人在从事小龙虾养殖、运销、冷链物流、加工、餐

饮等行业,带动了就业,促进了增收。

表 11.7　2010—2020 年湖北省潜江市虾稻共作面积与产量

指标		单位	2010 年	2015 年	年增长率	2020 年*
小龙虾养殖面积	稻渔综合种养	万亩	15.20	31.50	15.69%	100.00
	池塘养虾	万亩	0.00	3.50	—	10.00
小龙虾产量		万吨	2.51	5.40	16.56%	23.00
小龙虾养殖产值		亿元	3.70	16.20	34.36%	65.00
小龙虾苗种产量		亿尾	2.00	10.00	37.97%	150.00
小龙虾苗种产值		亿元	0.10	1.20	64.38%	69.00
虾稻产量		万吨	9.00	18.50	15.50%	100.00
虾加工能力		万吨	10.00	30.00	24.57%	15.00
甲壳素及衍生产品产值		亿元	0.00	20.20	—	30.00
虾出口量		万吨	0.85	2.04	19.14%	8.00
虾出口创汇		亿美元	0.91	1.40	9.00%	220.00
虾综合产值		亿元	40.00	150.00	30.26%	800.00
虾加工企业		家	11	11	0.00%	—
虾稻共作千亩连片基地		个	0	32		
虾稻共作万亩连片基地		个	0	7		12

注:资料来源于《潜江龙虾产业十三五发展规划》;2020 年数据为潜江市政府的目标规划数据

不仅如此,据估算,整个中国适合稻渔综合种养的稻田约 6 750 万亩,占总体的 15% 左右,稻渔模式的进一步推广具有良好的基础条件。发展稻渔模式不仅能每年为全国提供优质稻谷 3 375 万吨,还可以增加至少 1 000 元/亩的稻鱼收益,使得种养户总体增收达 675 亿元。2015 年,全国稻田养鱼面积达150.16 万公顷,产量为 155.82 万吨,亩产迈过 69 千克的新台阶,与 2010 年相比,分别增加 13.24%、25.38% 和 10.73%[①]。可见,稻渔综合种养模式也能为农民、渔民带来可观的经济效益,也就是能够实现"增效"目标,在"提质"方面,绿色健康养殖稻渔模式能够提升水产品与稻米的品质,且具有良好的生态效应。因此,未来中国水产业的发展,需要选择绿色健康养殖之路。

----

① 常理.装满"米袋子",鼓起"钱夹子"[N].经济日报,2017 - 05 - 02(15)。

四、中国淡水养殖业绿色健康的发展路径

（一）创新淡水养殖业多元融合发展模式

鼓励创造更多元的绿色健康淡水养殖技术模式。在保障水稻稳产的前提下，可以利用水源良好、土壤适宜的水稻田，适当整理后结合渔艺农艺，适度开展如稻花鱼、草鱼、鲢鱼、虾等水产品的养殖，实现"一田多用，一水多收"，实现稻渔循环发展，提升传统稻田的利用率和经济效益，优化水域和土壤生态环境。继续探索稻鸭、稻鳝、稻螺、稻蛙、虾鳅稻、虾龟稻、虾莲等多种绿色健康养殖模式。在淡水养殖池塘里，创造出虾鳅连养、虾蟹鳅混养、虾鳝莲混养等绿色健康养殖模式。探索大水面生态渔业经营模式。顺应时代要求，通过产业链向餐饮、休闲等产业延伸，为养殖业发展、渔民农民增收、三产融合提供新思路，为解决三农问题开辟新道路。

（二）加速完善水产品质量安全监管体系

依托现有的水产品质量检测机构，强化地方专业部门业务能力，并通过各地机构搭建与完善水产品质量安全追溯平台，加快构建市、镇、基地三级水产品质量安全监管体系，完善各类水产品检测标准和指标体系。通过完善相关配套设施设备，建立和落实水产品养殖投入品登记、绿色生产环节、经营管理和市场监督等方面的制度，将千亩以上绿色水产养殖连片基地建设成为国家水产品质量安全标准化示范基地。健全全国淡水产品质量安全标准化审定制度和明确实施组织、进行安全风险评估、实时监测预警、严格市场准入、确保城乡居民消费安全。建立健全水产品用料、用药、水产种业种苗质量安全体系，逐步形成水产品产出后的产品认证体系、水域质量评估体系、地力保护测量体系，逐步建立水产品从产前、产中、产后到销售端的全方位质量安全网，确保中国水产品质量逐步提升。

（三）开展水产绿色健康养殖模式推广工程

在全国各地有条件的地方开展水产绿色健康养殖模式推广工程，建立建成国家、省、地市等多级别示范基地。加强对从事水产绿色健康养殖的相关人员的技能、素质培训，全面提高养殖者的综合能力。开展绿色健康水产品向餐饮业延伸项目，制定地方标准、突出特色菜品，打造包含品牌认证的一体化质量安

全检测体系。鼓励开发新产品,积极探索鲜活水产品的保鲜、运输、加工技术。推动水产业的"大众创业、万众创新",把绿色健康养殖模式下的多种产品和服务打造成新品牌,以质量提升形象,以质量创造口碑和品牌。加强水产行业生产、加工、销售端的自律与品牌管理,形成对绿色健康品牌的自我管理、约束和监督长效机制。

第十二章
中国池塘养殖与绿色发展

池塘养殖是我国淡水养殖的主体模式。改革开放以来,在政策和技术的双重推动下,我国池塘养殖逐步向集约化、高产化方向发展,为解决国民"吃鱼难"问题作出了重要贡献。随着资源环境约束趋紧和大宗水产品供给连续多年饱和,池塘养殖的大宗淡水鱼出现结构性过剩,一方面是低值低质产品过多,跟不上居民消费结构升级的步伐;部分产品价格长期低迷,一些产品价格出现剧烈波动,池塘养殖成本持续攀升,比较效益下降,养殖户持续增收难度加大;另一方面,优质产品供给不足,整体上出现了供需不对称。面对新形势、新问题,我国池塘养殖应以提质增效、绿色发展为目标,加快转变发展方式,提高质量效益和竞争优势,持续推进养殖标准化、绿色化和现代化。

一、中国池塘养殖的发展历程

我国池塘养殖由来已久。《诗经》中记载了凿池养鱼。2 000 多年前范蠡的《养鱼经》中已经总结了古代的池塘养鱼经验。汉代的昆明池中产鱼不少,甚至可以影响都城长安的鱼价[①]。到了明代后期,有关青鱼、草鱼、鲢鱼、鳙鱼的养殖技术更为丰富,自鱼苗到商品鱼的饲养过程中,鱼池建造、放养密度、搭配比例、分苗、转塘、饲料、施肥等方面都积累了丰富的经验。随着商品经济的发展,基塘养鱼开始形成[②]。明万历年间的《农政全书》中有大量关于中国淡水养殖技术的历史记载。到民国时期,长江、珠江流域的沿江地区,由于捕捞鱼苗方

---

① 当代中国丛书编辑委员会. 当代中国的水产业[M]. 北京:当代中国出版社,1991:10.
② 当代中国丛书编辑委员会. 当代中国的水产业[M]. 北京:当代中国出版社,1991:14.

便,当地已发展出较大规模的商品鱼养殖业①。中华人民共和国成立以后,特别是改革开放以后,我国池塘淡水养殖业快速发展。我国池塘养殖快速发展的推动因素有市场因素、政策因素,还有技术因素。以下根据时间段划分,对中华人民共和国成立以来的中国池塘养殖发展历程进行概述②。

(一) 从中华人民共和国成立到 20 世纪 80 年代:从恢复到发展

1950 年 2 月,首届全国渔业工作会议召开,会议确立了"以恢复为主"的渔业生产方针,出台了"斤鱼斤粮"的鱼价政策。1953 年我国提出"扩大淡水养殖面积"。到 1958 年,淡水养鱼自南向北迅速在全国铺开③。丰富的水系及水网孕育着数量庞大、种类繁多的淡水鱼虾蟹贝,这是我国淡水养殖业发达的重要资源基础。但是中华人民共和国成立以后的一段时间里,我国四大家鱼还主要是从长江、珠江等大型江河中捕捞天然鱼苗进行养殖,生产效率低下。1959—1960 年,上海水产学院谭玉钧带领科研团队在江苏吴江平望、上海青浦和河南武陟连续突破了鲢鱼、鳙鱼和草鱼人工繁殖技术难关,成为长江和黄河流域突破家鱼人工繁殖技术难关的第一人。之后,人工繁殖鲢鱼、鳙鱼、草鱼、青鱼相继获得成功,并研究完善亲鱼培育、催情产卵和受精卵孵化等综合技术,结束了淡水养鱼依靠捕捞天然鱼苗因而丰歉难以控制的被动局面,从根本上解决了四大家鱼的鱼苗供应问题,也为其他水产养殖动物的人工繁殖技术奠定了基础。此后,他提出以"八字精养法"④为核心的我国第一个池塘养鱼学理论——太湖流域池塘养鱼高产技术体系。这套技术体系在当地推广后使池塘养鱼亩产量跃升至千斤以上,它系统总结了池塘养殖中的水质生物等级、肥度划分、水质调控措施等,阐明了我国传统池塘养殖高产高效的生态学理论,它的提出和四大家鱼人工繁殖等技术提升了我国池塘养殖的效率和效益。

1972 年,中国水产科学研究院渔业机械仪器研究所研发的增氧设备,解决了池塘养殖过程中池水含氧量不足的问题,提高了池塘养殖的单产和效益,推动池塘养殖向高产发展⑤。

20 世纪 70 年代初到 80 年代以前,我国渔业面临的状况是国内水产品市

---

① 当代中国丛书编辑委员会. 当代中国的水产业[M]. 北京:当代中国出版社,1991:15.

② 陈述平,朱文慧. 全球能源和粮食价格高涨,中国淡水鱼常规养殖品种面临的挑战[J]. 科学养鱼,2008(10):1—2.

③ 当代中国丛书编辑委员会. 当代中国的水产业[M]. 北京:当代中国出版社,1991:50.

④ "八字精养法"即"水、种、饵、密、轮、混、防、管",其中"水、种、饵"是池塘养殖的基本要素,可以说"水"(养殖环境条件)决定"种"(放养对象、方式),而"种"决定相应的适用技术模式。见梁军能. 广西池塘养殖的主要模式、利弊分析及发展趋势[J]. 广西水产科技,2006(1):14—17.

⑤ 丁永良. 叶轮增氧机开创了我国池塘养鱼高产的新纪元[J]. 渔业现代化,2007(5):3—4,7.

场供应紧张,渔民生活困苦。国家年年补贴长距离调鱼,而许多城市郊区有可以养鱼的水面和可以开挖建池的荒地,具备发展池塘养鱼的条件,由此城郊养鱼开始发展。经过几年的发展,各城市的淡水鱼自给水平逐年提高。1977年,城郊鱼塘的单产为166千克,比当年全国池塘养鱼单产高2.6倍[①]。1978年,国家水产总局成立。在改革开放方针指导下,1979年2月召开了全国水产工作会议。会议根据十一届三中全会精神提出"大力发展养殖,这是增加产量的主要来源",确定我国渔业工作方针为"大力保护资源,积极发展养殖,调整近海作业,开辟海外渔场,采用先进技术和科学管理,提高产品质量,改善市场供应",工作重点为"大力保护资源,积极发展养殖,提高产品质量"。1979年2月10日,国务院颁布《中华人民共和国水产资源繁殖保护条例》。同时,国家财政拿出专项资金扶持重点建设海淡水商品鱼虾基地,并在饲料、化肥等方面作出扶持规定,在几十个城市建设城郊渔业,发展养殖基地,极大地促进了淡水养殖业的发展。与此同时,国家开始重视通过市场手段来调节生产。1979年4月,国家提高了水产品收购价格,突出强调要认真贯彻按质论价和保护资源的政策[②]。到1979年底,全国共建成13万亩淡水商品鱼基地。

(二) 20世纪80年代:集约化养殖,解决"吃鱼难"问题

1980年4月2日,邓小平在《关于编制长期计划的意见》摘录中就水产工作的方针明确谈到,在发展捕捞渔业为主还是发展养殖渔业为主的问题上,应该以养殖为主,把各种水面包括水塘都利用起来。他还指出,政策要放宽,使每家每户都自己想办法,多找门路、增加生产、增加投入。邓小平的讲话,进一步解放了思想,明确了发展水产生产的方针。

1982年3月,国家农业委员会召开全国淡水渔业工作会议,要求各级党委政府要像重视耕地一样重视水面的利用,对淡水渔业,特别是池塘养殖起到了积极推动作用。1982年10月,国务院批转了农牧渔业部《关于加速发展淡水渔业的报告》,批语指出,鱼是当时各种副食品中最紧缺的,城乡到处吃鱼难,必须在抓紧粮食生产的同时,发展畜牧业和水产业,逐步而适度地改变居民的食物构成。各级党委和政府要像重视耕地一样重视水面的利用,力争实现全国年产淡水鱼四五百万的目标,缓解吃鱼难的矛盾。同年10月31日,《人民日报》发表社论《淡水渔业要有个新发展》[③]。

---

① 当代中国丛书编辑委员会. 当代中国的水产业[M]. 北京:当代中国出版社,1991:76.
② 当代中国丛书编辑委员会. 当代中国的水产业[M]. 北京:当代中国出版社,1991:82.
③ 贾敬德. 中国淡水渔业四十年——纪念中国水产学会成立40周年[J]. 淡水渔业,2003(5):3—6.

1983 年,农牧渔业部主管价格的水产品减为 8 种。1985 年中央 5 号文件发布后,水产品价格管理全部放开。1985 年 3 月,中共中央、国务院正式发布《关于放宽政策、加速发展水产业的指示》,提出要像重视耕地一样重视水域的开发和利用,把加速发展水产业作为调整农村产业结构、促进粮食转化的一项战略措施来部署,确定了水产业的地位。文件明确指出我国渔业发展要实行以养殖为主,养殖、捕捞、加工并举,因地制宜、各有侧重的方针。以上政策的放宽和各级各地政府的重视极大地调动了广大群众发展水产养殖的积极性,把水产养殖推向了高潮[①]。

1977 年到 1987 年的 10 年中,中央补助群众建设商品鱼基地资金达到 5 亿元,生产规模达到 1.7 万余个生产单位、429 万亩,每年可向社会提供 150 万吨水产品,并安排 41 万人就业[②]。由于当时市场上鱼类短缺,养鱼经济效益高,因此形成了一股养殖热潮,有条件的养殖户都开始开挖鱼塘。客观上,市场因素和供给因素共同作用,使得这一阶段的池塘养殖业获得了极大发展。

在解决"吃鱼难"问题这件事上,这一阶段技术进步的作用突出。首先,全价配合饲料研制成功,并在水产业中应用,极大提高了池塘养殖的单产水平。1982 年上海市 6 000 多亩颗粒饲料精养塘平均亩产鱼 379 千克,比一般精养塘208 千克的单产多 82%[③]。其次,高产池塘养殖技术推广。20 世纪 70 年代和80 年代,渔业科技工作者继续完善"八字精养法"理论,并将理论应用于"上海、无锡、新疆等地连片商品鱼池大面积高产项目",使连片池塘亩产超千斤,产量比试验前提高 40%以上,经济效益提高一倍以上,当时新开发的上海郊区商品鱼基地在短短的 3 年内走上高产、高效的轨道。1989 年谭玉钧编著的 114 万字《中国池塘养鱼学》出版,标志着有中国特色的池塘养鱼高产理论与技术体系形成,对推动我国池塘养鱼业发展起到巨大的作用。20 世纪 80 年代,针对新渔区养鱼技工缺乏的情况,谭玉钧创办一年制无锡养鱼技工培训班,招收由全国各商品鱼基地选送的学员,他亲自编写《淡水养殖》,亲自授课,1982—1991年共举办了 10 期培训班,学员来自全国 28 个省、直辖市、自治区及部队、武警农场等单位,培养 3—6 级养鱼技工近千名。

(三) 20 世纪 90 年代:养殖成本上升,开始追求高产和特色化

随着"吃鱼难"问题的缓解,淡水池塘养殖技术更加追求高产新品种、低饲

---

① 黄祥祺.改革开放三十年我国水产业发展的政策回顾[J].中国渔业经济,2008,26(4):11—15.
② 当代中国丛书编辑委员会.当代中国的水产业[M].北京:当代中国出版社,1991:88.
③ 当代中国丛书编辑委员会.当代中国的水产业[M].北京:当代中国出版社,1991:255.

料系数、饲料品质(饲料系数)、渔业机械化。由于养殖技术改进和养殖设备(增氧机、投饵机)的应用,池塘养殖单产大幅度提高,三北地区(东北、西北、华北)单产提高近一倍,实现亩产吨鱼。辽宁淡水鱼养殖亩产达 1 500 千克,最高可达 2 000 千克以上,河南省洛阳市淡水鱼养殖最高亩产达 1 750—2 000 千克。但与此同时,大宗淡水鱼养殖成本上升,而价格变化不大,从而使养殖利润空间被压缩。以鲤鱼为例,养殖成本升至 3.6—3.8 元/千克,纯利润降至 2.2—3.0 元/千克。在这一背景下,淡水鱼养殖开始追求多样化、特色化,以满足消费者日益增长的求新追变的新需求。在 20 世纪 90 年代,我国掀起了特种水产养殖热潮。在这背后,渔业科技人员贡献巨大。其间,中华鳖、欧洲鳗等特种水产品工厂化养殖有了突破性进展。中央广播电视大学创建"淡水养殖"课程,直接为基层农业技术推广人员和养殖户服务,对养殖新品种发展和养殖新技术运用起到促进作用。

(四) 进入 21 世纪以后:资源环境约束加重,转变增长方式

随着养殖产量的迅速提高,普通消费者对淡水鱼的一般需求得到满足,消费者的需求也逐渐发生转变,越来越追求产品的多样化、高质量。反映到生产上,养殖户从养殖大宗淡水鱼逐渐转变为多品种混养,养殖户更加注重饲料系数,颗粒饲料也迅速普及。其间,也出现了促生长剂过度使用、水体污染等问题,水产品质量因此下降,进而造成淡水鱼养殖增产不增收。这些问题为渔业部门探索健康养殖模式、转变增长方式提供了新的研究课题。

2006 年 11 月,农业部印发《全国渔业发展第十一个五年规划(2006—2010年)》,强调要促进水产养殖增长方式转变,按照资源节约、环境友好和循环经济的发展理念,坚持挖掘潜力、提升配套、连片开发的原则,对养殖池塘进行标准化、规模化改造,提高单产水平,提升渔业综合生产能力;要加强精养池塘保护,改造中低产池塘,完善配套设施,深化产业结构调整,提高水面单位面积产量和产品质量;积极探索高效水产健康养殖技术,创新池塘集约化养殖装备研制、关键技术集成和系统配套技术。2007 年 9 月,农业部印发《中长期渔业科技发展规划(2006—2020 年)》,提出要组织六大科技创新行动,其中之一就是水产健康养殖技术的创新,强调针对我国水产养殖方式比较落后的实际问题,要突破池塘集约化养殖等关键技术难关,逐步改变我国目前以牺牲资源、环境为代价的落后水产养殖方式,全面提高集约化养殖水平,促进水产养殖业可持续发展。2011 年 6 月,农业部渔业局印发《全国渔业发展第十二个五年规划》,提出要稳定池塘养殖面积,进一步挖掘池塘养殖潜力,实施养殖池塘标准化改造工程,提升养殖专业化、标准化、规模化、集约化发展水平,提高水产品有效供给水平。

2016 年 12 月,农业部印发《全国渔业发展第十三个五年规划》,提出要推进生态健康养殖,积极发展池塘工程化循环水养殖,加快标准化水产养殖池塘建设与改造,改造进排水系统、池塘清淤设备、护坡道路、废水处理系统,推动建立一批标准化水产养殖示范基地。一系列政策的出台极大推动了我国渔业供给侧结构性改革,加快了渔业发展方式的转变,促进了池塘养殖的转型升级。

近年来,大宗淡水鱼产业技术体系核心技术的推广应用进一步推动了池塘养殖向绿色高效方向发展。例如池塘设施工程化构建技术、池塘环境生态工程化构建技术、池塘底质改良技术和池塘水质调节技术等。一些养殖基地还应用了生态养殖、精准投喂、尾水处理或尾水循环利用、质量安全追溯系统、智慧渔业装备等技术和设备。

二、池塘养殖的发展现状和模式

(一)池塘养殖模式的规模和分布

改革开放以来,我国池塘养殖发展迅速,在我国内陆淡水养殖业中所占比重逐年上升。1982—2019 年,淡水池塘养殖面积扩大了 1.88 倍,产量增加了 24.60 倍,平均亩产由 63.20 千克增加到 562.14 千克,增加了 7.89 倍。

表 12.1 1982—2019 年淡水池塘养殖的面积、产量、单产变化

年份	池塘养殖面积(万亩)	池塘养殖面积占淡水养殖总面积比重(%)	池塘养殖产量(吨)	池塘养殖产量占淡水养殖总产量比重(%)	池塘养殖平均亩产(千克/亩)
1982	1 378	30.12	870 948	72.15	63.20
1983	1 447	31.30	1 030 775	72.17	71.24
1984	1 606	32.85	1 322 082	73.00	82.32
1985	1 887	34.12	1 749 364	73.53	92.71
1986	2 003	35.25	2 193 795	74.33	109.53
1987	2 092	36.13	2 617 978	75.14	125.14
1988	2 132	36.49	2 933 786	75.27	137.61
1989	2 117	37.03	3 143 887	75.39	148.51
1990	2 123	36.91	3 370 527	75.59	158.76
1991	2 132	36.76	3 483 078	75.30	163.37
1992	2 209	37.02	4 025 591	75.41	182.24

年份	池塘养殖面积(万亩)	池塘养殖面积占淡水养殖总面积比重(%)	池塘养殖产量(吨)	池塘养殖产量占淡水养殖总产量比重(%)	池塘养殖平均亩产(千克/亩)
1993	2 394	38.36	4 904 343	75.65	204.86
1994	2 621	39.28	5 968 965	75.59	227.74
1995	2 787	39.79	6 952 742	73.91	249.47
1996	2 940	40.34	8 042 474	73.18	273.55
1997	2 991	40.25	8 922 797	72.15	298.32
1998	3 128	41.05	9 511 502	71.95	304.08
1999	3 218	41.28	1 095 797	71.70	316.84
2000	3 330	42.06	10 876 472	71.70	326.62
2001	3 429	42.63	11 451 923	71.80	333.97
2002	3 535	43.09	12 150 110	71.72	343.71
2003	3 598	43.05	12 515 093	70.54	347.83
2004	3 644	42.89	13 312 418	70.36	365.32
2005	3 743	42.65	14 099 666	70.20	376.69
2006	3 797	42.06	14 945 131	80.63	393.60
2007	2 761	41.70	13 508 611	68.54	489.27
2008	3 217	43.14	14 594 472	70.42	453.67
2009	3 498	42.99	15 488 542	69.88	442.80
2010	3 566	42.72	16 477 168	70.22	462.13
2011	3 675	42.77	17 435 044	70.53	474.44
2012	3 850	43.45	18 664 241	70.58	484.75
2013	3 935	43.67	19 887 462	70.96	505.43
2014	3 929	437.75	20 902 594	71.20	532.01
2015	4 052	43.94	21 956 885	71.70	541.90
2016	3 671	45.76	20 964 868	72.85	571.16
2017	3 792	47.12	21 222 191	73.05	559.71
2018	4 000	51.82	22 109 687	74.70	552.71
2019	3 967	51.69	22 300 543	74.00	562.14

数据来源:历年《中国渔业统计年鉴》

　　截至 2019 年,池塘养殖模式遍及全国 31 个省、直辖市、自治区。其中,淡水池塘养殖面积排名前十的省份依次为湖北、江苏、湖南、广东、安徽、江西、山东、河南、黑龙江、四川。它们的养殖面积总和为 3 224.95 万亩,占全国淡水池塘养殖总面积的 81.29%。淡水池塘养殖产量排名前十的省份依次为湖北(371.36 万吨)、广东(365.85 万吨)、江苏(248.86 万吨)、湖南(174.42 万吨)、江西(155.67 万吨)、安徽(125.70 万吨)、浙江(88.10 万吨)、山东(86.05 万吨)、四川(84.72 万吨)、广西(73.85 万吨)。

淡水池塘养殖平均亩产超过 500 千克的 13 个省份依次为辽宁(1 062.93 千克/亩)、福建(996.69 千克/亩)、广东(996.43 千克/亩)、海南(942.91 千克/亩)、云南(886.71 千克/亩)、广西(811.10 千克/亩)、山西(801.09 千克/亩)、河北(686.31 千克/亩)、宁夏(684.50 千克/亩)、江西(640.96 千克/亩)、天津(630.43 千克/亩)、浙江(621.24 千克/亩)、北京(610.48 千克/亩)。

表 12.2 2019 年我国各地淡水池塘养殖情况

序号	地区	淡水池塘养殖面积(万亩)	占全国淡水池塘养殖面积比例(%)	淡水池塘养殖产量(吨)	占全国淡水池塘养殖产量比例(%)	平均亩产(千克/亩)
1	湖北	797.33	20.10	3 713 567	16.65	465.75
2	江苏	463.07	11.67	2 488 566	11.16	537.41
3	湖南	387.48	9.77	1 744 188	7.82	450.13
4	广东	367.16	9.26	3 658 489	16.41	996.43
5	安徽	304.10	7.67	1 257 003	5.64	413.35
6	江西	242.86	6.12	1 556 650	6.98	640.96
7	山东	183.77	4.63	860 453	3.86	468.24
8	河南	165.77	4.18	725 808	3.25	437.85
9	黑龙江	163.45	4.12	436 650	1.96	267.15
10	四川	149.97	3.78	847 176	3.80	564.91
11	浙江	141.82	3.57	881 011	3.95	621.24
12	广西	91.05	2.30	738 527	3.31	811.10
13	重庆	79.64	2.01	474 666	2.13	596.04
14	辽宁	56.97	1.44	605 502	2.72	1 062.93
15	福建	52.74	1.33	525 669	2.36	996.69
16	吉林	49.14	1.24	93 141	0.42	189.56
17	云南	38.10	0.96	337 795	1.51	886.71
18	天津	34.11	0.86	215 031	0.96	630.43
19	河北	32.94	0.83	226 091	1.01	686.31
20	海南	30.86	0.78	290 991	1.30	942.91
21	新疆	28.93	0.73	118 801	0.53	410.66
22	内蒙古	26.88	0.68	63 092	0.28	234.70
23	陕西	19.05	0.48	90 384	0.41	474.57
24	贵州	17.62	0.44	96 060	0.43	545.16
25	宁夏	16.58	0.42	113 518	0.51	684.50
26	上海	15.69	0.40	79 412	0.36	505.99
27	山西	3.96	0.10	31 747	0.14	801.09
28	北京	3.25	0.08	19 862	0.09	610.48
29	甘肃	2.30	0.06	10 093	0.05	438.64

序号	地区	淡水池塘养殖面积(万亩)	占全国淡水池塘养殖面积比例(%)	淡水池塘养殖产量(吨)	占全国淡水池塘养殖产量比例(%)	平均亩产(千克/亩)
30	青海	0.51	0.01	504	0.00	98.82
31	西藏	0.00	0.00	96	0.00	2 133.33
	合计	3 967.09	—	22 300 543	—	562.14

数据来源:《2020 中国渔业统计年鉴》

注:养殖地区按照淡水池塘养殖面积降序排列;青海淡水池塘养殖产量较低,因本表只保留 2 位小数,故占全国淡水池塘养殖产量比重显示为 0;西藏池塘养殖面积为 45 亩,养殖产量为 96 吨,因本表只保留 2 位小数,故西藏淡水池塘养殖面积、占全国淡水池塘养殖面积比重、占全国淡水池塘养殖产量比重显示为 0

(二) 养殖技术模式

根据不同的划分标准,池塘养殖可以分为不同的技术模式。按放养方式,可分为单养模式、混养模式、套养模式和综合种养模式 4 种;按养殖周期,可分为"一次放足、一养到底、同批上市"模式和"多池配套、轮捕轮放、均衡上市"模式 2 种;按投饲方式,可分为传统的粪肥、大草养鱼模式和现代人工配合饲料养鱼模式;按水体性质,可分为静水养鱼模式、污水养鱼模式和流水养鱼模式;按管理精细度的不同,又可分为粗放式养殖模式和集约化、高密度精养模式。以下仅对单养、混养、套养、综合种养和轮捕轮放进行说明。

1. 单养模式

在同一池塘中放养单一品种的养殖模式被称为池塘单养模式[1]。目前,我国采用池塘单养模式的主要是 3 类水产品种:一是经济价值高但不适宜与其他品种混养的凶猛鱼类,如月鳢、乌鳢、鳜鱼、大口鲶等;二是适合高密度、集约化养殖的品种,如胡子鲶、革胡子鲶、罗非鱼、鲤鱼、鲫鱼等品种;三是特种养殖品种,如虾、蟹、鳖、龟等。池塘单养模式要求池塘面积较小,一般 70—300 平方米,深 1.2—2.5 米。池塘单养可以是静水养殖,也可以是流水养殖;通常一次放足、同批上市;养殖过程主要依靠人工投饲。池塘单养模式的优点是池塘小,有利于生产管理如池塘清整、水质调控、定点投喂、集中摄食及干塘捕捞各生产环节的运行,属高投入、高产出模式;缺点是未能充分发挥池塘的自然生产力及充分利用池塘水体空间,成本高、风险大,适养品种有一定的局限性。

---

① 梁军能.广西池塘养殖的主要模式、利弊分析及发展趋势[J].广西水产科技,2006(1):14—17.

2. 混养模式(或密养模式)

混养或密养模式是指在同一池塘里混养和合理密养习性不同、食性各异或同一种类但规格不同的鱼种，这是我国池塘养鱼技术的核心。我国鱼类品种多，按栖息水层划分有上层鱼类、中层鱼类及底层鱼类；按食性划分有肉食性、植食性、滤食性及杂食性鱼类。池塘养殖中，养殖户可以利用不同鱼类品种栖息水层和食性各不相同的特点，有选择地进行多品种混养，高度利用水域，提高池塘鱼产量，实现增产增收①。

不同鱼类的习性食性等不同：鲢鱼、鳙鱼生活在水体上层，以浮游生物为食；草鱼、团头鲂生活在水体中下层，以植物为食，但对纤维素的消化能力差，粪便中含有大量未经消化的茎、叶细胞，能起肥水作用，可用于培养浮游生物和悬浮有机物；青鱼、鲮鱼、鲤鱼、鲫鱼、罗非鱼等生活在水体底层，为底栖生物，青鱼和鲤鱼食螺、蚬等，鲤鱼、鲫鱼、鲮鱼、罗非鱼均有取食残屑物质的特点，它们在觅食时翻动塘泥，可加速有机物质分解，改善池塘生产条件。不同种类的鱼混养在同一池塘中，与单养一种鱼类相比，既可以增加池塘单位面积的放养量，而且可以充分利用池塘的各种饵料资源，形成互利关系，又能防止水体富营养化。在具体的养殖过程中，为解决混养各鱼种之间的争食、挤占空间等问题，通常采用控制某些鱼类的放养量、提早收获某些鱼类、放养规格不同的鱼种等方法。在合理的密度范围内，若水温适宜、水质良好、混养鱼类的比例和放养鱼种的规格适当、饵料质优量足、饲养管理细致，则放养密度越大，产量越高。

我国各地因气候、养殖鱼种、饵料资源等不同形成了多种混养类型。较为普遍的是以鲢鱼、鳙鱼为主和以草鱼、鲢鱼为主的类型，其次是以鳙鱼、鲮鱼、草鱼为主的类型，多见于珠江三角洲；青鱼、草鱼并重和以青鱼为主的混养类型多见于太湖地区；华北、东北、西北各省则多以鲤鱼为主。一些地区进行了池塘混养非大宗淡水鱼的养殖实验。如西北地区常规鱼类池塘混养加州鲈技术实验，混养肉食性凶猛鱼类的可行性依据是在池塘加水过程中经常混入大量野杂鱼，加之自繁的鲤鱼苗、鲫鱼苗数量较大，它们都与主养鱼类争饵、争氧、争空间，影响养殖鱼类的正常生长，而混养的加州鲈以野杂鱼及池塘内自繁鱼苗为食，可以达到在控制养殖鱼类群体品种与数量的同时获得优质鱼产品的目的。实验结果显示，亩均纯收入可增加近 200 元②。再如黑龙江地区蟹池中混养鱼类实验证明了不需增加其他设备和投入，不需另行投饵便可获得理想的产量和效益③。

---

① 王平权. 我国池塘养鱼基地系统的总体设计[J]. 渔业机械仪器,1990(3):10—15.
② 王剑周. 四大家鱼养殖技术之四：西北地区常规鱼类池塘套养加洲鲈技术[J]. 中国水产,2007(9):35,38.(文献中的"加洲鲈"应为"加州鲈")
③ 马继红,张喜贵. 池塘大面积蟹鱼生态养殖技术[J]. 黑龙江水产,2004(3):21—22.

3. 套养模式

套养是在成鱼养殖池塘中放养不同规格鱼种的养殖模式[①]。套养是对某一特定品种鱼类的不同规格而言,可在生产食用鱼的同时生产大规格鱼种,从而减少培育鱼种的池塘,扩大食用鱼的饲养面积。套养通常以保证成鱼池所需鱼种能够自给,同时提高总产量为目的,可以在单养池中套养各种规格的鱼种,也可以在混养池中进行多品种、多规格的鱼种套养。套养过程中,需多品种、多规格有计划密养,鱼种规格逐年升级,成鱼生产和鱼种生产要紧密衔接;套养数量及规格比例要根据池塘条件、养殖方式确定;要依据鱼种增重倍数、来年生产计划和捕捞上市计划来确定和调整具体细节,缺什么补什么,缺多少补多少。

套养模式的优点在于成鱼池既生产食用鱼又生产各种规格鱼种,提高池塘生产能力;生产持续进行,不受季节限制,没有空塘时间,提高池塘的利用率;减少鱼种池面积,提高食用鱼塘面积,提高食用鱼总产量。缺点为多品种、多规格、无间歇的持续生产,增加了原本对品种、规格、季节有严格选择性的病源生物侵袭养殖对象的机会,不利于养殖系统的疫情控制。

4. 综合种养模式

综合种养模式是劳动人民在长期的生产实践中创造出来的比较完善的人工生态系统[②]。其基本特点是种养结合,将塘基纳入池塘生态系统,合理配置陆地和水面资源,以养鱼为主体,鱼、畜、禽、果、蔬配套经营,促进系统物质、能量的良性循环。传统综合养鱼模式的基本类型大致有鱼鸭鹅、鱼猪、鱼稻、鱼菜等模式。鱼塘通常是因地制宜,按"四基六水"或"三基七水"比例(即陆地占40%,水面占60%;或陆地占30%,水面占70%)构筑,经营思路是塘头养猪、塘基种蔬菜(或水果、甘蔗)、水面养鸭(鹅)、畜禽粪养鱼。但由于存在有机粪肥不经腐熟和消毒处理直接下塘带来的有机污染和病源生物入塘问题,易暴发鱼病,因此,鱼鸭鹅、鱼猪模式目前已经被放弃,目前的综合种养模式更多是稻鱼、鱼菜、稻鱼虾、稻鳖、稻蟹、稻鱼鸭(鹅)等模式。

5. 池塘80：20养殖技术模式

在现代人工配合饲料养鱼模式中,淡水池塘80：20养殖技术模式是个典型,在全国推广应用面很大。淡水池塘80：20养殖技术模式是指淡水池塘养鱼产量中的80%左右是由一种摄食人工颗粒饲料,受消费者欢迎的高价值的温水性鱼组成,也叫作主养鱼,如鲤鱼、鲫鱼、青鱼、草鱼、团头鲂、斑点叉尾鮰、罗非鱼等;其余20%左右的产量由"服务性鱼"组成,也叫作搭配鱼,如鲢鱼、鳙

① 梁军能.广西池塘养殖的主要模式、利弊分析及发展趋势[J].广西水产科技,2006(1):14—17.
② 梁军能.广西池塘养殖的主要模式、利弊分析及发展趋势[J].广西水产科技,2006(1):14—17.

鱼可清除池中浮游生物,净化水质,鳜鱼、鲶鱼、鲈鱼等肉食性鱼类可清除池中的野杂鱼。此技术适合鱼种培育和成鱼养殖[①],是原农业部"十五"重点推广水产技术项目之一。

20世纪80年代末,我国形成了以饲料养殖为基础的养殖技术,1993年,全国水产技术推广总站与美国大豆协会合作,引进了淡水池塘80:20养鱼技术,此技术效益大,对环境的影响小,是上述以人工颗粒饲料为基础的养殖技术中的最理想模式,在生产中很快被渔民接受,并迅速普及推广。与我国传统混养技术相比,该技术有以下优点。一是能良好地控制养鱼池的水质,减少养殖污水的排放量和养殖水的用量。二是采用高质量的人工配合颗粒饲料,提高了饲料的利用率和转化率,减少对水质的污染。三是按一定比例混养服务性鱼类,既可改善池塘水质,又可利用池塘天然生物饵料资源,换取一定的鱼产量,增加经济效益。四是此技术适应市场的需求,主养鱼是高价值鱼,追求的是最佳的经济效益,而不是最高的产量。

6. 轮捕轮放

轮捕轮放即一次放足鱼种,饲养一段时间后,分批捕出其中部分达到商品规格的成鱼,再适当补放鱼种。采用这种方法能使池塘单位水体始终保持适宜的养殖密度,避免放养初期因鱼种较小而使水体不能得到充分利用,后期则因鱼长大,生活空间相对减少而使鱼类生长受到抑制的情况,从而可取得较高的单位面积产量。

三、池塘养殖模式发展的有利条件和存在的问题

我国开展池塘养殖具有有利条件和显著优势,同时也存在一些制约因素。

(一)池塘养殖模式发展的有利条件

我国发展池塘养殖模式的有利条件体现在以下4个方面。

1. 发展历史长、技术模式成熟

相对于其他类型水面,池塘养殖水面较小、人工可控度高,有利于集约化精养。我国水产养殖户在长期的生产实践中积累了丰富的经验,总结形成了行之有效的技术模式。"八字精养法"、池塘混养、套养、综合种养等技术模式都是基

---

① 黑龙江省水产技术推广总站.农业部"十五"重点推广水产技术项目淡水池塘80:20养鱼技术(二)(连载)[J].中国水产,2002(10):39—40.

于实践和观察提炼总结出来的。由于产业发展历史长，在主要产区这些技术模式代代相传，从业者基本上都是熟练掌握养殖技术的人，可以说，我国池塘养殖具有广泛而扎实的群众基础。

2. 池塘养殖总面积较大

2019 年，我国淡水池塘养殖面积达到 3 967.09 万亩，在各个省份均有分布。与其他淡水养殖类型相比，我国池塘养殖面积最大，这是我国"以养为主"渔业发展战略的重要成果，也是产业长期发展积累下来的基础条件。在大水面渔业以绿色生态为主要发展目标的情况下，今后池塘养殖将继续作为我国淡水渔业的主体而存在，这是池塘养殖继续发展的现实基础。

3. 有强大的科技支撑

一是人工繁育技术为池塘养殖提供了便利。我国池塘养殖主养的青鱼、草鱼、鲤鱼、鲢鱼一般 4—5 年性成熟，每千克体重怀卵上万粒，即一尾 1 千克重的鲢鱼可产鱼苗上万尾，鲤鱼一年多次产卵，而非洲鲫鱼一年能繁殖 2—3 代。因而各地的池塘养殖基地都可培育鱼种鱼苗，使得池塘养殖的鱼种鱼苗获取非常方便。20 世纪 70 年代以来，促黄体生成素与高效催产剂等鱼类药物的研究成功，进一步推动了鱼类人工繁殖事业的迅速发展。在此基础上，科技人员建立了苗种培育操作规程，大幅度提高了苗种生长速度和成活率，提高了养殖单产和规格，较好地解决了池塘养殖的"瓶颈"问题，推动了池塘养殖业发展。**二是渔业机械的迅速发展为池塘养殖模式发展提供了有利条件。**改革开放以来，我国渔业机械化水平不断提升，排灌机、增氧机、饲料加工机、挖泥清塘机、活鱼运输机等纷纷在池塘养殖领域应用，特别是增氧机的研制成功和运用，为池塘高密度养鱼提供了有利条件，进而保证了池塘养殖稳产高产。进入 21 世纪后，池塘底微孔管增氧技术出现，它比叶轮式、水车式增氧机降低耗电 80%，可以减少渔药用量和提高池塘养殖单位面积产量和效益。2008 年，全国水产技术推广总站出台《开展池塘高效增氧技术示范推广的指导意见》，在全国推广微孔增氧技术。**三是饲料技术的发展极大地提高了我国淡水池塘养殖的产量。**衡量水产养殖是传统养殖还是现代渔业，高质量的配合饲料是重要的标志之一[①]。自 20 世纪 80 年代以来，我国渔业科研系统针对主要养殖水产品开展了营养需求、饲料配方及某些饲料添加剂的系列研究，查明了一些养殖鱼类对蛋白质与氨基酸、脂肪与脂肪酸、主要维生素和矿物质的需要量和饲料中的适宜含量，为研制配合饲料提供了科学依据；对我国常用动植物饲料的消化利用价值进行比

---

① 宋迁红.高质量的配合饲料是现代渔业的重要标志——访浙江省淡水水产研究所所长叶金云[J].科学养鱼,2009(4):3—5.

较分析;制定水产养殖动物配合饲料营养标准,研制出许多优质配方①。我国大宗淡水鱼养殖产量增长得益于全价配合饲料在水产养殖领域的应用。

农业科技进步与创新是农业经济增长的原动力。总体上,人工育种、增氧机及配合饲料等渔业技术的发展促进了池塘养殖产量、质量的提高,技术进步和养殖面积扩大为淡水养殖业发展奠定了坚实基础。

(二)池塘养殖模式存在的问题

我国池塘养殖历史悠久,积累了丰富的养殖经验,但在生产实践中,池塘养殖也存在难点和问题。

1. 池塘养殖发展空间收缩

1982年,我国池塘养殖面积为1378万亩,到1986年池塘养殖面积就超过了2000万亩,用4年时间达到了2003万亩。到1998年,我国池塘养殖面积超过3000万亩,在1986年的基础上用12年时间达到了3128万亩。到2002年我国池塘养殖面积超过3500万亩。自1998年到2006年的8年时间里,池塘养殖面积每年都保持增势。实际上,除了2007年锐减到2761万亩之外,我国池塘养殖面积自1998年以来一直保持在3000万亩以上;2015年和2018年两度达到了4000多万亩,2019年略有下降,为3967万亩,2020年下降至3938万亩。总体上看,近6年时间,我国池塘养殖面积都在3900万亩以上,最近2年稳中有降。随着工业化、城市化发展,未来我国池塘养殖发展空间面临下行压力,将出现发展空间收缩的问题。

2. 池塘标准化改造滞后

我国的很多池塘兴建于20世纪80年代,之后长期失修、池底淤泥过厚,使得池水较浅,池塘水体空间较小,鱼类的生存空间有限,不能适应多种鱼类立体混养的养殖方式;同时,池塘承载力较小,鱼类产量低,水面资源无法得到充分利用。池塘水容量小,物质循环不畅,物质、能量的输入、输出难以平衡,导致池塘生态系统脆弱、失衡,易发生病害。为实现高产、优质、高效、健康、安全的池塘养殖,全国有组织、有计划、大规模地开展了养殖池塘标准化改造工作。但全国淤积严重、坍塌破损、蓄水深度不足1米的老化池塘仍有很多,养殖池塘标准化改造工作存在进展不平衡、缺乏整体规划、池塘改造标准低、普遍没有建立养殖池塘维护的长效机制等问题,池塘标准化改造任务依然繁重。

---

① 刘焕亮.中国水产业及其养殖业的发展与科技成就——庆祝建国五十周年[J].大连水产学院学报,1999(3):51—63.

3. 池塘养殖粗放、不规范

无论是单养池塘还是混养池塘都存在能量沉积导致的水质问题。有的单养池塘仅养殖草鱼、鲤鱼,有的投放少量或不放滤食性鱼类,没有搭配肉食性鱼类,放养比例较为不合理;加上集约化池塘精养模式下的饲料、饲草投喂增加,池塘内残渣剩饵、粪便等沉积,得不到有效利用,加之清塘不及时,极易造成池塘水体营养过剩,水质变差,降低池塘养殖的生态经济效益。

4. 病害防控是"卡脖子"问题

池塘养殖的病虫害防控至关重要。大宗淡水鱼病死率高的成因主要有5点:一是苗种质量不高,耐病害能力差;二是饲料营养不均衡;三是放养密度过大;四是气候对水温的影响;五是养殖户防病意识不强,管理不当。2009年,北京地区大宗淡水鱼的病死率普遍在5%—10%之间,如果从鱼种阶段算起则达到20%,最高达50%[①]。病害是影响淡水产品质量的至关重要的因素。提高产业竞争力和实现渔业高质量发展,必须解决病害防控问题,这是渔业绿色高质量发展的关键。

四、高质量池塘养殖业的发展建议

针对池塘养殖发展空间收缩、池塘标准化改造滞后、池塘养殖不规范和病害等问题,要促进池塘养殖向着高质量方向发展,须从以下方面加大工作力度。

(一) 规范和明确养殖权,确保池塘养殖发展空间

进一步规范和明确养殖使用权,在现有物权体系框架下构建养殖权权利体系。要从制度上确保国有内陆水域以及集体土地(水域)中发展养殖业的面积的最低比重,建立水产养殖面积红线制度。规范养殖权流转,加强养殖权管理、规范养殖登记、促进依法流转、保护渔民利益。合理规划养殖权使用期限,以稳定的预期促进养殖业健康发展[②]。

(二) 继续实施绿色健康的标准化池塘改造工作,并在此基础上发展生态型池塘养殖

标准化水产养殖池塘的建设与改造,需要各地结合自身的经济条件和养殖

---

① 国家大宗淡水鱼类产业技术体系. 我国部分地区大宗淡水鱼养殖情况和建议[J]. 科学养鱼,2009 (6):39—40.

② 刘江. 我国水产养殖权的物权性质与制度建设探析[J]. 中国水产,2021(12):48—51.

要求因地制宜探索实施①。标准化池塘一般包括规范化的池塘、道路、供水设施、供电设施、办公场所等基础设施,还有配套完备的生产设备,养殖用水符合NY5051 标准要求,养殖排放水达到淡水池塘养殖水排放标准 SC/T9101 要求。目前,系统完备、设施设备齐全、管理规范的标准化池塘养殖模式是集约化池塘养殖的主要改造建设模式。今后,应继续加大对标准化池塘改造的支持力度,提高标准,应改尽改。为使淡水养殖业向着绿色、高效、现代化的方向发展,还要在标准化池塘改造的基础上发展生态型池塘养殖模式。

目前,一些经济发达地区在标准化池塘养殖设施的基础上,利用周边沟渠、荡田、稻田、藕池等对养殖排放水进行处理后排放或回用,构建渔农、渔农畜复合型生态种养模式。还有的在标准化池塘养殖设施的基础上,提升装备标准和技术标准,增设了人工湿地、生物净化塘、高效净化设施等循环水池塘养殖系统的水处理设施,形成"节水、安全、高效"的循环水池塘养殖模式。

(三) 转变和创新池塘养殖方式,推动数字化和智能化装备应用

1. 创新池塘养殖增氧方式

探索利用叶轮式增氧机与微孔管道增氧设备相结合的方式,既可以更有效提高全池水体溶氧、降低饲料系数、改善池塘水质及降低病害的发生率,同时可大幅提高池塘放养密度,提高池塘使用效率②。

2. 改变投饵机投饵方式

探索将原有固定式投饵机改为移动式投饵机,进行全池投饵,防止鱼类因抢食而受伤。

3. 推动有条件的池塘应用智能化设备

智能化设备的前期投入较高,一般适用于养殖规模较大的标准化养殖基地。具备条件的养殖场可安装实时在线监测系统和养殖周期全程智能化、自动化设备,从而实现远程控制和预警,功能包括实时监控,定时定点定量遥控投料、增氧,水质实时监测,溶解氧监控,自动预警功能,如断电报警等。养殖户可根据在线反馈信息实施精准测定,并及时采取有效的调控与改善措施,从而使池塘长期保持良好的运行状态。

(四) 加强病害监测和防控工作,推广健康养殖模式和绿色渔药

"十四五"时期我国农业的重大部署包括了强化农产品质量安全监管。要

---

① 徐皓,刘兴国,吴凡.池塘养殖系统模式构建主要技术与改造模式[J].中国水产,2009(8):7—9.
② 唐玉银,房元喧,韩玲,张凤翔.提高池塘养鱼综合效益的几点新措施[J].科学养鱼,2016(12):92.

实施农产品质量安全保障工程,完善质量安全全程监管体系,扩大质量安全风险监测范围,强化基层监管和检验检测队伍建设,推行网格化监管和智慧监管。下一步要实施"治违禁、控药残、促提升"行动,基本解决禁用、限用农药、兽药残留超标和非法添加等问题。加强投入品规范化管理,严格食用农产品种养殖、加工储运环节投入品监管。试行食用农产品达标合格证制度,健全追溯体系。

在渔业领域,要做好上述工作,需要做到以下几点。一是加强病害监测和防控工作,要科学布点,强化县(区)以下池塘水质、底质的监测工作;二是加强健康养殖模式的推广力度,并开展安全用药培训;三是鼓励绿色渔药的研发和推广;四是通过现代化的数字技术建立"科学家教室",对基层养殖户进行线上的塘边指导和培训等。通过技术支持和制度构建帮助各地池塘养殖业健康发展、高质量发展。

案例报告一:黄河滩涂提质增效养殖模式

黄河绵延5 000多千米,是中华民族的母亲河。长久以来,黄河滩涂的开发利用为黄河沿线地区带来了丰厚回报,特别是黄河滩涂水产养殖业的发展更是成为滩涂利用的重要方式。近年来,随着环境保护政策的收紧,"黄河不搞大开发,要搞大保护"基调的确定,沿黄河地区的水产养殖业主体不适应环保督查的要求,特别是黄河滩涂的水产养殖业在尾水排放、禁养区、限养区划定等方面受到巨大冲击,转型升级势在必行。

一、黄河滩涂提质增效型养殖模式示范点建设基本情况

国家大宗淡水鱼产业技术体系"十三五"重点任务包括对绿色高效养殖模式的实践探索。在相关研究室、综合试验站的选点、培育、技术集成和协同推进下,14个绿色高效养殖模式核心示范点确立。位于郑州综合试验站黄河滩涂养殖地区的**"黄河滩涂提质增效型养殖模式"**是其中一个示范模式,承担示范点建设的单位是**郑州邦众水产养殖专业合作社**。

(一)示范点基本信息

郑州邦众水产养殖专业合作社成立于2009年,水域滩涂面积4 600亩,核心养殖面积3 200亩,其中改造池塘水域面积2 000亩,初始固定资产投资800万元,含挖塘、水路、电路、基础设施配套等。合作社经营范围包括水产养殖、粗加工及苗种、饲料的销售。合作社注册时有7位出资人,注册资金100万元,其中理事长王兴利出资70万元。当前,合作社有9名员工(含理事长)。2020年,受黄河放水冲击和生态功能区划定影响,该合作社整体承包面积流失了800亩。

该合作社经营核心地区主要分两块,第一块包含生态湖以及135个池塘,这些池塘属于核心养殖区,生态湖属于净水区;第二块包含85个池塘,平均面积13亩,也是养殖区。合作社建设了看守房2 500平方米(由于滩涂地区不允许建设砖混结构建筑,因此这些都是简易的临时房)。

(二)示范点采用的核心技术

邦众水产养殖专业合作社采用了多种绿色高效养殖技术,其中,应用的大宗

淡水鱼产业技术体系的核心技术包括池塘设施工程化构建技术、池塘环境生态工程化构建技术、规程化良好养殖技术、区域性绿色高效养殖模式技术集成与示范，应用的体系外技术包括太阳能诱虫灯等。其主要技术模式可总结为以下4类。

第一类也是最核心的技术为"人工湖＋池塘养殖"工程技术。从2010年开始，合作社社长王新利即采纳上海渔业机械研究所的规划建议，在建设的滩涂中留出一块空地建设水域面积约400亩的人工湖，并与其周围的池塘以生态沟连接，对养殖池塘尾水进行生态循环使用。人工湖形成一片类天然水面，其中放养鲢鱼、鳙鱼和黄河鲤，充分利用生态湖中的岛来探索生态净水型养殖模式。

第二类技术是可视化信息监控系统，主要包括以下几方面。一是在建设的场区内安装信息化监控系统，场区内安装监控摄像头，主要布置在养殖区进排水口、主要生产区域、投喂区域、捕捞岸点、暂养区域等地点，实现从鱼苗投放、养殖过程到最终捕捞无盲区覆盖，实现养殖过程全天实时在线监控。二是在线水质监测系统，主要布置在养殖区进排水口、主要养殖生产区、生产管理区。水质监测数据包括水温、溶解氧含量、pH值。监测数据自动上传至云服务平台，可通过手机APP实时查看。该系统还包括远程控制功能，可通过手机控制增氧设备、投饵设备开关等，实现物联网功能，一定程度上解放人力。三是建立合作社微信公众号，实现养殖视频、水质监测数据、水产品质量安全检测报告在线共享；同时加入合作社最新咨讯、黄河鲤历史文化介绍、黄河鲤品牌建设视频报道等相关信息；建设邦众网上商城，实现黄河鲤网上营销，合作社向郑州周边多个饭店供应黄河大鲤鱼，提供相关饭店地址、特色菜等信息，实现终端客户就近吃鱼。四是鱼病远程诊断系统，该系统设置在管理房鱼病检查室，远端与河南省鱼病专家远程会诊中心连接，实现病害样本在线解剖和诊断，并形成电子病历和解决方案。

第三类技术是多营养层次生态高效养殖技术，是开展池塘养殖环境多营养层次工程化构建技术试验，结合池塘养殖与生态湖的模式特点，根据池塘养殖品种及水质情况，在部分标准池塘放置6％的生物浮床，种植空心菜、苋菜等适宜蔬菜品种，净化水体，降低鱼病发生率、减少渔药使用，同时收获优质蔬菜，增加经济效益；在鱼类品种的投放上，改变传统"主养品种＋鲢鱼/鳙鱼"模式，根据鱼类生态学、生物学特性，充分利用水体空间和营养物质，增加新品种的投放数量，如在养殖斑点叉尾鮰的池塘中增加投放异育银鲫"中科5号"，加大鲢鱼投放量等；在生态湖中，遵循古法养鱼理念，采取低密度养殖方法，以鲤鱼为主，同时放养鲢鱼、鳙鱼、草鱼、黄颡鱼、鳖、黄河鲶、泥鳅、鲫鱼、河蚌等，多品种混养，稳定生态群落，平衡生态区系。

第四类技术是形成"生物浮岛＋生物滚筒＋生态循环"尾水治理技术。养殖尾水进入生态湖以后,利用生态湖大水面优势,建设了一批生物浮筏,种植空心菜、美人蕉等具有一定经济价值与观赏价值的水生植物。通过植物生长吸收微生物,微生物附着于植物的根系,使通过根系的有机污染物在吸收作用、同化作用及异化作用下被去除,对富营养化水体进行生态净化,从而达到可重复利用的养殖水质要求,减少地下水的抽取量,保护水资源。除此之外,生物滚筒技术以廉价毛竹为主要载体,并添加火山岩、陶粒、铁碳等形成复合生物滤料,将毛竹等复合滤料装入多孔滚筒漂浮在水中持续转动,大量池塘原生有益微生物在以竹子为滤料的表面上挂膜,厌氧反应、好氧反应、硝化反应、反硝化反应交替发生,分解池塘水体中有害物质。臭氧发生器产生的臭氧可有效提高水体中的氧化还原电位(OPR),氧化还原电位的提高有利于好氧微生物种群的形成,从而减少病害的发生。与池塘配套的还有 50 厘米×50 厘米×50 厘米的循环水沟,用土工膜铺设,经生物接触氧化后的水体进入生态沟缓慢流动,再经过太阳暴晒和自然增氧,尾水便得到净化。通过安装太阳能微电站,为水泵提供电力,达到环保、绿色、节能的能源利用目标。在生态湖内,合作社还安装了 10 台太阳能灭虫灯,在人工投饵较少的情况下,通过太阳能灭虫灯电击蚊虫,使蚊虫落入水面,节省饲料成本。

(三)示范点核心技术推广情况

调研得知,核心示范点的建设目标是:到 2020 年,示范面积达 3 200 亩,核心技术辐射示范面积 15 000 亩,推广面积 10 万亩[①],核心示范点原良种覆盖率 90%。截至调研时,核心示范点相关技术集成率达到 80%,预计在 2020 年达到 90%。郑州市农委、荥阳市农委每年组织 2 批次人员前来参观学习。

调研了解到,尾水处理技术和提前暂养推广的总体效果一般,推广过程中存在难点和问题。一是合作社使用大面积的水域作为人工湖,以此净化水质,而当前的土地成本越来越高,很少有养殖户愿意采用“人工湖+池塘”的养殖模式,而且大部分养殖户没有这么大的养殖面积来实践这一模式。以 1 000 亩水域为例,该水域需要配套 15% 面积即 150 亩的生态湖,按照目前当地滩涂的地租为 800 元/(亩·年),人工湖面积 150 亩,每年土地成本就是 12 万元,而如果挖成鱼塘出租,每亩鱼塘每年可以收租金 1 000 元。因此在当地,生态湖净水区的模式很少有人主动采用,合作社也是在政府支持下才采用了这项新技术。二是该模式要求低密度养殖,符合要求的前提下,亩产会降低到 3 000 斤,而一般亩产都在 6 000—8 000 斤,养殖户不愿意接受低密度养殖。

---

① 推广面积主要是尾水处理技术和提前暂养的辐射带动估计值。

二、核心示范点的经济效益分析

(一) 大宗淡水鱼核心技术的相应设备、技术及价格

1. "人工生态湖＋池塘"养殖模式的成本分析

"人工生态湖＋池塘"养殖模式构建了一套养殖尾水的自净和自循环系统，可以使整套养殖环节形成一个闭环而不向开放水域排放养殖尾水。但构建此套系统的成本较高，除了高昂的固定资产投资外，还会在生产过程中产生一定的机会成本，需要生产者有足够的经济实力和长期经营的定力。

从开挖成本看，合作社初始投资 800 万元用于工程设施建设，主要建设了 400 亩生态湖、220 口池塘、6 条生态沟和 7 千米的硬化水渠等。除了初始投资外，经营过程中生态湖模式还需要承担一定的机会成本。与周边池塘养殖户相比，合作社生态湖占地 400 亩，当前土地租金 800 元/(亩·年)[2009 年合作社租地价格为 300 元/(亩·年)]，如果开挖成池塘对外出租，租金可达 1 000 元/(亩·年)，如果按照当年价格算，400 亩的生态湖如果转化为池塘出租，可获益 8 万元，如果按照合作社承租时的价格算，则利润空间可达 28 万元。如果再考虑经营过程中合作社可以获得的饲料销售等收益，如在精养池塘中每亩每年要用 2 吨饲料，400 亩池塘就需要 800 吨饲料，普通经销商的饲料利润为 200 元/吨，则合作社在饲料上可获而未得的收益又达到 16 万元。综合来看，坚持此模式合作社的机会成本高达 44 万/年。机会成本的存在，也是普通养殖户或其他经营主体不选择该模式的重要原因。

2. 其他技术的投入成本

合作社于 2018 年 8 月采用了可视化信息监控技术，包括数字化监控系统、鱼病远程诊断系统，共计投资 40 万元。在多营养层次生态高效养殖技术方面，采用的设备还有水生生物浮床 1 800 平方米，价格约 120 元/平方米，无政府补贴，合作社投资 26 万元。在尾水处理技术方面，合作社采用人工湿地 2 000 平方米，投资 30 万元，政府补贴 10 万元；购买 5 台臭氧发生机，配合生物膜净化池里有 2 台，池塘里有 3 台，平均每台 3 000 元，投资 1.5 万元，无政府补贴；滚筒式微生物膜净水机每台 2 万元，2019 年刚采用，其作用是可以同时消毒净化和增氧，节省地下水、减少渔药使用，还可省电，合作社非常看好这一技术。此外，合作社还投资 6 万购买了循环水臭氧生物净化器；购买太阳能灭虫灯 10 台，每台 2 万元，投资 20 万元；上海渔业机械研究所赠送价值约 1 万元的太阳

能搅水机;购买 3 台太阳能充氧机,每台 1 万元,等等。

2019 年合作社计划延伸产业链,开展水产品冷冻粗加工,现已采购冷冻机 1 台,价值 4 万元;包装机 1 台,价值 8 000 元;液氮设备 1 台,价值 1.3 万元;还有 2 800 元的杀鱼工作台,5 000 元的电子显示屏,合作社宣传展示牌 11 块,价值 4 万元,等等。

综上,郑州邦众水产养殖专业合作社的核心技术采纳及相应设备的成本较高。仅维持生态湖的机会成本就达到每年 44 万元。在固定资产投资方面,2010 年至今,合作社投资于生态湖和池塘开挖的资金高达 800 万元,其他一些技术设备的追加投资也超过 100 万元。

(二) 主要产品成本收益情况

1. 合作社池塘养殖

从养殖面积看,自 2016 年至今,合作社池塘养殖大宗淡水鱼的面积不断缩减。2016 年合作社用于养殖大宗淡水鱼的水面有 1 300 亩,占合作社养殖总面积的 65%;2017 年这一比重下降到 60%,只有 1 200 亩;2018 年进一步减少到 800 亩,占比约 40%;到 2019 年,该面积进一步减少至 600 亩,占比仅 30%。

从养殖产销情况看,合作社池塘养殖鲤鱼的亩均产量较为稳定,但利润水平较低。合作社池塘养殖投苗量一般为 1 500 尾/亩,亩产量 3 000 斤。从最终利润来看,合作社养殖每斤鱼的平均成本为 4.2—4.3 元(含土地、饲料、鱼苗成本,但不含人工成本)。黄河鲤的销售价格为每斤 4.8 元,每斤利润只有 0.5 元。从具体指标来看,价格方面,2017 年鲤鱼的价格最低,平均每斤鲤鱼只有 4.6 元,每斤利润仅有 0.2—0.3 元。产量方面,2016 年合作社大宗淡水鱼产量 195 万斤,2017 年为 180 万斤,2018 年为 120 万斤。大宗淡水鱼养殖、销售总收入方面,2016 年为 936 万元,2017 年为 828 万元,2018 年为 576 万元。成本方面,清塘消毒成本 4 000 元/(塘·次),平均 2 年清塘一次;渔药费用平均 30 元/(亩·年),主要使用动物保健产品;鲤鱼苗种 5.3—5.5 元/10 尾,每亩投放 1 500 尾;池塘饲料使用量平均 1.5 吨/(亩·年),2018 年饲料价格为 4 600 元/吨,即平均饲料花费 6 900 元/(亩·年);病害防治费(含水质调节)平均 200—300 元/(亩·年);水电费平均 1 500 元/(亩·年);水面承包费 1 200 元/(亩·年);员工平均工资 5 万元/(人·年);合作社贷款平均利率为 1 分/年;固定资产折旧费估计达 20 万元/年;无肥料使用情况。

2. 合作社人工生态湖养殖

与池塘养殖不同,生态湖中的大宗淡水鱼养殖类似于大水面"人放天养"的模式,不同的是合作社会向生态湖适当投饵。从产量情况看,生态湖目前已处于稳定期,每年平均每亩可捕捞 600 斤鱼,其中黄河鲤 300 斤,鲢鳙鱼 300 斤,不过生态湖在投苗第 4 年才有可收获的成鱼。从成本方面看,生态湖的种苗投入在每亩 100 尾左右,种苗、饲料等投入品以及捕捞费用等成本在 5 000 元/(亩·年)左右。从销售方面看,生态湖的鲤鱼销售供不应求,销售价格 20 元/斤,且价格全年稳定。销售方式为合作社将生态湖中的鲤鱼捕捞后放入高位池中暂养,在鱼即将上市时再放入流水跑道(10 亩)中暂养,达到使鱼瘦身的目的,以改善品质和提升口感。2018 年,400 亩生态湖仅黄河鲤销售收入就达 240 万元,除去成本 200 万元(含土地租金、工资),利润 40 万元,黄河鲤亩均利润 1 000 元;生态湖出产的鲢鳙鱼每亩利润可达 500 元,水生蔬菜等亩均利润 1 500 元;生态湖总利润可达 3 000 元/(亩·年)。

(三) 新模式与传统养殖模式的经济效益对比

1. 生态湖与传统池塘养殖效益分析

通过调研及对比数据可知,新模式相比传统模式,实现了水产养殖减量增效的目的。由上文分析可知,生态湖利润可达 3 000 元/(亩·年),而池塘养殖每斤鱼的利润在 0.5 元左右,以每亩年产 5 000 斤鱼计算,利润水平为 2 500 元/(亩·年),比生态湖低 500 元/(亩·年)。生态湖经济效益高的原因有以下几点。第一,生态湖养殖模式饲料成本约 3 150 元/(亩·年),由于放养密度小,除人工投喂少量饲料外,太阳能灭虫灯每天能够提供优质蛋白质,可以降低饵料系数,节约饲料成本。第二,由于大水面、低放养密度,生态湖模式采用太阳能增氧机及太阳能抽水机,生态湖的养殖电力成本几乎为零。第三,低放养密度、合理的人工投喂及天然饵料的搭配,使生态湖几年来一直零用药,渔药成本为零。第四,生态湖内混养滤食性鱼类及肉食性鱼类,不仅可以净化水质,去除湖内野杂鱼,还能获得额外的经济收入。生态湖可以接收其他池塘的养殖尾水,经过净化后重新被池塘利用,合作社对外的养殖尾水排放为零。第五,生态湖内其他辅助鱼类也可提供可观的收入。第六,水生蔬菜和水生花卉既能净化水质又具有商品经济价值和观赏价值。生态湖利润可达 3 000 元/(亩·年)以上,是一种绿色高效的养殖模式。

2. 低密度池塘与高密度池塘效益分析

通过对合作社的调查,调研组发现一个有趣的现象,即亩产 5 000 斤的高密度池塘和亩产 3 000 斤的低密度池塘,从长期来看,收益基本相同。主要原因有以下几点。一是质量差异,低密度养殖的鲤鱼出塘时基本全是 1.2 斤以上的成品标准鱼;高密度养殖的鲤鱼出塘时平均每亩含 200 斤低价次品鱼。二是病害损失,低密度养殖比高密度养殖病害发生率低,死亡损失小,用药成本少。三是财务费用,亩产 3 000 斤池塘每亩每年成本约 1 万元,亩产 5 000 斤池塘每亩每年成本1.5万—1.6万元(忽略占压资金利息)。四是其他可变成本,包括发电机、增氧机、饲料、人工投入和机器折旧,长期来看,高密度养殖的风险如翻塘率(死鱼损失)要比低密度养殖高50%。也就是说,高密度养殖并不一定高收益。从合作社的经验来看,亩产5 000斤与亩产3 000斤的池塘从长期看,利润都在1 500元/(亩·年)左右,但二者的生态效益和产品质量有着明显差别。

三、绿色高效养殖模式的生态效益和社会效益分析

郑州邦众水产养殖专业合作社的黄河滩涂提质增效养殖模式提升了大宗淡水鱼养殖对水、土地等自然资源和饲料营养等投入品的利用效率,减少了用药量,提高了养殖排放物质的再利用水平,养殖尾水循环利用,实现零排放,形成生态养殖生产环境,有助于产业走上生态友好的发展之路。

一是养殖水域水质整体变好。近4年,示范点水体水质变好,底质没有变化,病害发生率减少,无渔药使用情况,示范点一般使用微生态制剂调节水体水质。示范点水体生态总体变好,示范点水体生物多样性变得更丰富。

二是病害极少发生。2016年整个地区暴发严重的鲤鱼病害,合作社因病害损失鲤鱼2万斤。2017年和2018年基本没有鱼病害损失情况。目前采用的病害防控方式主要是塘内使用生物制剂处理。采用的水质调节方法为加注新水、使用增氧机或潜水泵等、培植水生植物及有益藻类、混养鲢鳙鱼等、使用微生态制剂等方式。

三是基本形成品牌,产品质量显著提高。目前合作社已经形成了相应品牌,申请了地理标志产品,还没有获得绿色食品认证或有机产品认证。大宗淡水鱼的口感调控期为15天,采用流水调控。大宗淡水鱼检验检疫达标率100%。

四是基本起到了推广带动的作用。示范点周边的非示范户对体系推广的模式技术有采用意愿。该合作社组织了对其他养殖户的技术培训,每年培训1次,培训70人(目前当地县域从事水产养殖的劳动力有100人),培训内容为科学投喂技术、病害防控技术、沟渠设计和建造改造技术、调节水质技术、减少污水排放技术、养殖管理技术。

五是展示了渔业发展的正确方向。该模式符合农业供给侧结构性改革的要求和"提质增效、减量增收、绿色发展"等发展方针。在目前养殖水产品市场低迷、发展质量不高的情况下,示范标准化生态养殖技术,对于大宗淡水鱼产业健康可持续发展有重要的意义。

六是带动当地发展。该模式基本实现了绿色高效养殖,建立了渔业安全监控网络(从生产到销售全套环节的信息安全网),建立了产地追溯体系,该模式提高了当地的知名度,改善了当地的人居环境,丰富了居民休闲娱乐,保护了传统的生活方式和习惯,有利于农耕文化或渔文化的发展。进一步地,当地还开展了农耕文化和渔文化宣传教育活动。除此之外,合作社参与了公益项目或资助,其中资助村里文化活动3万元,资助九九重阳节活动2万元,资助抗战老兵2 000元。

四、讨论与小结

通过对郑州综合试验站核心示范点的实地调研,调研组得出的初步结论为:长期来看,"人工生态湖+池塘"的新型养殖模式是一种绿色高效的养殖模式,该模式不仅在经济效益上高于传统养殖模式,且在产品质量、生态环保和社会效益上也大大超越传统的以资源环境为代价、以数量为导向的生产方式,可以说实现了水产养殖业的减量增效、提质升级和绿色发展。

调研中也发现,新模式的发展和推广存在一定的困难,需要进一步研究相应的解决方法。可能存在的影响新模式推广的障碍包括以下几点。一是模式的稳定性问题。主要症结是产权问题,如大水面生态养殖对水面的产权需要有明确的界定,只有产权明晰,权限长期,生产者才有可能采取初始高投入、长期慢收益,兼顾经济效益、生态效益和社会效益的生态养殖模式。另外当前不断上涨的塘租也成为生产者采用生态模式的阻碍。二是模式的适应性问题。当前市场主体急功近利,在信息不对称的情况下,高质量农产品很难获得高价格,以次充好等搭便车的现象令高质量农产品很难获得广泛的市场份额,而只是存在于直销、配送等渠道模式,影响了生产者的获利水平,影响模式的推广和普及。三是模式的价值评价问题。绿色高效养殖模式有着出色的生态效益和社会效益,但当前缺少测量和评价生态效益和社会效益的指标和方法,对绿色高效养殖模式的贡献评价不足。四是模式进入门槛问题。绿色高效养殖模式需要承租大面积的土地或水域,在此过程中需要投入的固定资产投资高昂,且面临的机会成本也极高,除生态湖工程外,其他的新技术也至少需要投入几十万的资金购买设施设备或配套工程设施,这是普通生产者无法承受的。

(执笔人:张璟)

案例报告二：池塘种青养鱼绿色高效养殖模式

池塘养殖是我国淡水产品的主要生产方式。2018 年我国池塘养殖产量约占淡水养殖产品产量的 74.70%；在淡水养殖产品中，草鱼产量最高，为 550.43 万吨。但近年来，草鱼价格低迷，产品滞销，使得草鱼养殖行业陷入困境。如何稳定草鱼的养殖利润，保障养殖户的收益，并进一步实现草鱼养殖的降本、提质和增效，是一个重要的课题。在此背景下，2019 年 10 月 10—13 日，产业经济研究室联合养殖模式与环境控制研究室组成调研组，赴湖北省荆州市洪湖市的国家大宗淡水鱼产业技术体系核心示范点开展池塘种青养鱼绿色高效养殖模式调查，以期较为全面地评价该模式的经济效益、生态效益和社会效益，并为草鱼养殖行业的发展提供借鉴。调研组成员为华中农业大学李大鹏教授和农业农村部农村经济研究中心李竣、倪坤晓。有关情况报告如下。

一、核心示范点基本情况

池塘种青养鱼绿色高效养殖模式核心示范点位于湖北省荆州市洪湖市大沙湖农场，承担单位为湖北共潮生科技股份有限公司。该公司成立于 2017 年，主营业务是水产养殖，并提供饲料购买、金融、培训、技术支持及渔药咨询等服务。2018 年 7 月该公司作为第一批核心示范点承担单位签订了任务书，进行池塘种青养鱼绿色高效养殖模式示范。按照核心示范点的建设规划，该公司将建成绿色高效水产养殖万亩基地，其中池塘种青养鱼 2 700 亩，池塘标准化养殖 6 000 亩；一级沉降池 200 亩，二级沉降池 200 亩，三级沉降池（湿地）400 亩，流道循环水 500 亩。2018 年 7 月该核心示范点进入万亩基地建设阶段，2018 年底开始进行池塘改造，2019 年建设了 1 000 亩种青养鱼综合试验基地，并投入使用，此外，截至调研时，已建成 12 条循环水养鱼流道，仍有 48 条流道设施正在建设中，预计 2020 年建成。由于示范点养殖基地在 2019 年才开展池塘种青养鱼，截至调研时养殖鱼尚未进入市场，未完成一个完整的生长周期，故无法获取一个年度的成本和收益情况。调研组对公司下设合作社的一户从事回型池种青养鱼的社员进行了访谈。据公司负责人和养殖户 C 介绍，养殖户 C 的回型池种青养鱼养殖技术规范与核心示范点养殖基地内采用的技术规范基本一致，养殖户 C 的池塘所在地与养殖基地距离不远，自然环境相似。因此，在下文池塘种青养鱼绿色高效养殖模式发展成效部分,将用养殖户C的3年数据进行解析。

二、池塘种青养鱼绿色高效养殖模式的生产方式

相对于传统池塘精养和普通种青养鱼而言,池塘种青养鱼绿色高效养殖模式主要是指回型池种青养鱼模式。为更好地进行评价,首先要厘清回型池种青养鱼的鱼、草生长周期两方面情况。

(一) 池塘养殖模式的对比

池塘种青养鱼模式是指在养殖水体及周围种植各种植物,把植物作为养鱼饲料或肥料,以植食性鱼类——草鱼为主养品种的一种池塘养殖模式。种青养鱼又可分为2种模式,一种是传统的池塘普通种青养鱼,另一种是回型池种青养鱼,两者的主要区别在于后者的池塘为回型池,共同点为均以种植的青草为主要青饲料,如黑麦草、小米草和苏丹草等,辅助投喂人工配合饲料;放养的苗种以草鱼为主,并混养其他鱼类,如鲢鱼、鳙鱼、青鱼、鲫鱼和黄颡鱼等。回型池种青养鱼模式根据养殖主体不同,又分为2种情况,一种是单家独户进行种青养鱼,如养殖户C;一种是公司主导的在核心示范点养殖基地中种青养鱼。两者的养殖方式基本一致,但在回型池改造、应用的设备和技术上有一定差异。而池塘精养是以饲料精养为主,主要投喂人工配合饲料,苗种以草鱼为主,并混养其他鱼类。为了更清晰地阐释回型池种青养鱼的生产方式,调研组分别对比了池塘精养、普通种青养鱼、养殖户C的回型池种青养鱼,以及核心示范点养殖基地中回型池种青养鱼在养殖方式、池塘改造、设备和技术上的异同点,具体见表12.3。

表 12.3　不同池塘养殖模式的对比

项目		池塘精养	普通种青养鱼	回型池种青养鱼(养殖户 C)	回型池种青养鱼(核心示范点)
养殖方式	饲料	人工配合单一饲料为主	青草为主,辅以人工配合饲料	青草为主,辅以人工配合饲料	青草为主,辅以人工配合饲料
	苗种	草鱼为主,混养其他鱼类	草鱼为主,混养其他鱼类	草鱼为主,混养其他鱼类	草鱼为主,混养其他鱼类
	池塘	普通池	普通池	回型池工程化改造	回型池工程化改造

项目		池塘精养	普通种青养鱼	回型池种青养鱼(养殖户C)	回型池种青养鱼(核心示范点)
设备	自动投饵机	√	√	√	√
	增氧机	√	√	√	√
	抽水机	√	√	√	√
	吊鱼机/挖掘机械	租	租	租	√
技术	底质改良	√	√	√	√
	水质调节	√	√	√	√
	生态养殖	×	×	×	√
	精准管理投喂	×	×	×	√
	尾水处理/循环利用	×	×	×	√
	质量安全可追溯	×	×	×	√
	智慧渔业装备	×	×	×	√

注:吊鱼机的作用是把渔网拉起来的鱼吊到车上;挖掘机械主要用于挖底泥。"√"表示有,"×"表示没有

　　由表12.3可知,从养殖方式看,池塘精养模式以人工投喂配合饲料为主,其他3种种青养鱼模式在养殖方式上基本一致;4种池塘养殖模式的苗种投放均以草鱼为主,混养其他鱼类,但具体的投放比例和投放密度有差异。从池塘改造看,池塘精养和普通种青养鱼的池塘均为传统的普通池,其他2种养殖方式均开挖了回型池。个体养殖户开挖的回型池,每个标准池塘一般在50亩左右;而核心示范点养殖基地中的回型池建设标准更高,回型沟宽15米,深3.5—4.0米,中部浅滩水深2.0米,底泥厚0.3米,单体池塘以80—100亩为宜,投入成本也更高。

　　从设备看,自动投饵机、增氧机和抽水机是3个必备设备,而吊鱼机和挖掘机械不是必备的,养殖户一般采取租赁的方式来使用。当养殖户有需求时,一般会向当地提供吊鱼机和挖掘机械租赁服务的个人租赁,按次数付费。如养殖户C有池塘53亩,雇人用吊鱼机把渔网拉起来的鱼吊到车上,一次300元;而雇人操作挖掘机械清塘一次需要3 000—5 000元。

　　从应用的技术看,底质改良技术和水质调节技术是4种池塘养殖模式都涉

及的技术,因具体采用的技术不同,技术应用的效果也会不同。在底质改良技术方面,养殖户C采用了化学改底和生物改底2种方法,前者主要使用硫酸氢钾,后者采用一些生物制剂和菌种等,且每个养殖户使用的底质改良技术都可能不同。核心示范点的养殖基地采用的底质改良技术与此类似。在水质调节技术方面,养殖户C和核心示范点养殖基地内的养殖户基本都采用了加注新水、使用增氧机、泼洒生石灰、培植水生植物及有益藻类、混养鲢鳙鱼、使用微生态制剂等方法。生态养殖、精准投喂、尾水处理或尾水循环利用、质量安全可追溯,以及智慧渔业装备技术目前主要的应用场景还是核心示范点的养殖基地,且一些技术、设备尚在建设和完善中。

(二)回型池种青养鱼的鱼、草生长周期

1. 鱼生长周期

养殖户C的回型池中主养品种是草鱼,并混养了鲫鱼、鲢鱼、鳙鱼和鳊鱼,其每年鱼种的投放量较为固定,不同年份略有增减,基本上是每亩每年130斤左右。2016—2018年,养殖户C的53亩池塘里投放的鱼种尾数和规格基本没变,为草鱼20 000尾,规格0.2斤/尾;鲫鱼15 000尾,规格0.1斤/尾;鲢鱼8 000尾,0.1斤/尾;鳊鱼5 000尾,0.1斤/尾;鳙鱼1 500尾,0.2斤/尾。该养殖户将自家池塘分为两部分,一部分是7亩的育种塘,另一部分是46亩的回型池,中间以田埂相隔,池塘一侧为进排水渠,该水渠连通长江的一个支流。一般每年5—6月,养殖户从市场上买来鱼苗放入育种塘中进行集中养殖。等鱼苗长到一定规格后,将池埂挖开一个口子,让小鱼游到回型池塘中,开始回型池种青养鱼。6—10月是鱼快速生长的时期,一般10月起就陆陆续续开始卖鱼,一直持续到12月左右,有时会延迟到农历春节前后(1—2月)。

2. 青饲料生长周期

每年12月,养殖户C开始在回型池中间的平滩和池埂上种植黑麦草,次年2—3月种植小米草。池塘底部平台种青时,平台是半干半湿的,以每亩2千克左右的密度均匀播种,种子需要先在水中浸泡1—2天,待池底整平后再均匀撒播。池埂种青前需要将池埂整平,施足底肥。播种前要晒种4—5天,以提高发芽率。需要注意的是,安排好茬口地块和播种间隔时间很关键,一般每隔3—4天播种一批。一般情况下,黑麦草播种量为2.0—2.5千克/亩,苏丹草为3.5—4.0千克/亩,行距保持在25—30厘米之间。

到3月初,青草长成,这时将回型池加水至部分淹没青草以便草鱼上滩吃草。其间,根据平滩上小米草的长势,养殖户不断加高水位以便草鱼获得更大

活动空间。同时,池埂上种植的黑麦草,可刈割抛到鱼池四周喂鱼,黑麦草生长期间一般可重复割长 3 次。但黑麦草最适宜的生长温度是 20℃—25℃,其抗热和抗旱性能差,所以到 5 月底 6 月初就基本停止生长。这时需要在池埂种植苏丹草,通过反复割长,基本可满足 3—10 月份草鱼的青饲料需求。9 月底苏丹草逐渐衰竭,养殖户有时在 8—9 月份种植一些小白菜作为补充。到冬季青饲料不足的时候,养殖户有时会补充投喂小麦、豆粕等维持草鱼正常生长。

三、池塘种青养鱼绿色高效养殖模式的发展成效

池塘种青养鱼绿色高效养殖模式因为较好的经济效益、生态效益和社会效益而得到推广,目前该模式约占洪湖市池塘养殖规模的 20%。现以养殖户 C 和核心示范点养殖基地为例对其发展成效进行分析。其中经济效益的数据来自养殖户 C,生态效益的数据来自养殖户 C 和核心示范点养殖基地,社会效益的数据来自核心示范点养殖基地。

(一) 经济效益

养殖户 C 经营 53 亩池塘,其中 4.5 亩为自有承包地,48.5 亩从大通湖农场租赁,租金 200 元/(亩·年)[①]。养殖户 C 的养殖成本和收益情况见表 12.4 和表 12.5。

表 12.4　2016—2018 年养殖户 C 的 53 亩回型池种青养鱼的成本核算

项目 (核算周期一年)	2016 年		2017 年		2018 年	
	总成本 (元)	亩均成本 (元/亩)	总成本 (元)	亩均成本 (元/亩)	总成本 (元)	亩均成本 (元/亩)
清塘费	5 000	94.34	2 000	37.74	5 000	94.34
苗种费	40 000	754.72	40 000	754.72	40 000	754.72
肥料费	200	3.77	200	3.77	200	3.77
饲料费	180 000	3 396.23	198 000	3 735.85	209 000	3 943.40
病害防治费	5 000	94.34	4 000	75.47	5 000	94.34

---

① 该租金低于同等土地的市场流转价格。养殖户 C 为国营大通湖农场职工,1998 年他从农场租赁土地开挖鱼塘,此价格为职工内部价。若相同的土地承包给农场外的人,市场价为 700—1 000 元/(亩·年)。

项目 (核算周期一年)	2016 年		2017 年		2018 年	
	总成本 (元)	亩均成本 (元/亩)	总成本 (元)	亩均成本 (元/亩)	总成本 (元)	亩均成本 (元/亩)
种草费	3 000	56.60	4 000	75.47	7 000	132.08
电费	5 000	94.34	6 000	113.21	6 000	113.21
水面承包费	9 700	183.02	9 700	183.02	9 700	183.02
雇工费	10 000	188.68	10 000	188.68	10 000	188.68
贷款利息	2 000	37.74	2 000	37.74	2 000	37.74
运输费	10 000	188.68	10 000	188.68	12 000	226.42
水产养殖保险费	0	0	0	0	0	0
上缴税费	0	0	0	0	0	0
固定资产折旧费	2 000	37.74	2 500	47.17	2 500	47.17
合计	271 900	5 130.19	288 400	5 441.51	308 400	5 818.87

数据来源:根据调研资料整理

由表 12.4 可知,养殖户 C 在 2016—2018 年的养殖成本为每亩年均 5 000 多元。其中清塘、苗种、肥料、病害防治、电费、水面承包、雇工、贷款利息等费用相对稳定。清塘费为清淤和消毒等费用。鱼苗的价格一般按斤计算,且不同年份会有波动,正常年份是 5—6 元/斤,有时是 3—4 元/斤。2016—2018 年的鱼苗平均价格是 5 元/斤,但 2018 年底鱼苗价格下降到 2 元/斤,2019 年初为 2.5 元/斤,2019 年 4 月之后鱼苗价格又恢复到 5 元/斤,平均到每年,鱼苗价格相对比较稳定,但月度间有波动。亩均肥料费仅 3.77 元,主要用于种青施肥,但施肥量很少。病害防治费包括渔药和动物保健产品的费用,这 3 年变化不大。正常年份鱼的成活率在 80%—90% 之间,发病较少。但 2019 年夏天天气闷热少雨,养殖户 C 用于病害防治的费用增加到 6 000 元左右,鱼的成活率也降至 60%—70%。电费较稳定,养殖户 C 使用的是农用电,价格为 0.8 元/度。水面承包费每年固定,价格为 200 元/(亩·年)。雇工费的计算相对比较复杂,包括拉网、清淤等所有的雇工成本,但根据养殖户的账本记录,一年平均花费 1 万元。养殖户 C 每年都拿到银行提供的贴息贷款 5 万元,年利率较低,仅为 4%,每年支付利息 2 000 元。该贴息贷款为核心示范点的承担单位湖北共潮生科技股份有限公司帮养殖户 C 向当地银行争取而来。运输费主要用于拉鱼苗和卖成品鱼等。

表 12.5　2016—2018 年回型池种青养鱼的产值核算

年份	指标	草鱼	鲢鱼	鲫鱼	鳊鱼	鳙鱼	其他	合计
2016	产量(斤)	48 000	16 000	6 000	3 800	4 600	2 000	80 400
	亩产(斤)	905.66	301.89	113.21	71.70	86.79	37.74	1 516.98
	价格(元/斤)	5.2	2.3	5.5	6	5	5	—
	产值(元)	249 600	36 800	33 000	22 800	23 000	10 000	375 200
2017	产量(斤)	50 000	17 000	5 000	4 000	4 500	4 000	84 500
	亩产(斤)	943.40	320.75	94.34	75.47	84.91	75.47	1 594.34
	价格(元/斤)	7	2.4	6	6	5.5	5	—
	产值(元)	350 000	40 800	30 000	24 000	24 750	20 000	489 550
2018	产量(斤)	50 000	18 000	8 000	4 000	4 000	2 000	86 000
	亩产(斤)	943.40	339.62	150.94	75.47	75.47	37.74	1 622.64
	价格(元/斤)	4.8	2	5.5	4.2	5.5	5	—
	产值(元)	240 000	36 000	44 000	16 800	22 000	10 000	368 800

注:其他鱼的价格根据产值和产量计算得出

　　饲料的使用量相对稳定,53 亩池塘 2016—2018 年分别使用 50 吨、55 吨和 55 吨饲料,平均 1 亩塘 1 吨饲料。饲料价格一般较为稳定,有时波动较大,如 2016—2017 年饲料价格为 3 600 元/吨,2018 年饲料价格上涨到 3 800 元/吨。种草费有递增趋势,说明对青饲料的需求增加,养殖户 C 介绍,草籽成本相对比较稳定。2017 年,草鱼价格大幅上涨,这在一定程度上刺激了饲料和青饲料的投入。养殖户 C 的固定资产主要是自动投饵机、增氧机和抽水机。

　　表 12.5 反映的是养殖户 2016—2018 年的收益情况。从产量上看,3 年的总产量均在 8 万斤以上,且呈递增趋势。3 年投入的鱼种基本一致,总投入 7 100 斤鱼种,其中草鱼种 4 000 斤,鲫鱼种 1 500 斤,鲢鱼种 800 斤,鳊鱼种 500 斤,鳙鱼种 300 斤,其他鱼种非常少,可忽略。从不同鱼的产量看,草鱼产量基本在每年 5 万斤左右;鲢鱼的产量有递增趋势;鲫鱼产量波动,2018 年增产显著,为 8 000 斤。这是因为 2017 年鲫鱼和鲢鱼的价格上涨,养殖户 C 的饲料投入量增加。鳊鱼产量稳定在 4 000 斤左右,鳙鱼产量有下降趋势。从亩产来看,3 年的亩产均在 1 500 斤以上,且 2018 年增产明显,为 1 622.64 斤。

　　从价格上看,草鱼的价格波动较大,2016 年为 5.2 元/斤;2017 年春节前后的一段时间,草鱼价格上涨至 7.0 元/斤,该价格维持了 6 个月的时间;2018 年草鱼价格跌至 4.8 元/斤;该价格一直持续到 2019 年,当年 9 月草鱼价格稍有回升,但 10 月份价格又跌至 4.8 元/斤。据养殖户介绍,若种青养鱼的草鱼价格能稳定在 5.5 元/斤,草鱼的养殖利润基本就有保障。整体来看,2018 年鲢鱼、鲫鱼、鳊鱼、鳙鱼的价格均有所下降。价格波动的原因复杂,其中一个原因就是产量的变化,从全国大宗淡水鱼的养殖产量看(见表 12.6),2017 年的产量较 2016 年下降了 10.12%,2018 年产量增加了 0.16%,其中草鱼养殖产量在 2017 年下降了 9.38%。从产值看,2017 年因为价格偏高,故产值最高。

表 12.6 2016—2018 年全国大宗淡水鱼养殖产量及增长率

(单位:万吨、%)

	青鱼	草鱼	鲢鱼	鳙鱼	鲤鱼	鲫鱼	鳊鲂	合计
2016 年产量	63.18	589.88	450.66	348.02	349.80	300.52	82.62	2 184.67
同比增长率	5.99	3.92	3.49	3.60	4.17	3.19	3.69	3.77
2017 年产量	68.45	534.56	385.28	309.80	300.43	281.80	83.34	1963.66
同比增长率	8.34	−9.38	−14.51	−10.98	−14.11	−6.23	0.87	−10.12
2018 年产量	69.13	550.43	385.89	309.64	296.22	277.16	78.35	1966.82
同比增长率	0.99	2.97	0.16	−0.05	−1.40	−1.65	−5.99	0.16

数据来源:历年《中国渔业统计年鉴》

由表 12.4 和表 12.5 的成本收益数据可知,2016—2018 年养殖户 C 的总利润分别为 103 300 元、201 150 元和 60 400 元,亩均利润分别为 1 949.06 元、3 795.28 元和 1 139.62 元。其中 2016 年为正常的利润水平;2017 年利润最高,这是因为当年草鱼价格较高,为 7.0 元/斤;2018 年利润下降明显,低于 2016 年的正常水平,这是因为当年草鱼价格较低,仅 4.8 元/斤。据养殖户 C 介绍,正常年份的亩均利润基本在 1 900 元左右。可见,回型池种青养鱼模式的经济效益是比较高的。

(二)生态效益

回型池种青养鱼模式的生态效益主要体现在 5 个方面。**一是有利于底质改良。**回型池种青养鱼模式投喂的主要饵料是青饲料,据统计其能减少 20% 的人工配合饲料,因此减少了饲料使用造成的氮、磷等营养元素在水中和底泥中的积累;同时,回型池平台中植物根系的生长促进了底泥中有机物的矿化分解,改善了底质。此外,养殖户在回型池种青养鱼过程中,也会采用化学方法和物理方法来改良底质。**二是减少了渔药使用。**回型池种青养鱼实现了"水上种植,水下养殖",改善了池塘环境,稳定了养殖水环境,降低了草鱼疾病的发生率,渔药使用量约减少20%,保障了水产品质量安全。**三是饵料系数低。**饵料系数＝饲料消耗量÷鱼增重量。系数越低,说明饲料转化率较高,该饲料使用效果越好。2018年养殖户回型池种青养鱼放入7 100斤鱼种,产出86 000斤鱼,增重78 900斤,投入饲料11万斤,故饵料系数为1.39,而传统饲料精养模式的饵料系数在1.8—2.3之间。可见,回型池种青养鱼的饲料使用效果好,对饲料中氮磷的利用更为高效。**四是在种青过程中一般不施肥或施用的化肥和农药很少,对生态环境友好。**养殖户C在2016—2018年每年的亩均肥料费仅为3.77元。

回型池种青养鱼还采用了尾水处理技术。从调研情况看,当前回型池种青养鱼的尾水处理技术只在核心示范点养殖基地中被采用,而普通养殖户无相应的尾水处理技术,如调研的养殖户C,其池塘的进水渠、排水渠为同一条水渠,养殖尾水直接排到该水渠,最终汇入长江。核心示范点养殖基地对尾水的处理方法是三级净化。养殖基地建立了三级净化塘,一级净化塘中种植了水生植物并养殖植食性鱼虾;二级净化塘中种植了多种具有高效吸收氮、磷等营养物质能力的经济型水生植物并养殖了鲢鱼、鳙鱼、青虾、蚌和螺类等水生动物,是整个循环水系统中最重要的主体部分;三级净化塘(人工湿地)中种植了各种水生植物,主要利用水生植物的光合作用抑制水体的富营养化,从而实现净水的效果,并施用光合细菌、芽孢杆菌等微生物净水。养殖尾水经过这三级净化塘的处理后重新引入养殖池塘,再循环用于养殖生产。根据核心示范点提供的实验数据,经三级净化后,循环水中总氮(TN)去除率均值为64.98%,总磷(TP)去除率均值为84.32%,水中氨氮含量指标($NH_3 - N$)去除率均值为67.55%,亚硝酸盐氮($NO_2 - N$)去除率均值88.53%,逐级净化效果较为显著。

(三)社会效益

普通养殖户的回型池种青养鱼为家庭个体经营,很难产生社会效益。但核心示范点养殖基地的回型池种青养鱼却有一定的社会效益。核心示范点的承担单位湖北共潮生科技股份有限公司于2017年10月23日注册成立了洪湖市千湖渔歌水产养殖专业合作社,注册资本500万元,主要从事水产养殖,组织收购、销售成员产品,组织采购、供应成员所需的渔饲料,开展与水产养殖有关的技术培训、信息咨询等服务。依托千湖渔歌水产养殖专业合作社,该公司联合洪湖市文生水产养殖专业合作社、洪湖市待发水产养殖专业合作社、洪湖市伟发鳜鱼养殖专业合作社、洪湖市绿源水产养殖专业合作社于2018年1月17日注册成立了洪湖市共潮生水产专业合作社联合社。其中千湖渔歌水产养殖专业合作社出资比例为80%(240万元),为第一大股东,其他4家合作社各出资5%,合计60万元。

该核心示范点辐射带动了周边水产养殖业的发展,主要体现在3个方面。**一是以专业合作社的方式为水产养殖户提供各类社会化服务。**核心示范点的万亩水产养殖基地,主要依托合作社、联合社进行操作管理。合作社提供的服务主要有饲料购买、产品收购、金融、培训、技术支持及渔药咨询等。从2018年成立至今,享受或购买了合作社相应服务的养殖户有7321户。2018年组织或参与培训活动44次,培训4200人次,培训主体有水产局、推广总站、公司、政府和合作社等,主要是渔业养殖技术培训。该示范点还在一定程度上助力脱贫攻坚,如让50户非合作社社员的贫困户享受了社员的同等待遇。**二是构建生态草鱼质量安全追溯体系。**核心示范点构建了水产品质量安全追溯平台并投入使用,实现了生态草鱼的全程可追溯管理。**三是推广生态草鱼品牌。**核心示范点通过多家媒体和世界自然基金会(WWF),作为负责任渔业模式的代表在全球范围进行了宣传和推广。目前核心示范点已成功与当地的"家乐福中国"签订原产地直采合同,价格比其他模式高出约1.2元/千克,提升了大宗淡水鱼的养殖效益,也使生态草鱼进入大众餐桌。

四、池塘种青养鱼绿色高效养殖模式的发展问题

调研发现,池塘种青养鱼绿色高效养殖模式在生产、加工、销售和消费4个方面存在一定问题,影响了综合效益的发挥。

(一)饲料投入量偏大

从调研数据看,2016—2018年,养殖户C回型池种青养鱼亩均饲料投入分别为0.94吨、1.04吨和1.04吨,基本稳定在每亩1吨。虽然相比传统饲料精养模式投喂的人工配合饲料更少,但投入量仍偏大。据养殖户C介绍,种青养鱼应该以青饲料为主,尽量少喂人工配合饲料,这样才是名副其实的"种青养鱼"。但当前在经济效益的驱动下,普通养殖户,包括核心示范点养殖基地内的回型池种青养鱼,投喂的人工饲料比重都偏大。这是因为当前种青养鱼的生态草鱼没有建立全国品牌,大众对回型池种青养鱼模式下的草鱼品质与传统饲料精养下的草鱼品质的差异缺乏认知,两者在价格上没有差异,生态草鱼的"优质优价"没有体现。故而进行回型池种青养鱼的养殖户会为了提高产量而增加人

工饲料投喂量,从而保障经济收益。这符合理性经济人假设,养殖户用高产量来弥补低价格,从而维持较为稳定的收益;但高产量也会一定程度上影响草鱼的销售价格,引起价格波动,给养殖户的收益带来不确定性。

(二)产品加工开发不足

当前草鱼的销售以鲜销为主,这是大众消费习惯所致,且草鱼本身的肌间刺太多,不适合切片加工,只适合制作成鱼糜制品,如鱼糕和鱼丸等。但大众对鱼糜制品的认知度和接受度还有待提高,尤其是北方市场,很多消费者对鱼糜制品不了解,这就限制了鱼糜制品的市场发展。市场的限制,进一步降低了加工企业开展草鱼制品加工的积极性,使得草鱼加工开发不足,而品牌建设和推广不到位也使得消费者的信息获取受限,并进一步影响了草鱼加工业的发展。

(三)销售渠道较为单一

当前养殖户的草鱼销售仍以卖给鱼贩子或拉到水产品市场自销为主,销售渠道较为单一。被调研的养殖户C,每年除自家消化掉1 000斤左右鱼外,其余的鱼,60%卖给鱼贩子,40%由养殖户C拉到武汉市的水产品批发市场销售。每个养殖户常去的批发市场不一样,鱼的销售价格也会产生波动。在批发市场销售时,鱼的价格有砍头价或杀头价,没有及时卖出去的鱼还有落地价和收尾价。如有的养殖户早上拉过去的第一车鱼价是4.8元/斤,再拉过去第二车价格就跌至4.1元/斤。此外,在批发市场销售鱼,还要向市场缴纳1.5%的行费(相当于摊位费和管理费),按照实际销售额计算。可见,养殖户的销售渠道仍比较单一,增加了鱼价的不稳定性。并且,鱼的上市时间相对比较集中,每年10月份起养殖户就陆陆续续开始卖鱼。当鱼在相对集中的时间内大量上市时,短期内供给大于需求,会造成鱼价的下跌。据养殖户介绍,其周边的很多养殖户在2018年时就都赔本了,因为出塘时间太集中,有的草鱼价格跌到3元/斤,鲫鱼价格1—2元/斤。可见,对养殖户而言,销售时机非常重要。养殖户C前几年之所以能实现较为稳定的收益,是因为他养殖经验非常丰富,对市场把握比较准确,错峰销售。但这种操作也有较大的风险,一旦判断失误,也可能会亏本。而大多数养殖户都没有很好的市场预判能力。由此可知,**养殖户销售收益具有不稳定性。**

核心示范点承担单位设立的千湖渔歌水产养殖专业合作社,以及洪湖市共潮生水产专业合作社联合社在养殖户的产品销售上并没有发挥预想的统一收购作用。这是因为,一方面,该合作社2018年成立,在当地经营时间较短,养殖户对其了解不足,仍按照熟悉的方式销售;另一方面合作社的收购价格与市场价格比优势不明显。2018 年草鱼的市场价是 4.8 元/斤,而合作社的收购价也是 4.8 元/斤,虽然合作社不收取行费,但吸引力不足,出售给合作社的养殖户较少。一般而言,按照合作社的设计,其给出的收购价会比市场价略高,但在行情不好的年份,由于价格普遍较低,合作社无法加价,就只能给出减免行费的优惠。

(四) 草鱼消费的地域性强、群体差异大、品牌意识缺乏

草鱼的消费有较强的地域性,且不同消费群体的消费偏好差异大,品牌消费意识不强。**首先,草鱼的消费大省基本集中在南方**,主要在长江流域和珠江流域一带,烹饪方式也相对固定——清蒸、炖汤或烧烤等。近几年随着烤鱼的兴起,北方的草鱼消费有增加。较强的地域性一定程度上限制了草鱼消费市场的扩大。**其次,不同消费群体的消费习惯不同。**一般年纪较长的会偏好在海鲜市场或超市购买鲜活的草鱼,而年轻人一般不喜欢吃带刺的鱼,会更加偏好半加工的鱼,如冷藏或冷冻的鱼片。这也与年轻人一般不擅长烹饪活鱼,以及生活节奏快有关。**最后,大众对草鱼的品牌消费意识不强。**大众在购买草鱼时,一般是价格导向,草鱼为植食性鱼类,本身较为干净,肉眼可分辨的品质差异较小。这也是因为当前草鱼的品牌建设不到位,大众对草鱼品牌认知不足所致。

五、池塘种青养鱼绿色高效养殖模式的发展建议

针对回型池种青养鱼在生产、加工、销售和消费方面的问题,本报告提出以下 4 点建议,以期促进该养殖模式的绿色高效发展。

(一) 打造生态草鱼品牌

以核心示范点的养殖基地为依托,打造生态草鱼品牌。首先,组织技术专家对回型池种青养鱼模式下草鱼的品质与饲料精养模式下草鱼的品质进行检测,从草鱼的肉质口感、营养价值等方面进行权威评价。目前已有专家开展了此类对比研究,但研究结果的可知范围有限,一般仅被学者、养殖户或企业所知,消费者知之甚少。因此应扩大此类科学研究结果的普及范围。其次,以核心示范点的承担公司为基础,申请生态草鱼品牌,并加大品牌的推广力度,增加消费者对生态草鱼品牌的消费认知和认可度,从而逐步引导生态草鱼品牌走向"优质优价"。

（二）发展草鱼加工制品

当前年轻消费者对鱼类加工制品的需求较高，但相应的市场供给不足。而北方消费市场对鱼糜制品了解不足也是限制草鱼加工制品发展的一大因素。因此，在发展草鱼糜制品的同时，应建立相应的鱼糜制品品牌，通过品牌推广来扩大消费者对鱼糕、鱼丸的认知，并逐步引导消费需求。以优质的鱼糜制品吸引消费者，逐步建立和扩大草鱼加工制品的消费市场，带动草鱼养殖的发展，延长产业链，实现三产融合。

（三）拓宽草鱼销售渠道

鼓励和支持核心示范点承担单位发挥引导优势，以专业合作社为依托，为当地养殖户提供收购服务，构建产销对接机制。发挥合作社的主体优势，鼓励养殖户加入合作社，规范养殖技术，统一产品质量，以合作社为单元向外拓宽销路，如与超市、高校、企事业单位对接；创新销售模式，开通电商销售渠道，直接与消费者对接，最大程度降低中间环节成本。

（四）培养消费习惯和品牌意识

当前草鱼消费存在南北方差异和由消费者年龄导致的消费习惯差异，且大众对草鱼品牌的认知不足。因此，在打造生态草鱼品牌、发展草鱼加工制品的同时，应该对南北方消费市场、不同年龄层的消费群体进行细致分析，并有针对性地制定差异化的产品战略，以满足各个市场、各类人群的消费需求，并重点引导消费者的消费习惯，培养消费者的品牌意识。

（执笔人：倪坤晓）

案例报告三：池塘集约化"跑道养殖"和"渔光互补"模式

池塘集约化"跑道养殖"是池塘循环水养殖的一种典型模式，通过形成不受自然条件影响的循环式、集约化、高密度的养殖方式，使水产养殖过程达到理想状态，是取代传统池塘、流水、网箱、大棚温室等养殖方式的新型工业化生产方式。池塘集约化"跑道养殖"模式产量高、收入高，表现出较强的经济、生态和社会效益。"渔光互补"模式是近年来伴随光伏电站建设而形成的一种水耕农业形式，它是在池塘上面架设光伏板阵列，在光伏板下面养殖鱼虾，实现"水上发电，水下养鱼"，太阳能面板可以遮阳、为水面降温和减少水分蒸发，还大大提高了土地利用效率，鱼塘的供电问题也同步解决，是一举两得的节能减排增收项目。国家大宗淡水鱼产业技术体系"十三五"重点任务包括绿色高效养殖模式的实践探索。在相关研究室、南京综合试验站的选点、培育、技术集成和协同推进下，盐城正荣生态渔业有限公司承担池塘集约化"跑道养殖"新模式核心示范任务，盐城市国能投资有限公司承担池塘集约化"渔光互补"新模式核心示范任务。现将有关情况报告如下。

一、我国工厂化养殖发展现状

工厂化循环水养殖技术是集成现代生物学、建筑学、化学、电子科学、流体力学和工程学等学科的综合性养殖技术，利用机械过滤、生物过滤去除养殖水体中的残饵、粪便、氨氮、亚硝酸盐等有害物质，再经消毒增氧、去除二氧化碳、调温后输回养殖池实现养殖用水的循环利用。国内的工厂化养殖是指水产养殖的生产过程具有连续性和流水作业特性，以进行高密度、高效率、高产量的养殖生产，通过科学调控养殖水质环境和营养供给，并通过机械化、自动化、信息化等手段控制养殖过程，从而实现高产高效。工厂化循环水养殖的技术关键在于水处理系统和养殖品种的选择。

工厂化循环水养殖具有节水节地、环境友好的特点。产量相同的情况下，工厂化循环水养殖比传统养殖节约90%—99%的水和99%的土地。我国工厂化循环水养殖技术应用目前还处在初级阶段。受水处理成本的制约，目前仍主要以流水养殖、半封闭循环水养殖为主，真正意义上的全工厂化循环水养殖比例极低。流水养殖和半封闭养殖方式产量低、耗能大、效率低，与发达国家技术密集型的循环水养殖系统相比,无论在设备、工艺、产量(先进技术的年产量达100千克/立方米以上)和效益等方面都存在着相当大的差距。

近年来,我国在工厂化循环水养殖应用方面有了较大进展。在技术研究方面,水处理技术、零污染技术等重点技术日趋完善,成套技术也日趋成熟,为工厂化养殖的产业化发展提供了重要的技术支撑,对生产效益的提升作用明显。目前每立方米水体的最高年产量可达58千克,是传统养殖模式单产水平的30—50倍。近年来,渔业科技工作者针对海水工厂化养殖废水处理,对常规的物理、化学和生物处理技术分别进行了应用研究,取得了许多实用性成果。国家倡导的健康养殖、无公害工厂化水产养殖还带动了发达国家先进技术和设备进入中国,如臭氧杀菌消毒设备、沙滤器、蛋白质分离器、活性炭吸附器、增氧锥、生物过滤器等先进设备,对工厂化循环水养殖生产设备(设施)的更新和改造、促进养殖用水循环使用率的提高和养殖经济效益的提升起到重要作用。

近年来,国家对发展工厂化养殖给予相关支持和一定的政策保障,各地普遍看好工厂化养殖的发展前景,投入工厂化养殖的人力、物力、资金、技术呈增长趋势,发展力度总体增强。随着渔业科技的发展和对国外优良养殖品种引进力度的加大,用于工厂化养殖的各类品种也在不断增加。目前,我国工厂化繁育苗种的水产品有鲈鱼、牙鲆、石斑鱼、真鲷、黑鲷、大菱鲆、河豚、鲟鱼、虹鳟、罗非鱼等20余种鱼类,中国对虾、中华绒螯蟹、梭子蟹等10余种虾蟹类,栉孔扇贝、青蛤、象拔蚌、牡蛎等10余种贝类,以及鲍鱼、刺参、海胆等多种海珍品。工厂化养殖的水产品有牙鲆、鲈鱼、鲟鱼、罗非鱼、鲑鱼、鳟鱼等10余种鱼类以及中华鳖、海参等经济价值较高的名优种类。

二、池塘循环流水养殖技术情况

池塘循环流水养殖技术又称池塘气推循环流水养殖技术,是近几年引入我国的一种新型池塘养殖技术,通俗叫法是池塘集约化"跑道养殖"技术。该技术是在池塘中的固定位置建设一套面积不超过养殖池塘总面积5%的养殖系统,主养鱼类全部圈养于该系统中,系统之外的超过95%的外塘面积用于净化水体,以供主养鱼类使用。养殖系统前端的推水装置可产生由前向后的水流,结合池塘中间建设的两端开放的隔水导流墙,使整个池塘的水体流动起来,实现流水养殖的效果。主养鱼类产生的粪便、残饵随着系统中水体的流动,逐渐沉积在系统的尾端,再通过尾端的吸尘式污物收集装置,将粪便与残饵从系统中移出,转移至池塘之外的污物沉淀池中,再加以利用。池塘中除系统之外的其他区域,用于套养滤食性鱼类,并辅助应用生物净水技术等,达到增产和进一步净化水质的目的。该技术以池塘循环流水养殖系统为核心,运用气带水原理,变传统的静水池塘养殖模式为循环流水养殖模式。

池塘循环流水养殖技术具有较强的节水功效,产量相同的情况下可以间接节约50%—75%的养殖用水与用地,同时可完全实现养殖用水的零排放与废弃物循环利用,可以大幅提高生产效率。采用池塘循环流水养殖技术,平均亩产可达4 000千克以上,突破了传统池塘养殖模式的产量上限,具有传统池塘养殖模式无法比拟的优势。池塘循环流水养殖技术还有较强的节能减排功效。在该模式下,投喂、鱼病防治、起捕等都极为方便,大大节约了管理成本。此外,废弃物收集系统可以有效收集并移出70%的鱼类代谢物和残饵,确保池塘水系良性循环,实现节能减排,保护养殖水环境,从而实现水产养殖可持续发展。

2013年,该技术由美国大豆出口协会引入中国,并在江苏吴江建造了首套池塘气推循环流水养殖系统,开展试验研究。由于该技术符合我国渔业节水、节能、生态、高效的发展要求,在资源节约、生态环境保护及渔业增效等方面具有明显优势,并且能够解决国内渔业养殖模式在转型方面遇到的诸多问题,因此国内多家科研院所与渔业机构积极投入资金、人力、物力开展研究。至2015年,江苏、安徽、北京、上海、山西等地建成池塘循环流水养殖系统近百套,养殖品种包括草鱼、罗非鱼、黄颡鱼、鲈鱼、斑点叉尾鲴等十余个;安徽铜陵等地利用该模式进行养殖生产,系统中加州鲈的单产水平达到150千克/立方米,斑点叉尾鲴单产200千克/立方米,黄颡鱼单产超过100千克/立方米;山西养殖草鱼单产水平达到了125千克/立方米,江苏、上海等地养殖产量也有大幅提升。

三、池塘集约化"跑道养殖"模式实施效果跟踪评价

(一)核心示范点建设基本情况

盐城正荣生态渔业有限公司是民营企业,位于江苏盐城市建湖县,成立时间为2015年,经营范围主要有水产养殖和流通商贸。公司采用"跑道养殖"新模式,规划面积810亩,其中水域面积700亩,水槽80个,主要养殖草鱼、异育银鲫、团头鲂、斑点叉尾鲴、杂交黄颡鱼、加州鲈。示范点建设总投资1 100万元,固定资产投资660万元,主要用于建设水槽设施、进排水设施及净化单元。

该模式应用的大宗淡水鱼体系核心技术包括池塘设施工程化构建技术、池

塘环境生态工程化构建技术、规程化良好养殖技术、区域性绿色高效养殖模式技术集成与示范。

（二）池塘集约化"跑道养殖"核心示范点的经济效益

对盐城正荣生态渔业有限公司的问卷调研发现,池塘集约化"跑道养殖"改变了公司的养殖模式,实现标准化、精准化养殖,产生了较大的经济效益。公司有水槽养殖面积1.1万平方米,养殖大宗淡水鱼品种有草鱼、异育银鲫、团头鲂,配套净化面积为700亩,面积配比为1:41,苗种良种率80%以上,饲料投入占50%以上,饲料系数在1.8—2.0之间,病害防控主要采用越冬保肥,漂白粉每20天使用一次,生石灰每30天使用一次,用电成本0.4元/千克,该模式涉及的鱼塘改造成本140万元,改造面积620亩;进排水清淤工程建设成本2.5万元,建设面积0.6亩;道路改造成本20万元,道路长度800米;尾水处理工程建设成本12.6万元,预计水处理能力17 600吨/日;跑道投入560万元,跑道长度1 760米。公司已注册"冲浪鱼"自有品牌,成鱼视行情分批销售。由于水槽养殖的单产是一般池塘养殖模式的几十倍,加上饲料、人工、用药成本降低,综合经济效益远高于普通鱼塘。正在建设中的二期工程项目为3 800亩,其中池塘集约化循环高效养殖水槽108个,总面积17 000平方米。

表 12.7 示范点的养殖规模及收入（2016—2018 年）

	2016 年	2017 年	2018 年
大宗淡水鱼养殖面积（平方米）	11 000	8 800	5 500
养殖总规模（尾）	1 600 000	960 000	640 000
大宗淡水鱼养殖规模（尾）	100 000	96 000	50 000
养殖总产量（千克）	480 000	800 000	860 000
销售量（千克）	240 000	650 000	700 000
水产养殖总成本（元）	5 096 000	5 780 000	5 727 200
养殖总收入（元）	6 540 000	6 840 000	6 920 000
大宗淡水鱼总收入（元）	820 000	528 000	270 000
其他养殖产品收入（元）	5 720 000	6 312 000	6 650 000

（三）池塘集约化"跑道养殖"核心示范点的生态效益和社会效益

总体来看,核心示范点的病害严重,发病率比较高。2016—2019 年,4 年的病害发生率分别为 6%、15%、20% 和 13%;渔药（抗生素、消毒剂、杀虫剂）用量分别为 160 千克、380 千克、250 千克和 130 千克;渔药费用分别为 11 000 元、

20 000 元、25 000 元和 14 000 元。示范点水体水质时好时差,水体生态总体变化不明显,但是水体生物多样性似乎更丰富了。该模式真正实现了渔业高效养殖,同时建立了渔业安全监控网络。

表 12.8 示范点的水环境情况(2016—2019 年)

	2016 年	2017 年	2018 年	2019 年
净化面积(亩)	700	700	700	700
集污率(%)	23	20	21	20
吊水区面积(亩)	0	0	0	0
养殖总用水量(立方米)	1 165 500	1 165 500	1 165 500	1 165 500
水草覆盖率(%)	15	15	20	16
水质类别(Ⅰ、Ⅱ、Ⅲ、Ⅳ、Ⅴ、劣Ⅴ)	Ⅳ	Ⅳ	Ⅳ	Ⅳ

(四) 池塘集约化"跑道养殖"技术问题

一是水槽的吸污装置效率仍有待提高。二是水槽病害防控难度大,需要建立严格的病害防控规程。三是水槽养殖鱼类的品质较好,但是价格提升难度大,导致养殖效益无法进一步提升,应转变营销思路,走直供模式。另外,有人反映跑道养的草鱼口感太"柴"了,没有应有的脂肪。四是水槽需水量大,水处理难度大,应对现有分区进行重新规划,建立二级推水设施,避免废水回流及出现死水区。五是比较容易发生交叉感染,需要对串联的进排水分区净化消毒。

四、池塘集约化"渔光互补"模式实施效果跟踪评价

(一) 核心示范点建设基本情况

盐城市国能投资有限公司为国有企业,成立时间为 2015 年,注册资本 20 亿元,总资产超过 100 亿元,经营范围包括对能源开发利用的投资;对大型火电、风电、光伏可再生能源发电、煤炭储运及油气仓储管网重大能源基础设施项目的投资;盐城市内新上风电项目前期工作之前的测风工作;代表政府集中统筹市域内能源的开发,销售风力发电物资、电力设备;销售太阳能组件及元器件。

示范点总体规划面积为 10 000 亩,其中渔业项目规划面积 2 000 亩,四大家鱼养殖面积 1 700 亩,池塘集约化"渔光互补"模式养殖面积为 460 亩,水槽 50 个,二期规划 100 个。池塘集约化"渔光互补"模式总投资 1.2 亿元,主要投资内容为光伏设备、水槽养殖设施,经营内容主要有水产养殖、流通商贸、餐饮住宿和观光旅游。

该模式应用的大宗淡水鱼体系核心技术包括池塘设施工程化构建技术、池塘环境生态工程化构建技术、规程化良好养殖技术和区域性绿色高效养殖模式技术集成与示范。调查时,相关技术的集成率达到 80%。核心示范点示范面积 700 亩,核心技术辐射示范面积 2 000 亩,核心示范点原良种覆盖率 100%。

(二)池塘集约化"渔光互补"核心示范点的经济效益

该模式的建设起步时间是 2017 年,自建设之初算起,到调研时,该模式已投入资金 1.2 亿元,2018 年建设完成时预计还要投入 400 万元。投入设施设备的平均使用年限约 10 年。该模式涉及的鱼塘改造成本 92 万元,改造面积 460 亩;进排水清淤工程建设成本 1.5 万元,建设面积 0.2 亩;道路改造成本 60 万元,道路长度 2 400 米;尾水处理工程建设成本 7.2 万元,预计水处理能力 11 000 吨/日;跑道投入 425 万元,跑道长度 1 100 米。

(三)"渔光互补"核心示范点的生态效益和社会效益

池塘集约化"渔光互补"模式产生了较大的生态效益,集污率达到 25%,水草覆盖率为 15%,水质达到Ⅲ类水体标准。同时,该模式实现了渔业的绿色高效养殖,建立了渔业安全监控网络,提高了当地的知名度。

五、两种池塘集约化养殖模式存在的问题及建议

根据调研结果,调研组认为,上述两种模式都需要解决投入、技术和标准化等问题。

(一)两种模式前期投入大

池塘集约化"跑道养殖"模式具有较高的经济效益,但前期投入较大,比较适合养殖企业。跑道鱼场的建设、鱼菜共生培育基质、工厂化设备、生态沟渠和潜流湿地的搭建,以及水泵、抽水设施、集污设施和电子监控设备等,都需要大量的投入,前期成本高,且鱼菜共生模式还可能存在资金回收周期长的问题,导

致前期贷款难。池塘集约化"渔光互补"模式前期投入较大,只适合有投入能力的养殖企业来发展。建议做好投资预算,企业应拓展融资渠道,同时争取当地政府和有关部门的支持。

(二)技术储备不足和配套设备缺乏

渔业工程近几年才在水产养殖中兴起,由于起步晚,我国技术储备不足,如循环水处理、苗种、饲料、养殖工艺等配套技术还不完善,且缺乏相应的技术和管理人才。我国工厂化养殖模式中,水温控制技术和水质净化技术等都远低于国际水平,鱼类患病和死亡风险较高,且运行能耗高。建议加大科研投入和人才培养力度,引进专业的配套设备。

(三)缺乏可参考的技术规范

目前"跑道养殖"模式中存在两个比例不合理的问题:一是养殖面积与净化面积的比例没有统一标准,部分地区为追求短期经济效益而盲目扩大流水养殖槽面积,养殖密度过高,出现病害和池塘富营养化等问题;二是养殖品种搭配不合理,多数养殖区以普通大宗淡水鱼品种为主,缺乏品牌化或本土化的优质品种。此外,还存在外塘利用效益不高的问题。针对这些问题,提出以下建议:合理控制养殖密度,落实养殖区的占比要求,建立科学的池塘内循环疏导系统;重视渔业短期和长期利益的结合,促进鱼种间的合理搭配,调整渔业品种结构;充分利用好 95%—97% 的以净化水质为主要功能的外塘区域,发展休闲渔业和生态观光渔业等,以获得更多的附加收益;建设自己的品牌。

(执笔人:付饶)

第十三章
中国稻渔综合种养与绿色发展

稻渔综合种养是人类利用水稻和水生动物间的共生关系,改造稻田环境和种养殖模式,使水稻种植与水产养殖相结合,形成立体化生产的复合型生态经济系统;在这一系统内,水稻和水生动物之间形成物质和能量的双向循环,实现双丰收。近年来,我国农业部门大力推广稻渔综合种养模式,以提高单位面积经济收益,受此影响,稻渔综合种养在部分地区呈加快发展态势。稻渔综合种养克服了单纯的水稻种植成本高、收益低的问题,在水稻种植"双改单"现象日益增多的情况下,为农民带来了良好收益。在农业供给侧结构性改革的背景下,适宜地区以稻渔综合种养为抓手,提升现代渔业基础设施建设和公共服务水平,推进渔业结构调整,使渔业向着生态、绿色、高效的方向发展,促进渔业提质增效。2018 年,国家大宗淡水鱼产业技术体系将稻渔综合种养列为 14 个核心示范模式之一。本文通过历史回顾、文本分析及统计数据分析,对稻渔综合种养模式进行初步研究。

一、我国稻田养鱼的发展历程

中国是水稻主产国,有悠久的水稻栽培史。中国也是世界上最早开展稻田养鱼的国家,古代中国人就已经在稻田中养殖鱼类。稻田养鱼在中国可以追溯到汉代,至今已有约 2000 年历史。中华人民共和国成立前,我国稻田养鱼基本以农民自发生产为主,技术上没有创新,主要分布在西南和东南地区的山区和半山区,尤以四川、贵州、湖南、江西、浙江等省为多。中华人民共和国成立后,在党和政府的重视下,我国传统稻田养鱼区迅速恢复和发展,不但形成了完整的稻田养鱼理论体系,生产技术也有了创新发展,效益明显提高,使稻田养鱼的广度和深度不断提高。总体上,中华人民共和国成立后,稻渔综合种养大约经历了 5 个阶段:1949—1980 年的恢复发展阶段;1981—1993 年的技术体系建立阶段;1994—2000 年的快速发展阶段;2001—2010 年的转型升级阶段;2011 年至今的新一轮高效发展阶段①。其间,经历了 3 次发展高潮②。

(一) 20 世纪 50 年代至 70 年代:稻田养鱼恢复和发展

1953 年,第三届全国水产工作会议号召试行稻田兼作。1954 年,第四届全国水产工作会议正式提出要在全国发展稻田养鱼。1958 年,全国水产工作会议决定把稻田养鱼纳入农业规划中③。这使得我国稻田养鱼得到迅速恢复和发展。1959 年,全国稻田养鱼面积超过 67 万公顷。当时的稻田养鱼沿袭传统的平板式稻田养鱼模式,粗放粗养,一般不进行投喂和管理,单产和效益较低。加之当时家鱼人工繁殖技术还没有推广普及,获取苗种困难,限制了稻田养鱼的发展。20 世纪 60 年代初至 70 年代中期,随着稻田耕作制度的变化和化肥、农药施用量的增加,种稻和养鱼间产生了巨大的矛盾,稻田养鱼面积大幅度下降。在 20 世纪 70 年代中期,科技工作者开始探索稻田养鱼的科学机理。中国科学院水生生物研究所倪达书研究员阐明稻田养鱼人工组合稻田生态系统的稻鱼互利结构理论,为稻鱼相辅相成、粮鱼双丰收提供了科学依据①。

(二) 20 世纪 80 年代至 90 年代初:稻田养鱼理论与技术创新完善

改革开放后,我国政府开始重视发展渔业,稻田养鱼进入新的发展阶段。1983 年,爱国卫生运动委员会把稻田养鱼列为灭蚊的重要措施。同年 8 月,农牧渔业部召开了第一次全国稻田养鱼经验交流现场会。1984 年,国家经济与贸易委员会把稻田养鱼列入新技术开发项目,在全国 18 个省(直辖市、自治区)广泛推广。在各级政府支持下,各地积极开展稻渔综合种养经验交流,培养了一批先行者。1987 年起,稻田养鱼技术推广被纳入国家农牧渔业丰收计划和国家农业重点推广计划。1990 年 10 月,农业部召开了第二次全国稻田养鱼经验交流会,并制定全国稻田养鱼发展规划。1994 年 9 月农业部召开了第三次全国稻田养鱼(蟹)现场经验交流会,指出:"发展稻田养鱼不仅是一项新的生产技术措施,而且是农村中一项具有综合效益的系统工程,既是抓'米袋子',又是抓'菜篮子',也是抓群众的'钱夹子',是一项一举多得、利国利民、振兴农村经济的重大举措,一件具有长远战略意义的事情。"同年 12 月,农业部向全国负责

---

① 中国稻渔综合种养产业发展报告(2018)[J].中国水产,2019(1):20—27.
② 黄太寿,宗民庆.稻田养鱼的发展历程及展望[J].中国渔业经济,2007(3):27—29.
③ 当代中国丛书编辑委员会.当代中国的水产业[M].北京:当代中国出版社,1991:270.
④ 当代中国丛书编辑委员会.当代中国的水产业[M].北京:当代中国出版社,1991:269.

农业、水产、水利的部门印发《农业部关于加快发展稻田养鱼促进粮食稳定增产和农民增收的意见》。

科技工作者对稻渔综合种养的研究始终没有停歇,一直在理论研究和技术模式探索两方面开展工作。1981年,倪达书提出稻鱼共生理论。1988年10月,中国农业科学院和中国水产科学研究院联合召开中国稻鱼结合学术讨论会,使稻田养鱼理论进一步发展和完善。在稻田养鱼理论的指导下,各地在传统稻田养鱼技术的基础上不断探索,在生产方式、养殖品种、养殖技术和基础设施建设等方面都有明显创新和发展,积累了丰富的新经验。在生产实践中,稻田养鱼的模式由平板式稻田粗放养鱼,逐步发展为多种多样的新形式,有的沟凼结合,有的沟塘结合,有的宽厢深沟,有的窄垄深沟(半旱式稻田养鱼或垄稻沟鱼)。稻田养鱼品种由原来的鲤鱼、鲫鱼、草鱼,增加了鲢鱼、鳊鲂、罗非鱼、革胡子鲶、青虾、田螺、泥鳅等种类。稻田养鱼由依靠稻田中天然饵料,发展到结合人工投喂饲料,单产水平大大提高,越来越多的地方实现了"千斤稻百斤鱼"。稻田养鱼由稻鱼双元复合结构发展为稻、莲、萍、茭白、菜(瓜果)、禽、食用菌、鱼等多元复合结构,更充分发挥水田的光、热、气、水、土资源潜力。

(三) 20世纪90年代中期至今:稻田养鱼快速发展

1996年4月、2000年8月,农业部又召开了两次全国稻田养鱼现场经验交流会。各级渔业主管部门和水产技术推广部门同心协力,大力推广稻鱼工程技术和稻田养殖名特优品种新技术,极大地提高了稻田养鱼的经济效益,起到了增粮、增鱼、增收、增效目的,稻田养鱼成为农业稳粮、农民脱贫致富的重要措施,得到各级政府的重视和支持,有效地促进了稻田养鱼的发展。宁夏引黄灌区2009年在贺兰、青铜峡、中卫等市县开展稻蟹生态种养试验示范1000亩,并聘请全国农业科技入户专家为顾问。预计亩产值超过3500元,亩均纯利润1000元以上[①]。到2004年,全国有25个省(直辖市、自治区)发展稻田养鱼,养殖总面积2445.5万亩,比1994年增长91%;成鱼产量101.9万吨,增长400%;平均亩产41.7千克,增长157%。

党的十八大以来,长江流域水稻主产省大力推广"水稻+"增收模式,因地制宜推广稻田养鱼、虾、蟹、鸭等综合种养模式。稻渔综合种养作为一种立体生态种养殖模式,适应农业提质增效、三产融合和可持续发展的转型要求,近年来政策支持力度不断加大,农民参与积极性较高。2016年《全国渔业发展第十三

---

① 宁夏稻蟹生态种养技术示范获得成功[EB/OL]. 中国渔业政务网. 2009 - 09 - 30. http://www.cnfm.gov.cn/info/display.asp?sortid=57&id=43472.

个五年规划》明确提出"启动稻渔综合种养工程,以稻田资源丰富地区为重点,建设一批规模大、起点高、效益好的示范基地,推进稻鱼、稻虾、稻蟹、稻鳖、稻蛙、鱼菜共生以及养殖品种轮作等综合种养模式的示范推广"。2017年5月,国家级稻渔综合种养示范区创建工作开展,各地积极布局稻渔综合生态种养。

到2019年,全国稻渔综合种养面积提升至232万公顷,比1982年的34万公顷增加了近6倍。稻田养鱼在农村产业结构调整和农民增收的实践中发挥了重要作用。一般地,稻渔综合种养每亩产出超过1 000斤绿色稻谷、200斤鱼虾,每亩经济效益普遍在1 500元以上,比普通稻田高出1倍以上,有效解决了国家要粮、农民要钱的矛盾。由于具有显著的增收效果,近些年,各地稻渔综合种养快速发展。

二、发展现代稻渔综合种养的重要意义

发展现代稻渔综合种养对于解决粮食安全问题、促农增收和维护生态系统平衡,具有积极作用;它具有显著的经济效益、社会效益和生态效益,有广阔的发展前景。

(一) 稻渔综合种养模式对解决粮食安全问题具有积极意义

2016年中央一号文件指出,要大力推进农业现代化,着力构建现代农业产业体系、生产体系、经营体系,实施藏粮于地、藏粮于技战略,推动粮经饲统筹、农林牧渔结合、种养加一体、一二三产业融合发展,让农业成为充满希望的朝阳产业。根据产业经济研究室2016年8月22日—9月20日组织的稻田养殖经济模式问卷调查,认为稻田养殖不影响稻谷产量、导致稻谷减产和使稻谷增产的样本户分别占58%、24%和18%[①],认为稻田种养不影响稻谷产量和使稻谷增产的样本户共占76%。调查还发现,稻渔综合种养对普通水稻种植户有较大吸引力。对水稻种植户的稻渔综合种养意愿调查表明,96%的农户有稻渔综合种养倾向。

稻渔综合种养对粮食安全的主要意义体现在两方面。一是这种模式维持和保护了稻田系统,稳定了稻田面积,这是粮食安全的基础;二是这种模式帮助农民拓展了优质动物蛋白的来源,在食物来源不丰富的过去,很多农民家庭通过这种方式来拓展食物来源,在物质大为丰富的今天,在偏远地区,受道路交通等影响,便宜的肉类供应对农民依然非常重要,稻田水产品仍然是农民食物营

---

① 回收调查问卷160份。

养的重要补充。

从上述两方面可见,稻渔综合种养模式是藏粮于地、藏粮于技战略的重要内容。

（二）稻渔综合种养对农民增收效果显著

调研显示,稻渔综合种养模式一方面可以减少部分农业投入品的投入,降低生产成本,另一方面通过提高品质而提高了稻谷和水产品的价格,促进农民增收。

在降低成本方面,稻渔综合种养模式通过共生关系,使稻田中的自然资源得到充分利用,水产养殖动物的活动改善了水稻生长条件,可减少 68% 的农药和 24% 的化肥使用量（赵翔刚等,2017;苏东涛等,1996）;稻渔综合种养实现了水稻和水生动物之间物质和能量的闭环式循环,提高了农业资源的利用效率（黎玉林,2006）。

在提升价格和产值方面,不同品种搭配可以实现不同的收益。从表 13.1 来看,稻虾、稻鳅、稻鳖、稻蟹、稻鱼等不同模式的增产增收能力不同。稻虾、稻鳅、稻鳖、稻蟹、稻鱼模式的亩均水产品产量分别为 205.55 斤、138.28 斤、161.79 斤、56.68 斤和 217.15 斤,亩均水产品产值分别为 3 910.25 元、2 405.85 元、9 260.66 元、2 539.41 元和 1 886.93 元。综合来看:稻鳖模式增收能力最强,亩均综合产值 32 051.28 元;稻蟹模式次之,亩均综合产值 6 523.27 元;稻虾模式排名第三,亩均综合产值 6 158.12 元;稻鳅模式位列第四,亩均综合产值 4 437.47 元;稻鱼模式排名第五,亩均综合产值 3 496.86 元。增产能力表现与各个模式投入项（如土地、种苗、人工等）和产出项（稻谷、水产品）的市场价格等密切相关,其背后也反映着农户的投入能力和消费市场的状况。

表 13.1　各类稻渔综合种养模式的亩均产量、亩均产值

模式	综合种养模式亩均水产品产量(斤)	综合种养模式亩均水产品产值(元)	综合种养模式亩均水稻产值(元)	综合种养模式亩均综合产值(元)
稻虾(小龙虾)	205.55	3 910.25	2 247.87	6 158.12
稻鳅	138.28	2 405.85	2 031.61	4 437.47
稻鳖	161.79	9 260.66	22 790.61	32 051.28
稻蟹	56.68	2 539.41	3 983.86	6 523.27
稻鱼	217.15	1 886.93	1 609.93	3 496.86

如表 13.2 所示,按亩均综合成本从高到低排序依次是:稻鳖模式亩均成本 18 058.65 元,位列第一;稻虾模式亩均成本 4 623.69 元,排第二位;稻蟹模式亩

有 2 个活动频率高峰：一个是在早晨，鱼的活动对水稻的碰撞导致露珠掉落，水稻叶片冠层湿度降低，降低稻瘟病的发生；另一活动高峰是傍晚，鱼的活动对水稻的碰撞干扰了蛾类害虫的交配和产卵。另一方面，水稻植株为田鱼创造良好环境。在夏季高温季节，稻株下光强降低 72%，水温降低 1.5℃左右。水体铵态氮浓度下降 50%。连续摄像观测表明，和水稻生活在一起的田鱼，其活动频率比生活在相同水深池塘的鱼高 40%。此外，田鱼和水稻共同分享着稻田氮素资源，使得稻田资源利用率提高。田间试验和饲料 ^{15}N 标记受控实验显示，水稻籽粒和秸秆中 31.8% 的氮素来自饲料；而通过被浮游生物吸收，进而被田鱼取食，化肥中约 2.1% 的氮素被鱼同化，水稻和田鱼分享彼此的氮素资源。稻田中有很多"闲置"的生物资源（昆虫、杂草、水稻基部叶片、藻类、浮游动植物等），这些"闲置"的生物资源都成了田鱼的"美味饵料"。稳定性同位素 ^{13}C 和 ^{15}N 食谱分析显示，这些"闲置"生物资源对田鱼食源的贡献达 49.1%[1]。

（四）稻渔综合种养顺应生态文明战略，助力农业绿色高质量发展

目前，我国已形成稻鱼、稻虾、稻蟹、稻蛙等多元综合种养的现代稻渔综合种养系统。陈欣-唐建军实验室还发现，"闲置"的资源经过田鱼转化部分氮素以粪便形式返回稻田，DNA 稳定性同位素探针研究发现，田鱼粪便中的氮素可进入稻田土壤微生物组分，维持着土壤肥力[2]。专家总结认为，稻田养鱼具有控草、控虫、控病效果，鱼进食消化后的粪便回田可起到肥田的作用，而鱼在稻田中的活动能起到松土、增温、增氧的作用，可增强土壤通气性、增强根系活力，使水稻稻穗长、颗粒多、籽粒饱满、产量提高（蒋艳萍等，2007）。因此，稻渔综合种养对于维护农村生态环境、涵养土地地力具有积极意义。

微卫星技术分析发现，稻鱼共生系统中田鱼维持着较高的遗传多样性，研究区域内虽然存在明显的地理隔离，但田鱼种群间无明显遗传分化；景观遗传学研究指出，农户间频繁的种质交换活动驱动了基因流，使田鱼在区域尺度上形成集合种群和较大的基因库；基于地标点的几何形态测量显示田鱼形态表型的多样性；连续摄像观察发现，表型不同的田鱼取食行为有显著差异；稳定性同位素的分析表明，不同表型的田鱼对稻田资源的利用格局明显不同；田间实验进一步表明，田鱼表型间的这些差异有利于种群适合度的提高，进而有利于田鱼群体遗传多样性的维持[3]。这充分证明，稻渔综合种养对维护生态系统平衡

[1] 陈欣，等.稻鱼共生的生态学效应[J].美国国家科学院院刊,2011,108(50):1381—1387.
[2] 陈欣，等.稻鱼共生的生态学效应[J].美国国家科学院院刊,2011,108(50):1381—1387.
[3] 陈欣，等.稻鱼共生系统遗传多样性保育机制[J].美国国家科学院院刊,2018,115(3):546—554.

和保持物种多样性具有积极意义,是农业绿色高质量发展的重要模式之一。

三、我国稻渔综合种养发展现状和特点

(一) 稻渔综合种养面积、产量均有长足进步,产量占淡水养殖比重增加

改革开放以来,各级政府的支持以及各地稻渔综合种养经验交流为我国稻渔综合种养长足发展奠定了基础。1982 年,我国稻田养成鱼面积 516.8 万亩,产量 2.42 万吨,单产 4.7 千克/亩,养殖省份 11 个;1986 年,我国稻田养成鱼面积一度超过了 1 000 万亩,达到 1 143.2 万亩,面积是 1982 年的 2 倍多,产量 9.78 万吨,约为 1982 年的 4 倍,单产为 8.6 千克/亩,比 1982 年高 83.0%,养殖省份达到 20 个。1987 年,稻田养成鱼面积虽然相比 1986 年有所下降,但是产量和单产都保持增长。这之后,"以渔保粮促粮,稻鱼有机结合、相互促进"的良性生态循环稻田养鱼模式在南方川贵湘赣等地和北方都有较大发展。1988 年,稻田养鱼在广度和深度上都有较大拓展,稻田养鱼的省份达到 21 个,其中,"四川省百万亩稻鱼丰产计划"的实施,颠覆了传统稻田养鱼的自给自足小农经济格局,进入商品化市场化生产的快速通道,逐步发展成为水产养殖业中不可或缺的养殖类型。1988—1997 年的 10 年间,我国稻田养成鱼面积均在 1 000 万亩以上,其中 1995—1997 年连续 3 年超过 1 500 万亩;1999—2007 年的 9 年,我国稻田养成鱼面积均在 2 000 万亩以上,其间有 6 年面积在 2 300 万亩以上,单产从近 30 千克/亩提升至近 50 千克/亩,养殖省份基本保持在 24—25 个;经历了 2008—2011 年这连续下滑的 4 年后,2012 年开始复苏,面积从 1 942.4 万亩增加到 2020 年的 3 844.0 万亩,产量从 133.14 万吨增加到 324.91 万吨,单产从 68.5 千克/亩增加到 84.5 千克/亩,养殖省份从 25 个增加到 28 个。

从稻田养成鱼面积占淡水养殖面积的比重来看,1982 年这一比重只有 11.3%;在 1995 年之前除了 1986 年曾达到 20.1% 以外,其余的 12 年里这一比重均低于 20%。1995—2016 年的 22 年间,除了 2006 年和 2007 年这一比重超过 30% 以外,其余的 20 年这一比重在 20%—30% 之间。2017—2020 年的 4 年间,这一比重每年都大幅提高,4 年的比重分别为 31.4%、39.4%、45.3% 和 50.8%。2020 年的稻田养成鱼面积是 1982 年的 7.4 倍。

反观产量,稻田养成鱼的产量占淡水养殖总产量的比重从 1982 年的

2.0%增加到 2020 年的 10.5%,超过 10% 的年份只有 2020 年,其余的 38 年里产量比重均低于 10%,自 1999 年才超过 5%;2000 年以来,稻渔综合种养的产量占淡水养殖总产量的比重一直保持在 5% 左右。2017—2019 年这一比重分别是 6.7%、7.9%、9.7%。2020 年的稻田养鱼产量是 1982 年的 134.1 倍。这说明,稻渔综合种养在淡水养殖中仍占有重要地位。

再来看单产,由于一水两用,且相当多的稻田是以产出水稻为主,因此稻田养鱼的单产不高,到 2020 年提高到 84.5 千克/亩,是 1982 年的 18.0 倍。

综合来看,稻田养成鱼以占淡水养殖产业近 50% 的面积,目前产出约 10% 的水产品,发挥一水多用的优势,成为我国淡水养殖业的重要补充。

表 13.4　1982—2020 年全国稻田养成鱼情况

年份	稻田养成鱼面积(万亩)	占淡水养殖面积的比重(%)	稻田养成鱼产量(吨)	占淡水养殖产量的比重(%)	亩产(千克/亩)	有统计数字的养殖省份(个)
1982	516.8	11.3	24 229	2.0	4.7	11
1983	661.5	14.3	36 330	2.5	5.5	12
1984	836.6	17.1	56 316	3.1	6.7	14
1985	973.0	17.6	81 699	3.4	8.4	15
1986	1 143.2	20.1	97 818	3.3	8.6	20
1987	983.9	17.0	106 327	3.1	10.8	19
1988	1 058.6	18.1	118 191	3.0	11.2	21
1989	1 062.0	18.6	124 923	3.0	11.8	21
1990	1 111.2	19.6	130 837	2.9	11.8	21
1991	1 048.8	18.1	146 746	3.2	14.0	20
1992	1 173.9	19.7	160 939	3.0	13.7	19
1993	1 198.3	19.2	185 367	2.9	15.5	21
1994	1 279.7	19.2	206 915	2.6	16.2	21
1995	1 544.0	22.0	272 942	2.9	17.7	21
1996	1 807.4	24.8	367 711	3.4	20.3	22
1997	1 956.9	26.3	455 083	4.3	23.3	22
1998	1 981.0	26.0	551 407	4.8	27.8	21
1999	2 196.1	28.2	649 996	5.3	29.6	24
2000	2 298.6	29.0	745 779	5.7	32.4	23
2001	2 292.0	28.5	849 055	6.2	37.0	26
2002	2 427.4	29.6	1 048 059	7.2	43.2	25
2003	2 337.1	28.0	1 023 611	6.7	43.8	26
2004	2 445.5	28.8	1 019 157	6.2	41.7	25
2005	2 392.7	27.3	1 021 159	5.9	42.7	24
2006	2 388.9	37.5	1 053 705	5.7	44.1	24

年份	稻田养成鱼面积(万亩)	占淡水养殖面积的比重(%)	稻田养成鱼产量(吨)	占淡水养殖产量的比重(%)	亩产(千克/亩)	有统计数字的养殖省份(个)
2007	2 325.4	35.1	1 160 551	5.9	49.9	25
2008	2 216.3	29.7	1 169 968	5.6	52.8	23
2009	2 009.6	24.7	1 162 667	5.2	57.9	21
2010	1 989.2	23.8	1 242 732	5.3	62.5	24
2011	1 811.9	21.1	1 199 862	4.9	66.2	25
2012	1 942.4	21.9	1 331 378	5.0	68.5	25
2013	2 281.0	25.3	1 450 459	5.2	63.6	25
2014	2 234.3	24.5	1 456 719	5.0	65.2	26
2015	2 252.4	24.4	1 558 187	5.1	69.2	28
2016	2 274.1	24.5	1 632 263	5.1	71.8	27
2017	2 524.0	31.4	1 947 507	6.7	77.2	27
2018	3 042.4	39.4	2 333 269	7.9	76.7	28
2019	3 476.2	45.3	2 913 330	9.7	83.8	27
2020	3 844.0	50.8	3 249 109	10.5	84.5	28

数据来源:根据历年《中国渔业统计年鉴》整理

(二) 稻渔综合种养模式逐步向全国各大地区拓展,江苏、浙江、湖北、湖南、四川、安徽等省份成绩突出

除了总面积、产量、单产不断提高之外,我国的稻渔综合种养自 20 世纪 90 年代以来逐渐由少数民族聚居区向民族杂居、汉族地区拓展;由丘陵山区向平原地区或城郊拓展;由以往西南、中南、华东地区向东北、华北和西北地区拓展(包特力根白乙,2012)。各地区历年稻田养成鱼的面积、产量和单产数据,也基本呈稳步增长趋势。近 20 多年来,稻田养鱼获得巨大发展,除西藏以外,各省(直辖市、自治区)都发展过稻田养鱼。

从历年数据来看,稻渔综合种养主要养殖区域分布于我国的华中、华东和西南地区。从稻田养鱼的发展地区来看,经济欠发达地区稻田养鱼仍保持强劲发展势头。云南省连续多年把稻田养鱼技术作为重大农业科技推广项目在全省范围内组织实施。2020 年,云南省稻田养鱼面积达到 160.85 万亩,成鱼产量 34 847 吨。

2020 年全国稻田养成鱼面积在 100 万亩以上的省份有 9 个,为四川、湖南、江苏、湖北、云南、贵州、浙江、江西和辽宁。目前稻渔综合种养主产省份有:

江苏(23.1万吨)、浙江(20.5万吨)、四川(18.6万吨)、湖北(16.3万吨)。

表 13.5　2020 年各地稻田养成鱼养殖情况

养殖面积排名	地区	稻田养成鱼面积(万亩)	占全国养殖面积比重	产量排名	稻田养成鱼产量(吨)	占全国养殖产量比重	平均亩产(千克/亩)
1	四川	474.80	21.42%	3	185 920	15.89%	39.16
2	湖南	321.69	14.52%	5	89 393	7.64%	27.79
3	江苏	237.51	10.72%	1	230 892	19.73%	97.21
4	湖北	221.80	10.01%	4	162 533	13.89%	73.28
5	云南	160.85	7.26%	9	34 847	2.98%	21.66
6	贵州	142.16	6.41%	11	18 378	1.57%	12.93
7	浙江	121.38	5.48%	2	205 264	17.54%	169.11
8	江西	115.98	5.23%	7	64 822	5.54%	55.89
9	辽宁	115.01	5.19%	8	43 873	3.75%	38.15
10	重庆	83.79	3.78%	13	10 691	0.91%	12.76
11	安徽	69.51	3.14%	6	70 970	6.07%	102.09
12	广西	67.24	3.03%	12	18 085	1.55%	26.90
13	黑龙江	32.87	1.48%	14	5 425	0.46%	16.50
14	福建	31.38	1.42%	10	18 501	1.58%	58.96
15	广东	8.12	0.37%	15	3 647	0.31%	44.92
16	河北	4.57	0.21%	16	2 632	0.22%	57.61
17	内蒙古	2.31	0.10%	20	342	0.03%	14.80
18	上海	1.97	0.09%	18	1 205	0.10%	61.09
19	河南	1.83	0.08%	17	1 825	0.16%	99.97
20	吉林	0.55	0.02%	21	181	0.02%	32.88
21	陕西	0.47	0.02%	22	137	0.01%	28.99
22	山东	0.45	0.02%	19	360	0.03%	80.00
23	山西	0.01	0.00%	24	12	0.00%	160.00
24	北京	—	0.00%	—	—	0.00%	—
25	天津	—	0.00%	—	—	0.00%	—
26	海南	—	0.00%	—	—	0.00%	—
27	西藏	—	0.00%	—	—	0.00%	—
28	甘肃	—	0.00%	23	33	0.00%	—
29	青海	—	0.00%	—	—	0.00%	—
30	宁夏	—	0.00%	—	—	0.00%	—
31	新疆	—	0.00%	—	—	0.00%	—
32	全国	2 216.25	100.00%	—	1 169 968	100.00%	52.79

注：由于本表展示的数据均经过四舍五入，因此存在一定误差，而比重、亩产等数据则是基于更为精确的原始数据计算得出，因此本表的产量、养殖面积、亩产等数据间存在一定程度的不匹配，并且对于产量和养殖面积较小的地区而言，四舍五入导致的相对误差更大，这种不匹配也就更明显

(三) 稻渔综合种养模式不断创新, 养殖品种结构进一步优化

进入 21 世纪后, 现代渔业稳步发展, 三产融合、食品安全等问题得到越来越多的重视, 稻渔综合种养开始呈现规模化、产业化、健康化等特征, 创造出众多具有地方特色的稻渔综合种养经济模式。2005 年, 全国农业科技入户示范将稻渔综合种养技术纳入其中, 并在各地推广。经过各地的探索和完善, 稻渔综合种养技术推广取得了显著的成效。2012 年, 农业部在全国各省(直辖市、自治区)开展新一轮稻渔综合种养技术示范, 并开创了稻蟹共生、稻鳖共生、稻鳅共生等新模式, 实现了粮食增产、水产增收, 经济效益、社会效益、生态效益并举的大好局面。2016 年 12 月农业部印发《全国渔业发展第十三个五年规划》, 明确提出"启动稻渔综合种养工程, 以稻田资源丰富地区为重点, 建设一批规模大、起点高、效益好的示范基地, 推进稻鱼、稻虾、稻蟹、稻鳖、稻蛙、鱼菜共生以及养殖品种轮作等综合种养模式的示范推广"。除了稻田养鱼之外, 稻虾、稻蟹、稻鳖、稻鱼鸭等综合种养模式不断出现, 名特优新品种的养殖规模明显扩大, 为我国渔业结构调整和满足不断变化的消费需求作出贡献。

(四) 稻渔综合种养支持政策陆续出台

改革开放之初, 中国水产品短缺, 在国家鼓励下, 稻渔综合种养在全国范围逐步展开。1983 年, 全国第一次稻渔综合种养经验交流会在四川成都召开。1984 年, 稻渔综合种养被国家经委列入新技术开发项目, 在全国 18 个省、直辖市、自治区推广。1987 年, 稻渔综合种养技术推广被纳入国家农牧渔业丰收计划和国家农业重点推广计划。1994 年 12 月, 农业部向全国负责农业、水产、水利的部门印发了《农业部关于加快发展稻田养鱼促进粮食稳定增产和农民增收的意见》。在进入 21 世纪之前, 农业部召开过 3 次全国稻渔综合种养经验交流会和 2 次全国稻渔综合种养现场会, 将稻渔综合种养定位成"米袋子""菜篮子"和"钱夹子"的综合体。

党的十八大以来, 稻渔综合种养得到更多重视。2017 年 5 月农业部部署国家级稻渔综合种养示范区创建工作, 为稻渔综合生态种养的进一步开展提供了新的政策指导。针对个别地区出现的稻渔综合种养片面追求经济利益, 影响产业健康发展的问题,《农业农村部办公厅关于规范稻渔综合种养产业发展的通知》于 2019 年印发, 促进了稻渔综合种养产业的规范发展。2020 年, 农业农村部办公厅研究制定《2020 年渔业扶贫和援藏援疆行动方案》, 将稻渔综合种养模式列为渔业扶贫的主要模式。

(五) 稻渔综合种养品牌发展初见成效

我国知名的稻渔综合种养品牌主要有 2 个:浙江青田稻鱼共生系统、云南"哈尼梯田"稻渔综合种养模式。这 2 个系统均为联合国粮食及农业组织认定的世界农业文化遗产。近年来随着稻渔综合种养模式发展,其他地区的稻渔综合种养品牌也有所发展。

1. 浙江青田稻鱼共生系统

浙江省丽水市青田县地处瓯江之滨,群山环绕,风景秀丽。该县方山龙现村具有千年以上的稻田养鱼生产体系和生产实践。先民利用溪水灌溉稻田,溪水中的鱼随之流入稻田,在稻田中自然生长,形成天然的稻鱼共生系统。青田稻鱼共生系统兼具观赏性和休闲性。经过长期的自然选育和独特生态环境的影响,田鱼形成了独特品系,鱼体色彩丰富,极具观赏性。当地稻田水位浅,鱼儿清晰可见,房前屋后的坑塘中鱼儿触手可及。农家乐为游客提供居住的农舍、食用的田鱼、无公害的大米,还有碧水青山、层层梯田。游客可参与田鱼捕捉、田头游钓[①]。1999 年农业部授予该村"中国田鱼村"称号。2005 年青田稻鱼共生系统被联合国粮食及农业组织批准为"全球重要农业文化遗产保护项目"。自联合国授予特殊荣誉以来,青田村游客数量大增,成为远近闻名的休闲区域。该地年均游客量达 5 万人以上[②]。

目前,田鱼苗种能够自繁自育,形成苗种孵化、成鱼养殖、成鱼销售的产业链。田鱼美味可口,无土腥味,鳞片柔软,除新鲜食用外,还被加工成旅游纪念品。

2. 云南"哈尼梯田"稻渔综合种养模式

后面案例报告四有详细介绍。此处内容略。

四、目前稻渔综合种养模式发展遇到的问题

目前,我国可养鱼稻田有 600 多万公顷,已开发利用的不足四分之一。制约我国稻田养鱼进一步发展的主要因素包括以下几点。

---

① 阎宽洪,郁桐炳.浙江青田"稻鱼共生"系统发展的新模式——从传统田鱼生产到现代渔业文化产业[J].中国渔业经济,2009,27(1):25—28.

② 阎宽洪,郁桐炳.浙江青田"稻鱼共生"系统发展的新模式——从传统田鱼生产到现代渔业文化产业[J].中国渔业经济,2009,27(1):25—28.

（一）外部环境不稳定

经历了多年的快速发展之后，稻渔综合种养模式也遇到了盲目铺摊子、发展水平低、运行不规范、对水稻种植产生影响等问题。2019 年印发的《农业农村部办公厅关于规范稻渔综合种养产业发展的通知》促进了稻渔综合种养产业的规范发展。此后，部分省份稻渔综合种养面积收缩，产量也大幅下降。从表13.6 看，2020 年全国稻田养成鱼面积比 2019 年减少 1 259.98 万亩，降幅36.2%；稻田养成鱼产量比 2019 年减少 174.34 万吨，降幅 59.8%。具体来说，养殖面积增加的省份只有四川、云南、浙江、辽宁、重庆、福建、广东、河北、上海 9 个；产量增加的省份只有浙江、福建、广东、河北、内蒙古、甘肃 6 个。原本的稻渔综合种养大省湖南、湖北、四川、江西、贵州、江苏、安徽等产量都大幅下滑，其中湖南、湖北、贵州、安徽的降幅都超过 70%，江苏降幅也达到 27.7%；而养殖面积增加的省份基本上都不是主产省，而是过去的稻渔综合种养小省。不难看出，本轮的调整和面积、产量的大幅度变化更多地是政策带来的。由此可见，粮食安全、耕地保护与稻渔综合种养之间仍然存在此消彼长的关系，二者的平衡关系仍需要结合国家粮食安全战略、耕地保护红线等来进一步理顺。

表 13.6 2020 年和 2019 年各地稻田养成鱼养殖情况对比

2020 年养殖面积排名	地区	稻田养成鱼面积（万亩）		变化量（万亩）	变化率（%）	2020 年产量排名	稻田养成鱼产量（吨）		变化量（吨）	变化率（%）
		2020 年	2019 年				2020 年	2019 年		
1	四川	474.80	469.15	5.65	1.2	3	185 920	401 035	−215 115	−53.6
2	湖南	321.69	469.52	−147.83	−31.5	5	89 393	391 457	−302 064	−77.2
3	江苏	237.51	288.18	−50.67	−17.6	1	230 892	319 309	−88 417	−27.7
4	湖北	221.80	689.78	−467.98	−67.8	4	162 533	820 115	−657 582	−80.2
5	云南	160.85	146.07	14.78	10.1	9	34 847	55 090	−20 243	−36.7
6	贵州	142.16	268.97	−126.81	−47.1	11	18 378	63 960	−45 582	−71.3
7	浙江	121.38	77.97	43.41	55.7	2	205 264	151 674	53 590	35.3
8	江西	115.98	151.68	−35.6	−23.5	7	64 822	147 566	−82 744	−56.1
9	辽宁	115.01	88.58	26.43	29.8	8	43 873	54 346	−10 473	−19.3
10	重庆	83.79	53.70	30.09	56.0	13	10 691	12 684	−1 993	−15.7
11	安徽	69.51	407.84	−338.33	−83.0	6	70 970	366 973	−296 003	−80.7
12	广西	67.24	70.60	−3.36	−4.8	12	18 085	31 649	−13 564	−42.9
13	黑龙江	32.87	88.78	−55.91	−63.0	14	5 425	10 306	−4 881	−47.4
14	福建	31.38	24.35	7.03	28.9	10	18 501	14 717	3 784	25.7
15	广东	8.12	5.54	2.58	46.6	15	3 647	1 929	1 718	89.1

2020年养殖面积排名	地区	稻田养成鱼面积(万亩)		变化量(万亩)	变化率(%)	2020年产量排名	稻田养成鱼产量(吨)		变化量(吨)	变化率(%)
		2020年	2019年				2020年	2019年		
16	河北	4.57	2.92	1.65	56.5	16	2632	1354	1278	94.4
17	内蒙古	2.31	10.13	−7.82	−77.2	20	342	233	109	46.8
18	上海	1.97	1.47	0.5	34.0	18	1205	1748	−543	−31.1
19	河南	1.83	83.43	−81.6	−97.8	17	1825	48050	−46225	−96.2
20	吉林	0.55	53.87	−53.32	−99.0	21	181	7965	−7784	−97.7
21	陕西	0.47	6.93	−6.46	−93.2	22	137	230	−93	−40.4
22	山东	0.45	5.88	−5.43	−92.3	19	360	8536	−8176	−95.8
23	山西	0.01	0.42	−0.41	−97.6	24	12	150	−138	−92.0
24	北京	0	0.00	0	—	—	0	0	0	—
25	天津	0	5.69	−5.69	−100.0	—	0	551	−551	−100.0
26	海南	0	0.02	−0.02	−100.0	—	0	22	−22	−100.0
27	西藏	0	0.00	0	—	—	0	0	0	—
28	甘肃	0	0.00	0	—	23	33	0	33	—
29	青海	0	0.00	0	—	—	0	0	0	—
30	宁夏	0	4.36	−4.36	−100.0	—	0	1626	−1626	−100.0
31	新疆	0	0.42	−0.42	−100.0	—	0	55	−55	−100.0
32	全国	2216.25	3476.23	−1259.98	−36.2	—	1169968	2913330	−1743362	−59.8

从养殖面积来看,2020年,四川省稻田养成鱼面积为474.80万亩,位居全国第一;湖南省稻田养成鱼面积为321.69万亩,位居全国第二;江苏省稻田养成鱼面积为237.51万亩,位居第三;湖北省稻田养成鱼面积221.80万亩,位居第四。这4个省的稻田养成鱼面积均超过200万亩,其他省份均不足200万亩,其中湖北省的养殖面积排名从第一下滑到第四。

从养殖产量来看,2020年,江苏省稻田养成鱼产量为230892吨,位居全国第一,比2019年的319309吨减少了近9万吨;位居第二的是浙江省,为205264吨,从前五名以外进入了前三名;湖北省稻田养成鱼产量为162533吨,位居全国第四,比2019年的820115吨大幅度减少,排名下滑了3个位次;四川省稻田养成鱼产量为185920吨,少于2019年的401035吨,位居全国第三,下滑1个位次;湖南省稻田养成鱼产量为89393吨,比2019年的391457吨大幅度减少,排名从全国第三下滑到全国第五;安徽省稻田养成鱼产量为70970吨,比2019年的366973吨大幅度减少,排名从全国第四下滑到全国第六。

(二) 稻渔工程建设滞后，基础设施薄弱

传统的鱼沟鱼函型稻田工程不适合现代的稻渔综合种养。为了达到最佳的水产品产量和取得好的经济效益，现代稻渔综合种养发展需要更好的稻渔工程设施条件。为了解决农村适宜劳动力缺乏的问题和促进机械化、信息化，现代稻渔工程要求宽沟深度达到 1.0—1.5 米，这样便于翻田、施肥、插秧、收割等机械化作业；需要便于车辆进出的田间道路，需要完善的进排水系统和防洪设施，需要一定的电力系统及信息传输系统(如光纤)，等等。

现代稻渔综合种养投入较大的是稻渔工程建设部分，它具有初始投入大、回本周期长的特点。较好的稻渔工程亩均投入在 5 000 元以上，含进排水系统、围栏、监控、场内外道路、鱼沟开挖、田块整平等。如果没有稳定的财政扶持，稻渔工程的标准就不高，群众投入稻渔工程建设的积极性也会受到影响。

(三) 稻渔综合种养的规模化程度较低

除少数的种养大户、家庭农场外，一般的稻渔综合种养规模不大，多为十几亩、几十亩，产业化程度不高。据四川省水产科技部门介绍，成都崇州市的稻虾模式中，单个稻田在 10 亩以上的养殖主体，其生产操作和养殖产量都较好，但多数从事稻渔综合种养的主体的单个稻田面积都较小。整个四川省稻田养鱼除成都平原外，多集中在浅丘区，而整合、整平大田块的成本相对较高。由于养殖资源分散，生产、流通和销售等环节尚无法形成合力，不利于稻渔综合种养的区域化布局、标准化生产、产业化运营、社会化服务等。

(四) 品牌和营销意识不强

稻鱼共生既可以缓解鱼粮争地矛盾，又能有效缓解水体富营养化现象，减少化肥、农药的使用，降低水产品发病率，减少管理成本，生产的水稻和水产品质量高、无公害。但目前，由于从业主体缺乏品牌意识，营销手段滞后，水稻及水产品的优质优价还没有体现出来，市场潜力有待挖掘。

由于从业者对农副产品的市场化运营认识不足，缺乏长远发展的认识和规划，因此稻渔综合种养要实现绿色发展和提质增效还有很长一段路要走。

(五) 新品种供给和技术推广不足，技术水平参差不齐

种养户对稻渔工程技术、苗种、农药及施肥等技术的掌握不够，使得稻渔产量、质量安全、成本控制等方面受到影响。地方水产技术推广部门每年在稻渔综合种养重点区域开展技术培训，但是缺乏解决田间地头实际问题的一线技术

人员。技术推广部门经费有限,很难在稻渔综合种养过程中及时地提供技术培训和服务,导致优良品种和先进种养技术的推广面临"最后一公里"难题,制约了产业的高质量发展。由于很多地方的稻渔综合种养规模化、产业化配套政策措施不完善,苗种供应、技术服务、产品运销不到位,规模效益难以体现,影响了农民发展稻渔综合种养产业的积极性。

五、政策建议

(一) 因地制宜做好稻渔综合种养产业规划

从稻渔综合种养多年的发展情况可以看出,我国的稻渔综合种养目前还处于有政策、没规划的尴尬状态。举例来说,湖南省丘陵地区有 800 多万亩水源充足、适合养鱼的稻田,也适合发展稻田养殖,但是湖南省同时是我国重要的水稻主产区,如何平衡大空间尺度上的水稻产量和稻渔综合种养收益问题,始终是地方政府要面对的一个问题。在这方面,是需要有上一级的规划设置的。依据规划来有序发展产业,应该成为未来一个重要的发展原则。包括稻渔综合种养与观光农业、餐饮服务业、休闲渔业、乡村旅游等产业的发展如何结合,也要有明确的上一级规划。有关渔业主管部门不能停留在给政策而不作精细管理要求的阶段,要有科学、全面、有约束力的规划,才能确保产业发展的可持续。

(二) 完善基础设施建设,创新金融服务

稻渔综合种养对基础设施要求较高,前期投入较大,应加大财政、税收、信贷等方面对稻渔综合种养产业基础设施建设的倾斜力度。完善稻渔综合种养的基础道路建设和电路电网设备改造升级。设立稻渔综合种养模式的基础设施建设、苗种补贴、农机购置补贴等专项扶持项目,简化申请审批手续,为稻渔综合种养户获得资金支持创造便利。

要建立适应稻渔综合种养模式的农业保险制度。由于稻渔综合种养投入较大,稻渔综合种养的人工生态系统的稳定性面临来自自然和社会两方面的挑战,从业人员承担较大的自然风险和市场风险。而稻渔综合种养专业农业保险制度的建设和完善有利于分散风险,减少损失。继续完善相关产业项目的设置和使用,进一步发挥政府在推广稻渔综合种养中的作用。比如,可以在相关的产业项目中设置一定比例的培训经费,方便推广部门开展培训活动或带市场主体到外地参观学习先进经验。还应当进一步加强政府对基础设施和公共服务

的供给,为农户、企业等开展稻渔综合种养降低投入门槛。

(三)扩展种养品种和开发新模式

稻渔综合种养在品种和模式方面都需要改进和完善。目前,稻渔综合种养品种已经在稻鱼的基础上发展出稻蟹、稻虾、稻虾蟹、稻鳝、稻鳅、稻鱼鸭等。在种养模式上,由传统的单一平板式不断向现代的高标准模式方向发展。未来,要满足增产增收的双重要求,还需要科技部门和推广部门不断研究开发新的技术模式,不断总结地方实践经验,进一步优化稻渔综合种养模式。

(四)鼓励新型经营主体发展休闲渔业,大力推动三产融合

新型经营主体的参与有利于克服目前稻渔综合种养规模化、专业化等方面的不足,提高稻渔综合种养技术的应用推广和基础设施建设的能力和水平。通过发展休闲渔业,撬动目前"沉睡"的闲置资源,有利于立体生态养殖文化的传承、推广,更能带动就业。应重点扶持企业、合作社、村集体等市场主体,让他们在市场机制的作用下发挥示范效应,带动当地稻渔综合种养发展。

(五)加快建设现代农业科技推广体系,建立健全社会化服务体系

由于农业技术推广具有公益性,因而一方面要加大对基层水产技术推广站的经费支持,保障其经费的合理开支额度,另一方面要整合科技资源,激励和引导高校和科研机构对稻渔综合种养模式所需的适宜品种和技术开展研究,增强技术自主创新能力。引入农业科技特派员,使农业科技企业和农业科技协会等可以发挥优势,为推广和开展稻渔综合种养模式提供科技和其他社会化服务。建设和推广稻渔综合种养模式示范园区和苗种基地,充分发挥示范推广作用。鼓励建立稻渔综合种养技术经验交流平台,促进稻渔综合种养技术、用药技术和苗种等信息的交流和传授。建立和完善稻渔综合种养相关标准化体系建设,为稻渔综合种养产品认证提供制度支撑。

(六)创造特色品牌,延伸产业链,提高稻渔综合种养产品的附加值

一是促进稻渔综合种养标准化生产和产业化经营。二是推动稻渔综合种养的水稻和水产品的初加工和精深加工,提高产品附加值。加强产业财政补贴的持续性和稳定性,并逐渐向稻鱼鸭综合种养产品的加工、流通倾斜,适当延长产业链。三是加大对地区稻渔综合种养特色品牌的培育和宣传力度,提高品牌认可度和影响力。地方政府多措并举加强稻渔综合种养产业宣传,尤其应加强新媒体和移动互联网技术的应用。

案例报告四:"哈尼梯田"稻渔综合种养模式

云南省稻田养鱼历史悠久。1984 年,国家农业部水产局的稻田养鱼推广示范点"落户"云南,开启了云南省稻渔综合种养的新篇章。元阳县稻鱼鸭综合种养模式较为成熟,得到了各级政府和大宗淡水鱼产业技术体系的认可和推广,被认定为"'哈尼梯田'稻渔综合种养模式",成为国家大宗淡水鱼产业技术体系第一批 14 个核心示范点之一。2020 年 7 月底,产业经济研究室团队成员赴元阳县,对"哈尼梯田"稻鱼鸭综合种养模式进行调查,调研情况如下。

一、"哈尼梯田"稻渔综合种养模式核心示范点情况

元阳县位于云南省红河州,哀牢山脉南段,红河南岸。东接金平县,南连绿春县,西邻红河县,北与建水县、个旧市、蒙自市隔红河相望。县城南沙距省会昆明 284 千米,距州府蒙自 71 千米。元阳县地处低纬度高海拔地区,境内层峦叠嶂,沟壑纵横,山地连绵,无一平川。地势由西北向东南倾斜,红河、藤条江两干流自西向东逶迤而下,地貌呈中部凸起、两侧低下,地形呈 V 形。2019 年,元阳县城南沙平均气温 25.6℃,最高气温 43.7℃,最低气温 5.3℃,全年平均气温为历史最高,年降水量 705.4 毫米,年日照时数 2 000.5 小时。

元阳县共有 17 万亩稻田资源,其中长年保水的冬水田 14 万余亩,稻渔综合种养发展潜力巨大。由于山区地形、地势影响,全县人均耕地面积仅 0.85亩,一般农户有稻田 4—5 亩,如每家每户都开展稻渔综合种养,则规模小,效益不突出,产品不集中,无法形成有效竞争力。近年来,在上级主管部门和省州党委政府的重视和引导下,按照《红河州哈尼梯田稻鱼鸭生态种养模式实施方案(2016 年)》和《元阳县"稻鱼鸭"绿色高产高效综合种养模式发展规划(2017—2020 年)》要求,农业部门大力推广综合效益更高的"稻鱼鸭"综合种养模式,以养殖大户、村集体合作社、企业为主体,通过企业示范带动等方式开展稻渔综合种养规模化生产。

自"十二五"时期起,昆明综合试验站在大宗淡水鱼产业技术体系"大宗淡水鱼绿色高效养殖模式研究与示范"重点任务中承担了稻渔综合种养试验示范任务。体系首席科学家戈贤平研究员、邹桂伟、陈洁、董在杰、石存斌等多位岗位专家先后多次开展现场调研和技术指导,开展了"哈尼梯田"稻渔综合种养

"2018年精准扶贫赠鱼种活动",在活动现场向当地稻渔综合种养户无偿赠送福瑞鲤大规格鱼种8万尾。2020年7月28日,国家大宗淡水鱼产业技术体系组织专家赴云南省红河州,与元阳县政府开展对接交流,重点围绕元阳县稻鱼鸭特色产业规模化、标准化、市场化、品牌化建设开展深入探讨,推进当地稻鱼鸭为核心的全产业链构建和县域经济发展。元阳县凭借哈尼梯田良好生态环境和无污染的渔业水域条件,结合梯田旅游、休闲渔业和水产品加工业,不断提升渔业产品附加值和增加农民收入,是当地脱贫攻坚、产业扶贫的重要方式。

二、元阳县稻渔综合种养的发展历程

从推广历程来看,1988年元阳县水产局开展稻鱼鸭综合种养试验示范,当时规模很小,只有几户。1990年当地尝试养殖鲶鱼,产量可达100千克/亩,但会影响水稻种植。2000年后示范面积扩大到几十亩,主要养殖建鲤。2014年红河州农科所专家在本地传统的稻鱼、稻鸭综合种养的基础上,提出稻鱼鸭综合种养,并于2015年挑选一个村1 000亩左右进行示范,到2016年推广到3 000亩。同年11月,时任农业部长韩长赋到元阳县考察,肯定了稻鱼鸭综合种养模式。

2017年元阳县政府大力支持稻鱼鸭综合种养的划片连片推广,对稻种、鱼种和鸭苗进行补贴。为保护梯田,在哈尼梯田核心区新街镇推广1万亩,在老虎嘴梯田区推广3 000亩,在梯田缓冲区推广3 000亩,此外选择群众基础较好、积极性较高的地区推广4 000亩,总推广面积扩大到2万亩。2018—2020年,元阳县稻渔综合种养工作聚焦脱贫攻坚,向建档立卡户倾斜,推广面积较为分散,累计推广3万多户。2019年政府作了一些调整,开始培养规模养鸭户,种鸭场也开展养殖。政府给每个建档立卡户补贴16只鸭苗,建档立卡户与种鸭场签订合同,一半自养,一半交由种鸭场养殖,种鸭场第二年无偿向建档立卡户提供鸭苗。

在工程模式上,1988年开展示范时,当地水产局开始改造传统模式,进行开沟、开凼。20世纪90年代,为培育大规模鱼种,解决半山区吃鱼难的问题,国家对稻渔综合种养进行项目支持,如工程化设施、田埂硬化等,但由于政策只维持了一年,第二年很多地区的地方政府承诺农户先垫付资金进行推广,导致地方政府欠了农户项目投入,难以为继,打击了推广部门的积极性和农户的生产积极性。"十五"期间,为解决山区半山区农民吃鱼难、增收难问题,云南省稻田养鱼发展重点向山区半山区转移,主要推广工程化稻田养鱼技术,元阳县稻渔综合种养在技术层面逐渐规范化,要求建设鱼沟、鱼凼。"十一五"时期之后,随着国家生态战略的提出,云南省开始重视推广稻田工程化生态养殖技术,围绕提质增效的目标和因地制宜的原则开展名特优水产品养殖。2018年元阳县出台稻鱼鸭综合种养五年规划。

在养殖模式上,现代稻鱼鸭养殖模式通过改良稻田养鱼技术,成功实现稻鱼和稻鸭两种传统模式的集成。元阳县本地传统稻鱼、稻鸭养殖模式比较成熟。以前的稻鱼鸭模式采取轮作方式,只是在冬季闲田中养鸭。主要原因是传统稻渔综合种养模式为平板式种养,鸭子在田中走动会搅浑田水,田鱼会缺氧致死。为解决这个问题,现代稻鱼鸭养殖模式中投放的是生长期为20天的鸭苗,共生时间为50—60天,投放时间为水稻返青时。为防止鸭子吃掉或咬伤田鱼及影响水稻授粉率,2月龄以上的鸭子不再同鱼共生圈养。圈养方式主要有两种:一种是在梯田一角用竹片泥巴围一圈圈养,另一种是将鸭子关在秧田中圈养。2020年红河州农科院稻鱼鸭综合种养项目获全国农牧渔业丰收奖三等奖。

三、"哈尼梯田"稻渔综合种养模式的经济效益

梯田米、梯田鱼和梯田鸭3个产品中,梯田米的经济效益已经显现。主要运营模式是通过元阳县粮油加工厂与农户签订购销协议,免费提供稻种,指导栽种技术,最后收购稻谷,进行加工、包装和销售。目前销售通过实体店和电商两种渠道。2020年元阳县县长直播当天售出10万斤梯田红米。

(一)小农户的成本收益情况

产业经济研究室对元阳县的5个稻鱼鸭养殖户进行问卷调查。调查发现:小规模水稻种植户亩均水稻产量1145斤,按小农户水稻平均销售率50%和当时平均售价2元/斤计算,亩均水稻销售收入1145元;亩均水产品(主要是鲤鱼或鲫鱼)产量约60斤,按平均销售率70%和两种鱼当时的平均售价32.5元/斤计算,亩均水产品销售收入1365元;成本方面,承包费或流转费、排灌费、种苗费、化肥费、农家肥费、农药渔药费、机械作业费、雇工费、运输费等共计1698元/亩。梯田鸭主要是麻鸭,简单腌制加工的鸭蛋,由于品质较高,再加上电商平台、上海市和元阳县的东西部协作消费扶贫工作的助力,出现了产品供不应求的状况。鸭蛋和老鸭主要供应本地。本次调查过程中,当地负责的同志介

绍,小农户养殖的梯田鸭的经济效益在调查时还未体现,因此未统计麻鸭及鸭蛋的成本收益情况。据此计算的稻鱼亩均净收益为812元/年,5亩就是4060元/年。

(二)龙头企业的成本收益情况

1. 基本情况

元阳县呼山众创农业开发有限公司成立于2016年12月,共有职工50余人,是元阳县扶持的生态循环农业开发企业,2019年被评为红河州农业产业化龙头企业。公司为2人的合作制民营企业。企业负责人年龄56岁,之前主要从事采矿业,2016年元阳县政府负责人带领其参加全国水产推广总站组织的浙江青田养殖调研,回来之后成立公司发展梯田稻渔综合种养。在业务范围方面,包含水产养殖、育苗生产、餐饮住宿(休闲渔业)、中草药种植(不在元阳县)、稻米种植、畜禽养殖(麻鸭)。其中水库养殖500亩,2020年尝试开展垂钓和餐饮业务。

国家大宗淡水鱼产业技术体系与元阳县政府、元阳县呼山众创农业开发有限公司对接,构建和优化"哈尼梯田"稻渔综合种养模式,共同推进建设"哈尼梯田"稻渔综合种养核心示范点,推动元阳县农业产业发展。通过对接元阳县呼山众创农业开发有限公司,签订核心示范点任务合同书,明确公司技术需求、合作共建内容、责任专家及对接的综合试验站等,以体系各功能研究室、各岗位专家为技术支撑,从苗种、饲料、技术、种养模式、防病以及加工等方面全面助力培育当地龙头企业。

呼山众创农业开发有限公司分别于南沙镇呼山村委会、新街镇土锅寨村委会累计投资8300余万元建成了鱼苗繁育中心1个、示范区2个,形成元阳县呼山众创苗种繁育中心、呼山众创稻鱼鸭综合示范区、陆基集装箱现代生态循环养鱼产业园。鱼苗繁育中心拥有400平方米标准化育苗车间1个、400平方米鱼苗培育池3个、300平方米亲鱼培育池2个。稻鱼鸭综合示范区位于新街镇土锅寨村委会大鱼塘村和黄草岭村,有700亩稻鱼鸭综合种养示范田,被农业部评为"国家大宗淡水鱼产业技术体系示范基地"和"国家级稻渔综合种养示范区",在2018年全国稻渔综合种养模式创新大赛中获特等奖。陆基集装箱现代渔业产业园区位于呼山村委会,占地130亩,已完成130亩地基整平工作,安装集装箱养殖网箱300个,投入养殖290个,配套创建稻鱼鸭智慧农业服务平台、农产品追溯系统、养殖病害远程会诊系统、气象监测系统等。

2. 经济效益

在成本方面,公司稻渔综合种养成本主要包括以下方面。(1)**土地流转。**

2017年,公司在新街镇大鱼塘村和黄草岭村流转梯田700亩,流转费1200元/(亩·年)[农民之间流转费为700—900元/(亩·年),最初以稻谷支付,后改为现金支付],流转期10年,涉及158户农户,其中建档立卡户27户,公司直接与村民签订流转协议。(2)用工。日常用工主要为6个管理员,人均工资为3000元/月,负责田间管理,为建档立卡人员。季节性用工主要负责平整田地、插秧、除草、收割等,采取包干制。平整田地500元/亩,插秧300元/亩,除草360元/亩,收割300元/亩,收割后平整田地400元/亩,共计1860元/亩。日常雇工和季节性用工的综合成本为4000元/(亩·年)。(3)**苗种**。稻种由政府补贴,鱼苗靠自繁。(4)**饲料**。饲料主要是酒糟、玉米等,每亩成本约200元/年。整体上,总成本约为5400元/(亩·年)。

在收益方面,公司稻渔综合种养收益主要包括以下方面。(1)**梯田红米**。产品规格主要有4种:海拔1400米以上,5千克装红米售价268元;海拔1800米以上,2.5千克装红米售价268元;250克小包装,其中海拔1400米以上售价25元,海拔1800米以上售价40元;500克包装,海拔1800米以上售价60元。经当地粮油加工厂代加工后,再通过熟人代销、企业微店来销售,年销售收入约4万元。目前呼山众创的梯田红米已形成哈尼哈巴品牌。元阳县正在积极申请地理标志产品。(2)**梯田鱼**。目前通过寒暑假游学等鱼旅结合渠道销售,售价60元/千克。(3)**梯田鸭**。每亩养殖5—6只鸭,每只每年产鸭蛋约150枚,售价2元/枚,腌制后5元/枚。麻鸭按照13元/斤卖给当地农贸市场,每只鸭子约4千克。(4)**政府补贴**。2018年被评为"国家级稻渔综合种养示范区"后,农业农村部渔业渔政管理局每年下拨30万元直接到公司账户。

整体上,呼山众创农业开发有限公司稻渔综合种养产品仍面临怎么卖、卖到哪里的销售难题。稻渔综合种养成本较高,以梯田鱼为例,据公司核算,每斤成本约40元。公司曾在2020年尝试通过抖音的定向推广项目,向北上广高收入用户定向宣传,但未带来任何效果。梯田鱼的产量较低,因此也很难向超市、餐馆定向销售。

四、"哈尼梯田"稻渔综合种养模式的社会效益

呼山众创农业开发有限公司采取"公司+合作社+基地+农户"的模式,带动稻渔综合种养户412户,其中建档立卡贫困户83户,户均增收3600元/年;通过土地流转、优先安排建档立卡贫困户劳动力到基地务工(每人每天劳务费

不少于 80 元)等方式直接带动建档立卡户 68 户 287 人,户均增收 800 多元/年;元阳县通过实施陆基集装箱养鱼产业建设项目和集装箱养殖罗非鱼产业扶贫项目这两个 1 000 万元项目,每年收取固定资产性收益 140 万元,并对扶贫办动态提供的 1 000 户边缘户、收入不稳定户进行产业扶持;政府整合涉农资金 3 000 万元,建设 240 个集装箱,按照政府支持资金额度不低于 7% 的比例每年分红给建档立卡户,其中 2 000 万元需要分红 20 年,期满后不再偿还本金,但集装箱等生产设施和基础设施转为县政府国有资产;300 万元需要分红 3 年,到期后需偿还本金。此外,还有 60 个集装箱是由村集体入股资金 750 万元建成,也按照 7% 比例每年分红给村集体,每 5 年签一次合同;通过鱼苗发放间接带动建档立卡户 5 300 余户增收致富。

五、元阳县发展稻渔综合种养存在的困难

(一) 交通条件差,设施建设受制于梯田保护措施

元阳县到红河州州府所在地蒙自市有 90 千米,哈尼梯田示范区距离蒙自市 120 千米,开车需要 3 个小时,距离城市较远。其次,元阳县为山区半山区,道路条件较差。示范区主要道路依赖村村通工程,为国标四级公路,有些公路错车困难。示范区到蒙自市的道路主要为乡路,同样为国标四级公路。

哈尼梯田被列入世界遗产名录,梯田的大型或大规模硬件设施建设不仅要通过业务部门的审批,还需要梯田管理委员会(副处级单位)的同意,需要占用一定规模田地的农业设施如鸭棚、农户房屋等都需要梯田管理委员会现场查验考核,梯田田埂不能硬化。目前,哈尼梯田的田间道路及生产道路基本为狭窄步道,只能行人,不能通车,最长的哈尼梯田有 3 000 多节。

(二) 项目受制于地形和分散的稻田布局,效益不理想

目前稻鱼鸭综合种养大多为一家一户的模式。元阳县的梯田田块很小,原本稻田产量就不高。养鸭至少需要一名工人长期管理,而且饲料费较高,贫困户难以接受。另外,大部分贫困户缺劳力、文化水平低,学习和接受新技术、新知识的意识和能力有限,水产站虽然会在投放补贴的鱼种时进行技术培训,但农户对技术的掌握程度仍不达标。水产站本身缺少项目经费。总体上,由于是小规模种养,效益并不突出。

（三）项目主要为政府推动，后续发展还需进一步观察

稻鱼鸭综合种养的鱼种主要为福瑞鲤。福瑞鲤为国家大宗淡水鱼产业技术体系研发推广的新品种，但市场价格不如预期那么高，因此也有人提出，哈尼梯田水质优良，应该引进经济效益更高的优良特色品种来增加经济收益。

2018—2019 年元阳县政府补贴力度较大，稻鱼鸭综合种养发展较快。2020 年元阳县财政资金不足，补贴力度下降，稻鱼鸭综合种养规模减少为9 800 亩。

（执笔人：李竣）

案例报告五："鱼稻耦合、以渔护田"绿色村寨渔业模式与特色养殖

"鱼稻耦合、以渔护田"绿色村寨渔业模式为"十三五"国家大宗淡水鱼产业技术体系重点建设任务——绿色高效养殖模式构建的 14 个主推模式之一,核心示范点设立在贵州省遵义市。为摸清示范点建设情况和发现问题,2019 年 10 月,农业农村部农村经济研究中心调研组赴贵州开展专题调研。有关情况报告如下。

一、稻渔综合种养模式的变迁

贵州省遵义市播州区自 2014 年开始提倡稻渔综合种养,在多方面支持下,渔业设施化水平逐渐提高,到 2019 年,该区有 12 万亩水稻田开展了种养结合,其中设施化的稻渔综合种养面积有 3 万多亩。设施化主要是田埂硬化和边沟硬化,成本分别为每亩 5 000 元和 3 000 元。

当前,贵州的稻渔综合种养模式主要有五类。一是平板式,即稻田不开沟、不挖凼,稻田蓄满水放种养鱼。贵州有文字记载的稻田养鱼历史至今已有 1 700 多年(杨昌雄,1984),传统的稻田养鱼就是平板式稻田养鱼。二是鱼凼式,即在稻田中开挖一个池凼,稻田蓄水放种养鱼,稻田管理如收割放水时,鱼游至池凼中生长。三是边沟式,即在稻田周边开挖边沟,稻谷生长时鱼在稻田中生长,稻谷收割时鱼游至边沟继续生长。四是沟凼结合式,即将池凼和边沟相结合。五是尚在规划中的"稻渔＋集装箱"式。在集装箱中育苗,水稻收割后,鱼移至集装箱中育肥,提高田鱼商品化水平。根据全国稻田养鱼-稻渔综合种养模式的划分,贵州的这五种技术模式可以大致分为三类:传统的稻田养鱼、工程化的多元的稻渔综合种养和"稻渔＋集装箱"。

三种模式的区别主要体现在以下几方面。

一是工程模式。平板式稻田养鱼不需要对稻田进行任何形式的改造。稻渔综合种养则要对稻田进行工程化改造,或在田中挖鱼凼,或在田边挖回沟,并且在有条件的地区还会对鱼凼和边沟进行硬化。"稻渔＋集装箱"模式是在工程化稻渔综合种养的基础上,使用水产养殖的集装箱开展工程化养殖。

二是水稻种植的机械化程度。鱼凼式要在稻田中间开挖水凼和十字沟,不

110—150 元）。在不计人力成本①的情况下，稻田养龟的成本为 6 526 元/（亩・年）。

表 13.8 稻田养龟成本

[单位:元/(亩・年)]

	流转费	清塘消毒费	排灌费（含水电费）	种子、苗种	化肥/饲料	农家肥	农药渔药费	机械作业费	运输费	其他	总成本
水稻	800	0	0	50	0	0	0	676	500	0	2 026
龟	0	0	0	3 000	1 500	0	0	0	0	0	4 500

在固定资产投资方面，稻田养龟分基地的防盗网、防盗墙耗资 22 万元，其中防盗网每米 180 元，共 400 米，花费 7.2 万元；2 套无线监控设备共计 3 万多元。田间道路、稻田中的暂养池等基础设施建设由政府项目资金支持。

从产出来看，按照 2019 年稻田养龟的产量测算，亩产稻谷 700 斤，折合稻米 350 斤/亩。调查时该公司稻米正在进行有机认证，未来计划以 20 元/斤的价格出售，届时稻米收入预计为 7 000 元/（亩・年），稻米附加值大大增加。龟的餐饮市场价格为每只 100 多元。龟苗价格是每只 3—5 元，2—3 年后按重量计算市场价格，其中露天养殖龟约 60 元/斤，温室养殖龟约 30 元/斤。

稻田养龟具有显著的经济效益。按最低价格估算，平均每只龟每年增值 10 元，每亩 1 000 只龟，每年增值约 10 000 元/亩。每亩稻米和龟每年的收益共计 17 000 元，扣除成本，每亩每年净收益 10 474 元。在 18 亩示范基地的上一个生产周期中，1.8 万只龟仅死亡 1 只，损耗率忽略不计，预计约有 18 万元的收益。

表 13.9 2019 年分基地稻田养龟收益

	品种	亩均用种量(千克)	播种面积(亩)	亩均产量(斤)	销售量(斤)	销售价格(元/斤)	预计亩均销售收入(元)
中稻	6 203	0.4	120	700	还没卖	10—20	7 000(按最低价计算)
	放养规格	亩均放养量	种养面积(亩)	亩均产量(斤)	销售量(斤)	当年增值(元/只)	预计亩均增值(元)
龟	500 克	1 000 只	18(示范)	—	—	10	10 000

---

① 雇工成本难以准确分摊到名龟养殖、集装箱循环水养殖、稻田养龟等具体项目上。

稻田养龟具有明显的生态效益。稻田养龟模式有利于稻田生态保护。根据龟的食性,稻田中的杂草、虫子等都可成为龟的饲料,水稻种植不再需要额外使用化肥和农药,龟的饲料成本因此节省50%。此外,龟粪还是稻田中天然的生物肥。

稻田养龟具有明显的社会效益。稻田养龟的技术较简单,管理方便,每天只需投喂一次,种龟3—4天投喂一次。龟的养殖周期可长可短,每多养一年就会产生更高的附加值,不存在压塘或滞销,具有一定的推广价值。稻田养龟带动了当地农民的就业和脱贫致富。该公司周边的兴隆村大湾组有十多个村民在基地长期务工,已出列的贫困户老刘是其中之一,他将自家4亩田出租给养殖基地,租金每年800元,以后年年递增,同时他在基地务工,日工资130元,平均每月上班24天,月收入3 000多元[①]。公司为群众、访客开展培训共计7场184人次。

四、集装箱式循环水绿色高效养殖的发展情况

贵州遵义张公子名龟养殖有限公司还建立集装箱式循环水绿色高效养殖示范基地12亩,现有单口容积25立方米的渔业养殖集装箱20个,每个成本4.5万元,还有生态净化池4.8亩。整体的基础设施投资(含管理用房、水池、集装箱等)共计360万元,其中包括为保证充氧自备的2个发电机,20个集装箱占用的土地的调基费用8万元等。作为试验示范基地,政府补贴157万元。2019年7月10日至10月18日,鲤鱼长势良好,从每条100—150克长到500多克。

集装箱循环水养殖还与稻田养龟结合。每个集装箱下设置一个龟苗养殖箱,相当于建立了一个小型育苗池,每个养殖箱中有龟苗100—200只。养殖2—3年,龟苗长到约1斤的时候投放到稻田,以实现最佳的养殖效益。

五、目前存在的问题

首先,稻田养龟遇到的最大困难是推广难。由于信息闭塞,当地人对龟产

---

① 王正庆,母学辉.区县采撷|播州区:龙坪镇"稻+蛙""稻+龟",新型种养模式受追捧[EB/OL].(2019 - 03 - 15)[2022 - 06 - 13].https://mp.weixin.qq.com/s/ftSjLrjzSIclJjwYN44cvQ.

江纳苗"①的方式从长江补充鱼类资源,鱼类进入湖泊中索饵、抚幼与生长,使得天然饵料资源转化为水产品,渔民通过捕捞的方式从湖泊或水库中获取水产品。这一阶段大水面渔业产量较低。1950年我国湖泊、水库、河流等水体的捕捞产量总计36.6万吨,1951年产量恢复到51.8万吨。出于增产目的,我国在这一时期增船、添网、扩大渔民队伍,开发新的捕捞水域。捕捞渔船从1950年的15.2万艘增加到1959年的31.1万艘,增加了1倍多。地处边疆的内蒙古、青海等地也在高原湖泊开展了捕捞生产。1960年我国湖泊、水库、河流等水体的捕捞产量增长到66.8万吨②。这一时期,淡水捕捞渔船改造、渔具改革和渔法改进方面取得丰硕成果。如安徽芜湖市鸠江人民公社渔业大队1958年新建机帆渔船投入长江鲚、长江鲥鱼汛生产试验,其捕获量比木帆船高7.5倍。1959年水产部组织调入海洋机帆船在洪泽湖试捕。通过这些工作,结束了淡水捕捞渔船无动力的历史,使得淡水捕捞向着半机械化、机械化迈进。1960年,水产部在安徽芜湖市召开首次全国淡水捕捞经验交流会,会议对淡水机帆船的发展起到促进作用。1959年天津坝县渔民采用多结化技术攻克了胶丝网的编织技术难关,织成4种新材料网具,推动胶丝流网发展,相比棉线网,劳动生产率提高了5—6倍③。

中华人民共和国成立之前,我国只有浙江省杭州、绍兴一带有少数渔民在河道的宽阔处用竹箔当围栏,从事外荡养鱼。中华人民共和国成立后,湖泊、水库养鱼逐渐发展,使得江河平原的湖群与山区、半山区的水库群形成商品鱼集中产区,成为中国淡水渔业生产的一个重要组成部分④。水库养鱼始自1950年的浙江省东钱湖水库,其后1953—1955年河南板桥、薄山、南湾等水库,湖北金盆浴鲤水库和北京官厅水库相继开展水库养鱼。安徽佛子岭水库(3.4万亩)也于1955年建场养鱼。20世纪50年代初,国家组建国营养殖场开展湖泊、水库养鱼试点,1954年办点8个,试养面积59万亩。1955年湖泊、水库养殖场迅速发展到85处,养殖面积扩大到137万多亩,平均亩产24.5千克,为全国大规模开展湖泊、水库养鱼创立了良好的开端⑤。1959年,我国淡水捕捞和养殖总产量达到123万吨,创造了当时的淡水产品产量最高纪录。

---

① 灌江是大中型湖泊补充鱼类资源、提高产量的有效措施。一般沿长江的湖泊原先与长江直接相通,现在大多设闸筑堤与江隔离,为了增加湖中鱼类资源,适时地开闸让江中经济鱼类的鱼苗或幼鱼随水进入湖中,叫灌江纳苗。
② 当代中国丛书编辑委员会.当代中国的水产业[M].北京:当代中国出版社,1991:226—227.
③ 当代中国丛书编辑委员会.当代中国的水产业[M].北京:当代中国出版社,1991:229—230.
④ 当代中国丛书编辑委员会.当代中国的水产业[M].北京:当代中国出版社,1991:257.
⑤ 当代中国丛书编辑委员会.当代中国的水产业[M].北京:当代中国出版社,1991:257—258.

在这一时期,在水产部推动下,我国科技工作者开展家鱼人工繁殖技术攻关,钟麟等率先突破家鱼人工繁殖技术难关。这使我国摆脱了依赖江苗开展水产养殖的被动局面,开启了我国淡水渔业的新纪元。

(二) 20 世纪 60 年代至改革开放前:大水面捕捞衰退,养殖与捕捞开始结合的阶段

20 世纪 60 年代出现了天然渔业资源严重衰退的现象,产量直线下滑。1965 年我国淡水捕捞量 45.5 万吨,1970 年为 30.5 万吨。自 20 世纪 50 年代中期开始,部分地区开展人工增殖放流,但是由于缺乏科学指导,效果并不明显。

随着四大家鱼人工繁殖的成功,1958—1965 年,我国确定了"养捕并举"的渔业发展方针,从而改变以往以天然捕捞为主的渔业发展方针和管理体制[①]。20 世纪 60 年代,我国的鱼苗生产已经由以捕捞江苗为主转变为以人工繁殖为主。国营苗种场成为家鱼人工繁殖的主体。在水产部大力推动下,家鱼人工繁殖在全国迅速普及。1962 年已经有 23 个省份开展人工繁殖,获苗 10 亿尾。1965 年 25 个省份获苗 32 亿尾,占当年鱼苗产量的 22%[②]。

20 世纪 70 年代,我国湖泊、水库在放养四大家鱼等的同时,开展"灌江纳苗"以补充鱼类资源。这一阶段仍采用"人放天养"的渔业发展方式。1979 年,我国淡水产品产量为 111.59 万吨,其中淡水捕捞产量 30.26 万吨。总体上看,这一时期我国的淡水产品产量并未明显提升,捕捞产量下降的同时,淡水养殖的生产潜力还没有充分发挥,而随着城乡人口的不断增长,"吃鱼难"问题开始凸显。

(三) 从改革开放到 20 世纪末:恢复大水面渔业资源,进入"以养为主"大水面渔业阶段

1979 年,国务院正式颁布《中华人民共和国水产资源繁殖保护条例》。当年,黑龙江、安徽等省建立了淡水渔业渔政管理机构,江西、湖南、湖北等省恢复了一批湖泊管理机构。1980 年江西省政府批准恢复鄱阳湖沿湖 8 县湖管工作站,次年扩大到中型水面,军山湖和陆水、江口、洪门水库设渔政管理机构,配置渔业警察。湖北梁子湖等恢复或新建管理机构。1979 年,国务院批发国家水产总局的报告指出:严禁围湖填塘,已围而得不偿失的,要退耕还湖、退耕还渔。

---

① 中国水产流通与加工协会. 中国大水面渔业发展报告[R]. 2021 - 11:12.
② 当代中国丛书编辑委员会. 当代中国的水产业[M]. 北京:当代中国出版社,1991:235.

各地在农业结构调整中,有不少地区退耕还湖。湖北省在 1978—1985 年的 8 年间,共计退耕还湖 160 多万亩,建成高标准鱼塘 50 万亩,开辟渔用饲料基地 20 万亩,精养小湖、植莲种苇 80 万亩。

为了解决普遍存在的"吃鱼难"问题,激发地方和群众积极性,1981 年国务院确定了水面使用权的几项原则,使地方政府和群众的收益权得到了保障,为大水面渔业发展铺平了道路。1985 年,中央 5 号文件《关于放宽政策、加速发展水产业的指示》提出"以养为主"的水产生产方针。大水面渔业也开始致力于养鱼。随着鱼苗问题的解决,大规格鱼种不足上升为主要矛盾,为了尽快解决这一问题,除了发动群众大力兴建鱼种池以外,还在水库库湾筑坝拦截形成小水体用于培育鱼种,使库湾在继续发挥水库的泄洪、灌溉等功能外,还增加了发塘、育种和越冬的渔业生产功能;在湖汊设置拦网以开展育种工作;进行网箱育种,一亩网箱的生产能力相当于 10—15 亩鱼种池。在渔业管理部门和各级政府推动下,到 1987 年,我国湖泊、河道养鱼已经达到 1456 万亩,比 1957 年扩大 1.8 倍;水库养鱼 2145 万亩,比 1957 年扩大近 18 倍。

进入 20 世纪 80 年代以后,集约化养殖成为我国大水面渔业的主要生产方式,以网箱、网围和网栏为代表的"三网"养殖和肥水养鱼等大水面集约化养殖方式逐渐兴起,大水面渔业产量快速增长。20 世纪 90 年代后,随着人民生活水平提高,对水产品的多样性和品质要求越来越高,部分水库、湖泊开始养殖河蟹、珍珠、鳜鱼等高值水产品,大水面增养殖对象趋向多元化。

(四) 进入 21 世纪:探索生态渔业的新发展阶段

随着大水面集约化养殖的快速发展,湖泊、水库水域生态环境问题日益显现。网栏、网箱养殖的投饵增加外源营养物质输入,导致水体富营养化水平升高、水体透明度下降;过度放养植食性鱼类,导致大型沉水植物生物量下降;人为干预力度加大,捕捞强度增大,降低了湖泊鱼类多样性和鱼类群落结构复杂度,影响了大水面生态系统的稳定性。进入 21 世纪后,我国大水面科学家提出大水面渔业发展方式应该从"以水养鱼"向"以鱼养水"转变,渔业转型要以水质保护为目标确定增养殖容量,提出适宜的渔业发展方式和渔业规模,通过增殖放流等技术途径,恢复重要鱼类和其他水生经济动物资源,修复和重建受损的水生态系统结构与功能,保障渔业与生态环境的协调发展。2017 年,农业部印发《全国渔业发展第十三个五年规划》,提出要提升渔业生产标准化、绿色化、产业化、组织化和可持续发展水平,提高渔业发展的质量效益和竞争力,走出一条产出高效、产品安全、资源节约、环境友好的中国特色渔业现代化发展道路。2019 年《关于加快推进水产养殖业绿色发展的若干意见》实施,人放天养、完全利用天然饵料的渔业生产方式被广泛接受,大水面渔业进入生态渔业发展新阶段。近年来,大水面生态渔业的净水、抑藻固碳等生态功能日益得到重视。

2018年印发的《国务院办公厅关于加强长江水生生物保护工作的意见》明确提出加快建立长江流域重点水域禁捕补偿制度。2019年,农业农村部、财政部和人力资源社会保障部印发《长江流域重点水域禁捕和建立补偿制度实施方案》。2020年,长江流域332个水生生物保护区率先实行永久禁捕,核定的11.1万艘渔船、23.1万名渔民全面退捕。2021年起,长江流域重点水域实行暂定为期10年的禁捕政策。

2020年,农业农村部先后印发了《长江十年禁渔工作"三年强基础"重点任务实施方案》《长江生物多样性保护实施方案(2021—2025年)》《长江水生生物保护管理规定》等方案和规定,从政策层面为长江禁捕搭建3年、5年、10年的政策框架。

二、大水面渔业发展现状

2020年,我国淡水养殖面积为7 560.84万亩,其中湖泊、水库二者养殖面积共占42.5%;淡水养殖产量3 088.89万吨,其中湖泊、水库二者养殖产量共占11.8%。大水面渔业仍是我国淡水养殖业的重要组成部分,为国民提供了大量水产品。

(一)大水面基本情况

下文主要介绍湖泊、水库这两种主要的大水面类型。

1. 湖泊

我国湖泊数量多,分布广。湖泊总面积近9万平方千米,约占国土面积的1%。根据《中国水利统计年鉴》数据,我国面积大于1平方千米的天然湖泊共有2 865个,总面积78 007.1平方千米。按照地理位置,中国湖泊可以划分为东北平原与山区湖区、蒙新湖区、东部平原湖区、云贵高原湖区和青藏高原湖区。其中,前三大湖泊分别为青海湖、鄱阳湖、洞庭湖;淡水湖群主要分布在长江中下游地区,包括鄱阳湖、洞庭湖、太湖、巢湖等。在各省级行政区中,西藏湖泊数量最多,湖泊表面积最大。

2. 水库

截至2019年,我国有水库9.8万余座,其中小型水库占95.19%,中型水库占4.05%,大型水库占0.76%,绝大部分分布在长江、珠江和黄河流域的丘陵地区。湖南、江西、广东、四川和湖北水库数量占全国水库数量的比重分别为14.32%、10.89%、8.51%、8.38%、7.07%。这些水库的总库容量为8 983亿立方米。

(二)大水面渔业的发展现状

"十三五"时期,大水面养殖业作为渔业的重要组成部分在实现高质量发展的战略转型方面取得了一系列成果[①]。一是产业转型升级进一步优化。为突出绿色发展理念,促进水产养殖业的绿色发展,鼓励各地因地制宜开展大水面生态增养殖等生态健康养殖模式。二是资源养护迈上新台阶。我国已实现内陆七大重点流域禁渔期制度全覆盖和主要江河湖海休禁渔制度全覆盖,资源保护制度不断完善。三是渔业科技支撑能力显著增强。渔业科技进步贡献率已由2015年的58%提高到2020年的63%。

1. 湖泊渔业

我国湖泊可养面积相对集中于平原地区,面积在50平方千米以下的湖泊占总数的98%以上。湖泊养殖是在湖泊生态系统内增加水产养殖物种,而水产养殖物种实质上是湖泊生态系统中的消费者。科学合理地调控湖泊消费者的数量和种类,并将养殖规模控制在湖泊生态系统的承受范围内,则可以既收获水产品,又控制了湖泊的富营养化水平。近年来,"环保风暴"使湖泊渔业的发展问题备受社会关注。

1982—2020年全国淡水湖泊养殖情况见表14.1。从养殖面积看,湖泊养殖面积占淡水养殖面积的比重波动幅度不大,总体上呈下降趋势(从1982年的18.88%下降至2020年的14.30%);养殖面积从1982年的864.02万亩扩张到2007年的1 560万亩,之后又波动下降至2020年的1 081万亩。从产量看,湖泊养殖产量从1982年的77 329吨稳步上升至2015年的1 647 835吨,之后为满足环保要求,大幅减少大水面网箱养殖,并于2020年降至825 676吨;其产量占淡水养殖总产量的比重在1982—2005年大致稳定在6%左右;2006年和2007年发生较大跃升(从2005年的6.14%升至2007年的7.92%),此后逐步下降至2020年的2.67%;平均亩产总体上呈先上升后下降的趋势,从1982年的8.95千克/亩上升至2014年的108.10千克/亩,增长了约11倍,2015年后开始缓慢下降,至2020年降至76.38千克/亩。

---

① "十三五"渔业亮点连载(上)[J].中国水产,2021(1):4—13.

表 14.1　1982—2020 年全国淡水湖泊养殖情况

年份	湖泊养殖面积(万亩)	占淡水养殖总面积比重	湖泊养殖产量(吨)	占淡水总产量比重	平均亩产(千克/亩)
1982	864	18.88%	77 329	6.41%	8.95
1983	835	18.07%	91 068	6.38%	10.90
1984	806	16.48%	104 602	5.78%	12.99
1985	933	16.87%	143 691	6.04%	15.40
1986	987	17.37%	178 669	6.05%	18.10
1987	969	16.74%	207 814	5.96%	21.45
1988	955	16.34%	229 361	5.88%	24.02
1989	915	16.00%	245 326	4.92%	26.81
1990	924	16.06%	267 340	6.00%	28.94
1991	953	16.43%	264 941	5.73%	27.81
1992	1 052	17.64%	313 261	5.87%	29.77
1993	1 051	16.85%	368 908	4.91%	35.07
1994	1 147	17.19%	476 272	6.03%	41.52
1995	1 236	17.65%	585 300	6.22%	47.34
1996	1 326	18.20%	706 242	6.43%	53.24
1997	1 319	17.75%	810 055	6.55%	61.39
1998	1 322	17.34%	854 788	6.47%	64.68
1999	1 366	17.53%	880 094	6.19%	64.41
2000	1 342	16.96%	933 065	6.15%	69.51
2001	1 312	16.31%	923 611	5.79%	70.38
2002	1 311	15.98%	982 919	5.80%	74.98
2003	1 404	16.80%	1 051 930	5.93%	74.90
2004	1 410	16.59%	1 147 045	6.06%	81.38
2005	1 446	16.48%	1 234 193	6.14%	85.34
2006	1 467	16.25%	1 329 752	7.17%	90.62
2007	1 560	23.57%	1 561 075	7.92%	100.06
2008	1 442	19.34%	1 456 226	7.03%	100.99
2009	1 497	18.40%	1 527 254	6.89%	102.00
2010	1 511	18.10%	1 536 629	6.55%	101.72
2011	1 535	17.86%	1 541 527	6.24%	100.46
2012	1 537	17.35%	1 614 977	6.11%	105.06
2013	1 534	17.03%	1 634 253	5.83%	106.53
2014	1 523	16.70%	1 646 320	5.61%	108.10
2015	1 534	16.63%	1 647 835	5.38%	107.45
2016	1 372	17.11%	1 477 606	5.13%	107.69
2017	1 330	16.52%	1 332 501	4.59%	100.21
2018	1 119	14.50%	977 984	3.30%	87.38
2019	1 155	15.05%	862 331	2.86%	74.65
2020	1 081	14.30%	825 676	2.67%	76.38

2. 水库渔业

水库渔业是借助水利工程建设兴起的一种渔业模式,兼具水源好、病害少等特点。水库绿色生态养殖的理念是"人放天养,以鱼养水",兼顾多重发展需求,充分发挥资源优势,实现效益最大化。

1982—2020 年全国水库淡水养殖情况如表 14.2 所示。从养殖面积看,水库养殖面积占淡水养殖面积的比重总体上呈下降趋势(从 1982 年的 42.57% 下降至 2020 年的 28.19%),但该比重仍显著高于湖泊养殖模式;养殖面积从 1982 年的 1 948 万亩缓慢上升到 2006 年的 2 864 万亩;2007 年养殖面积骤降,降至 1 949 万亩;之后缓慢上升至 2015 年的 3 019 万亩;2016 年开始养殖面积持续下降,2020 年降至 2 131 万亩;总体上水库养殖面积扩大了约 9%。从产量看,水库养殖产量从 1982 年的 133 424 吨稳步上升至 2015 年的 3 884 013 吨,增长了约 28 倍;之后产量开始下降,并于 2020 年降至 2 834 439 吨。水库养殖产量占淡水养殖总产量的比重与水库养殖产量的发展趋势相似,但在 1989 年、1993 年和 2006 年的节点性波动更为剧烈;总体上水库养殖产量占淡水养殖总产量的比重从 1982 年的 11.05% 下降至 2020 年的 9.18%。平均亩产总体呈上升趋势,从 1982 年的 6.85 千克/亩上升至 2020 年的 133.01 千克/亩,平均亩产增长了近 19 倍,其变动趋势同样类似于水库养殖产量变动趋势,在 1989 年、1993 年和 2007 年发生节点性波动。

表 14.2　1982—2020 年全国水库淡水养殖情况

年份	水库养殖面积(万亩)	占淡水养殖总面积比重	水库养殖产量(吨)	占淡水总产量比重	平均亩产(千克/亩)
1982	1 948	42.57%	133 424	11.05%	6.85
1983	1 947	42.12%	149 522	10.47%	7.68
1984	2 002	40.94%	175 586	9.69%	8.77
1985	2 063	37.31%	206 434	8.68%	10.00
1986	2 103	37.01%	236 076	8.00%	11.23
1987	2 145	37.05%	278 572	8.00%	12.99
1988	2 162	37.01%	308 746	7.92%	14.28
1989	2 111	36.92%	338 724	6.91%	16.05
1990	2 132	37.07%	359 835	8.07%	16.87
1991	2 148	37.04%	400 959	8.67%	18.67
1992	2 139	35.86%	461 623	8.65%	21.58
1993	2 158	34.58%	541 438	7.21%	25.09
1994	2 223	33.32%	656 836	8.32%	29.54
1995	2 273	32.46%	815 076	8.66%	35.85
1996	2 282	31.32%	943 357	8.58%	41.33

年份	水库养殖面积(万亩)	占淡水养殖总面积比重	水库养殖产量(吨)	占淡水总产量比重	平均亩产(千克/亩)
1997	2 352	31.65%	1 165 075	9.42%	49.54
1998	2 395	31.42%	1 293 655	9.79%	54.02
1999	2 416	31.00%	1 379 045	9.70%	57.07
2000	2 431	30.71%	1 493 979	9.85%	61.44
2001	2 446	30.41%	1 617 583	10.14%	66.14
2002	2 466	30.06%	1 687 257	9.96%	68.42
2003	2 490	29.79%	1 841 245	10.38%	73.94
2004	2 534	29.83%	2 050 644	10.84%	80.91
2005	2 712	30.90%	2 229 306	11.10%	82.20
2006	2 864	31.73%	2 536 740	13.69%	88.56
2007	1 949	29.44%	2 304 000	11.69%	118.21
2008	2 324	31.17%	2 415 397	11.65%	103.91
2009	2 590	31.83%	2 684 093	12.11%	103.65
2010	2 693	32.27%	2 844 430	12.12%	105.61
2011	2 778	32.33%	3 093 002	12.51%	111.35
2012	2 867	32.36%	3 337 690	12.62%	116.41
2013	2 937	32.60%	3 536 581	12.62%	120.42
2014	2 992	32.80%	3 770 891	12.84%	126.02
2015	3 019	32.74%	3 884 013	12.68%	128.67
2016	2 466	30.75%	3 329 324	11.57%	135.00
2017	2 423	30.11%	3 216 712	11.07%	132.75
2018	2 163	28.01%	2 949 226	9.96%	136.38
2019	2 125	27.69%	2 870 495	9.52%	135.09
2020	2 131	28.19%	2 834 439	9.18%	133.01

(三) 大水面渔业主要生产区域分析

各地区大水面淡水养殖情况见表14.3。2020年,大水面淡水养殖分布在全国28个省(直辖市、自治区),养殖面积在1万亩以上的省份有27个,养殖面积在10万亩以上的省份有25个,主要分布在我国北方和长江中下游地区。其中,大水面淡水养殖面积最大的是黑龙江,达461.4万亩,占全国大水面淡水养殖面积的13.4%;其次是吉林,为402.1万亩,占全国大水面淡水养殖面积的11.7%。养殖产量最高的是江西,为66.4万吨,占全国大水面淡水养殖产量的16.9%;其次为广西,占13.2%。平均亩产最高的是广西,达489.7千克/亩;其次是海南,为427.1千克/亩;宁夏亩产最低,为26.1千克/亩。

对比2019年,全国大水面养殖面积下降了79.6万亩,大水面养殖产量下降了 32.8 万吨,单产下降了 6.8 千克/亩。

表 14.3　各省份 2019 年、2020 年大水面养殖情况

省份	面积(万亩)			产量(万吨)			单产(千克/亩)		
	2020 年	2019 年	增减	2020 年	2019 年	增减	2020 年	2019 年	增减
合计	3433.4	3513.1	-79.6	394.3	427.1	-32.8	114.8	121.6	-6.8
北京	0.0	0.0	0.0	0.0	0.0	0.0	0.0	0.0	0.0
天津	0.4	0.4	0.0	0.1	0.1	0.0	279.5	219.5	60.0
河北	20.3	20.5	-0.1	2.6	2.8	-0.2	127.0	137.1	-10.1
山西	15.3	14.7	0.6	1.3	1.2	0.1	85.9	82.8	3.1
内蒙古	163.6	166.9	-3.3	4.5	4.9	-0.4	27.3	29.1	-1.8
辽宁	151.4	133.6	17.8	10.1	10.9	-0.8	66.5	81.3	-14.8
吉林	402.1	446.2	-44.1	12.3	11.6	0.7	30.6	26.0	4.6
黑龙江	461.4	427.5	33.9	16.3	15.0	1.2	35.3	35.2	0.1
上海	1.5	2.0	-0.5	0.2	0.2	0.0	145.1	117.9	27.2
江苏	124.8	138.5	-13.7	20.8	22.7	-1.9	166.4	164.0	2.4
浙江	115.6	115.2	0.4	11.4	11.3	0.2	98.9	97.8	1.1
安徽	399.0	408.4	-9.5	45.3	46.3	-1.0	113.5	113.4	0.1
福建	72.5	71.8	0.7	21.1	20.6	0.5	290.9	287.0	3.9
江西	359.7	370.0	-10.3	66.6	67.8	-1.4	184.7	183.3	1.4
山东	94.2	106.8	-12.6	13.8	16.0	-2.3	146.3	150.1	-3.8
河南	40.3	44.1	-3.7	9.5	9.7	-0.2	235.3	220.8	14.5
湖北	0.0	0.0	0.0	0.0	0.0	0.0	0.0	0.0	0.0
湖南	227.8	236.5	-8.7	27.6	28.0	-0.3	121.4	118.2	3.2
广东	83.2	91.9	-8.7	4.4	26.9	-22.5	52.5	292.6	-240.1
广西	105.9	106.1	-0.2	51.9	52.7	-0.9	489.7	496.9	-7.2
海南	13.4	15.8	-2.4	5.7	5.9	-0.2	427.1	374.3	52.8
重庆	51.5	44.6	6.9	4.3	3.7	0.6	83.9	82.5	1.4
四川	138.0	139.4	-1.4	27.0	28.1	-1.1	195.8	201.8	-6
贵州	75.5	71.3	4.2	5.9	6.2	-0.3	78.3	87.2	-8.9
云南	106.2	102.0	4.3	18.8	21.1	-2.4	176.6	207.4	-30.8
西藏	0.0	0.0	0.0	0.0	0.0	0.0	0.0	0.0	0.0
陕西	57.3	57.3	0.0	5.1	4.9	0.1	88.4	86.0	2.4
甘肃	9.3	6.7	2.6	0.3	0.3	0.0	31.7	44.1	-12.4
青海	25.6	25.6	0.0	1.8	1.8	0.0	70.7	70.4	0.5
宁夏	18.3	18.7	-0.4	3.3	3.4	-0.2	177.8	184.3	-6.5
新疆	99.5	130.9	-31.5	2.6	2.8	-0.2	26.1	21.5	4.6

注:本表由陈洁研究员根据 2020 年和 2021 年《中国渔业统计年鉴》数据整理;大水面养殖包括湖泊养殖、水库养殖和河沟养殖

大水面养殖面积下降的省份有 16 个,其中下降最多的是吉林和新疆,分别下降了 44.1 万亩和 31.5 万亩;大水面养殖面积提高的省份有 9 个,其中提高最多的是黑龙江和辽宁,分别提高了 33.9 万亩和 17.8 万亩。

大水面养殖产量下降的省份有 17 个,其中下降最多的是广东,下降 22.5 万吨;大水面养殖产量提高的省份有 7 个,其中黑龙江提高 1.2 万吨,其余的 6 个省份增量都不超过 1 万吨。

大水面养殖单产下降的省份有 11 个,其中下降最多的是广东,下降了 240.1 千克/亩(广东是我国水产养殖密度最高的省份,曾是集约化水产养殖的典型,这一数据反映了该省渔业绿色发展水平有一定提高);大水面养殖单产提高的省份有 17 个,其中提高最多的是海南,提高了 52.8 千克/亩(天津养殖单产提升更大,但是其养殖规模过小,不具有代表性)。

下文选取湖泊、水库来进一步观察大水面渔业这两年的变化情况。

首先是湖泊养殖生产区域的情况。各地区湖泊养殖情况见表 14.4。2020 年,我国湖泊养殖分布在全国 23 个省(直辖市、自治区),养殖面积在 1 万亩以上的省(直辖市、自治区)有 19 个,主要分布在我国北方和长江中下游地区。2020 年,我国湖泊养殖面积最大的省份是黑龙江,为 234.8 万亩;其次是安徽,为 224.2 万亩。我国湖泊养殖产量最高的省份是江西,为 25.9 万吨;其次是安徽,为 24.3 万吨。我国湖泊养殖亩产最高的省份为海南,达 1 143.4 千克/亩;紧随其后的是福建、广东。

表 14.4　各省份 2019 年、2020 年湖泊养殖情况

省份	面积(万亩)			产量(万吨)			单产(千克/亩)		
	2020 年	2019 年	增减	2020 年	2019 年	增减	2020 年	2019 年	增减
合计	1081.0	1 155.1	−74.2	82.6	86.2	−3.6	76.4	74.7	1.7
北京	0.0	0.0	0.0	0.0	0.0	0.0	—	—	—
天津	0.0	0.0	0.0	0.0	0.0	0.0	—	—	—
河北	1.6	1.7	−0.1	0.2	0.2	0.0	147.1	141.0	6.1
山西	0.9	0.9	0.0	0.0	0.0	0.0	31.7	4.1	27.6
内蒙古	76.6	77.2	−0.6	1.8	2.0	−0.2	23.4	26.2	−2.9
辽宁	0.1	0.0	0.1	0.0	0.0	0.0	—	—	—
吉林	176.2	173.5	2.8	3.5	3.2	0.3	19.9	18.7	1.2
黑龙江	234.8	203.6	31.2	6.9	5.6	1.3	29.4	27.4	2.0
上海	0.5	0.9	−0.4	0.1	0.1	0.0	190.9	134.3	56.6
江苏	71.5	83.8	−12.3	7.3	8.3	−1.0	102.8	99.2	3.7
浙江	4.0	3.2	0.8	0.6	0.4	0.2	148.9	115.2	33.8
安徽	224.2	229.3	−5.1	24.3	24.7	−0.4	108.4	107.9	0.6

省份	面积(万亩)			产量(万吨)			单产(千克/亩)		
	2020 年	2019 年	增减	2020 年	2019 年	增减	2020 年	2019 年	增减
福建	1.2	0.9	0.2	0.4	0.5	-0.1	384.7	496.8	-112.1
江西	126.8	163.8	-37.0	25.9	28.5	-2.6	204.2	174.0	30.2
山东	2.7	5.6	-2.9	0.3	0.9	-0.6	131.0	153.4	-22.4
河南	2.9	3.6	-0.7	0.3	0.4	-0.1	117.1	109.4	7.7
湖北	0.0	0.0	-0.0	0.0	0.0	0.0	—	—	—
湖南	82.8	82.6	0.3	5.8	6.0	-0.2	69.4	72.8	-3.4
广东	2.5	2.5	0.1	0.9	0.8	0.1	339.6	340.9	-1.3
广西	0.0	0.0	0.0	0.0	0.0	0.0			
海南	0.1	0.1	0.1	0.2	0.1	0.1	1 143.4	861.5	281.8
重庆	0.0	0.0	0.0	0.0	0.0	0.0	—	—	—
四川	7.1	7.1	0.0	0.1	0.1	0.0	15.1	14.9	0.2
贵州	0.3	0.4	0.1	0.0	0.0	0.0	82.4	127.8	-45.4
云南	1.4	9.3	-7.9	0.2	0.4	-0.2	123.8	46.3	77.5
西藏	0.0	0.0	0.0	0.0	0.0	0.0	—	—	—
陕西	11.9	11.9	0.0	0.4	0.4	0.0	37.0	36.2	0.8
甘肃	0.0	0.0	0.0	0.0	0.0	0.0	250.7	242.7	8.0
青海	6.3	6.3	0.0	0.0	0.0	0.0	3.5	7.3	-3.8
宁夏	16.0	16.1	-0.1	3.1	3.3	-0.2	195.9	203.7	-7.8
新疆	28.6	71.0	-42.4	0.1	0.1	0.0	2.4	1.9	0.5

注：本表由陈洁研究员根据 2020 年和 2021 年《中国渔业统计年鉴》数据整理；大水面养殖包括湖泊养殖、水库养殖和河沟养殖

　　对比 2019 年，全国湖泊养殖面积下降了 74.2 万亩。湖泊养殖面积提高最多的省份是黑龙江，增加了 31.2 万亩；吉林增加了 2.8 万亩。湖泊养殖面积下降最多的是新疆和江西，分别下降了 42.4 万亩和 37.0 万亩；江苏、云南、安徽、山东分别下降了 12.3 万亩、7.9 万亩、5.1 万亩、2.9 万亩。

　　全国湖泊养殖产量总体下降了 3.6 万吨。湖泊养殖产量提高最多的省份是黑龙江，增加了 1.3 万吨。湖泊养殖产量下降最多的省份是江西和江苏，分别下降了 2.6 万吨和 1.0 万吨。

　　全国湖泊养殖单产提高了 1.7 千克/亩。海南提高最多，提高了 281.8 千克/亩；福建下降最多，降低了 112.1 千克/亩。

　　然后看水库养殖生产区域的情况。各地区水库淡水养殖情况见表 14.5。与湖泊养殖模式相比，水库养殖模式的区域布局更为分散，全国各地有水库之处均可开展水库养殖。全国水库养殖面积在 1 万亩以上的省(直辖市、自治区)有 26 个，养殖面积最大的省份是吉林，达 222.1 万亩；紧随其后的是江西和黑

龙江。养殖产量最高的省份是广西,达到45.5万吨;紧随其后的是江西、湖南和四川。亩产最高的省份是广西,达449.7千克/亩,紧随其后的是海南、天津。

对比2019年,全国水库养殖面积增加了6.5万亩。水库养殖面积增加的省份主要是江西、辽宁、云南、新疆,分别增加了27.6万亩、17.9万亩、13.6万亩、11.2万亩。水库养殖面积减少最多的是吉林省,减少了50.1万亩;山东、湖南、广东分别减少9.7万亩、8.9万亩、8.4万亩。

全国水库养殖产量总体减少了25.5万吨。水库养殖产量增加最多的省份是江西,增加了1.2万吨。水库养殖产量减少最多的省份是广东,减少了22.0万吨。

全国水库养殖单产下降了12.4千克/亩。海南省单产提高最多,提高了50.9千克/亩(天津养殖单产提升更大,但其养殖规模过小,不具有代表性)。广东省单产下降最多,降低了248.7千克/亩。

表14.5 各省份2019年、2020年水库养殖情况

省份	面积(万亩)			产量(万吨)			单产(千克/亩)		
	2020年	2019年	增减	2020年	2019年	增减	2020年	2019年	增减
总计	2 131.3	2 124.9	6.5	261.5	287	−25.5	122.7	135.1	−12.4
北京	0.0	0.0	0.0	0.0	0.0	0.0	—	—	—
天津	0.3	0.3	0.0	0.1	0.1	0.0	303.0	227.3	75.8
河北	17.8	17.8	0.0	2.2	2.4	−0.2	124.0	134.3	−10.4
山西	14.4	13.7	0.6	1.3	1.2	0.1	89.4	88.1	1.4
内蒙古	81.8	84.7	−2.9	2.5	2.7	−0.2	30.2	31.4	−1.2
辽宁	142.7	124.7	17.9	9.8	10.5	−0.7	68.4	83.9	−15.5
吉林	222.1	272.2	−50.1	8.4	8.3	0.1	38.0	30.4	7.6
黑龙江	204.4	196.3	8.0	7.3	6.8	0.5	35.6	34.4	1.1
上海	0.0	0.0	0.0	0.0	0.0	0.0	—	—	—
江苏	10.5	10.6	−0.1	2.9	3.3	−0.4	273.3	308.6	−35.3
浙江	99.1	98.1	1.0	7.6	7.5	0.1	77.1	76.9	0.2
安徽	118.6	121.1	−2.5	12.7	13.1	−0.4	106.7	108.0	−1.3
福建	65.5	65.0	0.5	16.6	16.3	0.3	253.2	250.0	3.1
江西	218.3	190.8	27.6	36.6	35.4	1.2	167.5	185.3	−17.8
山东	91.5	101.2	−9.7	13.4	15.2	−1.8	146.8	150.0	−3.2
河南	31.1	34.0	−2.9	8.1	8.5	−0.4	260.6	248.7	11.9
湖北	0.0	0.0	0.0	0.0	0.0	0.0	—	—	—
湖南	143.4	152.3	−8.9	20.7	20.7	0.0	144.7	136.1	8.6
广东	79.0	87.4	−8.4	2.4	24.4	−22.0	30.9	279.6	−248.7
广西	101.1	100.8	0.3	45.5	45.3	0.2	449.7	449.5	0.2
海南	13.2	15.7	−2.5	5.6	5.8	−0.2	422.2	371.4	50.9

省份	面积(万亩)			产量(万吨)			单产(千克/亩)		
	2020 年	2019 年	增减	2020 年	2019 年	增减	2020 年	2019 年	增减
重庆	50.0	42.6	7.4	4.2	3.6	0.6	83.4	83.5	−0.1
四川	107.7	108.3	−0.6	20.7	21.2	−0.5	192.6	195.4	−2.8
贵州	72.3	67.6	4.7	5.6	5.9	−0.3	77.3	87.2	−9.9
云南	104.2	90.6	13.6	18.5	20.2	−1.7	177.3	223.2	−45.9
西藏	0.0	0.0	0.0	0.0	0.0	0.0	—	—	—
陕西	42.5	42.5	0.0	4.3	4.2	0.1	101.7	98.9	2.8
甘肃	9.3	6.6	2.6	0.3	0.3	0.0	30.7	42.8	−12.1
青海	19.2	19.2	0.0	1.8	1.8	0.0	93.1	91.3	1.8
宁夏	1.6	1.8	−0.3	0.1	0.1	0.0	61.1	69.1	−8.0
新疆	69.9	58.7	11.2	2.4	2.5	−0.1	34.3	43.3	−9.0

注:本表由陈洁研究员根据2020年和2021年《中国渔业统计年鉴》数据整理;大水面养殖包括湖泊养殖、水库养殖和河沟养殖

三、探索并实现大水面渔业的多重功能

(一) 我国大水面的多重功能

1. 湖泊

湖泊是重要的国土资源,是湿地生态系统的组成部分,湖泊生态系统中有众多生产者、消费者和分解者,它们共同维持湖泊生态系统的平衡。

湖泊的功能主要有以下几方面。(1)为工农业生产和居民生活提供水源。(2)补充地下水。(3)调节河川径流。湖泊是巨大的蓄水库,可在河流涨水期蓄水,减弱洪水危害。(4)产出经济资源。湖泊物产多样,包括木材、药材、动物皮革、肉蛋、鱼虾、牧草、水果、芦苇等,还提供水电、泥炭薪柴等能源。(5)稳定气候和维持区域生态系统平衡。湖泊水分蒸发后成为水蒸气,再以降水形式下降,维持了当地的湿度和降雨量。(6)为野生动物提供栖息地。湖泊是鸟类、鱼类、两栖动物甚至许多珍稀、濒危物种繁衍、栖息、迁徙、越冬的场所。(7)航运价值。(8)休闲旅游价值。湖泊自然风光具有美学功能和休闲价值,非常适合观光旅游。(9)教育和科研价值。复杂的湖泊生态系统、丰富的动植物群落、珍贵的濒危物种等,在自然科学教育和科研中都发挥着十分重要的作用。有些湖泊还保存了具有宝贵历史价值的文化遗址,是历史文化研究的重要场所。

湖泊管理部门应根据湖泊的不同作用(供水、养殖、旅游等经济功能和蓄水

防洪、物种保护等生态功能)进行分类管理。

2. 水库

水库是用于拦洪蓄水和调节水流的水利工程建筑物,是我国广泛采用的防洪工程设施之一,其功能包括供水、灌溉、发电、防洪和渔业生产等。水库具有开发利用的资源属性,是资源型水体,不是生态型水体,不是湿地。水库要维护其功能,必须考虑淤积、水质(饮用水源地水质必须为Ⅲ类以上)、水量、工程安全、洄游鱼类廊道等问题。防洪方面,水库的主要功能是调度削减洪峰,管理的重点是调度。通过生态调度、鱼道建设等,可以缓解水库对生态的影响。

(二) 大水面渔业的多功能性

大水面渔业的多功能性,是指大水面除了基本的食物供给功能外,还具有就业增收、保护资源环境、维护水域生态系统多样性、休闲娱乐、文化传承等功能。通过对大水面渔业多功能性的探索和挖掘,能够促进渔业发展方式转变,调整渔业结构,改善生态环境,推进渔业现代化发展[①]。大水面渔业多功能性主要体现在以下几方面。

1. 产品供给功能

发展大水面渔业可以为人类提供生存发展所需的水产品,有助于保障食物安全和社会稳定,这是大水面渔业的基本功能。我国大水面渔业是淡水养殖业的重要组成部分,为水产品的稳定供给作出了重要贡献。

2. 经济社会功能

渔业发展可以促进农村劳动力就业和农民增收,还能增加市场供应,缓解市场供需矛盾。通过延长渔业产业链和三产融合发展,可以提升价值链,促进农村经济繁荣发展,使农业经济结构更多元,从而保障当地民生。

3. 生态环境功能

科学合理地发展大水面渔业对生态环境具有支撑和改善修复作用。水生生物和水体是水域生态环境的组成部分,大水面渔业可以储水抗旱、维护生物多样性和水域生态平衡;通过增殖放流,可以降低水体富营养化水平,改善水体质量,恢复和保障水生生物资源。

4. 文化休闲功能

渔业具有悠久的历史,蕴含丰富的文化资源,可以提供教育、文化传承、休闲和审美等功能。休闲渔业发展为人们提供了新的休闲娱乐方式和消费选择,

---

[①] 王德芬,王玉堂,杨子江,朱泽闻. 我国渔业多功能性的研究与思考(连载一)[J]. 中国水产,2012(1): 15—17.

可陶冶情操、愉悦身心,也有利于人与自然和谐发展。

(三) 大水面渔业品牌建设与节庆文化

大力发展品牌渔业和节庆文化,是全面提升大水面渔业发展水平的重要手段,是渔业提质增效、渔民增产增收、助力乡村振兴的重要举措。

1. 大水面渔业品牌建设现状

近年来,各级政府和渔业主管部门高度重视渔业品牌建设工作,开展品牌推介,扶持培育了一批有较高知名度的大水面渔业区域公用品牌和企业品牌,如千岛湖"淳"牌有机鱼、"阳澄湖"大闸蟹、"大湖"有机鱼、"卡露伽"鱼子酱、"龙羊峡"三文鱼等;查干湖、千岛湖等大湖渔业成为休闲渔业典范;冬捕、巨网捕鱼等特色项目实现渔旅融合。

大水面渔业品牌建设离不开对大水面渔业多重功能的挖掘和利用。千岛湖"保水渔业"是"绿水青山就是金山银山"理论的具体体现。2000年杭州千岛湖发展集团有限公司抓住生态这一有利元素,突出品牌打造,注册"淳"牌商标。同年,"淳"牌千岛湖鲢鱼、鳙鱼等10个品种鱼类通过原国家环保总局有机食品发展中心有机食品认证,成为我国第一个有机水产品。品牌打造和有机食品认证使千岛湖有机鱼优质优价,既带动了当地其他鱼类和生态农产品价格提升,也带动了全国鳙鱼等大宗淡水鱼的价值提升。该公司通过邀请消费者实地观看体验有机鱼的生产捕捞过程,开展新春第一网有机鱼半价义卖、全款捐赠等,提升品牌形象,获得良好效益。吉林松原查干湖和内蒙古达里湖通过探索、挖掘大水面渔业的生态、休闲娱乐和文化传承功能,促进了大水面渔业生产方式变革和渔业全面发展。

2. 大水面渔业节庆和渔文化

渔业节庆是劳动人民在长期的渔业生产中形成并传承下来的社会活动,彰显了人们对大自然的感恩与敬畏,也洋溢着人们对丰收的渴望与喜悦。大水面渔业节庆中既有丰富的流程和仪式,也有多彩的服饰和丰富的美食。目前,黑龙江、浙江、贵州、云南等大水面资源丰富的省区都打造了一些渔事活动,如开江文化节、特色渔文化节等,使冬捕、春季开渔、巨网捕鱼等体验式休闲渔业活动成为地方盛事,吸引了国内外游客;有的地区开发垂钓、游船、展览、民宿等休闲渔业模式。目前国内比较知名的大水面渔业节庆主要有两类:一类是以达里湖冬捕节、查干湖冰雪渔猎文化节为代表的传统渔文化节庆,另一类是以千岛湖为代表的现代渔文化节庆。

吉林松原的查干湖渔猎文化节起源于辽帝一年一度的春捺钵活动,由祭湖醒网、冰下拉网捕鱼、头鱼拍卖和大型文艺活动等组成[1]，其原始冰下捕鱼方式对现代人来说是独特的冰上景观，在中国旅游产业发展年会上被评为"中国十大生态类节庆"。达里湖冬捕是渔民收获的季节，生产规模大，投入人力物力多，渔民习惯上把冬渔开网作为一个生产年度的开始。经过多年传承，达里湖冬捕节已成为当地一年一度最盛大的节日，它包括捕捞工人出发仪式、网口祭牲、喇嘛祭祀和查玛舞表演四个部分[2]，寓意丰收和喜悦，具有较高的社会价值和文化价值。

每年三月末开始，黑龙江、松花江、乌苏里江等几大水系冰雪消融，沿江各地借助开江之景开展"开江节""开渔节"等，如呼玛、抚远、萝北、饶河等地都有"赏开江景，吃开江鱼"的习俗，通过祭江大典表达沿岸儿女对母亲河的崇敬和热爱，通过品尝开江鱼活动，文旅搭台、经济唱戏。

2010年开始，千岛湖发展集团每年举办有机鱼文化节、放鱼节等农事节庆活动，现已成为国家级示范性渔业文化节。公司将捕捞作业场景打造成定时定点的常态化旅游观光体验项目——巨网捕鱼，吸引了众多游客；创设休闲渔业公园——千岛湖钓鱼岛，打造千岛湖鱼博馆暨浙江自然博物馆千岛湖分馆，整合巨网捕鱼、休闲垂钓、皮划艇、千岛湖船吧、古城鱼影3D、鱼味馆、展示馆等内容，弘扬千岛湖文化；拓宽视野，与国外艺术家合作创作千岛湖鱼头人系列艺术作品；开发主题民宿，打造休闲度假产业区块；成立千岛湖鱼拓社，设立中国鱼拓专业委员会，聘任12名鱼拓专业人士担任理事，举办4届"全国鱼拓大赛"和中国鱼拓优秀作品展，促进鱼拓艺术传承推广。《千岛湖锦鳞图》历时3年创作，汇集百种鱼类、百首诗词、百方印章，为目前全球单幅面积最大、图卷最长、鱼类最多的鱼拓作品。千岛湖打造的渔文化在行业内具有较强的示范引领作用。

四、大水面渔业发展中存在的问题

对湖泊、水库等大水面渔业资源的过度开发，使其生态系统完整性丧失、资源严重衰退、水体富营养化程度加剧、资源可持续利用受到严重影响。这一现状促使人们思考大水面渔业的发展方式和生态保护之间的关系。改造传统的

① 梁欣. 穿越大辽, 体验冬捕——记第四届康平卧龙湖大辽文化冬捕节[J]. 辽宁经济, 2016(1):74—75.

② 逸心茶舍. 达里湖冬捕节[EB/OL]. (2019 - 02 - 27)[2022 - 06 - 15]. http://www.360doc.com/content/14/1211/15/506102_432157614.shtml.

大水面渔业发展模式,更加关注其生态功能、经济功能和社会功能之间的协调性,大水面渔业发展才能够更加适应新发展阶段对渔业现代化的要求。本节主要从生态、产业发展方式和监管控制三方面梳理总结大水面渔业存在的问题。

(一) 大水面渔业面临的生态环境问题突出

大水面多为开放水体,长期受工农业生产排放和城乡居民生活垃圾污染;围湖造田等直接导致大水面面积萎缩;长期形成的"以养为主,养殖、捕捞、加工并举,因地制宜,各有侧重"的方针偏重生产而忽视生态,使得大水面渔业发展失序失当。

1. 大水面外源污染严重

在《水污染防治行动计划》发布之前,城镇人口扩张使我国生活污水排放量快速增长,农业化肥的普遍使用使废水中的有机物含量显著提升。据国家统计局统计,化学需氧量 COD(主要由有机物引起)由 2002 年的 1 367 万吨增至2014 年的 2 295 万吨。POPs(持久性有机污染物)、TN(总氮)、TP(总磷)等污染物含量的上升,水环境污染范围由流域污染向湖泊、地表水、地下水蔓延,导致水体富营养化,使水体污染综合治理的难度增大。环境监测数据显示,全国35 个重点湖泊中有 17 个被严重污染;三分之一的水体不适合鱼类生存;四分之一的水体不适合灌溉。江苏太湖、安徽巢湖流域的水域均已富营养化。云南昆明 60 万亩滇池年入湖污水量 1.85 亿吨,水质污染严重。根据我国生态环境部《2020 中国生态环境状况公报》,我国江河重要渔业水域主要超标指标为总氮和总磷;湖泊(水库)重要渔业水域主要超标指标为总氮、总磷和高锰酸盐指数;40 个国家级水产种质资源保护区(内陆)水体中主要超标指标为总氮。另外,未经处理的废水或固体垃圾直接排入大水面,会造成大水面水质变差,甚至导致生物绝迹。

2. 围湖造田、煤炭开采等活动导致湖泊萎缩或消失

20 世纪 60 年代和 70 年代,在"以粮为纲"政策导向下,各地纷纷向湖泊要粮食。无锡郊区提出了"举旗抓纲学大寨,粮食产量一亿斤"的目标。1969 年11 月到 1973 年 7 月,无锡马山动用大量人力,人挑肩扛围湖造田 3 万亩。据《滇池水利志》记载,1969 年到 1978 年间围海造田约 34 950 亩,使滇池面积缩小了 23.3 平方千米,20 世纪 80 年代与 90 年代在滇池外海修筑防浪堤,又使其生态系统遭到严重破坏。长江中下游的湖南、湖北、安徽、江西、江苏五省解放初期有湖泊面积 2.9 万平方千米,到 20 世纪 80 年代剩余 1.9 万平方千米。湖北 20 世纪 50 年代有湖泊 1 066 个,现存 309 个。内蒙古湖泊总面积由 1987

年前后的4 160平方千米减少到2010年的2 901平方千米,降幅30.3%;除气候暖干化,煤炭开采耗水解释了64.6%的湖泊面积变化;而在农牧交错区,灌溉耗水解释了近80%的面积变化①。根据中科院青藏高原研究所张国庆等人的监测研究,141个新增湖泊主要出现在干旱的中国西部,而333个消失湖泊主要位于湿润的中国东部。青藏高原湖泊较少受到人类活动影响,但东部平原和云贵高原的湖泊数量、面积受人类活动影响较大,人为贡献分别达39%和36%②。湖泊萎缩导致湖泊景观受到破坏,影响湖泊渔业和湖泊旅游业发展。

3. 无序开展网箱和围栏养殖导致水质恶化

网箱和围栏养殖是20世纪70年代发展起来的养鱼方式,在20世纪80年代蓬勃发展,它实际上就是把池塘精养方法移植到大水面,其产量大大高于天然大水面养鱼。特别是网箱养殖,高投入、高产出,一般一亩网箱养殖可获得大规格鱼种10万尾,按年产量5万千克、饲料系数1.8计,年需投喂人工饲料9万千克。但网箱养殖也具有高污染的缺点,饲料残渣、鱼类粪便等沉积到湖泊和水库的水底,极易造成富营养化。部分地区受经济利益驱使,大量民间投资的养殖主体在大中型水库开展网箱养鱼,导致网箱养殖量超过大水面的资源环境承载力,水体因严重的富营养化而变臭,饲料生物和养殖鱼类大批死亡,给环境带来负面效应。

以上现象的长期存在导致的直接后果就是:我国湖泊日渐沼泽化,湖泊生物多样性丧失。

4. 湖泊沼泽化趋势加剧

湖泊沼泽化是湖泊衰老消亡的标志,最终会导致湖泊消失。湖泊沼泽化的一般特征是湖泊底部淤高、湖水变浅、水草丛生。水生植物的多寡决定湖泊沼泽化的进程。湖泊沼泽化是泥沙淤积、水质恶化和水生植物生长的共同结果③。东太湖因污染加剧和网围养殖呈沼泽化加速发展趋势④;南四湖(微山湖、昭阳湖、独山湖与南阳湖)的调查区域内有90%处于沼泽化阶段,50%处于重度及以上的沼泽化阶段,其原因是外源污染物输入和湖泊富营养化水平不断提升⑤。

---

① 邓华.内蒙古湖泊总面积30年缩小30%,煤炭开采和灌溉耗水是主因[N].呼和浩特晚报,2015 - 02 - 14.
② 张国庆,等. Regional Differences of Lake Evolution Across China During 1960s - 2015 and Its Natural and Anthropogenic Causes [J]. Remote Sensing of Environment, 2019,221:386 - 404.
③ 金红梅.浅水湖泊沼泽化程度定量评价及其在东太湖的应用[D].南京:河海大学,2007.
④ 吴庆龙,胡耀辉,李文朝,等.东太湖沼泽化发展趋势及驱动因素分析[J].环境科学学报,2000(3):275—279.
⑤ 兰书斌,吴丽,张德禄,胡春香.南四湖沼泽化现状及其驱动因素分析[J].湖泊科学,2011,23(4):555—560.

5. 水域过度开发破坏水草资源,使生物多样性逐渐丧失

水草资源是湖泊生产力的主要物质基础,是水生动物栖息、繁衍、索饵育肥、逃避敌害的场所,也是提高水体自净能力、减慢水域富营养化进程的重要资源。水质污染、投放鱼类品种数量不当、围栏网面积过大等,都会影响水草资源再生能力[①]。湖北洪湖发展围栏养蟹,全湖布满围网,由于过度开发,使水草变少,蓝绿藻大量繁殖,水体迅速富营养化,从"草型湖泊"转为"藻型湖泊"。这样高密度养殖的大水面渔业虽然获得了短期的经济利益,但也加剧了对湖泊、水库等资源的负面生态影响和生态环境破坏。2013 年 3 月,我国对渔业发展的方针作了重大调整,开始重视其生态功能。

(二) 大水面渔业三产融合发展不足

1. 放养品种的种质良种化程度低

我国水产养殖缺乏品质优良、抗逆性强的养殖对象。未经遗传改良的部分水产养殖生物,除了对环境温度的适应性较强外,对养殖环境变化表现出不适应。部分水库投养的品种多年来一直使用本地鱼种累代近亲繁殖,很少进行更新换代,使鱼类生长缓慢、抗病力下降,中下层饵料和空间未得到充分利用。

2. 以大水面为载体的渔业三产融合发展不足

大水面渔业存在水产品加工企业少、规模小、产品单一、初粗加工产品多、精深加工系列产品开发研究不够的问题,且与旅游观光、水族观赏、垂钓、农家乐等休闲活动的融合不足,特色不鲜明,呈现出三产比例不协调、产业整体素质较低等问题。

(三) 大水面渔业监管难度大

1. 多部门管理

大中型湖泊、水库等涉及水利、生态环境、自然资源、文化旅游、交通航运、渔业生产等多方权益,面临多部门管理问题。各部门法律法规等规范性文件出台的时间有差异,且彼此职能各异,使大水面保护利用难以做到有效衔接、统筹兼顾。

2. "一刀切"管理模式

一些地区将大水面生态环境问题简单归结为渔业养殖的问题。为了规避责任,对禁养区划定范围采取"一刀切"方式。这种管理模式使得一些本可以开

---

① 蒋雪英.湖泊水草资源的保护和合理利用是湖泊渔业持续发展的根本措施[J].渔业经济研究,1999(4):8,27—30.

展生态渔业的大水面被禁养,部分地方的大水面养殖设施被拆除,可养面积锐减,造成大水面生态渔业规模大幅度萎缩,不仅浪费了水资源,也影响到湖区、库区渔民的基本生活。

3. 大水面功能冲突

部分淡水湖泊和水库具有调节供水的功能。随着近几年城市用水量增加,城市供水与水产养殖之间争夺水源的矛盾日益突出。这成为制约大水面渔业可持续发展的关键因素,亟需通过分类施策和精细化管理来解决。

五、大水面生态渔业发展前景

在 2017 年的中央农村工作会议上,习近平总书记指出:"老百姓的食物需求更加多样化了,这就要求我们转变观念,树立大农业观、大食物观,向耕地草原森林海洋、向植物动物微生物要热量、要蛋白,全方位多途径开发食物资源。"2022 年 3 月 6 日,习近平总书记在参加政协农业界、社会福利和社会保障界委员联组会时再次讲到"要树立大食物观",他进一步强调,"从更好满足人民美好生活需要出发",在确保粮食供给的同时,保障肉类、蔬菜、水果、水产品等各类食物有效供给,缺了哪样也不行。湖泊是我国重要的淡水资源,也是渔业的发展空间之一。从 20 世纪 60 年代到 2015 年的 50 多年间,中国湖泊总面积增加,且呈现西增东减的空间变化特征[①]。作为人口大国和渔业大国,探索一条适度开发、永续利用、环境友好、资源节约、和谐发展的绿色高质量发展之路,是大水面生态渔业发展迫切需要研究的课题。

(一) 实现大水面功能划分

根据水域生态环境状况、城市和工农业发展需求,结合大水面生态系统特点、渔业资源禀赋、水域承载力、产业发展基础和市场需求,明确不同湖泊、水库渔业的功能定位和发展思路。要根据功能定位来制定相应的管理制度和实行不同的管理措施。对具有特有物种的湖泊自然保护区、饮用水源地、备用饮用水源地、景观水域要实行最严格的管理,给予充分保护;要结合实际有序开展退耕还湖,扩大湖泊面积,增强湖泊的生态功能;对适宜开展商品化养殖的水面,要选择科学合理、安全环保的养殖方式与优良品种,生产天然、绿色水产品,充

---

① 张国庆,等.总面积增加,区域差异明显,近 50 年中国湖泊西增东减[N].中国气象报,2019 - 12 - 23 (3).

分发挥大水面渔业生产潜力；在水库养殖中，要大力引进优质鱼类品种，改善水库鱼类种群结构，提高渔业效益。例如平度市尹府水库自 1996 年引进投放 500 万粒太湖大银鱼卵，后又连续多年投放，现已形成稳定种群，平均年产值近 100 万元，比投放前 5 年的渔业总产值还多，大幅提升渔业在水库总产值中的比重。要加强对湖泊、水库周边农田、污染企业的治理，减少污水排放；通过生物措施、工程措施等对已污染湖泊、水库进行治理。

（二）实现渔业的三产融合

围绕渔业的高质量发展目标构建三产融合的生态渔业发展模式，不断延长产业链、提升价值链，提高质量和效益。拓展渔业的多功能价值，将养殖基地建设与旅游、观光、垂钓、康养等渔业基础设施建设项目深度融合，通过优化软硬件环境，谋求渔业多元化发展，显著提升大水面生态渔业的综合效益。

（三）建立大水面养殖的规范准则

建立严格的生产准入制度和行业行为准则，从法律法规、养殖过程管理（包括养殖水域的科学规划、养殖品种和密度的合理控制、对养殖投入品的规定、养殖技术的标准化、水域环境要求等）等方面进行严格控制，并在此基础上核发养殖许可证；建立从业退出机制，对水产养殖业进行过程管理。

（四）强化生态渔业技术研究和支撑

加强大水面生态渔业基础理论、渔业资源增殖与水生生物资源养护等关键技术的研发集成，开发适合各地情况的生态渔业模式，及时总结提炼并加以推广应用。通过制定科学规范的养殖模式，使渔业产量水平控制在水域环境承载力之内，这既有利于恢复大水面生物多样性和完整性，实现水生生物资源养护，又有利于争取最大的社会效益和经济效益，实现渔业发展与水环境保护之间的平衡。

案例报告六：千岛湖生态净水型水库渔业增殖模式

大水面具有水产养殖的天然优势,然而长期的过密网箱养殖造成了严重的水污染和生态破坏。浙江千岛湖大水面渔业也经历了"从有鱼到无鱼,再到有鱼"的发展过程,探索出千岛湖生态净水型水库渔业增殖模式这一典型模式。国家大宗淡水鱼产业技术体系"十三五"重点任务包含绿色高效养殖模式的实践探索。在相关研究室、杭州综合试验站的选点、培育、技术集成和协同推进下,千岛湖发展集团有限公司(以下简称"千发集团")作为示范项目的承担单位,承担生态净水型水库渔业的核心示范任务。该公司建立了集大水面养殖、管理、捕捞、加工、销售、旅游、科研和渔文化为一体的完整产业链,打造了"一条价值最完整的鱼",实现了经济效益、社会效益和生态效益的有机融合。

一、核心示范点建设基本情况

千岛湖是新安江水电站大坝建成后蓄水形成的人工深水湖泊,原名新安江水库,库区面积 580 平方千米,相当于 100 个西湖,库容 178 亿立方米,平均水深 34 米,是杭州市乃至浙江省的重要饮用水源地。1998—1999 年,千岛湖暴发水华危机,水面出现大量蓝藻。2000 年起,淳安县提出发展"保水渔业",每年向千岛湖投放鲢鳙鱼种 60 万千克以上,有效保护了水环境。2009 年,淳安县开启了水产养殖整治工作,缩减网箱养殖面积、禁止库湾养殖作业、推行尾水处理设施、推广生态养殖技术等。淳安县还开展增殖放流,范围从千岛湖大库到主要支流及环湖库湾等全覆盖,并在传统鱼类繁育区构建人工鱼巢,实行季节性休渔。

1998 年淳安县引入千发集团。该公司由中林森控股有限公司与淳安县新安江开发总公司共同投资,采用股份制形式设立,是央地合作的国有企业。公司拥有千岛湖水面的长久经营权,主要从事千岛湖渔业生产、加工、销售、餐饮服务、文化创意开发以及旅游开发建设等业务项目。

2019 年,千岛湖被划为水源地保护区,水质要求保持国家Ⅰ类地表水标准。在严格的水质保护压力下,千发集团更加注重保护生态且可持续的"保水渔业"运营模式,构建起以生态为依托、以保水为前提、以文化为统领的集淳鱼产销、淳鱼美食、淳鱼智造、淳鱼旅游和淳鱼文化为一体的产业链,在保护千岛湖生态环境、实现可持续发展的同时,挖掘更大的经济和社会效益。借助千岛湖一流的生态环境,探索品牌经营,大力发展有机渔业。到 2019 年,千发集团注册资本为 8000 万元,拥有资产总额 3.63 亿元,净资产 1.57 亿元。

千发集团采取"人放天养"的大水面生态渔业模式,不投饵、不撒药,由于养殖密度低,鱼群不易生病。在技术采纳方面,千发集团采用了国家大宗淡水鱼产业技术体系的大水面渔业可持续发展技术,相关技术集成率达 100%,覆盖面积 80 万亩,核心示范点原良种覆盖率 100%。

二、核心示范点的经济效益分析

通过对千发集团的问卷调查和实地访谈,就公司整体板块对比而言,**仅大水面生态养殖环节并未呈现显著的经济效益,相反在大水面养殖环节,需要投入较高的管护、捕捞等成本**。具体表现为:一是低密度的养殖本身产量有限,二是虽然没有饲料、渔药等投入,但大水面养殖需要投入高昂的鱼类管护费。一直以来,千岛湖盗鱼现象严重,千发集团的护鱼队采取广泛宣传和严格巡查的方式,宣传鲢鳙鱼的生态保水功能,让人们重视对鲢鳙鱼的保护,同时让人们知道大水面作业的捕鱼环节也需要较大的投入。

为提高千岛湖鲢鳙鱼的经济效益,千发集团采取延长产业链、提高鲢鳙鱼产品附加值的方式,以"做一条价值最完整的鱼"为使命,持续提升淳鱼的品牌影响力,以"保水渔业"理论为指导,促进淳鱼分割加工产业不断升级,延长产业链至淳鱼餐饮、淳鱼旅游和淳鱼文创,推动生态旅游产业发展。

2016 年至 2019 年 1—6 月,千发集团主要养殖产品的成本收益情况如下(见表 14.6)。2016 年,公司大宗淡水鱼养殖面积 80 万亩,养殖总产量 295 万千克,养殖总收入 7055 万元。除养殖外,餐饮收入是千发集团重要的收入来源。2016 年公司餐饮收入达到 13 479 万元。2017 年千发集团养殖总产量 316 万千克,比 2016 年高 7.1%,养殖总收入 7374 万元,比 2016 年高 4.5%;但餐饮收入为 9539 万元,比 2016 年低 29.2%。2018 年,千发集团养殖总产量 348 万千克,比 2017 年高 10.1%,养殖总收入 11 300 万元,比 2017 年高53.2%;2018 年餐饮收入 10 048 万元,比 2017 年高 5.3%。2019 年 1—6 月,千发集团养殖总产量 180 万千克,养殖总收入 6754 万元,餐饮收入 3961 万元。

表 14.6 千发集团近 4 年主要产品收益情况

	2016 年	2017 年	2018 年	2019 年 1—6 月
大宗淡水鱼养殖面积(亩)	800 000	800 000	800 000	800 000
养殖总产量(千克)	2 950 000	3 160 000	3 480 000	1 800 000
养殖总收入(元)	70 550 000	73 740 000	113 000 000	67 540 000
餐饮收入(元)	134 790 000	95 390 000	100 480 000	39 610 000

从千发集团的主养品种看,2018 年鲢鱼总产量 71.3 万千克,平均亩产 0.89 千克;鳙鱼总产量 276.7 万千克,平均亩产 3.5 千克。从千发集团的亩均产量来看,千岛湖的鲢鱼、鳙鱼亩均产量低于大水面鱼类 5—15 千克/亩的自然产量,与传统的池塘或者网箱相比,在亩均产量和经济效益上更不在同一量级;但大水面养殖依靠巨大的水域面积,即便亩均收益较低,依然可以获取比较可观的总收益。由此可以看出,千岛湖的养殖捕捞遵循着生态循环的原则,虽在单位养殖面积的经济效益上不占优势,但可通过较大的规模来弥补。

更值得一提的是,千发集团通过品牌构建、质量认证、产业链延长等手段,不断丰富和提高养殖产品的附加值。从发展历史来看,2000 年前千发集团还从事着传统的冻鱼加工业,产品主要销往东北,价格在 2—4 元/千克。2000 年之后,千发集团申请并获得了有机认证,品牌渔业得以发展,鲢鳙鱼价格提高至 16—18 元/千克。之后的十余年,公司认为价格已经触碰到天花板,于是开始拓展新的增值空间。2008 年公司启动了创意渔业,以渔文化产业化、产业创意化为方向,举办了渔博大赛,挖掘渔业文化,提高市场知名度。2018 年,千岛湖分割好的冻鱼售价达到 24—28 元/千克,鲜活鱼通过订单形式出售,合同价稳定在 34 元/千克,远高于周边农户鲢鳙鱼 12—16 元/千克的售价。

千发集团在鲢鳙鱼价格上的领先地位源于公司对淳鱼产销的把控。**在养殖方面,**千发集团坚持生态经济可持续发展思路,不断推进千岛湖渔业经济和水域生态环境和谐发展。千岛湖的"拦、赶、刺、张"联合渔具渔法曾于 1978 年荣获"全国科学大会成果奖",主要是把拦网、刺网、定置张网有机结合起来使用,达到集中捕鱼的目的。在渔业生产中,千发集团推陈出新,进一步研发了活水船、起鱼装置、机械化起网机等一批新设备、新技术。**在销售方面,**通过实施直营直销、区域专卖、价格统一的品牌营销策略,彻底改变了水产品营销形态,产品类型从原来的冻鱼扩展到冰鲜鱼,再拓展到活鱼,发展综合加工和全网营销,积极构建全国生态农产品销售网,成功地将最普通的鲢鳙鱼打造成拥有最响亮品牌的千岛湖有机鱼;现已形成以江浙沪等沿海东部城市为主体的淳鱼核心市场,以北京和广州为中心的北南战略市场,并扩产发展。除此之外,公司还拥有集养殖、管护、捕捞、销售、加工、烹饪、旅游、文创为一体的一条完整产业链。

三、核心示范点的社会效益分析

千发集团以及千岛湖生态净水型水库养殖模式具有很强的社会示范效应。

(一) 开发淳鱼美食，带动周边 1 400 多家鱼头餐饮馆

千发集团通过创新鱼头烹饪技术，以鱼味馆为大本营，设立淡水鱼烹饪学校，开发和推广鱼头菜肴，创造了吃鱼头的餐饮市场，同时为公司"淳"牌有机鱼经销酒店提供厨师技术培训服务，在促进有机鱼生产的同时快速做大做强公司餐饮产业；2017 年杭州旅游大数据统计，千岛湖鱼味馆被评为杭州市最受游客欢迎的餐厅。

(二) 开展淳鱼旅游和文创

千发集团注重发展以渔文化创意为特色的渔业生态休闲旅游产业。在经历传统渔业、品牌渔业的发展阶段后，积极向文化渔业、创意渔业转型升级。将"吃的鱼"转化成"文化的鱼"，把千岛湖"有形的鱼"变为"创意的鱼"。发掘了鱼拓技艺，并将其提升到艺术的高度，使千岛湖成为全国鱼拓艺术和人才资源的集散中心。率先成立了千岛湖鱼文化协会，成立了全国首家鱼拓社，建成了浙江省内首家专业渔业文化博物馆——千岛湖鱼博馆。千发集团还将渔业捕捞作业场景策划为一个旅游项目——巨网捕鱼，被人们誉为"中华一绝，世界奇观"，成为千岛湖旅游的"金名片"。

(三) 开展技术推广和输出

千发集团与江西的阳明湖签署了保水渔业技术与产业经营模式输出战略协议，把千发集团多年来经营千岛湖大水面所形成的一套完整的渔业产业化经营模式运用到阳明湖的生态发展中去，实现了千岛湖保水渔业模式的有偿服务。江西阳明湖有 3 万亩水面，千发集团以 100 万的价格分 3 年整体输出千岛湖模式，当前双方正在紧密配合中。除了阳明湖，安徽淮南高塘湖、江西余干县等都与千发集团开展了广泛的合作。

除此之外，千发集团还参与了公益项目或公益资助活动，如资助"春风行动"18 万元；参与结村帮扶，资助金额 15 万元等。

四、核心示范点的生态效益分析

千岛湖示范点的生态效益显著。由调查数据可知,近4年来,示范点的水体水质慢慢变好,水体底质逐步改善。4年来,千岛湖未发生过严重水产动物病害,也未使用抗生素、消毒剂、杀毒剂等渔药。4年来,示范点水体生态环境总体变好,示范点的生物多样性变得更丰富。在生态效益方面,**一是保护了千岛湖生态系统。**千发集团专门组建了由140名护理人员组成的护理队伍,保护鲢鳙鱼,也保护土著鱼类,原有的渔民或养殖户也加入这一队伍,使水域生态系统得到保护。**二是净化千岛湖水质。**千发集团每年投放鲢鳙鱼苗60万千克,约1000万尾,同时渔政增殖放流野杂鱼5000万尾,配合形成了"大鱼保水,小鱼治水"的保水渔业,经过20年的实践,千岛湖的水质已经达到Ⅰ类水的检测标准,很好地实现了净化水质的目的。**三是为环境科学研究提供数据支撑。**保水渔业的理论源于千岛湖的生产实践,在保水渔业发展过程中,千岛湖为科学实验提供了实践基地,科研工作者可以在这里监测水中浮游生物的数量种类、鱼类的生长情况,获取鱼的体重、体长等数据。千发集团也在实践中明确了保水渔业合理的捕捞量,即当年的捕捞量如果等于前3年的投苗量的平均值的4倍,可以维持千岛湖水域的生态平衡。千发集团还成立了大水面生态渔业研究中心,通过研究和示范,为产业提供技术支撑,为同行提供参考样板,进而产生辐射带动效应。

五、问题与启示

千岛湖生态净水型水库渔业增殖模式的实施效果显著,无论是经济效益、社会效益、生态效益都堪称典范。但在实际发展过程中,千发集团也遇到了相应的问题和困难,主要体现在以下两方面。一是在饮用水环境高标准、严要求的督查下,以及即将实现从千岛湖引水至杭州城区和嘉兴市等工程,对千岛湖水环境保护提出极高的要求。现有的鱼种生产基地和生产模式在一定程度上受影响,大库鱼种生产投放和鱼种质量也受影响,不利于保水渔业的稳定发展。二是随着行政管理机构改革以及涉及渔业生产、管理等方面的法律法规的修订和颁发,对千发集团渔业资源保护、捕捞行为和渔船管理等方面的要求越来越严,公司担心如果政府不能严格全面执法,特别是对部分企业违规行为的缺查漏查,将会给严守法规的公司带来巨大压力,容易产生"劣币驱逐良币"的情况。

　　在千岛湖的保水渔业发展历程中,我们获得以下启示。**一是明晰而持久的产权是大水面生态渔业发展的根本保证。**千岛湖的水面明确为国有,且并未限制使用年限,这就为千发集团以国企的角色长期深耕保水渔业奠定了基础。如果水面使用权不是长期稳定的,则很少有主体愿意以低密度养殖的方式进行长期持续投资。**二是渔具渔法使用不当会影响保水渔业的实施效果。**除了以销定产,加强管护外,保护水域生态还需要注意捕鱼网目的大小、渔具的设计、渔技渔法对渔获物的影响。过多捕捞上层鲢鳙鱼类,以及使用拖网等严重影响水底生态的渔具也会影响水域生态稳定。**三是质量为上,注重营销。**大水面的经济效益不是通过更高的单位养殖面积产量实现,而是通过品质和规模实现。因此,经营主体要用心将产品质量转化为看得见的产品附加值。构建产加销全产业链,进行品牌认证,采取餐饮专供等经营方式,都是可供参考借鉴的方式,也是千发集团能够在激烈的市场竞争中将大宗淡水鱼做成高端产品的重要经验。

(执笔人:张璟)

第十五章
渔业消费转型特征和趋势

中国是渔业生产、贸易和消费大国。近年来,我国渔业消费量稳定增长,消费形式日趋多元,呈现明显的转型升级特征。消费是生产的最终目的和动力,渔业消费的转型升级对产业发展和满足人民对美好生活的需要具有重要的导向作用。本章主要总结近年来我国渔业消费转型的特点、趋势和问题,为发挥消费对产业的引导作用、促进渔业高质量发展提供参考。

一、我国渔业消费转型的主要特征

(一) 消费量稳中有增

改革开放以来,随着收入水平提高和城市化进程推进,我国居民消费水平逐渐提高、质量显著改善,食品消费结构经历了由生存型、温饱型到享受型的转变,表现为粮食消费比重下降,肉、蛋、奶和水产品消费增长①。在这个过程中,以低脂肪、高蛋白质为主要特征的水产品在居民食品消费中逐渐占据重要地位,消费规模不断扩大。

总体上,我国城乡居民家庭人均水产品的消费量稳中有增。根据《2020 中国统计年鉴》数据,2019 年我国城镇居民和农村居民人均水产品消费量分别为16.7 千克/人和9.6 千克/人,比 2000 年的水平高 42.7% 和 149.3%。分阶段来看,1985—2000 年城乡居民人均水产品消费量的年均增速分别为 2.7% 和6.1%,2000—2010 年城乡居民人均水产品消费量的年均增速分别为 2.7% 和2.9%,2010—2019 年城乡居民人均水产品消费量的年均增速分别为 0.7% 和

---

① 宋洪远,等. 近代以来中国农村变迁史论[M]. 北京:清华大学出版社,2019.

4.6%,城市居民水产品消费量由快速增长转为稳定增长,农村居民水产品消费加速增长,全国居民整体水产品消费增速放缓。这符合世界水产品消费发展的大趋势。美国、日本、韩国等发达国家在经历20世纪80年代的水产品消费高速增长后转为平稳发展,年均增长率在2%左右[①]。

根据国家大宗淡水鱼产业技术体系产业经济研究室2017年开展的水产品消费者调查(获得样本767份,以下简称"2017年消费者调查"),样本消费者的水产品消费频率增加,呈现常态化趋势,43%的消费者经常购买水产品,其余消费者集中在节假日购买水产品,水产品更多地走进消费者的日常生活。中国人均水产品消费量预计还将扩大。

(二)消费结构加快转型

1. 消费的地区结构变化

传统上中国水产品的主要消费市场在大中城市、东部地区和沿海沿江地区。以2016年为例,我国人均水产品消费量最高的地区是海南、福建和上海,年人均水产品消费量超过25千克,中西部地区由于受到消费能力、地域因素和传统饮食文化影响,水产品消费量处于较低的水平。随着经济发展、城镇化水平提高,以及交通条件和冷藏运输条件等的改善,水产品消费逐步向中西部地区扩展[②]。而今,即使在偏远的地区,水产品的可及性也大大增强,水产品流通体系完善,支撑了内陆消费的升级扩展。

2. 消费的品种结构变化

在生产发展和市场需求变化的推动下,我国现代渔业加速推进,名特优新品种不断涌现,市场细分和专业化趋势明显,区域公共渔业品牌创建取得积极进展,黄河鲤、千岛湖鱼、阳澄湖大闸蟹、潜江小龙虾等品牌产品消费热度持续;随着消费群体壮大,青年消费群体逐渐成长为主力,消费边界扩展,消费方式推陈出新,市场对精深加工水产品的需求增长,料理水产品的市场潜力被充分激发,形式、口味花样翻新,多元化和个性化特征日益明显。

3. 消费形态多样化

渔业消费由过去的以满足数量为主转变为更加注重满足质的需求,消费者更加重视渔业的多功能性和多元价值,休闲、娱乐、文化、教育等新兴需求和服务需求快速增长,产业融合加速发展,渔业消费以新形态引领新发展。渔业消

---

① 联合国粮食及农业组织. 2020年世界渔业和水产养殖状况:可持续发展在行动[M]. 罗马:联合国粮食及农业组织,2020.

② 刘锐,李冉,陈洁. 我国水产品消费特征及增长潜力[J]. 农业展望,2011,7(3):53—58.

费增长不仅体现在产品消费增长,还体现为相关产业服务消费的增长。《中国休闲渔业发展监测报告(2020)》显示,2019 年,我国休闲渔业产值 943.18 亿元,占我国渔业经济总产值的 3.57%,比 2018 年增长 12.34%,全国接待游客 2.74 亿人次,比 2018 年增长 5.44%,游客人均消费 344.83 元。

(三) 城乡渔业消费差异明显、差距缩小

城乡居民水产品消费量差异明显(见表 15.1)。2000 年、2010 年、2019 年城镇人均水产品消费量比农村居民分别高出 200.0%、192.3% 和 74.0%。城乡水产品消费差异的主要原因是收入差距导致的生活水平、消费结构和习惯的差异①。近年来农村居民的食物消费和营养水平虽然有所提高,但仍偏向高谷物膳食结构,动物性食物以及优质蛋白质的消费相对不足(见表 15.2)。但同时,农村居民水产品消费潜力较大,水产品消费增速超过城市,与城市消费的差距缩小,农村水产品消费市场还有广阔的增长空间。《2020 年世界渔业和水产养殖状况》显示,2018 年全球人均水产品消费量达到 20.5 千克,我国人均水产品消费量与世界平均水平相比存在差距,也远低于美洲、欧洲和大洋洲等地区。因此,我国消费增长潜力仍然较大,消费水平有待进一步提高。

表 15.1　2000 年以来我国城乡水产品消费情况

(单位:千克)

年份	城镇人均消费量	农村人均消费量
2000	9.9	3.9
2001	10.3	4.1
2002	13.2	4.4
2003	13.4	4.7
2004	12.5	4.5
2005	12.6	4.9
2006	13.0	5.0
2007	14.2	5.4
2008	—	5.3
2009	—	5.3
2010	15.2	5.2
2011	14.6	5.4
2012	15.2	5.4

---

① 关沽.我国农村居民水产品消费影响因素探析——以山东农村居民鱼类产品消费为例[J].生产力研究,2013(7):25—26,39.

年份	城镇人均消费量	农村人均消费量
2013	14.0	6.6
2014	14.4	6.8
2015	14.7	7.2
2016	14.8	7.5
2017	14.8	7.4
2018	14.3	7.8
2019	16.7	9.6

数据来源:历年《中国统计年鉴》

表 15.2　2019 年我国城乡居民人均食物消费量对比

(单位:千克)

农产品种类	全国居民	城镇居民	农村居民
粮食	130.1	110.6	154.8
油类	9.5	9.2	9.8
蔬菜及食用菌	98.6	105.8	89.5
肉类	26.9	28.7	24.7
禽类	10.8	11.4	10.0
水产品	13.6	16.7	9.6
蛋类	10.7	11.5	9.6
奶类	12.5	16.7	7.3
干鲜瓜果	56.4	66.8	43.3

数据来源:历年《中国统计年鉴》

(四) 消费理念更加注重"优、绿、新"

随着我国渔业生产的发展和消费需求升级,水产品消费理念也在逐渐发生变化,不限于满足基本生活需要和价格接受程度,还考虑水产品质量安全、营养价值、风味口感等;不限于对物质产品的满足,还考虑品牌价值、美誉度和消费体验,更加关注环境保护和可持续发展,消费理念上追求"优、绿、新"。

1. 对优质水产品的需求增长

近年来国内水产品消费逐渐回归理性,水产品消费向大众化转变,对优质水产品的消费需求增长。根据 2017 年消费者调查,对于水产品,消费者关注的方面依次是新鲜程度(89.1%)、品质(88.9%)、价格和优惠程度(62.3%)、加工程度(50.5%)、品牌(47.7%)、认证标志(45.1%),以及产地和生产者(42.5%)。消费者主要关心的是水产品的质量安全。调查显示,90%的消费者非常关注水产品的质量安全。吃得好、吃得多样、吃得安全、吃得放心成为人们追求美好生活的重要方面。品种上，大宗水产品需求平稳，名特优新水产品受到消费者热捧。调查显示，消费者普遍表示愿意尝试购买特色农产品，六成多的消费者愿意购买新品种的鱼类，对新产品和特色水产品具有较高的消费热情，56%的消费者能够接受特色产品价格比普通产品略高。水煮鱼、烤鱼、大闸蟹、小龙虾等消费热点推动了对优势特色产品和产业的需求。消费者品牌意识也在不断提高，品牌水产品的市场占有率逐年提升。这提示生产者要在质量安全、品质品牌上做足工作，注重突出"优"字，打造优质水产品。

2. 绿色消费意识增强

人们不仅有对优质产品的需求，还有对生态绿色的需求。2017 年消费者调查显示，71%的消费者非常关注鱼的生长环境，对水产养殖污染问题非常重视。绿色生产和产品质量是源与流的关系，优质安全水产品必须以绿色生产方式作为保障。绿色渔业生产方式正在成为消费者的理念和追求，优质、生态、健康、绿色的综合循环种养模式如稻田养虾蟹、鱼菜共生等模式产出的水产品受到消费者欢迎，消费者对安全水产品、优美水环境和休闲体验的需求增长，买产品、买服务、买景观、买体验多元发展。长期以来，渔业生产单一的高产导向，高密度养殖模式带来的病害、污染和品质下降问题，不利于产业的可持续发展，需要及时调整改进，因地制宜应用推广生态健康养殖标准和养殖模式，发展环境友好型水产养殖业，提高水产品的绿色养殖水平。2019 年，农业农村部印发《长江流域重点水域禁捕和建立补偿制度实施方案》，对长江十年禁渔作出全面部署，说明保护长江水生生物资源的理念深入人心，"绿水青山就是金山银山"凝聚了社会共识，表明我国城乡居民消费习惯和文明程度明显提升。

3. 渔业消费新形式、新业态出现

目前我国消费者对鲜活水产品的认可度较高，但随着水产品消费市场的多元化发展，年轻一代消费主体对加工品的需求快速增长。在水产品的消费地点上，团体就餐和外出消费增加。加工品中的熟制、干制品主要用于大中城市饭店、餐馆，近年来发展迅速，需求量成倍增加。国际经验表明，当一个国家或地区人均 GDP 超过 5 000 美元时，会形成休闲度假的消费需求，休闲消费能力显著增强。随着产业发展模式的创新和渔业多功能价值的开发，渔业新形式、新业态不断涌现，受到消费者欢迎。随着消费者对休闲、观光、文教、娱乐等体验、服务的需求增长，渔业多元价值将被挖掘和拓展，消费也从购买产品转向购买服务，从"满足日常需求"变为"丰富生活经历、改善生活品质"。新业态中消费个性化、差异化、多元化等趋势更为明显，健康儿童食品、水产预制品成为热门。在新冠肺炎疫情防控的非常时期，外出就餐受限，居家做饭成为很多家庭的生

活常态。在渔业消费中,居家消费成为主要支撑渠道。人们对高端冰鲜水产品需求下降,对精深加工品的需求增长,居家消费更加倾向鱼排、鱼片、鱼柳等加工产品,也青睐快手菜、调理水产品等方便产品。

(五) 消费有明显的"线下转线上"特征

近年来,特别是出现新冠肺炎疫情之后,我国水产品消费形式表现出明显的"线下转线上"特征,网购生鲜的接受度明显提升。2020 年,国联水产的电商及新零售业务量大幅增长,在疫情影响较为集中的 2 月份,平台发货量同比增长 116%。原来外出就餐或到批发市场、超市采购水产品的消费行为很大程度上被送货到家的新零售模式及社区服务取代,消费者对无接触物流配送、社区生鲜店、社群团购等形式的接受和依赖程度增强。新冠肺炎疫情出现以来,移动电商平台对人们消费习惯和消费模式的培养,激活了更多潜在消费群体使用线上服务,消费者对网购水产品的接受度明显上升,并催生了酸菜鱼等预制菜半成品网红爆款。《2021 中国食品消费趋势白皮书》提出,预制菜肴近年来成为年轻人的热门选择,餐饮企业也借机大力推广有品牌的预制菜产品。水产品的餐饮消费模式加速转型,水产品加工业的预处理环节前移,迎来了发展的窗口期。

(六) 水产品进口由增转降

我国直接食用水产品进口近十年来进入快速增长时期,进口额由 2006 年的 4.6 亿美元增长到 2019 年的 117.97 亿美元,年均增长 28.4%,远高于同期水产品进口总额的年均增速。2019 年直接食用水产品进口增速迅猛,直接食用水产品进口量 266.24 万吨,同比增长 64.10%,进口额 117.97 亿美元,同比增长 52.56%。水产品主要进口来源地为东盟、俄罗斯、厄瓜多尔、秘鲁、加拿大等,主要进口产品为鳕鱼、对虾、鲑鱼、蟹类、龙虾等高端产品。我国对虾进口量和进口额同比增长 311.02% 和 245.02%,龙虾、鲑鱼、头足类、鲶鱼的进口量分别增长 10.06%、12.55%、92.42% 和 102.11%,进口额分别增长 5.19%、4.49%、77.91% 和 63.69%。2017 年消费者调查反映,消费者购买进口水产品的意愿较强,15% 的消费者非常愿意购买进口农产品,63% 的消费者表示愿意购买进口农产品,仅 22% 的消费者表示不愿意购买进口农产品。

水产品进口增长主要源于我国消费者对中高端水产品的需求扩大。2014年 9 月,国务院决定实施积极的进口促进战略,稳定国内需要的资源进口,合理增加与群众生活密切相关的牛羊肉、水产品等一般消费品进口,并配套了一系列贸易便利化的措施。继 2017 年 6 月我国首次降低部分消费品进口关税之

表 15.3　2019 年我国水产品进口市场结构

进口市场	进口量（万吨）	同比增长率(%)	占总进口量比重(%)	进口额（亿美元）	同比增长率(%)	占总进口额比重(%)
合 计	626.52	19.94	—	187.01	25.57	—
东盟	117.14	39.02	18.70	30.57	38.95	16.35
俄罗斯	124.15	6.91	19.82	22.88	3.22	12.24
厄瓜多尔	37.46	247.17	5.98	19.28	261.09	10.31
秘鲁	93.53	5.58	14.93	15.17	2.46	8.11
加拿大	13.57	14.04	2.17	11.37	12.18	6.08
美国	39.04	−11.82	6.23	10.57	−25.72	5.65
智利	18.28	−8.57	2.92	7.81	9.01	4.18

数据来源:《2020 中国渔业统计年鉴》

后,2018 年 1 月、7 月和 11 月连续三次降低了对水产品的进口关税,涉及金枪鱼、北极虾、鳕鱼等海鲜产品,为水产品进口贸易带来利好。水产品进口与国内供给形成互补,并发挥了缓解捕捞资源压力的作用。优质进口水产品的增长,深刻改变国内市场格局和消费者选择,倒逼渔业供给侧结构性改革。

2020 年以来的新冠肺炎疫情也对渔业消费产生深刻影响。一些水产品进口来源地如厄瓜多尔、印度等的疫情较为严重,人们对进口水产品的消费意愿降低,水产品进口放缓,进入观望调整期。在以国内大循环为主体、国内国际双循环相互促进的新发展格局中,水产品国内消费市场的开发潜力巨大。由于发生了多起进口冷冻食品(水产品)外包装的新型冠状病毒核酸检测结果为阳性的事件,有关部门强化了针对进口水产品的监管举措,进口海鲜的检验检疫标准提高、程序增多,客观上提高了水产品进口门槛,限制了水产品进口数量和流通效率。这使得水产品线上消费受到一定冲击,进口水产品的消费信心和意愿显著下降。同时,海运成本快速上涨也影响我国水产品进口贸易。海关数据显示,2021 年 1—9 月,我国累计水产品进口量、进口额同比分别降低 16.2% 和 5.1%。疫情导致全球产业链和供应链重新调整布局,进出口贸易的不确定性大大上升,一些水产品进口来源地的疫情较为严重,人们对进口水产品的消费意愿可能进一步降低,而对国产水产品的安全性认可度和接受度显著增强。进口水产品数量减少,使得国内消费者将目光更多转向国产水产品,国内养殖水产品特别是鲜活鱼类和养殖虾类的需求持续增长。双循环格局下充分发挥我国超大规模市场优势和内需潜力,国内水产品消费也将迎来新的窗口期。我国将继续对进口生鲜冷链产品实施严格的防疫管控措施,水产品的供给和需求"以我为主"的特点不会改变。

二、渔业消费面临的主要挑战和问题

(一) 传统产业转型存在掣肘

1. 新品种、新技术和新模式的成本制约渔业结构调整

当前,水产养殖的资源环境成本不断显化,资源环境约束不断强化,产业转型升级面临较多困难。在经济下行压力下,企业面临较大的生存压力。水产养殖的人工、塘租、饲料成本呈逐年上行趋势,成本的增速远高于价格和增加值的增速,从而降低了收益。我国水产养殖行业小、弱、散,设施装备和经营理念落后,难以适应新品种、新技术、新模式和新业态的要求。养殖结构单一、养殖理念固化,追求产量的高密度精养模式趋于固化,养殖技术存在路径依赖,转型升级难度很大,在饲料营养、疾病防控、养殖技术、养殖环境等方面仍存在瓶颈。

2. 水产加工业发展难以满足需求的新变化

一是加工率低,我国水产品加工比例在45%左右,远低于70%的国际水平。二是缺乏统一的标准规范,加工技术手段简单,精深加工的技术开发落后,综合利用度不高。三是加工品与消费的对接不够顺畅。低端水产加工竞争日趋激烈、市场日趋饱和,原料切块、冷冻等粗加工已难以满足变化了的市场需求,向中高端、多元化转型迫在眉睫。在消费主体多元、边界逐渐拓展、模式深刻调整的消费市场中,水产品加工业的市场开发推广不足,与需求的对接不畅,制约水产品消费增长。

3. 流通渠道存在制约

根据2017年消费者调查,消费者购买水产品的主要场所是农贸市场,占比45%,农贸市场能够较好满足消费者对鲜活水产品的需求。但现实中农贸市场数量减少和社区型生鲜店的兴起是大趋势。然而,社区店进货主要选择容易存储、购买频率较高的菜、肉、蛋类,不易储存、购买次数少的水产品则受到影响,消费者购买渠道减少。农贸市场基础设施简陋,保鲜设施配套不足的问题仍然存在。2017年消费者调查显示,在超市购买水产品的消费者占41%,一些超市虽然设有鲜活水产品区域,但是选择范围较少,品种集中度较高,基本限定在大宗淡水鱼品种范围内,可选的新品种较少。由于进场费、提成和设备提高了成本,鲜活水产品在超市售价偏高。此外,还有一些超市不提供宰杀处理服务,不利于水产品消费。

4. 质量安全受关注

2017 年消费者调查中,55% 的样本消费者认为水产品的质量问题比较严重,认为质量安全风险主要来自土地和水源污染、投入品使用和加工流通环节。虽然消费者对质量安全的疑虑存在主观偏差,但是确实抑制了消费。50% 的受访者近几年的水产品消费量基本保持平稳,30% 的受访者水产品消费量增加,20% 的受访者水产品消费量减少。消费减少的原因有三:一是农贸市场的关闭制约鲜活水产品购买;二是对质量安全担忧,因此放弃购买;三是因水产品加工麻烦而减少消费。生产、流通、质量安全问题等制约消费。

我国水产养殖分散、种类多、规格杂,标准化程度低。生产者缺乏质量安全生产理念,有的主体未严格执行渔药使用规定。渔业投入品管理和使用管理不严,从种苗、饲料到药物都存在需要规范的地方。生产、收购、储存、运输等环节多,风险点增多,质量安全追溯检查覆盖面不够,监管难度大。水产品质量安全存在内源性风险,消费者难以识别,生产者保障质量安全的动力不足,造成市场失灵。

消费者对质量安全的敏感度日益升高。《2016 年我国农产品质量安全网络舆情监测与分析年度报告》显示,公众高度关注农产品农兽药残留超标问题,对农产品营养功能及相关谣言、科普宣传也十分关注。质量安全舆情易受网络传言影响。水产品消费市场是"信心市场",质量安全事件发生概率小,但一旦发生,将对消费市场造成严重冲击。

(二)新产业、新业态层级低

1. 休闲渔业项目产品和服务层次低

由于存在经营主体分散、力量薄弱、项目规划衔接性不够、特色不足、功能单一、重复竞争以及配套基础设施不足等问题,休闲渔业的发展层次不高,深层次的多元价值挖掘不够。无论是池塘休闲渔业,还是大水面休闲渔业都是在原有的养殖设施基础上增加某些项目开展休闲渔业经营,存在养殖设施简易、多元价值开发不足、经营档次低和服务接待能力明显不足等问题,制约休闲渔业高质量发展和产业融合。休闲渔业的业主、经营者及管理者多是一些养殖户,他们从传统的养殖生产转移过来,自身文化程度通常较低,扩大经营范围后没有得到相应的技能培训,大部分业主在休闲渔业经营中既是经营者又是管理者,他们保持传统的养殖生产方式,对自身的天然资源优势挖掘不够,缺乏创新发展精神,渔业在文化、教育、娱乐、生态等多方面的发展潜力得不到有效开发,经营理念落后,管理水平低。政府有关部门缺乏相应的扶持政策,休闲渔业经营单位融资难,无法解决产业提升建设的资金问题。

2. 渔业组织化程度低

龙头企业对渔民的带动能力和利益共享程度不足,渔业合作组织的引领带动作用不强,制约渔业产业融合发展。大多数渔业合作社的运营现状不理想。小养殖户组织难,分散经营的渔民缺乏独立应对市场需求变化的能力,市场意识、科技意识和质量意识较差,对新品种、新技术的推广应用认识不够,易导致水产品品种单一、结构趋同,难以适应市场需求变化。分散经营阻碍产业结构优化,影响产业竞争力提升,制约渔业产业化发展。此外,水产品进出口的组织化程度低,出口产品附加值低,品牌(特别是名牌)产品少,竞争力弱。

3. 流通渠道不适应新形势

近年来,超市终端、电商平台等销售形式逐渐发展成为不可忽视的市场力量。但由于鲜活水产品存在物流短板,渠道不畅、配送提货麻烦等因素抬高了配送成本、推广费用,制约了鲜活水产品电商发展,阻碍了市场效率的提高。水产品供应链的复杂性和质量安全控制的薄弱性使得消费者在网购水产品时存在不少顾虑;水产品标准化程度低、新鲜度要求高,造成网购风险大于线下购买,等待产品的时间风险高于普通产品;政策、市场、技术、成本等多方面原因使得一些水产品电商平台运营出现水土不服,进入发展瓶颈期。

(三) 消费结构性问题突出

1. 渔业多元价值没有得到充分开发

我国渔业资源丰富、发展历史悠久,在历史文化、山水景观、生态系统、科技教育等方面具有较大的开发利用潜力。随着人们生活水平提高和需求多元化发展,对渔业多功能和多元价值提出了更多的需求。但渔业和相关产业在供给上还难以满足变化的需求,制约了消费扩大和升级,重点领域消费市场还不能有效满足城乡居民多层次、多样化的消费需求。

2. 产业服务体系尚不健全

信息、技术服务等不能满足生产需求,产品保鲜、储运等手段落后,政策指引、市场价格指导等激励机制不全。大宗淡水鱼产业消费观念还比较传统,理念相对落后,未能形成稳定的品牌消费观念和层次消费观念,使渔业有效需求不足。渔业品牌建设上两级分化突出,品牌意识、知名度、美誉度和影响力等与高质量发展有很大差距。此外,监管体制尚不适应消费新业态、新模式的迅速发展,质量和标准体系仍滞后于消费提质扩容需要,信用体系和消费者权益保护机制未能有效发挥作用,消费政策体系尚难以有效支撑居民消费能力提升。

3. 消费环境有待进一步改善

随着物质消费和服务消费逐步升级,国内消费环境升级相对滞后,内需的挖掘和促进仍有较大空间。新发展格局强调以国内大循环为主体,就要充分发挥国内超大规模市场优势,提升产业链、供应链现代化水平,形成有利于消费的环境。但在经济发展不确定性增强、大宗产品上涨抬升成本和通胀预期较强的情况下,居民消费意愿不强,特别是中产阶级的消费潜力没有发挥出来。渔业产品和服务的消费群体长期稳定在较为固定的地域和人群,水产品消费宣传推介片面依赖于餐饮环境,相关服务业的宣传推广工作不足,文化价值挖掘不深,多元价值与产业发展存在"两张皮"现象,导致消费客体需求和主体难以有效衔接,挤压了消费增长空间。

4. 农村消费潜力有待进一步激活

据国家统计局统计,2019 年末,农村常住人口为 55 162 万人,占大陆常住人口总数的 39.4%,但农村社会消费品零售额只占全国社会消费品零售总额的 14.6%,与农村人口规模及应有的市场规模不符。农村社会消费品零售总额虽然有较大增幅,但总体上农村居民消费额还比较低。我国农村居民水产品摄入量仍在中国居民膳食宝塔推荐摄入量的下限水平。因此,需要提升农村居民水产品消费认知,创新水产品品牌价值和宣传推介,大力挖掘农村水产品的消费潜力。

三、渔业消费转型升级的展望与建议

随着收入水平提高和居民消费理念转变,水产品作为优质动物蛋白的来源将更受欢迎,水产品消费将保持稳定增长态势。从消费者年龄结构上来看,渔业消费已经覆盖从"50 后"到"00 后"的各个年龄段,"80 后""90 后"已成为消费主力;年轻一代消费者有较高的文化水平和消费理念,从而可以引领传统销售模式的改造。从产业业态来看,以渔业为基础,开发利用历史文化、山水景观、生态系统等资源的多元功能,可以推动旅游业、文博业、餐饮业发展,以一产带动三产,促进渔业产业融合发展,扩大产业转型发展的空间潜力,在挖掘国内需求潜力、推动供给侧结构性改革、助力乡村振兴等方面具有重要作用。

党的十九届五中全会对"十四五"发展进行全面谋划和布局,明确要求坚持扩大内需这个战略基点,形成强大的国内市场,实施高水平的对外开放,加快构建以国内大循环为主体、国内国际双循环相互促进的新发展格局。一方面,我国拥有最高的水产品生产能力,水产品总产量占世界总产量的近 40%,养殖产量占世界养殖产量的 60％以上,双循环供应端有保障;另一方面,我国具有强大的水产品消费潜力,实践表明,人均 GDP 超过 1 万美元,居民消费将加快升级,水产品作为最优质的动物蛋白来源,需求量必将大幅增加,双循环消费端有需求。"十四五"期间,围绕全面实施乡村振兴战略,围绕加快农业农村现代化大局,渔业发展大有可为。2021 年 1 月,商务部等 12 部门联合印发《关于提振大宗消费重点消费促进释放农村消费潜力若干措施的通知》,进一步促进大宗消费、重点消费,更大程度释放农村消费潜力。《中共中央国务院关于完善促进消费体制机制进一步激发居民消费潜力的若干意见》提出紧扣我国社会主要矛盾变化,按照高质量发展的要求,坚持以供给侧结构性改革为主线,适应建设现代化经济体系,顺应居民消费提质转型升级新趋势,依靠改革创新破除体制机制障碍,实行鼓励和引导居民消费的政策,从供需两端发力,积极培育重点领域消费细分市场,全面营造良好消费环境,不断提升居民消费能力,引导形成合理消费预期,切实增强消费对经济发展的基础性作用,不断满足人民日益增长的美好生活需要。

推进渔业供给侧结构性改革,要把握渔业消费转型特征,及时调整思路、方向和重点,在"创新、协调、绿色、开放、共享"发展理念引领下,以转方式、调结构为主线,以渔业提质增效、绿色发展和渔民增收为目标,以改革创新为动力,着力优化渔业产业布局,加快转变渔业发展方式,解决渔业发展不平衡、不协调、不可持续的问题,推动供给侧从"有没有"向"好不好"转变,以满足人民日益增长的美好生活需要。

(一) 优化生产结构

第一,调整品种结构,以市场需求为导向,调减结构性过剩品种的养殖量,加大新品种的引进、试验和推广力度,因地制宜发展地方特色渔业和"名特优新"品种。第二,转变养殖生产模式,推广高效设施渔业、池塘工业化生态养殖、稻渔综合种养、健康养殖示范场等现代养殖模式,促进渔业设施化、绿色化、信息化。第三,转变资源利用方式,坚持生态优先、绿色发展,转变传统高密度、高投入、高风险的粗放生产方式,依托高科技、高品质、高效益降低渔业资源的利用强度,有度有序利用渔业资源。

(二) 提品质、创品牌

切实解决水产品质量安全隐患问题,落实生产记录登记造册和投入品使用可追溯记录管理制度,在主要区域、薄弱环节强化质量安全监督检查,严防、严管、严控水产品质量安全风险。科学引导舆情,强化水产品消费信心。集中力量解决制约水产品质量和产业健康发展的关键技术瓶颈,加大复合育种技术、饲料工艺技术、低残留渔药技术、病害监测检验技术的研发推广力度。提高渔民健康养殖水平、技术素质和生产经营能力。推动企业进行质量安全认证、产地认证和产品认证,发挥政府、行业协会和企业力量,共同打造水产品产地公共品牌与产品品牌。引导企业树立品牌意识,用一流的品质缔造一流的品牌,提高生产的标准化程度,发挥品牌的增值效应。

(三)促进产业转型升级

做大做强水产加工业,提升初加工产品的品质,推动发展精深加工,加大方便、快捷水产食品的研发力度,提高水产品综合利用水平,带动水产品消费潜力更多释放。积极发展多种形式的产业化经营,促进水产龙头企业和新型经营主体之间建立多种形式的利益联结机制,推动养殖、捕捞、加工、物流等行业相互融合、协调发展,各自发挥资源优势、技术优势、产品优势、渠道优势和品牌优势,延伸产业链、提高价值链。充分挖掘"互联网+"的潜力,破解流通渠道的"中梗阻",依托电子商务和线上销售平台,全面打通优质水产品、水产加工半成品、水产加工食品的市场流通渠道,提供多元优质产品,提升用户体验。此外,积极发展渔业新模式、新业态,充分发挥各地水资源和水域生态环境的优势,全面挖掘渔业资源和水资源的旅游观光价值、休闲体验价值,推动休闲渔业、观光渔业和体验渔业的高质量发展,促进渔业一二三产业深度融合。

(四)促进供求有效对接

扩大消费是对冲疫情影响的重要着力点[①]。2019 年,我国终端消费支出对经济增长的贡献率接近 60%。消费在经济发展中的基础性作用日益凸显。特别是疫情期间,消费发挥了稳定经济运行的"压舱石"作用。《关于促进消费扩容提质加快形成强大国内市场的实施意见》(发改就业〔2020〕293 号)提出,大力优化国内市场供给,重点推进文旅休闲消费提质升级、着力建设城乡融合网络、加快构建"智能+"消费生态体系、提升居民消费能力、全面营造放心消费的一系列政策新措施。在扩大内需上,渔业消费要把握住方向。低端产品过剩、中高端产品供给不足,居民对高品质商品服务的需求难以得到有效满足,受传统体制机制约束,生产要素难以从无效需求向有效需求、从低端领域向中高端领域配置,新产品和新服务的供给潜力和价值没有得到全面释放。同时,需求

---

① 曹新.激发消费潜力,促进消费需求[J].经济要参,2020(13):23.

外溢造成消费能力外流。必须通过推进供给侧结构性改革,调整改善供给结构,提供适销对路的产品和服务来扩大和支持居民的消费需求。抓住最有潜力的消费领域,更加注重服务消费,突出假日消费和夜间消费,加快培育线上线下融合等新模式,打造新动力、新渠道、新空间。

(五)统筹推进常态化疫情防控和促进贸易增长

短期看,在严防新型冠状病毒通过进口冷链传入风险的前提下,中国水产品市场有所恢复,后期消费增长潜力较大。中长期看,国内市场扩容、消费升级的大趋势决定水产品贸易仍有较大发展空间,但还要坚持统筹推进常态化疫情防控和促进贸易增长,优化海关监管服务,提高贸易便利化水平,促进水产品国际贸易畅通和物流供应链稳定,对冲疫情影响、推动贸易稳定发展。

第四部分
外部冲击与产量价格预测预警

第十六章
外部冲击与我国大宗淡水鱼市场价格波动

经济全球化背景下,外部冲击对开放市场的影响日益增强。一方面,外部冲击影响国内市场的需求与供给,市场出清条件下的均衡价格会出现频繁波动,可能造成国内物价不稳。另一方面,外部冲击影响国际市场的需求与供给,不同国家进出口商品的数量与种类可能发生较大变化,进而影响国际收支水平。自然灾害、人为事件等外部冲击都有可能引起价格波动,进而影响社会的稳定,也提高了国家宏观调控的难度。如何预防和有效减少外部冲击对一国经济的影响,快速、准确应对外部冲击,提高全球化背景下政府治理能力,是摆在决策部门面前的重大问题。

我国大宗淡水鱼价格历来相对平稳,作为国产水产品的典型代表,对稳定菜篮子产品市场价格贡献很大。但近几年,受自然灾害、疫情、国际金融危机等外部冲击影响,大宗淡水鱼价格波动明显增强。大宗淡水鱼价格不稳一方面会影响居民生活水平与饮食结构,改变消费者心理预期,影响物价水平的稳定性;另一方面会影响消费者对其他产品的消费量,进而影响其他商品价格,影响其他商品价格波动幅度。本章以外部冲击对草鱼价格的影响为例,研究外部冲击因素对大宗淡水鱼价格的影响机制和影响特征,并提出应对建议。

一、外部冲击对大宗淡水鱼价格波动的影响

影响价格的外部冲击主要指除了直接影响价格的供求关系之外的具有突发性、难预料性、难调控性的外部因素,包括灾害、极端天气等自然因素以及汇率、货币、生物能源、动物疫病等人为因素(张利庠和张喜才,2011)。2020 年对

我国水产养殖业而言是具有特殊影响的一年,新冠肺炎疫情、洪涝灾害等多重因素持续发力,给以大宗淡水鱼产业为代表的渔业带来了挑战。综合渔业发展面临的外部环境,气候变化等自然因素以及环境污染、国际贸易等人为因素导致的外部冲击都可能对产业发展造成影响。总的来看,对大宗淡水鱼产业而言,外部冲击主要包括以下类型。

一是气候变化。 气候变化主要在气温和降水两方面对渔业产生冲击。在气温方面,高温与低温都不利于鱼类等水产生物的生长(梅一清等,2020)。不同的水产生物对于生长的温度有不同的要求,普通鱼类一般生长在 12℃—30℃的水域中,较高的水温使鱼类行动迟缓、呼吸受阻,若温度超过一定限度,则会出现昏迷乃至死亡的现象(龙华,2005)。高温除了影响鱼类的存活率与活力,对其繁殖也会产生不利影响。鱼类的产卵与孵化等繁殖过程与水温密切相关,其生活的环境温度决定鱼类体内的酶活性与繁殖活力,我国大部分温水性鱼类会在初春夏末繁殖(龙华,2005),夏季气温过高可能导致排卵数少、鱼卵孵化成活率低。而有些鱼类则于夏末秋初繁殖,若入秋过早且温度下降迅速,将减少下一期的水产品供给,对鱼类价格产生滞后的冲击影响。

在降水方面,雨水过多较易造成洪涝灾害,过少则缩减了鱼类的生活范围,都不利于鱼类生长。2020 年我国的洪涝灾害影响了南方的许多省份。长江水利委员会水文局的分析结果显示,2020 年长江流域气候年景偏差,汛期流域降水总体上正常偏多,但降水时空分布不均,涝重于旱(朱俊君等,2020)。湖北、广东、江苏、湖南、安徽是我国水产养殖大省,且都位于长江流域,2020 年降水量多于往年,使多地遭受洪涝灾害。养殖地区水位上升,鱼类较容易随着高水位游出养殖鱼塘,导致产量下降,渔民受损。对池塘养殖来说,南方汛期也是"热水鱼"上市期和水产苗种主要生长期,洪涝灾害造成商品鱼和鱼种逃逸,造成短期局部地区部分品种缺货,灾后调水杀毒和补充苗种的难度大、成本高,灾后补苗也易造成年底某些品种集中上市,加剧价格波动。当然,降水不足也会导致鱼类活性降低、死亡率升高等不利后果。

二是环境污染。 水源污染是对渔业生产活动影响较大的一类因素。水产品生产过程极其依赖生长水域的水质,水产品产量、质量与水体质量高度正相关。农业面源污染、工业化工污染等各种污染源排放的污水一方面因为超标的氮磷含量导致水体富营养化,最终可能造成水生生物窒息死亡,另一方面,污水中的重金属及其他各类毒素在水生生物体内不断富集,可能造成水产品质量下降甚至大量死亡。环境污染尤其是水体污染通过降低水产品质量与产量对其价格产生极大冲击,从而可能影响水产品市场总体价格。

三是国际社会环境。 国际社会环境变化也是一个重要的外部冲击因素。

在当前复杂的国际环境下,各国的内顾倾向加剧,保护主义、单边主义抬头,全球产业链、供应链布局加快重塑,呈现区域化、本土化、短链化的趋势,对水产品市场贸易造成了不利影响。

四是新冠肺炎疫情。 新冠肺炎疫情的流行是叠加自然与人为因素双重影响的外部冲击。2019 年 12 月武汉出现了未知肺炎,2020 年 1 月之后,疫情随着春运返乡大潮在全国各省份以极快的速度蔓延,为了防止疫情扩散,政府制定了隔离的强制措施,并要求民众减少外出,相关措施导致消费者行为发生了转变。由于华南海鲜市场、北京新发地批发市场接连出现检测结果呈阳性的情况,与水产品发生一定关联,人们对水产品避之不及,对其需求也大幅下降(彭乐威等,2021)。另外,疫情期间居民外出受到严格限制,为减少与外界人员接触,往往几天才出门采购一次,水产品消费频次明显下降(李玉峰等,2020),消费量也大幅减少(裴育希等,2020)。这两种情形都极大地减少了人们对淡水鱼的需求,其价格也大幅下降。

为了明晰疫情、汛情等外部冲击因素对大宗淡水鱼价格波动的影响,本章以草鱼为例进行分析。草鱼是我国大宗淡水鱼中产量最高的品种。湖北是我国草鱼养殖的第一大省(2015—2017 年草鱼养殖产量位居全国第一,2018 年为第二),素有"鱼米之乡"美誉。2019 年末,新冠肺炎疫情在湖北暴发,湖北省各城市实施封控政策,省内的草鱼无法运至省外售卖,市民被限制在家中不能随意外出以防止新冠肺炎疫情的广泛传播,其他省份的居民也待在家中减少外出,市场上鱼类价格下降,草鱼的价格首当其冲。除了疫情,2020 年的洪涝灾害也分别从两条路径对草鱼供给和价格产生了影响:以湖北省为例,一方面,暴雨导致大片鱼塘被淹,养殖塘的投喂量同比减少约 20% 左右,鱼塘投喂减少使鱼类发病率比往年高很多,至少有四成养殖户的鱼塘因暴雨发病[①];另一方面,湖北省经历了长达一个半月的阴雨天,尤其在 7 月份,各地区均出现不同程度的洪涝灾害,内涝严重,湖泊和支流险情不断,草鱼塘被冲,存塘鱼外逃,损失严重[②]。因此,洪涝灾害使得草鱼养殖产量减少,进而导致草鱼价格不断上扬。

通过分析可知,草鱼价格除了自身波动外,还受到新冠肺炎疫情、洪涝灾害等外部冲击的影响,这些外部冲击使得价格波动更为剧烈。加强外部冲击对大

---

① 中国水产频道. 紧急! 长江 2020 年第 1 号洪水形成! 惨烈! 两养殖户一夜被冲跑了 40 万元[EB/OL]. (2020 - 07 - 03)[2020 - 11 - 23]. http://www. fishfirst. cn/article. php? aid=121028.

② 郭志雄. 最新发布! 2020 年上半年湖北水产料市场简报,哪条鱼爆发机会更大? [EB/OL]. (2020 - 07 - 25)[2020 - 11 - 23]. https://k. sina. com. cn/article_1612816271_v60219f8f01900qdf5. html? from=agriculture.

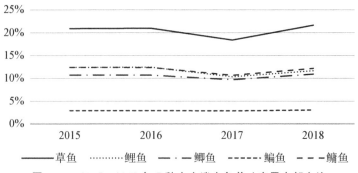

图 16.1　2015—2018 年 5 种大宗淡水鱼养殖产量内部占比

数据来源:2016—2019 年《中国渔业统计年鉴》

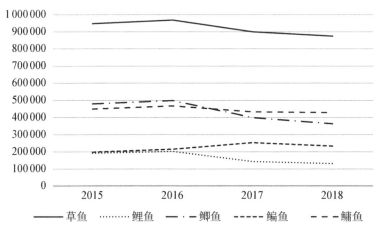

图 16.2　2015—2018 年湖北省 5 种大宗淡水鱼养殖产量(单位:吨)

数据来源:2016—2019 年《中国渔业统计年鉴》

宗淡水鱼价格的影响研究,在认识外部冲击对价格影响的传导路径的基础上强化对其控制,可以有效地预防与避免大宗淡水鱼价格的巨大波动,保证居民消费水平以及大宗淡水鱼产业的平稳发展。因此,研究的首要问题是明确遭受外部冲击之后,草鱼价格发生了什么变化? 这种变化是如何影响其他大宗淡水鱼的价格水平的? 以及这种影响传导的滞后时间为多长? 有何特征? 通过对这一系列问题的分析可以帮助我们了解外部冲击的影响机理,进而提出有针对性的政策建议。已有的研究文献发现,构建向量自回归(Vector Autoregressive, VAR)模型,使用脉冲响应函数(Impulse Response Function, IRF)与方差分解(Variance Decomposition)等方法,可以解决上述问题(张利庠等,2011;张喜才等,2012;周海文等,2014;刘春鹏等,2019)。

二、外部冲击对大宗淡水鱼价格影响的实证研究

(一) 采用的模型与数据来源

VAR 模型用于研究内生变量之间的长期动态关系,脉冲响应函数描述的则是 VAR 模型中一个变量的冲击对其他内生变量产生的影响,方差分解则表示受到冲击的一个变量对其他变量变化的贡献度。草鱼价格较先受到新冠肺炎疫情与洪涝灾害的影响而发生较大幅度波动,然后该价格波动传导至其他大宗淡水鱼价格,使其也发生相应波动,所以 VAR 模型的脉冲响应函数与方差分解分析能够有效地反映外部冲击对大宗淡水鱼价格的影响。由于对价格数据取对数不会改变原先的协整关系,且可使其变化趋势线性化,所以本章将价格变量的自然对数作为分析的数据(张喜才等,2012),即草鱼、鲤鱼、鲫鱼、鳙鱼、鳊鱼的价格分别以变量 ln(CF)、ln(LF)、ln(JF)、ln(HF)、ln(WCF)表示。

本章数据来自中国农业信息网 2011 年 1 月至 2020 年 10 月的草鱼、鲤鱼、鲫鱼、鳙鱼、鳊鱼等 5 种大宗淡水鱼的月度平均价格。

(二) 大宗淡水鱼价格的平稳性检验

大宗淡水鱼的月度价格数据是时间序列数据,在构建模型与进行相关分析前,需要对其进行平稳性检验——单位根检验,因为 VAR 模型要求时间序列数据是平稳的,不然就被判定为伪回归,检验方法主要为增广迪基-富勒检验(Augmented Dickey-Fuller 检验,简称"ADF 检验")(周海文等,2014)。提出的原假设为:时间序列数据存在单位根。若原假设被接受,则序列存在单位根,该序列为非平稳序列,需要对其进行一阶差分后再次进行 ADF 检验,若仍存在单位根,则继续进行二阶差分,不断重复差分的过程直至序列被检验为平稳的时间序列数据,由此也可判定该序列稳定的阶数。表 16.1 是大宗淡水鱼的价格序列数据的单位根检验结果,ADF 统计量的 p 值全都小于 5%,所以拒绝原假设,时间序列数据不存在单位根,即该 5 种鱼类的对数价格变量是平稳的,也就是服从 I(0)。

表 16.1　变量的单位根检验结果

变量	ADF 统计量	(c, t, k)	5%临界值	平稳性结果
ln(CF)	−3.448465	(c, 0, 1)	−2.886509	平稳
ln(LF)	−4.880923	(c, 0, 1)	−3.449020	平稳
ln(JF)	−5.016105	(c, t, 1)	−3.449020	平稳
ln(HF)	−4.908852	(c, t, 1)	−3.449020	平稳
ln(WCF)	−2.975625	(c, 0, 1)	−2.886509	平稳

注:其中 c、t、k 分别表示常数项、趋势项和滞后阶数

(三) 构建 VAR 模型与确定滞后期

确定序列的滞后期是构建 VAR 模型的重要环节,也是需要首先考虑的环节。用以确定滞后期的统计标准有 5 个,选择符合最多统计标准的阶数作为 VAR 模型的滞后期。根据最终预测误差准则(Final Prediction Error Criterian,简称 FPE)、赤池信息量准则(Akaike Information Criterion,简称 AIC)、施瓦兹准则(Schwarz Criterion,简称 SC)、汉南－奎因信息准则(Hannan-Quinn Information Criterion,简称 HQ)的标准确定模型的最优滞后期为 2 期(如表 16.2 所示)。然后,如图 16.3 所示,滞后 2 阶的 VAR(2)模型的 AR 特征多项式的所有根模的倒数小于 1,即都在单位圆中,说明该模型满足 VAR 模型的平稳性特点(刘春鹏等,2019)。

表 16.2　最大滞后期的检验结果

Lag	LogL	LR	FPE	AIC	SC	HQ
0	770.9415	NA	6.16E−13	−13.9262	−13.8035	−13.87642
1	1294.954	990.86	7.07E−17	−22.9992	−22.2627	−22.70044
2	1361.835	120.3849	3.31e−17*	−23.76063*	−22.41039*	−23.21296*
3	1379.423	30.06075	3.82E−17	−23.6259	−21.6619	−22.82928
4	1401.39	35.54565	4.09E−17	−23.5707	−20.993	−22.52518
5	1415.05	20.86242	5.13E−17	−23.3645	−20.1731	−22.07006
6	1434.782	28.34304	5.84E−17	−23.2688	−19.4635	−21.72535
7	1461.282	35.6537	5.95E−17	−23.296	−18.8771	−21.50367
8	1500.781	49.55402*	4.87E−17	−23.5597	−18.5269	−21.51836

注:* 表示依据该标准选择的滞后阶数,LR 为 5%的显著性水平下的 LR 检验统计量

由于 VAR 模型用于研究一个变量受到其他变量的滞后影响,所以经过滞后期确定与平稳性检验后需要再对变量两两之间进行格兰杰因果关系检验,检验结果如表 16.3 所示。从表中可知,排在前面的变量是排在后面变量的格兰

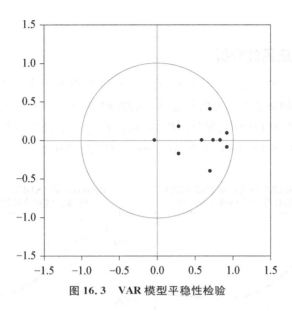

图 16.3　VAR 模型平稳性检验

杰原因,第一个变量首先受外部冲击影响,但不会受其他变量影响,第二个变量受第一个变量影响,同时影响除第一个变量外的其他变量,其余变量的关系以此类推(罗锋,2011)。格兰杰因果检验为变量之间的排序提供了一定的参考,根据检验结果,变量最终的排列顺序为

$$\ln(\text{LF}) \rightarrow \ln(\text{CF}) \rightarrow \ln(\text{JF}) \rightarrow \ln(\text{WCF}) \rightarrow \ln(\text{HF})$$

即从前往后依次为鲤鱼、草鱼、鲫鱼、鳊鱼、鳙鱼。在之后的脉冲响应分析中,变量的排列顺序十分重要。根据之前我国大宗淡水鱼养殖产量的分析,草鱼居于首位,且受新冠肺炎疫情以及洪涝灾害外部冲击较为严重的湖北省是养殖草鱼的大省,加上草鱼在格兰杰因果关系中处于第二位,所以基于草鱼养殖在淡水鱼养殖中的重要性及其主要养殖地区的分布,本文选择草鱼价格作为受外部冲击显著影响的变量,主要考察草鱼价格受外部冲击的影响以及草鱼价格对其他大宗淡水鱼价格的传导影响。

表 16.3　格兰杰因果关系检验结果

变量	ln(CF)	ln(LF)	ln(JF)	ln(HF)	ln(WCF)
ln(CF)	—	N	* *	N	N
ln(LF)	*	—	* * *	* *	N
ln(JF)	*	N	—	N	*
ln(HF)	N	N	N	—	N
ln(WCF)	N	N	N	* *	—

注:*、* *、* * * 分别表示在 10%、5%、1% 的显著性水平下存在格兰杰因果关系;N 表示不存在格兰杰因果关系

（四）脉冲响应函数分析

为了研究 5 种大宗淡水鱼价格在外部冲击下的连续动态变化,建立 VAR 模型下的脉冲响应函数以分析外部冲击的影响,图 16.4 与表 16.4 显示了草鱼价格、鳙鱼价格、鲫鱼价格、鲤鱼价格、鳊鱼价格分别受到其他外部冲击变量一个标准差单位的正向冲击后的脉冲响应函数(罗锋,2011)。

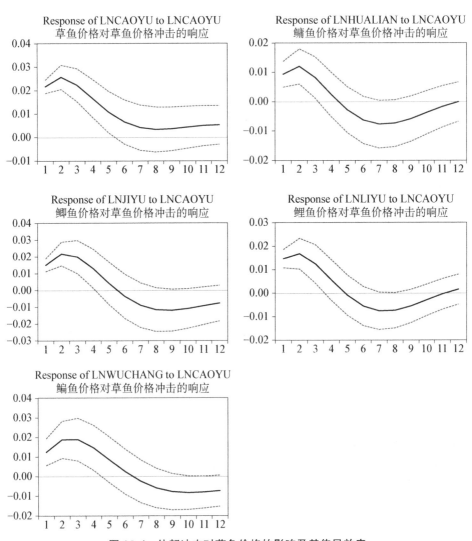

图 16.4 外部冲击对草鱼价格的影响及其传导效应

表 16.4　外部冲击对大宗淡水鱼价格波动及其传导的影响

品种＼滞后期	1	2	3	4	5	6	7	8	9	10	11	12
草鱼	0.022	0.026	0.022	0.016	0.011	0.007	0.004	0.003	0.004	0.004	0.005	0.005
鲤鱼	0.015	0.017	0.012	0.006	−0.001	−0.006	−0.008	−0.007	−0.006	−0.003	0.000	0.002
鲫鱼	0.015	0.022	0.020	0.013	0.004	−0.004	−0.009	−0.012	−0.012	−0.011	−0.009	−0.008
鳙鱼	0.009	0.012	0.008	0.002	−0.003	−0.006	−0.008	−0.007	−0.006	−0.004	−0.002	−0.000
鳊鱼	0.012	0.019	0.019	0.015	0.009	0.002	−0.003	−0.006	−0.008	−0.008	−0.008	−0.007

1. 草鱼价格变化对自身的冲击效应

当草鱼价格在本期有一个标准差的波动,对自身价格产生正向影响,第 1 期为 0.022,第 2 期达到最大,为 0.026,然后逐渐减小。这说明草鱼价格在当期就会对其自身价格产生影响,该影响在 2 个月之后达到顶峰,然后影响程度逐月降低,这说明新冠肺炎疫情、洪涝等外部冲击对大宗淡水鱼价格的冲击在 2 个月后逐渐减弱。

2. 草鱼价格变化对鲤鱼价格的冲击效应

当给草鱼价格一个标准差的扰动,鲤鱼价格出现正响应。最初草鱼价格冲击对鲤鱼价格造成正向影响,第 2 期达到最大影响值,为 0.017,之后影响程度开始下降,并于第 5 期变为负向影响,之后几期处于负向影响之中,第 12 期变为正影响,但是数值较小,接近于零。这说明草鱼价格波动对鲤鱼价格产生直接影响,草鱼价格的上涨会导致鲤鱼价格的上涨,并且滞后 2 期达到最大值。

3. 草鱼价格变化对鲫鱼价格的冲击效应

当给草鱼价格一个标准差的扰动,鲤鱼价格出现正响应。最初草鱼价格冲击对鲫鱼价格造成正向影响,第 2 期达到最大影响值,为 0.022,之后影响程度开始下降,并于第 6 期变为负向影响。这说明草鱼价格波动对鲫鱼价格产生直接影响,草鱼价格的上涨会导致鲫鱼价格的上涨,并且滞后 2 期达到最大值,该影响从第 6 期开始变为负向影响。

4. 草鱼价格变化对鳙鱼价格的冲击效应

当给草鱼价格一个标准差的扰动,鳙鱼价格出现正响应。最初草鱼价格冲击对鳙鱼价格造成正向影响,第 2 期达到最大影响值,为 0.012,之后影响程度开始下降,并于第 5 期变为负向影响。这说明草鱼价格波动对鳙鱼价格产生直接影响,草鱼价格的上涨会导致鳙鱼价格的上涨,并且滞后 2 期达到最大值,从第 5 期开始变为负向影响。

5. 草鱼价格变化对鳊鱼价格的冲击效应

当给草鱼价格一个标准差的扰动,鳊鱼价格出现正响应。最初草鱼价格冲击对鳊鱼价格造成正向影响,第 2 期达到最大影响值,第 3 期也是最大值,为 0.019,之后影响程度逐渐下降,并于第 7 期变为负向影响。这说明草鱼价格波动对鳊鱼价格产生直接影响,草鱼价格的上涨会导致鳊鱼价格的上涨,并且滞后 2 期达到最大值,从第 7 期开始变为负向影响。

从以上的图表可以看出,草鱼价格波动对鳊鱼价格产生正向影响的持续时间最长,其影响直到第 7 期才变为负影响;此外,5 种大宗淡水鱼对于外部冲击的响应都是在第 2 期达到最大值,之后逐渐减小,并且正向影响的持续时间都较短,基本上都在半年后变为负值。鳊鱼呈现正响应时间较长与其主要养殖场分布有关。鳊鱼是我国第七大淡水养殖鱼类,但湖北省鳊鱼养殖产量占全国养殖产量的比重很高,比湖北省其他大宗淡水鱼养殖产量占全国养殖产量的比重都高(如图 16.5 所示),因此 2019 年底首先在湖北暴发的新冠肺炎疫情以及湖北在汛期发生的洪涝灾害冲击对鳊鱼的影响更大、更持久。2019 年 11 月至 2020 年 4 月,鳊鱼的价格降幅超过 8%,2020 年 4 月至 2020 年 10 月,鳊鱼的价格涨幅接近 28%。大宗淡水鱼价格对外部冲击呈现正响应时间较短与其他淡水鱼以及海水养殖规模较大有关,当大宗淡水鱼价格上升,作为其替代品的其他淡水鱼与海水养殖鱼类可以成为消费者的替代选择,从而促使大宗淡水鱼价格趋于稳定。

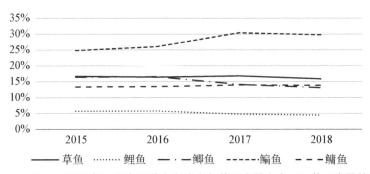

图 16.5　2015—2018 年湖北省 5 种大宗淡水鱼养殖产量占全国总养殖产量的比重

(五) 方差分解分析

方差分解描述的是当系统中的某个变量受到一个单位的冲击时,以该变量预测误差百分比的形式反映系统中各变量之间的交互作用(张利庠等,2011)。

对比后发现,在方差分解中确定的乔列斯基排序(Cholesky Ordering)与前文经格兰杰因果关系检验后确定的变量排列顺序是一致的。

表 16.5 是方差分析的结果,从中可以看出其他价格变量对草鱼价格变量的影响程度。草鱼价格能够很好解释草鱼价格自身波动,随着期数的增加,解释力从第 1 期至第 12 期逐渐下降,但是在第 12 期,解释力也达到了 45%。除了草鱼价格自身的冲击外,鲤鱼价格对草鱼价格波动的解释力最强,解释力随着期数的增加而不断加强。鲫鱼、鳊鱼、鳙鱼的价格对草鱼价格波动的解释力较弱,其中鳙鱼价格的解释力最弱,最高时也仅略微超过 1%。鲫鱼和鳊鱼价格对草鱼价格波动解释力最强的是第 5 期,但也未超过 4%。

表 16.5　外部冲击对草鱼价格影响的方差分解表

期数	S. E.	ln(CF)	ln(LF)	ln(WCF)	ln(JF)	ln(HF)
1	0.021588	100	0	0	0	0
2	0.034022	96.9095	1.13868	1.235213	0.709366	0.007238
3	0.042236	90.67062	5.233166	2.475214	1.551556	0.06944
4	0.048003	81.93856	12.8786	3.13974	1.878385	0.164718
5	0.0527	72.16546	22.54541	3.264466	1.751589	0.273074
6	0.056875	63.28137	31.72392	3.091484	1.514296	0.388937
7	0.06048	56.42656	38.8694	2.842255	1.346622	0.515163
8	0.063354	51.69532	43.7834	2.626797	1.239939	0.654547
9	0.065499	48.66401	46.90242	2.469616	1.160306	0.803643
10	0.067071	46.81878	48.74029	2.359392	1.129661	0.951885
11	0.068269	45.714	49.71994	2.278905	1.201537	1.085614
12	0.069238	45.01107	50.17337	2.216073	1.405516	1.193963

注:计算后得到的乔列斯基排序为 ln(LF)、ln(CF)、ln(JF)、ln(WCF)、ln(HF)

三、主要结论和建议

本章使用 2011 年 1 月至 2020 年 10 月的月度价格数据,构建 VAR 模型并借助脉冲响应函数和方差分解分析了外部冲击与大宗淡水鱼价格波动之间的关系,得到以下结论。

第一,由于草鱼养殖产量在淡水鱼中居于首位,草鱼价格在大宗淡水鱼价格体系中也具有重要作用,外部冲击对草鱼价格的影响达到 2.6%,然后以 0.4% 至 2.2% 的水平传导至鲤鱼、鲫鱼、鳙鱼和鳊鱼的价格。

第二,草鱼价格对其自身价格波动的解释力在第 1 期高达 100%,鲤鱼价格对草鱼价格波动的解释力最高为 50%,从第 10 期开始,鲤鱼价格的解释力超过了草鱼价格对其自身价格波动的解释力,鲫鱼、鳙鱼、鳊鱼的价格在格兰杰因果关系中排在草鱼价格之后,因此它们对草鱼价格波动的解释力较低。

第三,外部冲击对大宗淡水鱼价格产生影响的速度较快,其影响在第 2 期就达到了顶峰,然后逐渐降低,大致到第 5 期就变为负向影响。外部冲击的传递速度过快会导致应对价格波动的时间过短,有关部门无法及时、迅速、有效地进行调控,从而使价格波动直接对市场需求造成较大影响,不利于市场价格的稳定均衡。

鉴于大宗淡水鱼在居民饮食结构中的重要地位及其对居民营养的重要作用,同时考虑到大宗淡水鱼价格在市场价格体系中的作用,需要采取相关的政策措施以及时应对大宗淡水鱼价格的剧烈波动以及减弱某一鱼类价格波动对其他鱼类价格的传导效应,将价格波动的影响控制在有限范围之内。针对前述研究发现,现提出以下建议。

一是健全大宗淡水鱼价格监测预警机制。大宗淡水鱼的生产情况由市场价格信息传递与反映,若是价格信号传递受阻,政府就无法及时进行调控,从而产生干预时滞,政策的稳定性和有效性就大打折扣。建议采取定点监测、网络爬虫等手段,通过数据挖掘、自动化、人工智能学习、自动可视化和深度分析等技术加强对海量数据的分析挖掘,实现全产业链分析预测和决策服务。

二是分层利用水体空间和多级利用饲料以降低价格波动影响。合理利用不同水产动植物的生态习性及生物间的多种关系,积极发展池塘立体生态种养模式,充分提高池塘水体空间资源的利用率和生产力,达到既有效利用池塘水体、水生生物、饲料等资源,提高池塘养殖经济效益,又改善池塘水体环境,降低鱼病发生率,实现生态效益的目的。此外,鼓励对不同品种的混搭养殖,有效分散养殖风险,降低价格波动的影响。

第十七章
中国大宗淡水鱼价格与产量预测预警

中国是水产品生产、贸易和消费大国,渔业是国民经济的重要支柱产业。水产品是优质蛋白质主要来源,也是农民增收和维持生计的重要产品。在淡水养殖占水产品养殖面积70%以上、水产品产量60%以上的大背景下,探索淡水鱼价格和产量的波动规律,把握产业结构变化的趋势,对于保障水产品稳定供给、维护国家粮食安全、促进养殖户增收、建设生态文明等具有重要的意义(孙炜琳等,2014)。本章以鲤鱼、鲢鱼、鲫鱼、草鱼和大宗淡水鱼总体为研究对象,利用季节调整模型、ARIMA模型实证分析鲤鱼、鲢鱼、鲫鱼和草鱼价格的波动规律以及后市价格的变化,利用AR模型实证分析大宗淡水鱼产量的变化规律和后市变化,以期为水产养殖业健康发展和未来产业政策的制定、调整提供科学依据。

一、中国大宗淡水鱼价格波动特征分析

(一) 价格波动特征分析

基于CEIC数据库查看2006年1月至2018年11月鲤鱼、鲢鱼、鲫鱼和草鱼价格波动特征。由图17.1可以发现,4种大宗淡水鱼价格均呈现较为明显的波动上升趋势,而且呈现三个比较典型的价格变化过程。第一轮价格变化过程主要表现为4种鱼类价格的全面上涨,具体体现在鲤鱼、鲢鱼和鲫鱼的价格分别从2006年1月的7.59元/千克、5.88元/千克和9.16元/千克上涨至2008年7月的12.28元/千克、8.93元/千克和13.19元/千克,涨幅分别达61.76%、51.96%和44.00%;而草鱼价格从2006年1月的9.64元/千克上涨至2008年6月的13.97元/千克,涨幅达44.94%。该轮价格上涨与2006年开始的全球农产品价格快速攀升的趋势一致,但涨幅相对较小。王孝松和谢申祥(2012年)发现

2006 年 1 月到 2008 年 6 月全球农产品价格涨幅高达 77.3%。这表明中国大宗淡水鱼价格可能受到国际农产品市场价格的影响,其国内外市场是整合的。

第二轮大宗淡水鱼价格上涨过程主要体现在鲤鱼价格从 2009 年 12 月的 9.05 元/千克上涨至 2011 年 7 月的 13.27 元/千克,涨幅达 46.71%;鲢鱼价格从 2009 年 11 月的 7.49 元/千克上涨至 2012 年 6 月的 10.36 元/千克,涨幅达 38.24%;鲫鱼价格从 2009 年 1 月的 10.58 元/千克上涨至 2013 年 9 月的 17.32 元/千克,涨幅达 63.77%;草鱼价格从 2009 年 1 月的 11.65 元/千克上涨至 2013 年 8 月的 15.33 元/千克,涨幅达 31.55%。同第一轮价格涨幅相比,除鲫鱼外,其他鱼类的价格涨幅相对较小,但在该周期价格上涨也较明显。

同前两轮 4 种鱼类价格上涨具有较明显的共同趋势相比,第三轮大宗淡水鱼价格上涨过程表现出一定的差异性,主要表现在价格变化发生的时间点和价格变化趋势。(1)从价格变化发生的时间点看,鲤鱼价格最先呈现出新一轮的上涨趋势,其价格由 2013 年 12 月的 11.29 元/千克上涨至 2015 年 6 月的 13.92 元/千克,涨幅为 23.34%;随后鲫鱼价格由 2015 年 1 月的 14.85 元/千克上涨至 2017 年 6 月的 18.51 元/千克,涨幅为 24.64%;草鱼价格由 2015 年 12 月的 12.66 元/千克上涨至 2017 年 6 月的 16.08 元/千克,涨幅为 27.06%;最后鲢鱼价格由 2016 年 11 月的 8.10 元/千克上涨至 2018 年 3 月的 10.17 元/千克,涨幅为 25.49%。(2)在第三轮价格上涨过程后,鲫鱼、草鱼和鲢鱼价格表现出较为明显的下降趋势,这是新一轮价格周期性变动的特征;鲤鱼价格则平稳波动,没有表现出较明显的周期性特征(见图 17.1 和图 17.2)。

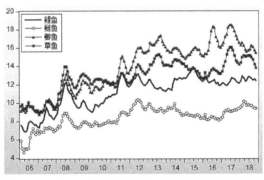

图 17.1　2006—2018 年鲤鱼、鲢鱼、鲫鱼和草鱼的价格变化特征(单位:元/千克)

注:数据来源于 CEIC 数据库,该数据库收集了商务部农产品批发市场周度价格数据,本文将周度价格简单平均处理为月度数据;下同

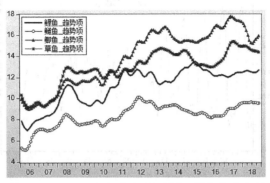

图 17.2　2006—2018 年鲤鱼、鲢鱼、鲫鱼和草鱼的价格长期变化趋势(单位:元/千克)

　　总体看,研究期间鲫鱼价格的波动性最大,变异系数[1]达到 20.03%,而鲤鱼、草鱼和鲢鱼价格的波动性比较小,变异系数分别为 15.78%、13.70% 和 13.49%。2017—2018 年 4 种大宗淡水鱼价格的波动性明显下降,鲫鱼、草鱼、鲢鱼和鲤鱼价格的变异系数分别为 5.85%、4.61%、4.09% 和 2.36%。

　　由于月度价格具有较典型的季节性特征,而且农产品价格通常具有周期性,为此本章首先利用 Census - X12 季节调整法对 2006—2018 年的鲤鱼、鲢鱼、鲫鱼和草鱼月度价格进行季节调整。由图 17.2 可以看出,相比原始价格,经季节调整后的价格长期变化趋势更为明显。由图 17.3 可以发现,4 种大宗淡水鱼价格的季节性波动特征非常明显,而且总体表现出季节性波动幅度逐渐变小的趋势。特别是鲤鱼价格的季节性波动幅度呈现较明显的下降趋势,而鲫鱼和草鱼价格的季节性波动的下降趋势较平缓。

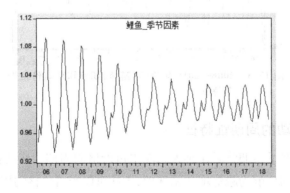

---

① 变异系数(CV)=标准差÷均值×100%。

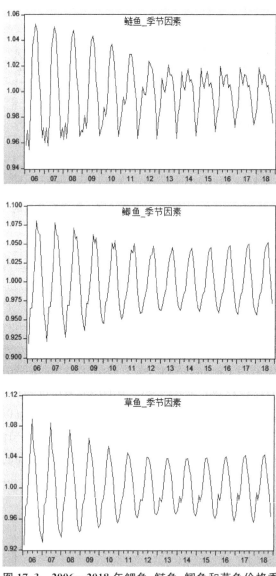

图 17.3 2006—2018 年鲤鱼、鲢鱼、鲫鱼和草鱼价格季
节特征

（二）价格波动的周期性特征

为了查看经季节调整后 4 种大宗淡水鱼价格的周期性波动特征，利用 HP 滤波将时间序列分解为趋势项和循环项，由此可以查看价格的周期性特征。由图 17.4 的 4 种大宗淡水鱼价格的 HP 滤波结果，可以发现 4 种大宗淡水鱼的价格均呈上涨趋势，同时也存在周期性波动特征。

基于"波谷-波谷"划分原则对 2006—2018 年鲤鱼、鲢鱼、鲫鱼和草鱼价格的循环项进行波动周期划分。总体上,鲤鱼、鲢鱼、鲫鱼、草鱼价格分别存在 3 个、4 个、3 个和 3 个波动周期(见图 17.4 和表 17.1)。从波长看,草鱼、鲫鱼和鲤

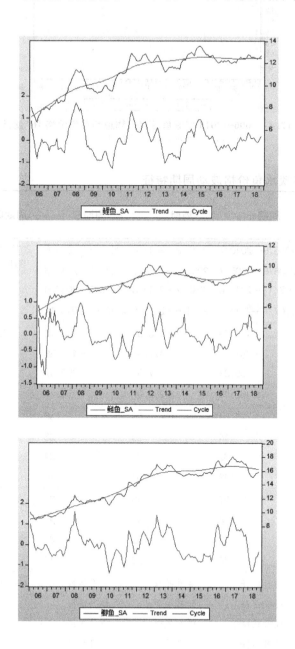

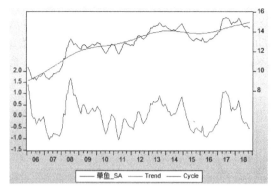

图 17.4　2006—2018 年鲤鱼、鲢鱼、鲫鱼和草鱼价格 HP 滤波图

注:Trend 表示趋势项,Cycle 表示循环项

表 17.1　大宗淡水鱼价格波动周期特征

品种	周期	周期一	周期二	周期三	周期四	平均
鲤鱼	时期	2006/5—2010/7	2010/8—2013/6	2013/7—2016/6	2013/7—2016/3	
鲢鱼		2006/6—2007/7	2007/8—2010/6	2010/7—2013/6		
鲫鱼		2007/11—2010/6	2010/7—2015/8	2015/9—2018/6		
草鱼		2007/4—2011/4	2011/5—2016/5	2016/6—2018/11		
鲤鱼	震荡幅度(%)	−174.75	−176.87	−148.12	−189.38	−166.58
鲢鱼		−257.58	−177.30	−144.58		−192.21
鲫鱼		−185.87	−157.54	−192.47		−178.63
草鱼		−162.18	−202.07	−150.74		−171.66
鲤鱼	波长(月)	51	35	36	33	40.67
鲢鱼		14	35	36		29.50
鲫鱼		32	62	34		42.67
草鱼		49	61	30		46.67
鲤鱼	波峰在波长中的位置	27	13	24	12	21.33
鲢鱼		4	12	24		13.00
鲫鱼		9	32	21		20.67
草鱼		16	28	13		19.00
鲤鱼	周期类型	陡升缓降	缓升缓降	缓升缓降	缓升缓降	
鲢鱼		陡升缓降	陡升缓降	缓升缓降		
鲫鱼		陡升缓降	缓升缓降	缓升缓降		
草鱼		陡升缓降	缓升缓降	陡升缓降		

注:震荡幅度=(周期内最小值−周期内最大值)÷最大值×100%

鱼价格的波长相对较长,分别为46.67个月、42.67个月和40.67个月;而鲢鱼价格的平均波长较短,仅为29.50个月;淡水鱼价格平均波动周期为39.88个月,即略大于3年。从波峰在一个周期中的位置可以看出价格波动周期是否对称。从表17.1可以看出,除个别周期外,大部分价格的波峰均在整个周期中偏左的位置,这说明鲤鱼、鲢鱼、鲫鱼和草鱼价格波动周期存在向左偏移的非对称特征。

从价格的震荡幅度看,鲢鱼价格的震荡幅度最大,达到−192.21%;而鲫鱼、草鱼和鲤鱼的震荡幅度较小,分别为−178.63%、−171.66%和−166.58%,说明其价格波动幅度较小。此外,从各个产品价格不同波动周期的震荡幅度看,鲤鱼和鲢鱼价格呈整体向下的震荡趋势,鲫鱼价格呈V型震荡趋势,而草鱼价格呈倒V型震荡趋势。

进一步从不同周期波动特征看,在第一个周期4种大宗淡水鱼价格均呈陡升缓降的波动特征,第二个周期除了鲢鱼属于陡升缓降型波动特征,其他3种鱼类均呈缓升缓降的波动特征;第三个周期除了草鱼属于陡升缓降型波动特征,其他3种鱼类也均呈缓升缓降的波动特征;鲢鱼第四个波动周期也属于缓升缓降型波动特征。

二、中国大宗淡水鱼价格预测与预警分析

(一)预测模型的建立与检验

ARIMA模型是经典的时间序列预测模型。本文利用该模型对鲤鱼、鲢鱼、鲫鱼和草鱼价格进行拟合和预测。首先将上述经过季节调整的4种大宗淡水鱼价格拆分为训练组和测试组,利用模型对训练组进行拟合和预测,并将预测结果与测试组比较,由此可查看预测精度。本章将2006—2017年的数据设置为训练组,将2008年1月至2018年11月的数据设置为测试组。

首先对训练组的时间序列进行平稳性检验,发现鲤鱼、鲫鱼和草鱼价格都是水平项不平稳,一阶差分后平稳,说明这些时间序列是I(1)过程;而鲢鱼价格水平项平稳,说明鲢鱼价格是I(0)过程。

利用ACF、PACF以及AIC准则对上述4种大宗淡水鱼价格进行最优滞后阶数确定,具体估计结果见表17.3。可以发现,各种鱼类价格与自身价格滞后项以及移动平均项均有显著关系。

表 17.2　价格的平稳性检验

变量	ADF 统计量	p 值	结论
鲤鱼	−1.7678	0.6731	不平稳
鲤鱼一阶差分	−7.7191	<0.0001	平稳
鲢鱼	−3.4764	0.04707	平稳
鲢鱼一阶差分	−10.39	<0.0001	平稳
鲫鱼	−1.5606	0.7594	不平稳
鲫鱼一阶差分	−8.0963	<0.0001	平稳
草鱼	−2.2536	0.4708	不平稳
草鱼一阶差分	−7.822	<0.0001	平稳

注：ADF 检验形式包含截距项，最大滞后期为 13 期

表 17.3　时间序列的 ARIMA 模型估计结果

变量	鲤鱼(3,1,3)		鲢鱼(3,1,2)		鲫鱼(3,1,2)		草鱼(2,1,2)	
	参数	标准误	参数	标准误	参数	标准误	参数	标准误
ar1	0.4576***	0.0419	−0.8067***	0.0898	1.6676***	0.1089	1.4705***	0.0870
ar2	0.4668***	0.0398	−0.5490***	0.1036	−1.2821***	0.1745	−0.8508***	0.0852
ar3	−0.9365***	0.0395	0.2922***	0.0870	0.2063*	0.1085		
ma1	−0.3614***	0.0706	1.0841***	0.0537	−1.3793***	0.0765	−1.2236***	0.1157
ma2	−0.3022***	0.0653	0.9999***	0.0888	0.9513***	0.0910	0.7361***	0.1151
ma3	0.8038***	0.0639						
sar1	−0.3414*	0.1626					0.3772***	0.1352
sar2	−0.7408***	0.1301						
sma1	0.0128	0.2031					−0.8490***	0.1245
sma2	0.4779**	0.1947						
drift	0.0332***	0.0119					0.0329***	0.0085
误差均方根	0.1718	—	0.2085	—	0.2298	—	0.1815	—

注：***、**、*分别表示在 1%、5%和 10%水平下显著

　　其次，通过对上述 ARIMA 模型的残差项进行检验，发现各个时间序列的误差项没有明显的趋势，而且各个误差项的 ACF 值和 PACF 值并无明显的相关性，说明上述 ARIMA 模型没有遗漏明显的预测变量，预测准确率较高（见图 17.5）。

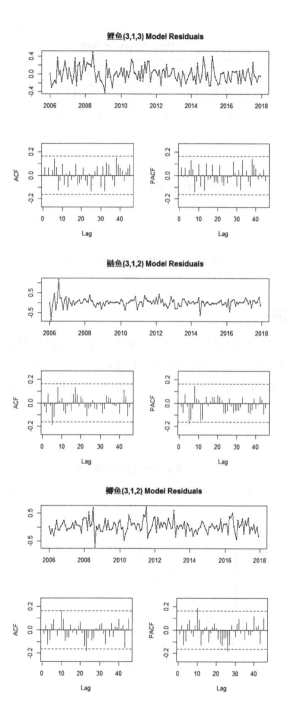

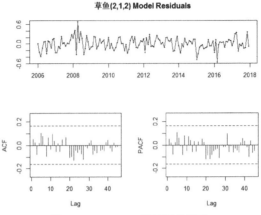

图 17.5　ARIMA 模型残差检验

（二）模型预测

从各价格序列的预测结果看,在国内外政策、经济环境与历史时期没有显著改变的情况下,2019 年鲤鱼价格将先上涨后相对平稳,鲢鱼价格整个年度较为平稳,鲫鱼价格则表现为波动性平稳,而草鱼价格呈缓慢上涨趋势(见图17.6)。

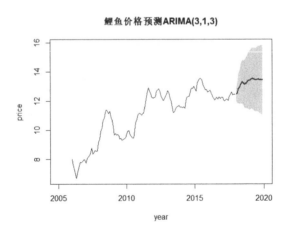

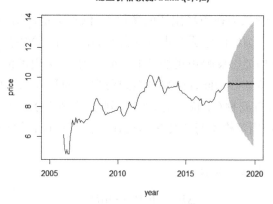

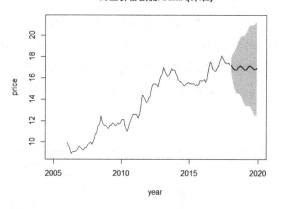

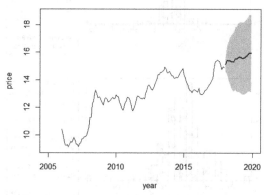

图 17.6　各鱼类价格的预测

注:阴影表示 95％置信区间

(三)价格预警

新古典经济学认为在市场出清的条件下,供求决定价格,也即价格能够反映市场的变化。当前经济学界基本认同农产品市场是近乎完全竞争的市场,为此农产品市场价格能够反映市场的供求特征。因此,历史价格特征能够反映自身未来价格变化特征。为此,部分研究选择产量、面积等因素作为未来价格的先行指标可能值得商榷(李优柱等,2014;刘成等,2016)。本章借鉴王会娟等(2013)的做法,利用价格本身的变化情况作为预警指标,并据此构建价格预警模型。

通常价格变动率可表示为

$$\Delta P_t = \ln P_t - \ln P_{t-1}$$

其中,ΔP_t 表示价格变动率,$\ln P_t$ 和 $\ln P_{t-1}$ 分别表示第 t 期和第 $t-1$ 期价格的自然对数。计算经过季节调整的时间序列,发现鲤鱼、鲢鱼、鲫鱼和草鱼价格的变动率均值(u)分别为 0.267%、0.255%、0.317% 和 0.310%。对各个价格变动率进行正态分布检验,发现鲤鱼、鲢鱼和鲫鱼价格变动率在 1% 的显著水平可被认为呈正态分布,草鱼价格变动率在 5% 水平可被认为呈正态分布(见图 17.7)。

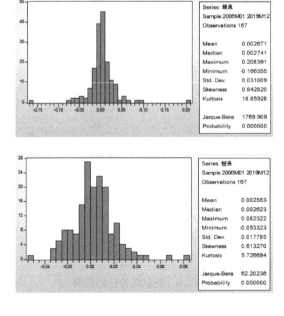

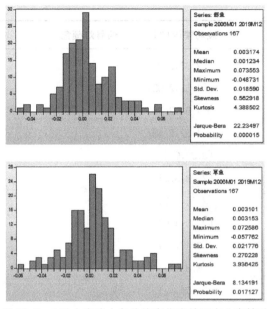

图 17.7　4种大宗淡水鱼价格变化率的正态分布检验

根据正态分布 3δ 原则,通常认为 $(-\infty, u-2\delta)$ 属于价格重度偏低态, $[u-2\delta, u-\delta)$ 属于价格偏低态, $[u-\delta, u+\delta)$ 属于正常价格波动范围, $[u+\delta, u+2\delta)$ 属于价格偏高态, $[u+2\delta, +\infty)$ 属于价格重度偏高态。根据鲤鱼、鲢鱼、鲫鱼和草鱼价格变动率的均值(u)和标准差(δ),本文构建大宗淡水鱼价格波动的预警标准和范围,具体见表 17.4。

表 17.4　大宗淡水鱼价格波动的预警标准和范围

种类	警度	波动警限(%)	信号灯颜色	市场状态
鲤鱼		$(-\infty, -5.93)$		
鲢鱼	重度偏低态	$(-\infty, -3.30)$	深蓝灯	价格跌幅过大
鲫鱼		$(-\infty, -3.40)$		
草鱼		$(-\infty, -4.05)$		
鲤鱼		$[-5.93, -2.83)$		
鲢鱼	偏低态	$[-3.30, -1.52)$	浅蓝灯	价格跌幅较大
鲫鱼		$[-3.40, -1.54)$		
草鱼		$[-4.05, -1.87)$		

种类	警度	波动警限（%）	信号灯颜色	市场状态
鲤鱼		[−2.83,3.37)		
鲢鱼	正常态	[−1.52,2.03)	绿灯	价格稳定
鲫鱼		[−1.54,2.18)		
草鱼		[−1.87,2.49)		
鲤鱼		[3.37,6.47)		
鲢鱼	偏高态	[2.03,3.81)	黄灯	价格涨幅较大
鲫鱼		[2.18,4.04)		
草鱼		[2.49,4.67)		
鲤鱼		[6.47,∞)		
鲢鱼	重度偏高态	[3.81,∞)	红灯	价格涨幅过大
鲫鱼		[4.04,∞)		
草鱼		[4.67,∞)		

结合 ARIMA 模型的预测结果与表 17.4 的价格波动预警标准，可以发现 2019 年 4 种大宗淡水鱼价格波动都相对平稳，其中鲤鱼、鲢鱼、鲫鱼和草鱼价格变动率最大值分别为 2019 年 9 月的 −0.61%、2019 年 1 月和 4 月的 −0.49%、2019 年 4 月的 0.80% 和 2019 年 9 月的 0.60%。从预警信号灯看，2019 年鲤鱼、鲢鱼、鲫鱼和草鱼价格变动率都为绿灯，这表明相应价格波动在正常范围内（详见表 17.5）。

表 17.5　2019 年大宗淡水鱼价格波动的警度监测

时间	价格变动率（%）				信号灯颜色			
	鲤鱼	鲢鱼	鲫鱼	草鱼	鲤鱼	鲢鱼	鲫鱼	草鱼
2019 年 1 月	0.35	−0.49	−0.56	0.44	绿灯	绿灯	绿灯	绿灯
2019 年 2 月	0.46	0.03	0.01	−0.06	绿灯	绿灯	绿灯	绿灯
2019 年 3 月	0.23	0.41	0.56	−0.20	绿灯	绿灯	绿灯	绿灯
2019 年 4 月	−0.34	−0.49	0.80	−0.46	绿灯	绿灯	绿灯	绿灯
2019 年 5 月	−0.26	0.18	0.61	0.18	绿灯	绿灯	绿灯	绿灯
2019 年 6 月	−0.08	0.24	0.12	0.23	绿灯	绿灯	绿灯	绿灯
2019 年 7 月	0.22	−0.44	−0.42	0.46	绿灯	绿灯	绿灯	绿灯
2019 年 8 月	0.26	0.27	−0.73	0.54	绿灯	绿灯	绿灯	绿灯

时间	价格变动率(%)				信号灯颜色			
	鲤鱼	鲢鱼	鲫鱼	草鱼	鲤鱼	鲢鱼	鲫鱼	草鱼
2019 年 9 月	−0.61	0.09	−0.66	0.60	绿灯	绿灯	绿灯	绿灯
2019 年 10 月	0.35	−0.35	−0.25	0.52	绿灯	绿灯	绿灯	绿灯
2019 年 11 月	−0.26	0.31	0.29	−0.19	绿灯	绿灯	绿灯	绿灯
2019 年 12 月	−0.10	−0.03	0.66	0.04	绿灯	绿灯	绿灯	绿灯

注:2019 年预测值为 ARIMA 的预测值

三、中国大宗淡水鱼产量预测与预警分析

(一) 淡水鱼产量总体特征

据国家统计局数据显示,自改革开放以来全国淡水鱼总产量呈快速增长趋势。2017 年全国淡水鱼总产量达 2 702.55 万吨,是 1978 年淡水鱼产量的 27.11 倍,这 39 年年均增长 8.83%,近 30 年年均增长 6.45%,近 20 年年均增长 4.23%,近 10 年年均增长 3.41%(见图 17.8)。

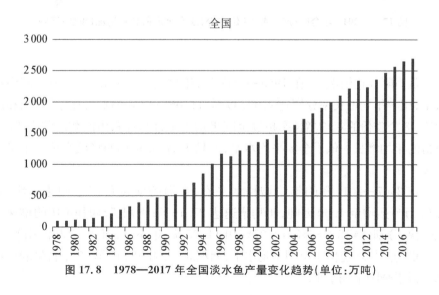

图 17.8　1978—2017 年全国淡水鱼产量变化趋势(单位:万吨)

从省际分布看,全国31个省份均有淡水鱼养殖,其中湖北和广东是排名前2位的淡水鱼养殖大省,2017年相应淡水鱼产量分别达到369.53万吨和345.35万吨,分别占全国的13.67%和12.78%。江苏、江西、湖南和安徽也是淡水鱼重要产地,2017年相应淡水鱼产量分别达到260.13万吨、220.45万吨、217.60万吨和169.36万吨,分别占全国总产量的9.63%、8.16%、8.05%和6.27%。排名前6位的省份的淡水鱼产量共占全国总产量的58.55%。山西、北京、青海、甘肃和西藏等13个省份虽有淡水鱼养殖,但是相应产量较低,占比不超过全国总产量的1%(见图17.9)。

图17.9 2017年全国(产量前15位省份)淡水鱼产量分布情况(单位:万吨)

从省际变化情况看,在1989—2017年,年均增长率最高的是宁夏、海南和云南,相应年均增长率分别达到11.17%、11.05%和10.42%;辽宁、贵州和广西等13个省份的年均增长率超过全国平均水平;而青海、山西和内蒙古14个省份的年均增长率低于全国平均水平,而且上海、北京和西藏淡水鱼产量呈负增长。

从2007—2017年的年均增长水平看,青海的淡水鱼产量增速最快,从0.14万吨猛增至1.60万吨,年均增速达27.16%;贵州、陕西和重庆的增速也比较快,分别达到12.86%、12.07%和11.05%;此外,云南、宁夏和河南等10个省份的产量增速快于全国平均水平,而湖北、甘肃和江西等17个省份的产量增速低于全国平均水平。

（二）预测模型的建立与检验

对 1978—2017 年全国淡水鱼产量序列进行平稳性检验，发现该时间序列水平项不平稳，一阶差分后平稳，即为 I(1) 序列。

表 17.6   产量的平稳性检验

变量	ADF 统计量	p 值	结论
产量	−2.900 8	0.219 9	不平稳
产量一阶差分	−5.526 7	<0.000 1	平稳

注：ADF 检验形式包含截距项，最大滞后期为 13 期

对产量时间序列进行 ACF 和 PACF 检验以寻找最优的预测模型，可以发现产量时间序列的 ACF 值呈现明显的拖尾特征，而 PACF 值在 1 阶后截尾（图 17.10），这符合 AR 模型的典型特征，为此本文用 AR(1) 模型来拟合产量时间序列。

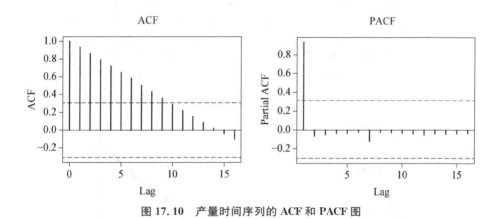

图 17.10   产量时间序列的 ACF 和 PACF 图

具体估计得到产品 AR(1) 式为：

$$production_t = -2751.01 + 1.017 \times production_{t-1}$$
$$(2245.399) \quad (0.0096)$$

其中，上式的括号内为标准误。上式产量滞后 1 期的估计系数为 1.017，这表明淡水鱼产量具有非常强的惯性特征。

通过对上述 AR 模型的残差项进行检验，发现产量时间序列的误差项没

有明显变化特征,而且误差项的 ACF 值和 PACF 值并无明显的相关性,说明上述模型没有遗漏重要的预测变量,预测准确率较高(见图 17.11 中的 ACF 图)。

根据 AR(1)模型对 2018—2025 年全国大宗淡水鱼产量进行预测,可以发现基于当前的经济、政策环境,2018—2025 年全国大宗淡水鱼产量将继续增长,年均增速在 3.22%左右(图 17.11 中的 PACF 图)。

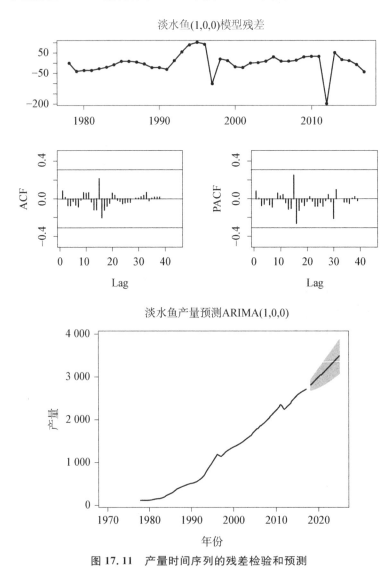

图 17.11　产量时间序列的残差检验和预测

(三)产量预警

同前文一致,此处用产量变动率反映淡水鱼产量的变动情况,并进一步建立预警模型。研究发现淡水鱼产量的变动率均值(u)为 7.56%,标准差(δ)为 6.28%。对产量变动率进行正态分布检验,发现其在 5% 水平可被认为呈正态分布(见图 17.12)。

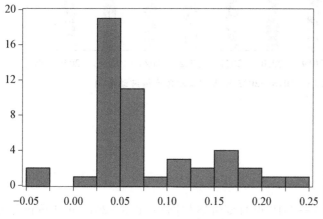

图 17.12 产量变动率的正态分布检验

同样,利用正态分布 3δ 原则,构建大宗淡水鱼产量波动的预警标准和范围,详见表 17.7。

表 17.7 大宗淡水鱼产量波动的预警标准和范围

警度	波动警限(%)	信号灯颜色	市场状态
重度偏低态	$(-\infty, -5.00)$	深蓝灯	产量跌幅过大
偏低态	$[-5.00, 1.28)$	浅蓝灯	产量跌幅较大
正常态	$[1.28, 13.85)$	绿灯	产量稳定
偏高态	$[13.85, 20.13)$	黄灯	产量涨幅较大
重度偏高态	$[20.13, +\infty)$	红灯	产量涨幅过大

结合 AR 模型的预测结果与表 17.7 的价格波动预警标准,可以发现 2018—2025 年淡水鱼产量波动相对稳定,产量变化率在 3.03%—3.37% 之间,属于表 17.7 的绿灯范围(见图 17.13)。

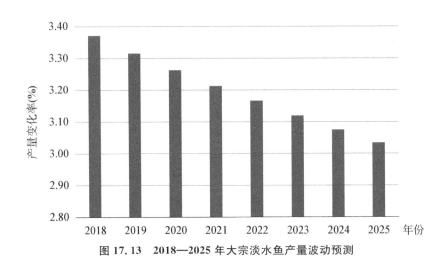

图 17.13　2018—2025 年大宗淡水鱼产量波动预测

四、结论与启示

本书分别基于 2006—2018 年月度价格数据和 1978—2017 年年度产量数据,利用 ARIMA 模型和 AR 模型分别预测了鲫鱼、草鱼、鲢鱼、鲤鱼价格和大宗淡水鱼总产量,并基于正态分布的 3 个标准差原则,结合价格和产量变动率构建了价格和产量变化的预警模型。

本书的研究结论大致可以分为以下几个方面。

第一,2006—2018 年鲤鱼、鲢鱼、鲫鱼和草鱼价格呈波动性上涨趋势,而且这 4 种大宗淡水鱼价格的阶段、季节性和周期性特征明显;鲤鱼、鲢鱼、鲫鱼和草鱼价格平均波动周期分别为 40.67 个月、29.50 个月、42.67 个月和 46.67 个月,总体平均波动周期为 39.88 个月。

第二,基于 ARIMA 模型预测,2019 年不同大宗淡水鱼类价格呈不同的变化特征,鲤鱼价格先上涨后相对平稳,鲢鱼价格相对平稳,鲫鱼价格为波动性平稳,而草鱼价格呈缓慢上涨趋势;基于价格波动的预警模型发现,2019 年 4 种大宗淡水鱼价格波动相对平稳,在绿灯范围内波动。

第三,1978 年以来全国淡水鱼产量增速较快,年均增速达 8.83%,但不同省份的增速有较大差异;1989—2017 年宁夏、海南和云南的年均增长率最高,分别达到 11.17%、11.05% 和 10.42%,而上海、北京和西藏大宗淡水鱼产量呈负增长态势。

第四,基于 AR 模型预测,2018—2025 年全国大宗淡水鱼产量将继续增长,年均增速在3.22%左右,相应产量变动率相对平稳,均在绿灯范围内。

根据上述结论,大致可得到以下几点启示。

首先,应完善价格和产量的监测与预警系统。日常的价格监测是预警的基础,构建大宗淡水鱼的高频交易数据可为精确预测市场变化提供基础支撑。有关部门应完善不同大宗淡水鱼产品从产地到销地系统的交易信息,包括交易量、交易额、交易价格、产品质量等数据;集成全国不同区域不同市场的交易信息,实现全国不同区域的实时信息交流与联动。

其次,应提高价格和产量预测的预警水平。对价格、产量等信息的预测是经济学界的目标,但要完全实现该目标是很难的,因为市场、政策环境会时刻发生变化。针对在瞬息万变的市场环境下如何准确预测价格与产量,现有经济学已经提供了众多的理论和方法,但需要注意的是,技术手段不是越复杂越好。大多数复杂的技术方法本身存在众多前提假定,不一定符合大宗淡水鱼的市场环境。此外,不同产品的生产和消费之间存在很强的替代关系。生产方面,如大宗淡水鱼中的草鱼与鲤鱼之间存在替代关系,大宗淡水鱼与巴沙鱼、罗非鱼等鱼类之间存在替代关系;而消费方面,如动物蛋白与植物蛋白之间存在替代关系。为此,在进行价格与产量预测时,综合考虑产品间生产与消费的互补性和替代性能提高预测精度,也能提高未来预警水平。

参考文献

英文文献

1. Adeogun, Alimi, Adeyemo. Comparative Analysis of Profitability and Technical Efficiency of Fish Farming Using Different Rearing Techniques in Nigeria [J]. Asian Journal of Agricultural Extension, 2014,3(5):405 - 418.

2. Aigner, Lovell, Schmidt. Formulation and Estimation of Stochastic Frontier Production Function Models [J]. Journal of Econometrics, 1977(6):21 - 37.

3. Alam, Khan, Huq. Technical Efficiency in Tilapia Farming of Bangladesh: A Stochastic Frontier Production Approach [J]. Aquaculture International, 2012,20(4):619 - 634.

4. Battese, Coelli. A Model for Technical Inefficiency Effects in a Stochastic Frontier Production Function for Panel Data [J]. Empirical Economics, 1995,20: 325 - 332.

5. Battese, Coelli. Frontier Production Functions, Technical Efficiency and Panel Data: With Application to Paddy Farmers in India [J]. Journal of Productivity Analysis, 1992 (3):153 - 169.

6. Chiang, Sun, Yu. Technical Efficiency Analysis of Milkfish(Chanos chanos)Production in Taiwan: An Application of the Stochastic Frontier Production Function [J]. Aquaculture, 2004,230(1 - 4):99 - 116.

7. Christensen, Jorgensen, Lau. Trancendental Logarithmic Production Frontiers [J]. The Review of Economics and Statistics, 1973(4):28 - 45.

8. Cinemre, Ceyhan, Bozoglu, et al. The Cost Efficiency of Trout Farms in the Black Sea Region [J]. Aquaculture(Türkiye), 2006,251(2 - 4):324 - 332.

9. Crentsil, Essilfie. Measurement of Technical Efficiency of Smallholder Fish Production in Ghana: A Stochastic Frontier Approach [J]. Journal of Development and Agricultural Economics, 2014,6(5):203 - 211.

10. Girei, Dire, Iliya, Salihu. Stochastic Frontier Production Function on the Resource Use Efficiency of Fadama Ii Crop Farmers in Adamawa State, Nigeria [J]. European Journal of Agricultural and Forestry Research, 2013,1(2):1 - 15.

11. Iiuma, Sharma, Leung. Technical Efficiency of Carp Pond Culture in Peninsula Malaysia: An Application of Stochastic Production Frontier and Technical Inefficiency Model [J]. Aquaculture, 1999,175(3 - 4):199 - 213.

12. Inoni, Ogisi, Achoja. Profitability and Technical Efficiency in Homestead Catfish Production in Delta State, Nigeria [J]. Economics of Agriculture, 2017, 64 (4): 1449 - 1465.

13. Kumbhakar, Ghosh, Mcguckin. A Generalized Production Frontier Approach for Estimating Determinants of Inefficiency in U. S. Dairy Farms [J]. Journal of Business

&. Economic Statistics, 1991,9: 279 - 286.

14. Kumbhakar. Estimation and Decomposition of Productivity Change when Production Is Not Efficient: A Panel Data Approach [J]. Econometric Reviews, 2000 (19): 425 - 460.

15. Kumbhakar, Wang, Horncastle. A Practitioner's Guide to Stochastic Frontier Analysis Using Stata [M]. Cambridge University Press, 2015.

16. Kuosmanen. Data Envelopment Analysis with Missing Data [J]. Journal of the Operational Research Society, 2009,60: 1767 - 1774.

17. Misra, Misra. Technical Efficiency of Fish Farms in West Bengal: Nature, Extent and Implications [J]. Agricultural Economics Research Review, 2014,27(2):221 - 232.

18. Nkamleu, Manyong. Factors Affecting the Adoption of Agroforestry Practices by Farmers in Cameroon [J]. Small-scale Forest Economics, Management and Policy, 2005,4(2):135 - 148.

19. Reifschneider, Stevenson. Systematic Departures from the Frontier: A Framework for the Analysis of Firm Inefficiency [J]. International Economic Review, 1991, 32: 715 - 723.

20. Ogundari, Ojo. An Examination of Income Generation Potential of Aquaculture Farms in Alleviating Household Poverty: Estimation and Policy Implications from Nigeria [J]. Turkish Journal of Fisheries and Aquatic Sciences, 2009(9):39 - 45.

21. Onumah, Acquah. Frontier Analysis of Aquaculture Farms in the Southern Sector of Ghana [J]. World Applied Sciences Journal, 2010,9(7):826 - 835.

22. Onumah, Brümmer, Hörstgen-Schwark. Elements Which Delimitate Technical Efficiency of Fish Farms in Ghana [J]. Journal of the World Aquaculture Society, 2010, 41(4):506 - 518.

23. Samaha, Kamaruddinb, Eam. Efficiency Analysis of Pond Fish Culture System in Negeri Kedah and Pulau Pinang: Data Envelopment Analysis Approach [J]. International Journal of Sciences: Basic and Applied Research, 2016,27(1):154 - 166.

24. Sharma, Leung. Technical Efficiency of Carp Production in India: A Stochastic Production Function Analysis [J]. Aquaculture Research, 2000,31(12):937 - 947.

25. Tenge, Graaff, Hella. Social and Economic Factors Affecting the Adoption of Soil and Water Conservation in West Usambara Highlands, Tanzania [J]. Land Degradation and Development, 2004,15(2):99 - 114.

中文期刊文献

1. 包特力根白乙. 中国鱼-稻模式生态渔业:发展历程·生产效益·服务功能[J]. 生态经济,2012(2):120 - 122,126.

2. 操建华. 水产养殖业的绿色发展模式与生态支持政策案例研究——以江西、烟台和安吉为例[J]. 农村经济,2018(5):34 - 39.

3. 陈洁,刘景景. 2014 年度大宗淡水鱼产业发展趋势与建议[J]. 科学养鱼,2014(1): 81 - 84.

4. 陈洁,朱玉春,罗丹,等. 中国淡水养殖业的科技瓶颈与突破[J]. 管理世界,2010(11):

61－67.

5. 陈诗波,李崇光.湖北省淡水产业发展的对比分析[J].生态经济,2007(5):125－129.

6. 陈卫平.中国农业生产率增长、技术进步与效率变化:1990~2003 年[J].中国农村观察,2006(1):18－23.

7. 陈园园,安详生,凌日萍.土地流转对农民生产效率的影响分析——以晋西北地区为例[J].干旱区资源与环境,2015(3):45－49.

8. 程俊.浅论淡水鱼养殖对水质的要求及生产管理要点[J].农技服务,2016(11):138.

9. 戴彬,金刚,韩明芳.中国沿海地区海洋科技全要素生产率时空格局演变及影响因素[J].地理研究,2015(2):328－340.

10. 傅晓霞,吴利学.随机生产前沿方法的发展及其在中国的应用[J].南开经济研究,2006(2):130－141.

11. 盖庆恩,朱喜,程名望,史清华.土地资源配置不当与劳动生产率[J].经济研究,2017(5):117－130.

12. 高品品,史清华,卢昆.中国海水养殖技术效率测评[J].农业技术经济,2018(1):132－144.

13. 高梦滔,张颖.小农户更有效率?——八省农村的经验证据[J].统计研究,2006(8):21－26.

14. 高强,丁慧媛.山东省渔业生产效率及其变动趋势的测算与分析[J].中国渔业经济,2011(4):107－114.

15. 高强,王海雨,赵月皎.基于 DEA 模型的我国淡水养殖生产效率实证研究[J].中国渔业经济,2012(2):67－73.

16. 高强.资源与环境双重约束下渔业经济发展战略研究[J].农业经济问题,2006(1):29－33,79.

17. 高杨.收入增长对农村贫困人口食物与营养保障的影响研究[D].北京:中国农业大学,2020.

18. 戈贤平.我国大宗淡水鱼产业现状与发展方向[J].渔业致富指南,2013(14):17－21.

19. 韩杨,孙慧武,刘子飞,马卓君."一带一路"中国水产品贸易格局与渔业国际合作展望[J].经济研究参考,2017(31):35－42.

20. 胡嘉猷.湖北省水产业可持续发展对策[J].理论月刊,1999(12):90－91.

21. 胡笑波.关于渔业现代化若干问题的探讨[J].渔业经济研究,2000(6):17－21.

22. 胡祎,张正河.农机服务对小麦生产技术效率有影响吗?[J].中国农村经济,2018(5):68－83.

23. 黄太寿,宗民庆.稻田养鱼的发展历程及展望[J].中国渔业经济,2007(3):27－29.

24. 纪建悦,曾琦.基于全局 DEA 的中国海水养殖业绿色技术效率时空演化分析[J].中国管理科学,2016(S1):774－778.

25. 纪建悦,曾琦.考虑非期望产出的中国海水养殖业全要素生产率研究——基于 Global Malmquist-Luenberger 指数[J].中国海洋大学学报(社会科学版),2017(1):43－48.

26. 江希流,华小梅,朱益玲.我国水产品的生产状况、质量和安全问题及其控制对策[J].农村生态环境,2004(2):77－80.

27. 蒋高中,李群,明俊超等.中国古代淡水养殖鱼类苗种的来源和培育技术研究[J].南京农业大学学报(社会科学版),2012,12(3):88－93.

28. 蒋雪英. 湖泊水草资源的保护和合理利用是湖泊渔业持续发展的根本措施[J]. 渔业经济研究, 1999(4):8, 27 - 30.

29. 蒋艳萍, 章家恩, 朱可峰. 稻田养鱼的生态效应研究进展[J]. 仲恺农业技术学院学报, 2007(4):71 - 75.

30. 金福良, 王璐, 李谷成, 等. 不同规模农户冬油菜生产技术效率及影响因素分析——基于随机前沿函数与1707个农户微观数据[J]. 中国农业大学学报, 2013(1):210 - 217.

31. 康斯柯, 包特力根白乙. 辽宁省居民水产品消费及其影响因素分析[J]. 商场现代化, 2009(23):58 - 60.

32. 兰书斌, 吴丽, 张德禄, 等. 南四湖沼泽化现状及其驱动因素分析[J]. 湖泊科学, 2011(4):555 - 560.

33. 黎玉林. 广西稻田养鱼对农业资源利用效率的宏观影响[J]. 淡水渔业, 2006(6):44 - 48.

34. 李大良, 史磊, 戴美艳. 我国渔业产业结构优化研究[J]. 中国渔业经济, 2009, 27(4):41 - 45.

35. 李谷成, 冯中朝, 范丽霞. 小农户真的更加具有效率吗? 来自湖北省的经验证据[J]. 经济学(季刊), 2010, 9(1):95 - 124.

36. 李谷成. 技术效率、技术进步与中国农业生产率增长[J]. 经济评论, 2009(1):60 - 68.

37. 李谷成. 人力资本与中国区域农业全要素生产率增长——基于DEA视角的实证分析[J]. 财经研究, 2009(8):115 - 128.

38. 李黎明, 袁兰. 我国的农业现代化评价指标体系[J]. 华南农业大学学报(社会科学版), 2004(2):22 - 23.

39. 李然, 李谷成, 冯中朝. 不同经营规模农户的油菜生产技术效率分析——基于湖北、四川等6省市689户农户的调查数据[J]. 华中农业大学学报(社会科学版), 2015(1):14 - 22.

40. 李优柱, 李崇光, 李谷成. 我国蔬菜价格预警系统研究[J]. 农业技术经济, 2014(7):79 - 88.

41. 李祥洲, 钱永忠, 邓玉, 等. 2016年我国农产品质量安全网络舆情监测与分析[J]. 科学通报, 2017, 62(11):1095 - 1102.

42. 李哲敏. 近50年中国居民食物消费与营养发展的变化特点[J]. 资源科学, 2007(1):27 - 35.

43. 刘成, 钱涛, 覃丹, 冯中朝. 我国油菜籽价格波动风险及预警机制研究[J]. 价格理论与实践, 2016(9):81 - 84.

44. 刘大安, 吴万夫. 我国渔业现代化程度及发展前景[J]. 中国渔业经济研究, 1999(1):10 - 12.

45. 刘春鹏, 肖海峰. 外部冲击对我国肉类价格的影响——基于SVAR模型的实证分析[J]. 中国农业大学学报, 2019(5):204 - 213

46. 刘景景, 张静宜, 袁航. 淡水鱼养殖成本收益调查与分析[J]. 中国渔业经济, 2017(1):18 - 27.

47. 刘景景, 张静宜. 我国水产品进口贸易形势与战略布局[J]. 中国水产, 2018(9):26 - 33.

48. 刘清真, 陈松华, 李明真, 等. 山东省渔业现代化问题研究(一)[J]. 齐鲁渔业, 1999(1):1 - 3.

49. 陆建珍,邢丽荣,袁新华,等.青虾池塘养殖环境效率分析[J].长江流域资源与环境,2014(8):1097-1104.

50. 罗锋.外部冲击对我国农产品价格波动的影响——基于SVAR模型的实证研究[J].农业技术经济,2011(10):4-11.

51. 罗万纯.农户农产品销售渠道选择及影响因素分析[J].调研世界,2013(1):35-37,52.

52. 卢东,席运官,肖兴基,等.中国水产品质量安全与有机水产养殖探讨[J].中国人口·资源与环境,2005(2):85-88.

53. 吕兰兵.新时期淡水鱼产业发展现状与对策分析[J].农技服务,2016(7):102,123.

54. 孟庆武.中国渔业内部产业结构演进分析及调整对策[J].东岳论丛,2015(5):126-129.

55. 缪为民,袁新华,钱继仁,苏雪英.鲤科鱼类池塘养殖技术效率的研究[J].中国渔业经济,2003(4):38-41.

56. 倪国江,韩立民.我国海洋渔业的现代化及其科技发展对策[J].中国渔业经济,2009(5):74-79.

57. 钱志林,吴万夫.渔业现代化的实质与内涵[J].农业技术经济,1998(1):38-41.

58. 阮世玲.稻渔综合种养模式及其在广东的发展[J].海洋与渔业,2019(8):20-23.

59. 沈琦,胡资骏.我国农业现代化评价指标体系的优化模型:基于聚类和因子分析法[J].农业经济,2012(5):3-5.

60. 苏东涛,王芬棠,刘炳宇,等.养鱼稻田土壤学变化的研究[J].淡水渔业,1996(6):3.

61. 苏昕.中国渔业产业结构的协调性研究[J].农业经济问题,2009(5):100-103.

62. 孙炜琳,刘佩,高春雨.我国淡水养殖渔业技术效率研究——基于随机前沿生产函数[J].农业技术经济,2014(8):108-117.

63. 隋昕融,詹夏菲,樊佳伟.我国水产品消费市场预测分析[J].现代农业科技,2017(21):293-295.

64. 谭爱花,李万明,谢芳.我国农业现代化评价指标体系的设计[J].干旱区资源与环境,2011(10):7-14.

65. 万广珠,杨卫.中国水产养殖技术效率测算及分析[J].中国渔业经济,2017(4):73-82.

66. 王波,韩立民.我国贝类养殖发展的基本态势与模式研究[J].中国海洋大学学报(社会科学版),2017(3):5-12.

67. 王敏,冯相昭,赵梦雪,等.达里诺尔湖流域高质量发展路径研究[J].环境保护,2019(22):64-66.

68. 王麒麟,根锁,鬼木俊次.土地租赁行为的数理分析[J].北方经济,2007(16):22-23.

69. 王会娟,肖佳宁,曲双石.中国玉米批发价格的短期预测及预警[J].中国农村经济,2013(9):44-53.

70. 王淼,权锡鉴.推进我国海洋渔业现代化的有效运行机制[J].经济工作导刊,2002(17):10-11.

71. 王微.智力资本——资源配置中的新要素[J].现代情报.2005(3):220-222.

72. 卫龙宝,施晟,吴骏骞.区域分异视角下的我国农业现代化阶段界定与推进策略[J].农业技术经济,2012(6):15-21.

73. 吴隆杰,杨林.从制度视角看中国渔业产业结构调整[J].渔业经济研究,2005(1):18-24.

74. 吴倩倩. 农产品销售渠道分析[J]. 农技服务,2016(15):197.

75. 吴庆龙,胡耀辉,李文朝,等. 东太湖沼泽化发展趋势及驱动因素分析[J]. 环境科学学报,2000(3):275 - 279.

76. 吴一平,俞洋,刘向华,等. 规模化猪场绿色健康养殖行为分析——基于三维协同分析框架[J]. 农业技术经济,2020(6):116 - 130.

77. 吴赟,吴芳春,吴良成. 生态经济视野下鄱阳湖渔业发展研究[J]. 企业经济,2011(3):98 - 101.

78. 辛岭,陈洁,等. 我国渔业现代化发展水平评价研究[J]. 中国农业资源与区划,2020(11):140 - 149.

79. 席利卿,彭可茂. 技术进步、技术效率与中国渔业增长分析[J]. 中国科技论坛,2010(3):124 - 128.

80. 夏春萍,董蓓. 我国省域渔业可持续发展水平测度及时空演变特征分析[J]. 农业技术经济,2014(12):118 - 126.

81. 邢丽荣,徐翔,林连升. 江苏省水产养殖技术效率与影响因素分析[J]. 江苏农业科学,2014(10):457 - 460.

82. 徐晓红,郭庆海. 不同兼业水平农户的玉米生产效率研究[J]. 玉米科学,2018,26(3):160 - 165.

83. 闫芳芳,平瑛. 消费需求变化视角下的产业结构优化——以中国渔业为例[J]. 中国农学通报,2012(11):123 - 127.

84. 杨昌雄. 稻田养鱼——贵州苗族区稻田养鱼调查记[J]. 贵州农业科学,1984(6):57,62 - 65.

85. 杨林. 资源与环境约束下中国渔业产业结构调整研究[J]. 农村经济,2004(8):28 - 31.

86. 杨慕,张清靖,贾成霞,等. 北京节水渔业发展的现状及建议[J]. 中国水产,2017(11):107 - 109.

87. 杨卫,周薇. 基于 DEA 模型的渔业科技生产效率实证分析[J]. 中国农学通报,2014(35):139 - 142.

88. 杨雪,张汉邦. 浅谈淡水鱼养殖水质调节的方法[J]. 山西农经,2017(7):72.

89. 阳小华. 湖北水产业发展问题探索[J]. 湖北社会科学,2008(1):94 - 96.

90. 姚洋. 中国农地制度:一个分析框架[J]. 中国社会科学,2000(2):54 - 65,206.

91. 尹朝静,李谷成,贺亚亚. 农业全要素生产率的地区差距及其增长分布的动态演进——基于非参数估计方法的实证研究[J]. 华中农业大学学报(社会科学版),2016(2):38 - 46.

92. 于淑华,于会娟. 中国沿海地区渔业产业效率实证研究——基于 DEA 的 Malmquist 指数分析[J]. 中国渔业经济,2012(3):140 - 146.

93. 俞洋,刘向华,宋宇,等. 政府规制、双重嵌入性治理与绿色健康养殖行为——以河南省为例[J]. 农业技术经济,2021(6):66 - 83.

94. 曾雅婷,吕亚荣,刘文勇. 农地流转提升了粮食生产技术效率吗——来自农户的视角[J]. 农业技术经济,2018(3):41 - 55.

95. 张成,张伟华,高志平. 我国水产养殖业技术效率和全要素生产率研究[J]. 农业技术经济,2014(6):38 - 45.

96. 张军英,戴云燕. 淡水鱼养殖对水质的要求及生产管理[J]. 中国畜牧兽医文摘,2016

(2):71.

97. 张利庠,张喜才.外部冲击对我国农产品价格波动的影响研究——基于农业产业链视角[J].管理世界,2011(1):71-81.

98. 张喜才,张利庠,卞秋实.外部冲击对生猪产业链价格波动的影响及调控机制研究[J].农业技术经济,2012(7):22-31.

99. 张显良.海阔潮平涌,风好正扬帆[J].甘肃畜牧兽医,2017(10):27-28.

100. 张瑛,赵露.中美水产品消费需求对比研究及其启示[J].中国海洋大学学报(社会科学版),2018(5):77-84.

101. 张忠根,周洁红.农业现代化的理论与国外农业现代化的经验研究[J].农业与农村现代化研究中心,2001(3):11-15.

102. 章德宾.不同蔬菜种植规模农户农业生产效率研究:主产区2009—2016年的调查[J].农业技术经济,2018(7):41-50.

103. 赵建梅,孔祥智,孙东升,等.中国农户兼业经营条件下的生产效率分析[J].中国农村经济,2013(3):16-26.

104. 赵景阳,郭艳红,米庆华.广义农业现代化的内涵与评价研究:以山东省为例[J].农业现代化研究,2007(1):28-31.

105. 赵蕾,孙慧武.水产品价值链视角下的新型渔业经营主体发展研究[J].中国海洋大学学报(社会科学版),2017(6):50-55.

106. 赵翔刚,罗衡,刘其根,等.稻渔综合种养沙塘鳢对稻田水体及底泥微生物群落结构及多样性的影响[J].淡水渔业,2017(4):8-14.

107. 郑思宁,刘强,郑逸芳.规模化水产养殖技术效率及其影响因素分析[J].农业工程学报,2016(20):29-235.

108. 周海文,王劲松,王锐,周向阳.外部冲击对肉产品价格的影响——以疫病为例[J].世界农业,2014(11):76-82.

109. 周应恒,卢凌霄,吕超.美日渔业结构政策对中国的启示[J].中国渔业经济,2007(4):20-23.

110. 朱建军,郭霞,常向阳.农地流转对土地生产率影响的对比分析[J].农业技术经济,2011(4):78-84.

其他文献

1. 陈洁,罗丹,等.中国淡水渔业发展问题研究[M].上海:上海远东出版社,2011.

2. 陈洁,刘景景,张静宜,等.大宗淡水鱼产业发展报告(2011—2015)[M].上海:上海远东出版社,2016.

3. 陈洁,刘景景,张灿强,等.中国淡水渔文化研究[M].上海:上海远东出版社,2019.

4. 杜栋,庞庆华.现代综合评价方法与案例精选[M].北京:清华大学出版社,2005.

5. 方平.科技创新对我国渔业结构调整的作用机制研究[D].北京:中国地质大学,2011.

6. 黄祖辉,林坚,张冬平.农业现代化:理论、进程与途径[M].北京:中国农业出版社,2003.

7. 联合国粮食及农业组织.2016年世界渔业和水产养殖状况:为全面实现粮食和营养安全做贡献[M].罗马:联合国粮食及农业组织,2016.

8. 陆忠康.简明中国水产养殖百科全书[M].北京:中国农业出版社,2001.

9. 农业部渔业渔政管理局. 中国渔业统计年鉴[M]. 北京:中国农业出版社.

10. 农业农村部渔业渔政管理局,全国水产技术推广总站,中国水产学会,等. 2018 中国稻渔综合种养产业发展报告[R]. 2018.

11. 中国水产学会. 2011 年中国水产学会学术年会论文摘要集[Z]. 2011.

12. 中国技术经济研究会. 技术经济手册(水产卷)[M]. 北京:学术书刊出版社,1991.

13. 中国现代化报告课题组. 中国现代化报告[M]. 北京:北京大学出版社,2001.